·本丛书由贵州师范大学政治学博士点建设资金资助出版
·本书系国家社会科学基金重大招标项目"清水江文书整理与研究"（项目批准号：11&ZD096）的阶段性成果

中国特色政治文明建设研究丛书

"约法"社会
——清代民国清水江流域契约社会环境中的民族法秩序

徐晓光 谢晖 著

"YUEFA" SHEHUI——QINGDAI MINGUO
QINGSHUIJIANG LIUYU QIYUE SHEHUI
HUANJINGZHONG DE MINZUFA ZHIXU

中国社会科学出版社

图书在版编目（CIP）数据

"约法"社会：清代民国清水江流域契约社会环境中的民族法秩序/徐晓光，谢晖著. —北京：中国社会科学出版社，2018.3

（中国特色政治文明建设研究丛书）

ISBN 978-7-5161-9300-6

Ⅰ.①约⋯ Ⅱ.①徐⋯ ②谢⋯ Ⅲ.①民族法学—研究—中国—清代 ②民族法学—研究—中国—民国 Ⅳ.①D921.82

中国版本图书馆 CIP 数据核字（2016）第 270800 号

出 版 人	赵剑英
责任编辑	田　文
特约编辑	席建海
责任校对	张爱华
责任印制	王　超

出　　版	中国社会科学出版社
社　　址	北京鼓楼西大街甲 158 号
邮　　编	100720
网　　址	http://www.csspw.cn
发 行 部	010-84083685
门 市 部	010-84029450
经　　销	新华书店及其他书店

印刷装订	北京明恒达印务有限公司
版　　次	2018 年 3 月第 1 版
印　　次	2018 年 3 月第 1 次印刷

开　　本	710×1000　1/16
印　　张	27
插　　页	2
字　　数	433 千字
定　　价	96.00 元

凡购买中国社会科学出版社图书，如有质量问题请与本社营销中心联系调换
电话：010-84083683

版权所有　侵权必究

《中国特色政治文明建设研究丛书》
编 委 会

主　　任：韩　卉　李建军
执行主任：徐晓光　陈华森
委　　员：韩　卉　李建军　徐晓光
　　　　　唐昆雄　陈华森　朱健华
　　　　　杨　芳　欧阳恩良　阳黔花
　　　　　黎　珍　岳　蓉

总　　序

"政者，正也"。政治文明是人类社会政治观念、政治制度、政治行为的进步过程以及所取得的进步成果。高度的政治文明，是有史以来人类共同憧憬的美好梦想。政治文明建设通过上层建筑的能动作用，推动公共权力的规范运行、社会治理体制机制的优化、社会共识的凝聚、社会资源的优化配置、社会力量的整合，为人类社会的持续进步提供丰沛的能量，为人们的社会福祉提供坚强的保障。

在人类文明奔涌不息的历史长河中，中华民族以深邃的政治智慧和深入的政治实践，为世界政治文明作出了独特的巨大贡献。科举考试制度就是古代中国政治文明的创举，并作为西方国家选修的范本，成就了西方的文官制度。新中国建立以来，中国人民立足中国国情、解决中国问题，在政治建设、经济建设、社会建设、文化建设、生态建设进程中，探索、确立、完善人民民主专政的政治进步成果，创造了令世界瞩目的、具有中国特色的政治文明形态和制度体系。如今，"北京共识"获得了国际学界的广泛认可；"言必称孔子"成为西方社会的时尚。

"路漫漫其修远兮，吾将上下而求索"。进一步推进中国特色政治文明建设，以促进物质文明建设、精神文明建设、社会文明建设、生态文明建设，实现中华民族的伟大复兴，仍然是一项长期而艰巨的历史任务，也是每一个中国政治学人义不容辞的历史使命。为此，贵州师范大学聚集了一批年富力强、志趣高远的政治学人，他（她）们以推进中国特色政治文明建设为己任，立足中国现实国情，深入中国现实社会，传承中国政治文明传统，借鉴西方政治文明成果，从丰富的多学科视角展开理论探讨和实践总结。"中国特色政治文明建设研究丛书"的出版，既是其研究成果的展示，更是引玉之砖，欢迎学界同仁批评指正、指点迷津，共同为推进中国特色政治文明建设，为人类命运共同体的发展进步贡献智慧和力量。

本丛书编委会

2016 年 3 月

目 录

总论　法律的民间叙事 …………………………………… (1)
　一　法律的官方叙事之理论和实践困境 ………………… (2)
　二　法律的民间叙事立场 ………………………………… (10)
　三　民间法、官方法与法律的民间叙事 ………………… (21)
　四　法律民间叙事的方式 ………………………………… (33)
　五　法律民间叙事的本源与法律文化再造 ……………… (44)
　六　法律民间叙事的社会功能 …………………………… (55)
　七　以黔东南清水江流域"约法"社会为切入点 ……… (67)

第一章　部落盟誓是契约法的最早形式 ………………… (82)
　第一节　"合款""议榔"与"盟誓" ………………… (82)
　第二节　侗族"合款"的范围 …………………………… (87)
　第三节　"合款""议榔"的形式与目的 ………………… (97)
　第四节　侗族"款约法"的内容 ………………………… (109)

第二章　契约社会形成的经济社会环境 ………………… (120)
　第一节　林业经济的兴起与经济生活的改变 …………… (123)
　第二节　轮流"当江"制度的建立 ……………………… (133)

第三节　建立木业市场中介与纳税制度 …………………… (138)

　第四节　"当江"与劳役摊派制度 ………………………… (143)

　第五节　商人自治与政府"宏观控制" …………………… (146)

第三章　契约社会环境下的"清水江文书" …………………… (153)

　第一节　中国古代契约 ……………………………………… (154)

　第二节　"清水江文书"及其特点 ………………………… (162)

　第三节　小江流域地域性研究的意义 ……………………… (172)

　第四节　小江林业契约 ……………………………………… (175)

　第五节　小江民事契约 ……………………………………… (189)

第四章　清水江江面上的"公约" ……………………………… (205)

　第一节　清水江干流上的"公约" ………………………… (206)

　第二节　清水江支流上的"公约" ………………………… (209)

　第三节　漂浮木回赎"公约" ……………………………… (217)

　第四节　清水江义渡"公约" ……………………………… (229)

第五章　诚信是契约社会形成的根本 …………………………… (239)

　第一节　竞争与诚信 ………………………………………… (239)

　第二节　契约诚信传统 ……………………………………… (246)

　第三节　神灵信仰与诚信 …………………………………… (253)

　第四节　伦理道德与诚信 …………………………………… (258)

　第五节　歌唱与诚信 ………………………………………… (266)

第六章　村寨社会的二元纠纷解决机制 (271)
第一节　二元诉讼机制并存 (271)
第二节　民间纠纷解决机制及其调整范围 (283)
第三节　官府的审理 (293)

第七章　婚姻习俗改革"公约" (305)
第一节　"姑舅表婚"与"舅权" (305)
第二节　从侗族婚碑看"姑舅转亲" (314)
第三节　从婚姻改革碑看结婚彩礼 (319)
第四节　从婚碑看"离婚"和"拐带" (322)
第五节　婚俗改革的推力与阻力 (324)

第八章　村寨法实施过程与运行场域 (334)
第一节　"村寨法"的形式与实施范围 (334)
第二节　村寨法运行的文化场域 (349)
第三节　寨老的职能及其在村寨法运行中的作用 (356)

第九章　清水江流域社会民族法秩序的形成 (364)
第一节　清水江流域"契约型社会"的形成 (364)
第二节　清水江流域民族法秩序的建立 (375)
第三节　林业商事活动中的"法秩序" (388)
小　结 (403)

参考文献 (405)
后　记 (418)

总论　法律的民间叙事

一直以来，法学之基本面貌呈现为某种官方叙事，并因此一叙事，似乎人们的法律生活也只是按照官方法律的安排依样画葫芦。即使一位纯属民间学者，但只要论及法律和法学，就自觉不自觉地蹈入官方叙事立场。其中缘由究竟何在？我以为这取决于长期以来法学所固有的研究领域——官方法及其实践。自然，官方法是立基于国家意志的产物，即使人们赋予官方法再多的现实性，一旦国家凌驾于社会之上、脱离开社会基础而建立规范天下的法律体系时，此种法律本身便自觉不自觉可能与民间立场背道而驰。对此，黄宗羲在抨击秦始皇以来古代中国的法律时，早已指出其症结所在：

> 三代以上有法，三代以下无法……三代以上之法也，因未尝为一己而立也。后之人主，既得天下，唯恐其祚命之不长也，子孙之不能保有也，思患于未然以为之法。然则其所谓法者，一家之法，而非天下之法也。
>
> 夫非法之法，前王不胜其利欲之私以创之，后王或不胜其利欲之私以坏之。坏之者故足以害天下，其创之者亦未始非害天下者也。[1]

这或许是自古以来，我国读书人如苏轼所言，"读书万卷不读律"[2]

---

[1] 黄宗羲：《明夷待访录·原法》，《黄宗羲全集》（第一册），浙江古籍出版社1985年版，第6—7页。

[2] 苏轼《戏子由》，原文为："读书万卷不读律，致君尧舜知无术。"

的缘由所在吧？那么，究竟如何突破法学的这种官方叙事立场？我以为，在反思既有法律的官方叙事立场基础上，寻访法律的民间叙事，至少是法学成长可以依赖的路径之一。本书即在反思既有法律的官方叙事之基础上，进一步阐释法律的民间叙事，以图为我国法学的多元发展、为我国法治的资源选取贡献新的解释框架和逻辑思路。

一　法律的官方叙事之理论和实践困境

（一）一种既有的法律叙事方式：法律的官方叙事

一直以来，我们深信不疑且流传广泛的法律叙事，可以称为法律的官方叙事。所谓法律的官方叙事，大体是指把人类以法律规范构造秩序的实践悉数交由国家统领，且除了国家之外，便没有其他可供人们叙述的法律对象。官方法是人们据以法律叙事的唯一准据和凭借，法律的官方叙事之外，再无其他法律叙事。甚至在有些学者看来，"在历史上，中国刑法史是法制史的重心。除了刑法史的法制史，便觉空洞无物"[①]。如此看来，具体到我国而言，法学家们以官方法为内容的法律叙事，不仅是指官方的一般法律，而且专门指向官方的刑事法律。这是因为刑法史的实践构成中国古代法律的核心事实。目前我们所能看到的古代中国最重要的法学著作，无所例外都是刑法学著作。推动中国法律近代转型的沈家本，所著的最重要的著作之一，是其煌煌四大卷《历代刑法考》[②]。两位美国学者在研究我国古代的法律时，指出了其三个核心概念，即法、刑和律。但在这三者中，刑处于核心地位：

中国法律中另一个重要概念是"刑"。在早期法律文献中，使用"刑"的概念可能比使用"法"的概念更加普遍。"刑"是表示"罚"，尤其是表示"体罚"。"体罚"是"刑"的最初含义。关于这一点，可以从汉字构成上的象形特点寻觅："刑"字在字形构成上，

[①] 蔡枢衡：《中国刑法史·序》，广西人民出版社1983年版，第4页。
[②] 笔者所藏的《历代刑法考》，由中华书局1985年出版。其中也收录了其重要著作《寄簃文存》。

包括一个"刀"。有充分的证据表明，在制定成文法之前，早已存在像剿、刵、宫及类似的体罚方法。成文法出现以后，刑的含义也有所扩大，它不仅表示惩罚本身，而且也表示成文的禁令，谁违反这些禁令，他就得受到惩罚。刑的后一种含义至关重要，因为到此它已具备"刑法"的特征。"刑"这一概念在早期法律文献中的使用频率——包括独立使用和作为"法"的替换词——表现了古代中国人这样的一种法律意识：法就是刑，成文法的最初含义就是刑法。这种意识在中国一直保留到二十世纪初，到1906年行政体制变革以前，政府的最高法律机构仍被称作"刑部"。①

尽管说古代中国的刑就是法并不完全符合事实，② 但说我国古代刑是法律的核心并无不妥。这种情形夷陵至今，尽管因为清末新政以来不断发生的法律变革，已然改换了古代中国刑即是法的既有局面，但法治的缓行和社会持续动荡的现实，刑法仍是受当权者格外青睐的法律统治方式。在这样的时代，反倒是除了刑法而谈论其他法律，让人觉得"空洞无物"。而一谈到刑法或者类似刑法的社会控制，即使其并未完全是由国家所掌握的统治利器③，但至少它应主要出自国家统一制定和统一执行。

---

① ［美］D. 布迪、C. 莫里斯：《中华帝国的法律》，朱勇译，江苏人民出版社2001年版，第7—8页。

② 私以为，我国古代的法律应由四个方面构成，即"宪"——规定并规范皇权及其行使办法、皇权与其他国家权力关系的规则、皇宫内部管理规则、皇权与神权关系的法律；"政"——规定并规范皇权之下的国家权力机构及其编制、职能、职责和内部关系的法律；"礼"——规定并规范普通民众日常交往行为关系的法律；"刑"——规定并规范违背上述法律规范后的刑罚责任的法律。

③ 即使在今天，类似刑罚的惩罚方式还在一些地方习惯中发挥着重要的职能。例如，在苗族地区盛行的由村寨长老们裁判实施的"罚三个100"（或罚120）（参见徐晓光《从苗族"罚3个100"等看习惯法在村寨社会的功能》，《山东大学学报》2005年第3期；《"罚3个120"的适用地域及适应性变化——作为对黔东南苗族地区罚3个100的补充调查》，《甘肃政法学院学报》2010年第1期），尽管主要类似于行政惩罚的性质，但也明显具有一定刑事惩罚的功能，因为毕竟惩罚的结果不仅是被惩罚者及其家庭在经济上受损，而且也在声誉和形象上受损。另外，在笔者的调查中，曾多次遇到这样的情形：在西北某回族村寨调研时，得知该村村民以往集体信仰伊斯兰老教，后来，外出务工者日增，有位青年回来带着新教教义到村寨活动。对此，全体村民无法接受，后经阿訇商量处理，劝其要么改信老教，要么全家人搬离该村（驱逐出村），结果该村民携全家老幼搬离该村。类似的处理机制，我们在贵州苗族村寨调研时也曾有耳闻。

否则，在刑法领域法出多门，不仅法将不法，而且人权不保、秩序荡然。在此种法律环境中讨论法律，倘若不以官方立场行法律叙事，似乎不但有害当局，而且也必然为祸普通公民。正是这种法律观，导致有关法律的叙事只能围绕着官方法展开，甚至只能围绕着官方的刑法而展开。

此种有关法律叙事的官方立场，不仅来自我国传统的法律观念，在一定程度上也深受法律实证主义思潮的深刻影响。因之，这一叙事体系，不仅为中国法律叙事所独有，而且是当下世界各国法学家法律叙事的主流观念。众所周知，法律实证主义在把法学视为科学，从而构筑法学专业槽，追求纯粹法学的同时，也把法律的领地全盘交由国家（主权者）掌握。其关于法律的著名主张是所谓"主权者命令说"，其关于法律价值的基本主张是"恶法亦法"。其中被人们引用最多的，怕是这一学派公认的鼻祖式人物奥斯丁的论断：

> 所有实际存在的由人制定的法，或者，我们径直而且严格地使用"法"一词所指称的法，是由掌握主权的个人，或者群体，对独立政治社会之中的一名成员或者一些成员所制定的。掌握主权的个人，或者群体，在独立的政治社会中，是独一无二的，或者是至高无上的。换句话说，所有实际存在的由人制定的法，或者我们径直而且严格地使用"法"一词所指称的法，是由独揽权力的主体，或者地位至高无上的主体，对处于隶属状态的一个人，或者一些人制定的。[1]

这一关于实在法性质的经典定义，不但影响了分别在德国和俄国接受过法学教育的马克思和列宁的思想，而且随着社会主义革命在苏俄的成功，直接影响了苏俄以来国家对法律的理解，成为国家法律中官方意识形态之核心内容。不但如此，而且在前述观点基础上，被国家法学者进一步发扬光大，法律不但在本质上取得国家政权的统治阶级的意志，而且在功能上，是实行阶级专政的工具，从而法律逃离了人们日常交往

---

[1] ［英］约翰·奥斯丁：《法理学的范围》，刘星译，中国法制出版社2002年版，第11页。

的生活属性。1984年出版的《中国大百科全书·法学》在解释法（法律）时指出：

> 法，又称法律（就广义而言）。国家按照统治阶级的利益和意志制定或认可，并由国家强制力保证其实施的行为规范的总和，包括宪法、法律（就狭义而言）、法令、行政法规、条例、规章、判例、习惯法等各种成文法和不成文法。法属于上层建筑范畴，决定于经济基础，并为经济基础服务。法的目的在于维护有利于统治阶级的社会关系和社会秩序，是统治阶级实现其统治的一项重要工具。所以，法是阶级社会特有的社会现象，它随着阶级、阶级斗争的产生、发展而产生和发展……并将随着阶级、阶级斗争的消灭而自行消亡。[1]

上述对法律的理解，尽管在一定意义上符合"文明时代"以来官方法发展和运行的基本事实，但并不完全符合人类秩序构造的客观实情。客观实情反而是这样的：人类的秩序，哪怕是"有利于统治阶级"的人类秩序，绝非统治阶级一己之意就能成就。如果是这样，法律就只能堕落为刑罚镇压的工具，从而刑法成为法律世界的主角就理所当然。正是这种对法律之似是而非的理解，进一步强化了法律的官方叙事。无论普通人们在日常生活实践中所理解的法律，还是法学家在理论上所阐述的法律，都蹈入这种基于国家主义的官方法律叙事。但是，这种对法律的理解，或者这种法律意识形态的阐扬，究竟使人们亲近法律，还是远离法律了？究竟通过法律帮助了"统治阶级"的政治统治，还是反而弱化并降低了这种统治？究竟有利于社会合作、社会秩序的达成，还是反而设置了社会合作与社会秩序达成的障碍？对这些问题的回答，或许有助于我们进一步反思目前这种官方法律叙事及其所导致的意识形态在法律理论和法律实践上所造成的困惑，并在此反思基础上进而建立一种有别于官方法律叙事的法学学理，以深化人们法律的理解，排除既有的法律学理对法治实践的障碍。

---

[1] 张友渔主编：《中国大百科全书·法学》，中国大百科全书出版社1984年版，第76页。

(二) 法律官方叙事的理论和实践困惑

对如上官方法律叙事，在西方国家，也已透过价值分析法学、社会分析法学、现实主义法学以及法律人类学等学术流派的反思、驳议而取得了有力的矫正。即使在我国，早在改革开放之初，就已经有法学家提出了深刻的反驳意见。[①] 特别是近 20 年来，随着法学理论的不断引进和开拓，我国法学研究的多元化格局已然形成，从而对相关固化的法律的官方叙事的批判得以深入展开。但令人不无遗憾的是，即使那些对既有的法律的官方叙事保持相当警惕的学者，在阐释其法律基本理念时，所抱持的仍然是法律的官方叙事。换言之，这些法学家并未在法律的官方叙事之外寻找到对应的法律叙事，而只是惯性地重构了一种新的法律的官方叙事而已。

例如，在 20 世纪 80 年代后期和 90 年代前期有相当影响的张文显对法学理论的重构，在涉及对法的本质的认识时，除了仍然秉持人们所熟知的经由维辛斯基改造的所谓马克思主义的法律本质观念之外，还强调了法所赖以产生和存在的物质基础对法的本质之作用：

> 在法的阶级性与社会物质生活条件制约性的关系上，我们强调物质社会生活条件是法的更深层次的本质，统治阶级意志是较浅层次的"初级本质"，不要把两者截然对立起来，更不要用社会物质生活条件的制约性去否定阶级性。因为，在马克思主义的理论体系中，法的阶级性与社会物质生活条件制约性是统一的……[②]

与此同时，他把法律列为社会规范的一种，强调法作为一种特殊的

---

① 例如，周凤举：《法单纯是阶级斗争工具吗？》，《法学研究》1980 年第 1 期，以及由此引发的贯穿于整个 20 世纪 80 年代前期的法的"社会性"和"阶级性"的论战（参见周凤举、纪祥《关于 80 年代"法的社会性和阶级性问题"大论战——建国以来法学界重大事件研究〔二十一〕》，《法学》1999 年第 2 期）。再如，张宗厚：《对法的三个基本概念的质疑》，《法学》1986 年第 1 期；张宗厚：《法学更新论——对传统法学的反思》，云南人民出版社 1989 年版等论著，都对推进相关问题的重新思考，激发人们的反思和创造热情，推进彼时法学、特别是法理学观念的变革做出了独特的贡献，也成为近三十年来我国法学观念变革之途中特别值得留意的一页。

② 张文显：《法哲学范畴研究》，中国政法大学出版社 2001 年版，第 39 页。

社会规范，其基本特征或特殊性体现在：第一，"法是调节人的行为或社会关系的规范"；第二，"法是出自国家的社会规范"；第三，"法是规定权利和义务的社会规范"；第四，"法是由国家保证实施的社会规范"①。由此不难发现：虽然上述第一、二点对维辛斯基法学观念具有明显的改造和改进，但其第二、第四点又自觉地或者惯性地折回到维辛斯基关于法的理念世界，从而法律叙事仍离不开官方立场、国家规定。可见，法学家们所重构的这些法律故事，仍然不过是法律的官方叙事。这样一来，曾经令人不无心动的法学理论的变革，尽管高高举起了这一变革的大旗，但这面大旗在迎风招展的同时，也随风而逝。在这种法律的官方叙事中，法学既有的困惑不但没有克服，反而同时还带来了新的困惑，并借此带来更多的实践困惑。

这种法律的官方叙事，导致法律和法学话语是一种囿于官方叙事的垄断话语，而不是开放话语；独断话语，而不是多元参与话语。尽管在诠释学史上，人们把人类解释或者话语现象一分为二，即独断型诠释和探究型诠释，其中独断型诠释是指：

> 独断型诠释学旨在把卓越文献中早已众所周知的固定了的意义应用于我们所意欲要解决的问题上，即将独断的知识内容应用于具体现实问题上。它的前提就是文献中的意义是早已固定和清楚明了的，无须我们重新加以探究。我们的任务不过只是把这种意义内容应用于我们当前的现实问题。神学诠释学和法学诠释学是它的典型模式。②

这样看来，似乎法学或法律叙事的天职就是独断型的。并且如果基于前述法律的官方叙事立场，这种对法律叙事的基本判断，并无什么不妥，因为该种叙事本来就强调法律不过是一种独断的国家意志和官方作为，因此，有关法律的叙事只能是官方叙事。然而，对于这样的论断，

---

① 张文显：《法哲学范畴研究》，中国政法大学出版社2001年版，第40—48页。
② 洪汉鼎：《诠释学——它的历史和当代发展》，人民出版社2001年版，第16页。

诠释学的集大成者伽达默尔曾经做出了深刻的驳论：

> ……的确，法律学家经常是研讨法律本身。但是法律的规范内容却必须通过它要被应用的现存情况来规定。为了正确认识这种规范内容，他们必须对原本的意义有历史性的认识，并且正是为了这一点法律解释者才关注法律通过法律实践而具有的历史价值。但是，他不能使自己束缚于例如国会记录告诉他的当时制定法律的意图。他必须承认以后所发生的情况变化，并因而必须重新规定法律的规范作用。
>
> 所以，法学诠释学其实不是特殊情况，而是相反，它正适合于恢复历史诠释学的全部问题范围，并因此重新产生诠释学问题的古老统一性，而在这种统一性中，法学家、神学家与语文学家结合了起来。[①]

如果说伽达默尔是站在法律的官方叙事内部视角，试图说明把法律诠释或法律叙事仅仅看成对官方法律之亦步亦趋并不可靠，从而说明这样的法学学理并不符合人类法律诠释的基本事实的话，那么，我则要选择另一视角来说明相关问题。人类的一切规范，皆为促进人类合作，并在合作中获得秩序而发现或制定。所谓发现，是指规范是在人们反复不断地行为中形成的。如此习以为常，形成结构秩序的规范体系。所谓制定，是指规范是某种特定观念、特定指导思想所构造的结果。所以，前者遵循经验主义进路，而后者追随建构主义逻辑。但无论如何，秩序是所有规范所共同追求的目的。这些林林总总的规范，能否被命名为法律，仅仅是一个命名问题，但并不改变这些规范的固有属性及其实际所发挥的秩序构造功能。

在这个意义上，法律的官方叙事所遵循的法律观念和法律概念，也不过是人们命名的结果，而并非人类权利义务分配、交往行为合作以及

[①] ［德］汉斯－格奥尔格·伽达默尔：《真理与方法——哲学诠释学的基本特征》（上卷），洪汉鼎译，上海译文出版社1999年版，第420、422页。

社会秩序构造的实践，全然遵循这种命名的逻辑。在我看来，反倒是过于遵循此种逻辑，必然是作茧自缚的结果。问题是作茧自缚是为了化蝶，但在法律命名上的作茧自缚不但无以化蝶，反而会把人类交往行为中权利义务分配、交往行为合作和社会秩序构造的大量行之有效的实践类型，轻易地抛诸脑后，形成根据法律的擅断和专断。法律不但无法构造有机的社会交往秩序和公共团结，反而只能带来机械的社会交往秩序和强制性社会团结。所以，如何寻求在不否定法律的官方叙事之前提下，通过法律的民间叙事，进一步增进多元的法律叙事，矫正官方法律叙事可能隐含的逻辑偏差，以及此种偏差对社会秩序构造可能隐含的威胁，就是我们此时代的法学必然面临的课题。

问题当然不仅仅存在于上述理论层面。法律官方叙事的垄断，事实上还导致实践层面的更多困惑。譬如当政府强调全面依法治国时，事实上，无论在行政环节、司法环节，官方都不能、也不可能完全抱守经由国家制定的法律而行事。特别在行政活动中，如何了解民情、民意，如何对其所管辖的一方土地上人们日常遵循的行为规则了如指掌、灵活运用，是其能否获得这一方土地上的公民支持与否的关键。或许正是出于这种考量，在古代中国，人们就提出了"入国问禁、入乡随俗"的著名主张。在现代国家，同样依照经验—建构的逻辑进路，推进国家秩序和国家结构。其中在规范自治基础上的地方自治和国家统一，特别是联邦制的国家结构等都提供了可资我们深入分析的诸多制度和实践。

但这种历史的经验并未全然贯彻在我国的制度实践中，反之，近代以来在内忧外患的强大压力下所形成的一种以"引进""移植"为名的"法制运动"，就是在同样强大的政府力量推动下的产物。这一运动，一方面彻底抛弃了我国固有的法律文化传统，从而一时间，中国大地似乎真的成了扫除了一切牛鬼蛇神的一张白纸："好写最新最美的文字，好画最新最美的画图"；另一方面，中国则成了一块等待西方文化开发的处女地：似乎只要按照西方法律文化的发展路数来耕耘，便必然会有收获。然而，实践的逻辑并未遵循此种理论的逻辑。毕竟接受数千年传统影响的中国，并非一张白纸，因此，再美再新的文字，再美再新的画图，也只能写在或画在墨迹斑斑的画布上。同时,毕竟外来的文化传统再先进,在一个文化条件不能匹配的国度要完全移植、复制,即使不能说是异想天开,但也总会困难重重。

在本质上,它虽然号称先进,但依然是由政府所主导的官方的制度实践。按照此种制度实践所形成的规范解释,自然是法律的官方叙事,而非法律的民间叙事。即使叙事主体出自民间,也只能传达来自官方的法律声音。有了这种法律的官方叙事,人们权利义务的分配、主体的交往合作行为以及社会的秩序建构似乎理所当然应以此种法律为基本根据。但实践的逻辑却每每对此予以矫正、甚至颠覆。其原因除了现行体制与现代法治的一般要求南辕北辙之外,更在于现代法治在此邦可以搭架的桥梁——传统法律文化被彻底抛弃。无论是作为大传统的法律文化还是作为小传统的法律文化,都遭遇此种命运。所以,我们不得不面临的尴尬是:一方面,我们的法律叙事仍然是官方的,这与自古而然的我国法律叙事没什么两样,"法者,宪令著于官府,刑罚必于民心,赏存乎慎法,而罚加乎奸令者也"[①];另一方面,我们的法律官方叙事,又不是本乎吾土吾俗,自家制造,而是粗制滥造,山寨他人。上述种种,提醒人们关注法律之民间叙事的必要。

二　法律的民间叙事立场

既然法律的官方叙事无以全然回应实践中人们权利义务分配、主体交往合作以及社会秩序构造的事实,那么,如何建立一种能够回应这些事实的法律叙事体系?我以为,在并不否定(当然,也无法否定)法律官方叙事之前提下,建立一种法律的民间叙事——不仅强调民间主体之法律叙事的地位,而且把民间既有的、官方法律之外用以分配权利义务、规范交往行为、组织社会秩序的规范纳入法律叙事议程中,或许是解决相关问题之关键所系。

(一)法律的民间叙事之学术资源

事实上,在西方法学中,尽管也主要回荡着法律的官方叙事立场,

---

① 《韩非子·定法》。

但因为法学多元化的发展,特别是历史法学、现实主义法学、法律社会学和法律人类学的发展,法律叙事也明显呈现出多元化的特征。正是这些学科与规范分析法学、价值法学的分庭抗礼,多元并存,呈现了在法律官方叙事之外的法律民间叙事,拓展了人们对法律的另一种认知。特别是"民族精神"说、"活法论"、"回应型法论"以及"原始法论",更强调法律的民间叙事。

众所周知,"民族精神"说强调法律与不同民族之民族精神的内在逻辑关联,强调首先法律存在于社会生活和社会秩序之整体中,是社会生活、人际交往及其秩序的一部分,而非其全部。有了这一前提,法律才是法学家手中的知识分支。在萨维尼看来:

> 对法律来说,一如语言,并无绝然断裂的时刻:如同民族之存在和性格中的其他一般性取向一般,法律亦同样受制于此运动和发展。此种发展,如同其最为始初的情形,循随同一内在必然性规律。法律随着民族的成长而成长,随着民族的壮大而壮大,最后,随着民族对于其民族性……的丧失而消亡。①

这一关于法律与民族精神关系的经典界说,把法律是民族精神的产物奉为圭臬。它表明法律不是游离于民族精神的独特存在,也不是任何意义上的精神教主们对人间的启事,而是生活在现实世界中的芸芸众生交往行为的精神产儿,是人们日常生活所须臾不可分离的规范事实,是人作为规范动物所无法摆脱的规范准则。因此,法律不但源自作为群体的民族精神,而且进一步追根溯源,还源自每位精神个体共有的规范性。这种对法律本质的界说,在一定程度上把法律叙事从官方、国家位移到社会,位移到民间。因此,这一学说奠定了法律民间叙事的逻辑前提和社会—规范基础。其实,这种把官方秩序搭架在民间需要和社会事实基础上的理念,在我国古代儒家学说、道家学说中均有体现。儒家对仁、

---

① [德]弗里德里希·卡尔·冯·萨维尼:《论立法与法学的当代使命》,许章润译,中国法制出版社2001年版,第9页。

礼的强调，道家对道、自然的青睐，正可谓其典范。即在彼时，已经有法律民间叙事的萌芽，可怜时光荏苒、时过境迁，国家和官方力量的越来越强大，且对其缺乏内、外节制，让人们误以为只有法律的官方叙事，才是通往法律之道的唯一途径！

而埃利希的"活法论"，径直将支配人们的生活作为法律叙事的基础。任何法律叙事，倘若逃离人们的日常生活关系，执着于既定的僵死规范，保守于官方法的定制，那么，法律不但不是既定社会秩序的守护者，反而是既定社会秩序的破坏者和解构者。自然，这种有关法律的主张，是典型的立基于民间立场的法律叙事，是对法律的官方叙事之有效纠偏。埃利希指出：

> 活法不是在法条中确定的法，而是支配生活本身的法。这种法的认识来源首先是现代的法律文件，其次是对生活、商业、习惯和惯例以及所有联合体的切身观察。这些事项既可能是法律所认可的，也可能是法律所忽视或疏忽的，甚至是法律所反对的。①

埃利希在此特别强调"活法"诸事项的三个维度：被官方法所认可的、所忽视或疏忽的、甚至被其所反对的。在法律的官方叙事看来，在法律叙事中关注前者理所当然，关注中者，并给予同情的理解亦情有可原，但把后者也拉入法律叙事中，则完全是法律的官方叙事所要坚决反对的。即使谈到这样的"活法"，在态度上也一定是法律的官方叙事所要无条件地、预先地否定的，是不能以任何暧昧的方式予以默认、肯定或支持的，否则，只能导致其与官方法分庭抗礼——即便实际上这种"活法"在现实生活中有很多。

但法律的民间叙事，却坚持对这种事实进行观察、描述和研究的价值，强调即使官方法律所反对的，但只要能够有效地维护人们交往行为

---

① [奥]欧根·埃利希：《法社会学原理》，舒国滢译，中国大百科全书出版社2009年版，第545页。

的秩序，本身就具有存在的"合法性"。所以，"合法性"标准并不是由官方法画地为牢地为人们规定的，而是人们的生活实践在动态和变迁中自由选择的结果。法律民间叙事的这种特点，显然与法律的官方叙事大异其趣。埃利希及其"活法论"，显然为法律的民间叙事提供了一个独特的入口和观察视角。

"活法论"之外，诺内特和塞尔兹尼克的"回应型法论"，再一次为法律的民间叙事提供了一扇把握其景观的窗口：他们把人类史上的法律，三分为"压制型法""自治型法"和"回应型法"。三者中，其中前者采行压制性权力支配法律的态度；中者坚守自治型法律支配权力的逻辑；而后者则寻求在开放的社会事实（社会权力）和内容自治、逻辑自治的法律规范的张力间保持某种互动和平衡。他们对三者在这一问题上的功能是这样描述的：

> 压制型法、自治型法和回应型法可以理解为对完整性和开放性的两难抉择的三种回答。压制型法的标志是法律机构被动地、机会主义地适应社会政治环境。自治型法是对这种不加区别的开放性的一种反动。它的首要关注是保持机构的完整性。为了这个目的，法律自我隔离，狭窄地界定自己的责任，并接受作为完整性的代价的一种盲目的形式主义。

> 第三种类型的法力求缓解上述紧张关系。我们称之为回应的而不是开放的或适应的，以表明一种负责任的、因而是有区别、有选择的适应的能力。一个回应的机构仍然把握着为其完整性所必不可少的东西，同时它也考虑在其所处环境中各种新的力量。为了做到这一点，它依靠各种方法使完整性和开放性恰恰在发生冲突时相互支撑。它把社会压力理解为认识的来源和自我矫正的机会。要采取这种姿态，一个机构就需要目的的指导。目的为批判既定的做法设立了标准，从而也就开辟了变化的途径。同时，如果认真地对待目的，它们就能控制行政自由裁量权、从而减轻制度屈服的危险。反之，缺少目的既是僵硬的根源，又是机会主

义的根源。[1]

显然,"回应型法"坚守法律的开放性理念,所谓开放性其实质是官方法律对民间规则的开放,是政治国家对市民社会的开放,是大传统或正式制度向小传统或非正式制度的开放。开放自然不是以抵消对方为目的,而是强调只有在法律的官方叙事之封闭性和法律之民间叙事的开放性之间保持互动和回应,法律才具有社会适应性,才能完善其逻辑的破绽和不足。才能把刚性和柔性在法律中有机且有效地结合起来。尽管这一叙事策略是对两种叙事的取长补短,甚至在总体进路上仍然是一种法律的官方叙事,但其至少为法律叙事的包容性开拓了一条路径。为法律的民间叙事以及它和法律的官方叙事之结合提供了一种可资借鉴的方案。

至于霍贝尔等人类学家,完全打破了官方法律叙事的藩篱,直接把法律叙事的领域投向初民社会和初民的规范生活。在其有关原始法的论述中,他坚持强调法律的文化和社会属性,从而消解了既有的官方法律叙事对法律起源之陈陈相因的论述:法律只是阶级矛盾和阶级斗争不可调和的产物,是国家这一社会现象的伴生物。霍贝尔指出:

> 一切法律制度,无论其内容或形态上有何种差异,它们都必有一些基本的共同因素。因此,我们的第一需要,就是勾画出其共同的要素所在。为此,我们需充分地了解社会和文化,以便在总的社会结构中发现法的地位。在我们要获得什么是法,以及它是怎样发挥作用这一问题的全面认识之前,我们必须对社会是怎样运行的有所了解……
>
> 人类学对法的研究完全是行为主义的和经验主义的,从其研究中我们认识到:一切人类的法律都存驻于人的行为之中。它必须通过对人与人之间的交互行为以及各种自然力对它们的影响进行客观而认真的观察来加以辨明。

---

[1] [美]诺内特、塞尔兹尼克:《转变中的法律与社会》,张志铭译,中国政法大学出版社1994年版,第85—86页。

> 当我们考察初民社会中的许多法律问题时，如果我们纯粹依赖法院和他们可预见的行为来作为衡量法律的标准，我们就仍然像被抛在大海上一样茫然……一些法院识别起来很困难。在人类的原始社会中，通常构成部落法院的可能就如同一个美洲印第安人村庄的部落议事会一样行使着司法职能；或者像西非阿散蒂人的法院，由其酋长、酋长的长老顾问班子及其亲信组成……这种类型的原始法院是不太难识别的……但一个更加模糊的"法院"形式可以在切因依纳印第安人的军事社会中发现。①

固然，霍贝尔以及其他绝大多数在人类学视角研究法律的人，主要是人类学家，但他们比法律社会学家们更彻底之处在于他们的法律叙事，压根儿不受官方法律叙事的羁绊——尽管其关于法律、法院、法官、裁判等一般符号术语仍来自官方法律的安排，但这些术语所命名的对象与法律的官方叙事中相应的术语所命名的对象却大相径庭——在这里，被法律的官方叙事抛出其外的原始人的那些规范生活、公共机构、纠纷解决等都照例获得了诸如法律、法律秩序、法院、司法裁判等和官方法类似，甚至完全相同的命名。其缘由或许正在于除了国家的压制性支配这一区别之外，这里的规范生活、公共机构以及纠纷解决，和"文明社会"的法律秩序、纠纷解决真正有区别者并无多少。

可见，"原始法律"或"初民法律"理论，不但为法律的民间叙事提供了具体而微的法律材料，而且为这一叙事提供了扎实有效的学术观点。这是一种把史料和史观紧密结合起来的学术主张，同时就法律的民间叙事而言，更是颇具直接开拓性的学术主张。

（二）作为民间生活秩序和相关理论范式的法律的民间叙事

近20年来，我国学者在关注法律的官方叙事的同时，随着"移植论"法制建设出现的颇多问题，一些心怀中国人固有法律文化关照、现实规范交往情境的法学家，把其注意力投向了在中国人的规范传统和现

---

① ［美］E. A. 霍贝尔：《初民的法律——法的动态比较研究》，周勇译，中国社会科学出版社1993年版，第5、24—25页。

行规范生活寻求法制建设的灵感。其中"法律文化论""本土资源论""民族传统（精神）论""多元法律论""多元纠纷解决机制论"以及"民间法/习惯法论"等不同的学术主张和学术见解，纷纷登场，开辟了不同于传统的官方法律叙事的新的法律叙事模式。这种新的法律叙事模式，一方面，并不是对西方法律叙事模式的否定，相反，他的学术资源和学术灵感就来自包括上述学术主张在内的西方学术思潮；另一方面，它也建立在中西方，乃至整个人类法律实践的基础上。因为无论是中国固有的法律传统，还是西方法律传统，法因于俗一直是法律发展的一个基本事实，也是即便官方也无法否认的客观存在，当然，更是面向法律实际的法律学人所恪守的基本立场。法律不是风俗习惯和其他社会规范的破坏者，而是借助法律的风俗习惯的维护者、建设者。以破坏风俗习惯和其他社会规范为己任的法律，迟早会被风俗习惯和其他社会规范所解构。

事实果不其然，我国新文化运动以来的文化—制度实践，对此予以生动且教训深刻的诠释：曾经一度以移风易俗、文化革命为己任，是学界和政界共同的宏愿，但数十年的实践证明，并不是人们的宏愿得以并足以移风易俗，反而是风俗习惯以其坚韧的文化秉性改造着人们的宏愿。当年完全打破了既定传统秩序的"腊月三十不停工，正月初一照样干"一类的宏愿，如今却完败于每逢腊月三十前后拥挤的人流、车流和物流。这难道还不能说明问题吗？因此，在法律的官方叙事之外，如何真正关注民间，并关注法律的民间叙事，是当下真正关注中国法制现代化进程的学人所不能回避的话题，也是法学借此可能另辟成长之路的重要场域，更是以资国家治理现代化的必要学术举措。

法律的民间叙事，首先是指民间的秩序构造或组织方式。在很多时候，这种秩序构造也会依循官方法的某些规定——特别随着官方控制机制和控制能力日复一日的下移，从"皇权不下县"，到如今遍布的由官方直接控制的乡政府和间接控制的村组织、村民小组、社团组织等，都在一定程度上直接决定或间接影响着人们行为和官方法律在某些问题上的同步。而现代发达的交通、通信、网络和媒体，更使掌握了这些领域权力的官方，能够得心应手地把官方法律灌输于民间，从而容易导致即使在民间，也充斥着有关法律的官方叙事①之事实。

但在更多时候，民间却在顽固地我行我素，按照既有的"秩序路线图"编织其交往秩序。对此，《乡土中国》之类的社会学名著提供了足以发人深省的观点和材料，国外相关的调研成果《无需法律的秩序：邻人如何解决纠纷》②等书也提供了琳琅满目的例证。在我国当代乡村基层社会，法律运行的典型环节——司法却呈现着一种明显的"双二元结构"：

> 基层法官的司法呈现出两种形态。一方面，日益法治化；另一方面，过去那种治理化形态依然不时出现在司法过程中。同时，在基层法官的司法之外，还存在另外一套系统——乡村干部的"司法"，这套系统解决了大量的纠纷，期间充满高超技艺。这样，乡村司法就具有两个层面的二元结构，微观层面的二元结构存在于基层法官的司法中，宏观层面的二元结构由乡村干部的司法与基层法官的司法共同构成。这两个层面叠合起来，就构成了乡村司法的"双二元结构"。在这种双二元结构中，乡村司法呈现出三副形态：一是基层法官司法的法治形态；二是基层法官司法的治理化形态；三是乡村干部司法的治理化形态。③

尽管在这一总结中对"法治"和"治理"二者的过分区分或许会在理念上割裂法治的意义，因为在一个健全的法治国家，任何治理，都须依从法治的理路，而没有必要从法治之外另辟蹊径。不过之于当下中国半生不熟的法治状态而言，它又不失为一种合乎事实的解释框架。在这种"双二元结构"中，官方法仅仅是恢复秩序之规范来源之很有限的一部分，恢复秩序的真正规范来源，往往是乡村既有的规范，因为所谓秩

---

① 当然，这种情形及其效果并不尽然导向对官方法的尊重，有时还会适得其反。因为毕竟当代中国并不是一个法治得以全方位落实的国家，因此，媒体或社会交往中所充斥的内容，有时候是和官方法的要求并行不悖的，但有时候、并且很多时候其内容和官方法的要求背道而驰。例如，一些权威的传媒机构，在报道一些尚未裁决的案件时，常常违背正当法律程序，擅行媒体审判功能。这或许足以说明相关问题。

② 该书由［美］罗伯特·C. 埃里克森著，苏力译，中国政法大学出版社2003年版。

③ 陈柏峰：《乡村司法》，陕西人民出版社2012年版，第274页。

序被破坏，在很大程度上本来是人们立基于既有规范的一个判断，而不是立基于官方法的判断，因之，以之判别行为中的是非曲直自然比以官方法为判准来判定，更能俘获受既定规范长期熏染的人们的认同和接受。①

可见，所谓法律的民间叙事，绝非脱离经验事实基础的空洞逻辑想象，而是人们日常生活交往中秩序构造的经验总结。它不仅能说明我国乡村秩序构造的情形，同样也能反映当代中国的都市秩序，特别是社区秩序构造的事实——因为当代中国的都市并不是一个法律畅通无阻的所在，相反，在都市的"道路"上，除了通行着官方的法律之外，同时也通行着民间规范。它不仅能说明中国民间秩序构造的情形，同样即使以之关照高度法治化、形式理性化了的西方世界，也能够有所收获。特别是在排队和小费等日常生活领域，秩序往往不是依赖于法律的官方叙事，反而常常依赖于法律的民间叙事。

有了法律民间叙事的上述事实依赖，法律的民间叙事就不应仅仅停留于此种事实，而且应升华为一种理论范式。在此意义上，法律的民间叙事就是有别于法律的官方叙事的一种必要的理论范式。坚持法律的民间叙事，不仅意味着为官方法律的建立寻求民间力量的支持，也不仅意味着为官方法的贯彻落实寻求一种可供补充的资源，而且更意味着要立于民间的立场，站在民间秩序构造的事实基础上，描述民间生活秩序的场景，提升对民间生活秩序场景的理论解释，并就民间生活场景的经验合情性、逻辑合理性和价值合法性做出必要的说明。

法律的民间叙事取决于一种和民间法相关的法律思维，因此，它需要人们树立一种有别于"官方法思维"的"民间法思维"。什么是"民间法思维"？有学者认为：

---

① 典型例证如在青海某地，修建了一座大桥。当地藏族村民认为该桥有违"风水"，故经常在夜间乘管理人员不备肆意损坏桥梁，无论采取何种办法都无济于事，也抓不到真正施行破坏的具体个人。迫不得已，管理人员求教于当地寺院的高僧。高僧说：那简单，只要给桥头插上一杆经幡就没人损坏了。管理人员照高僧意见而行。果真灵验，再没人损坏它了！相关被破坏的秩序就这样依循当地人的规范被轻而易举地修复和解决了。

> 研究民间法首先必须确立国家与社会二元分立这样一个基本前提……
>
> ……
>
> 所谓的"民间法思维"乃是基于现代性的视野、规范法学立场之下的关于民间法研究的总体性思维进路,而不是基于任何意义上的民间社会生活世界中的人们的生活立场与观点,"民间法思维"毋宁是现代主义的法治意识形态支配下的观察与思考民间法的立场与方法,其中"现代性"是我们思考民间法问题无法挣脱的、不可超越的意义背景……"民间法"思维所涉内容基本上应当属于思维逻辑的"大演绎"部分……①

尽管这一解释和分析框架为民间法思维在现代性背景下的出场提供了一份较好的学理论证,也较好地剖析了民间法思维的社会—时代基础。但与此同时,对此必须提问的是:

第一,民间法及民间法思维的前提——社会和国家的两分仅仅是现代社会的产物吗?是现代性的结果吗?事实上,自从国家这一范畴从社会中分化出来之后,国家与社会的两分从来就是一个经验事实。国家完全取代社会的情形,只在极个别的极权时代才是事实,而在一般的专制时代,国家既没有也不可能达成此种极权效果。因此,即使在秦皇以还的中国专制时代,仍存在"皇权不下县"的客观事实,存在国家治理和社会自治的边界,存在着皇权国家和宗法社会两分的情形。这或许正是梁治平以"社会与国家"两分的理念来分析清代习惯法的缘由所在。②

第二,"民间法思维"果真必须依赖于现代性视野吗?事实上国家产生以来,社会面临的最大威胁从来都来自利维坦——国家这个怪兽。人们既不能离开它,但同时又不得不面临它的巨大威胁。古代社会是如此,现代社会也是如此。因此,这既是个"古代性"问题,也是个现代性问题。绝不是说现代性才造就了"民间法思维",因为即使在遥远的古代社

---

① 魏治勋:《民间法思维》,中国政法大学出版社2010年版,第25、28—29页。
② 参见梁治平《清代习惯法:社会与国家》,中国政法大学出版社1996年版。

会，孔子就强调"失礼求诸野"的意义，而管子则强调"有身不治，奚待于人？有人不治，奚待于家？有家不治，奚待于乡？有乡不治，奚待于国？有国不治，奚待于天下？天下者，国之本也；国者，乡之本也；乡者，家之本也；家者，人之本也；人者，身之本也；身者，治之本也"①。他的这种家/国，社会/国家的分解，在一定程度上已然奠定的"民间法思维"的事实基础。而在现代国家之所以更突出这一思维，最多只能说现代性让人们有条件更自觉地关注民间法，并有能力把民间法纳入法律的民间叙事之话语系统和理论框架中。

第三，"民间法思维"不立基于"民间社会生活世界中的人们的生活立场与观点"，那它究竟以什么为其事实依凭？诚如前述，作为法律的民间叙事之"民间法思维"，首先立基于日常交往世界中人们运用民间规范构造社会秩序的事实；其次才是在这一事实基础上的学术提升和理论建构。退一步讲，即使论者所强调的作为"民间法思维"前提的社会和国家的两分，也恰恰表明社会作为与国家相对存在，甚至分庭抗礼的事实，只有在此一事实基础上，"民间法思维"才有所附丽。因此，把"民间法思维"从日常生活世界中人们的（规范）生活和立场刻意隔离开来的看法，表面上看，可以不受干扰地构建一种"民间法思维"的学术框架，但在实质上，反倒切断了"民间法思维"的事实基础和逻辑前提。

因此，毫无疑问，法律的民间叙事需要一种"民间法思维"，但在笔者看来，对此种思维的界定应采取这样的态度：法律的民间叙事及其"民间法思维"，是针对法律的官方叙事及"官方法思维"而提出的概念。它一方面是指社会主体在日常生活交往中构造秩序之事实、态度、立场和观念——无论其与官方法的态度、立场和观念相合辙、相包容，还是背道而驰、分庭抗礼；另一方面则是指对这种有别于官方法交往行为及其秩序的客观描述、学术阐述和理论提升。前者指向民间日常生活中除了遵循官方法律生活之外的规范生活，而后者强调对这种异于官方法律要求的交往秩序应保持同情理解的态度和理论提升的热情。这两个方面可分别命名为事实层面的法律的民间叙事和理论层面的法律的民间叙事。

---

① 《管子·权修》。

三 民间法、官方法与法律的民间叙事

法律的民间叙事自然首先要关注的是其对象。这一对象大体可分解为两个方面：其一是以人们在日常生活中缔造交往秩序的规则作为理解和认识法律的重要入口，从而寻找法律合法性与正当性的社会基础，这一对象即民间法；其二是以人们日常对官方法的态度和选择为参照，发现民间视角的官方法究竟是什么，这一对象即官方法。因此，法律民间叙事的对象，既会涉及民间法，也会涉及官方法。对此，笔者将分别从如下三个方面进行阐述。

（一）民间法，含义、作用条件及对它的批评

在学术谱系上，民间法这一概念是官方法或国家法的对称。它泛指官方法或国家法之外的一切具有对人们分配权利义务功能，且具有现实强制效力的交往行为规范。所以，这一概念的前提是社会与国家的两分理论。故在此，我不就这一概念中的其他内容展开论述，而仅就社会与国家两分对民间法作用的意义略陈管见。

众所周知，在近代政治哲学中，黑格尔提出了著名的市民社会与政治国家的两分理论。而马克思在批判黑格尔上述理论的基础上也对市民社会及其与政治国家的关系问题做出了更为意义明晰的阐释。他们分别指出：

> 市民社会是处在家庭和国家之间的差别的阶段，虽然它的形成比国家晚。[1]
>
> 家庭可比之于感受性，市民社会可比之于感受刺激性，国家是自为的神经系统，但它只有在两个环节，即家庭和市民社会，都在它内部得到发展时，才是有生气的。[2]
>
> 市民社会包括各个个人在生产力发展的一定阶段上的一切物质交往，它包括该阶段上的整个商业生活和工业生活……这个市民社会是全部历史的真正发源地和舞台，可以看出过去那种轻视现实关

---

[1] ［德］黑格尔：《法哲学原理》，范扬、张企泰译，商务印书馆1961年版，第197页。
[2] 同上书，第264—265页。

系而只看到元首和国家的丰功伟绩的历史观何等荒谬。①

> 家庭和市民社会本身把自己变成国家。它们才是原动力。可是在黑格尔看来却刚好相反，它们是由现实的理念产生的。②

而恩格斯更为干脆明快地指出："决不是国家制约和决定市民社会，而是市民社会制约和决定国家。"③

我不厌其烦地引证这些思想家对市民社会和政治国家两分的理论，是想说明：

其一，这一理论绝不是思想家在书斋里的想象，而是人类社会和国家关系发展的事实。理论的阐述不过是对相关客观事实的陈述和升华，而不是凭空臆测。例如，即便中国这样一个长期以来受到皇权专制主义严格控制的国家，照例存在"宗法社会"和"皇权国家"的两分④；照例存在因为"天高皇帝远""皇权不下县"而导致的国家统制与基层自治的两分。刻意抹杀市民社会和政治国家的两分，其必然结果是国家专制主义的甚嚣尘上，它必然导致社会主体、地方主体、直到个体主体的荡然无存。这些主体的荡然无存，进一步只能导致诸如"灵魂深处闹革命""狠批私字一闪念"这类令人不堪回首，又啼笑皆非的无知举措。

但不无遗憾的是，共和国成立以来直到如今，一方面，社会和国家的二分反倒被国家强有力的一元化控制所替代，国家主义大体上替代了"社会主义"，从而社会与国家的两分理念和知识与人们恍若隔世。人们不能接受一种在神圣的国家之外还能独存的社会。另一方面，官方对市民社会与政治国家相区分的理论，也一直心怀忌惮、尽量回避、甚至不惜动用公权以压制，生怕这一理论对现行的由国家统治一切的机制造成某种威胁。在实质上，这种忌惮、回避和压制，是对民治信念的背弃，是对绝对权力可能遭遇动摇的恐惧。然而，这种对社会与国家两分的提

---

① 《马克思恩格斯全集》（第 3 卷），人民出版社 1960 年版，第 41 页。
② 《马克思恩格斯全集》（第 1 卷），人民出版社 1956 年版，第 251 页。
③ 《马克思恩格斯全集》（第 21 卷），人民出版社 1965 年版，第 247 页。
④ 参见谢晖《政治家的法理与政治化的法——20 世纪中国法理对"宪政"的支持关系及其变革》，《法学评论》1999 年第 3 期。

防，往往会严重遏制社会主体的积极性、主动性和能动性。

其二，民间法与市民社会具有逻辑上的内在关联。社会和国家两分被遏制，在逻辑上预示着社会的治理只能允许一种规范的作为，即只能允许国家法律发挥作用，其他一切社会规范都在国家法律的治理排斥之列。问题是事实上，国家法律又不具备独断地规范、调整社会所有交往关系的能力。越是强调国家一统天下，对社会自治严防死守的国家，国家法律的调控能力越是捉襟见肘。缘由何在？这恐怕必须结合法律自身的权利义务的分配功能以及其公开性、普遍性等特征来理解。在这个意义上，即便再专断的法律，对权力的绝对性而言也是一种制约。它意味着当权者必须把权力置于法律的规范下。但问题是在专权国家，一旦法律有碍绝对权力的伸展，绝对权力自然会抛开法律，另择方案。这样一来，在官方层面，抛开法律，就不得不求诸所谓"潜规则"；在社会层面，法律自然难收全面调整交往关系的效力，反倒为诸如习俗、社会道德、宗教规范、社团规范等其他社会规范提供了发挥作用的条件。

这种情形，从另一视角说明，尽管在权力绝对的国家试图遏制社会和国家的两分，但事实上，这又是人为的力量所无法遏制的。只是在人为遏制的条件下，社会和国家反以变形的方式运作着。从法律效力视角看，与其说国家根据法律运作，毋宁说国家也变形地根据社会规则运作。与其说社会国家不分，毋宁说社会与国家以变形的方式在两分。与其如此，不如公开认可、积极倡导、并在制度上设置社会与国家两分的合法通道，让法律跨越社会与国家之间，使国家行为严格按法定要求行使，让社会行为在法律的空间内自治地行使。这样，才能提供民间法自主地、妥当地作用的条件，并收获民间法与官方法交互作用、取长补短之效。

尽管如此，但谈及民间法的研究时，在国内学术界尚有与此完全不同的看法。其中曾宪义、马晓红以及伍德志诸位学者的意见很典型。兹引述如下：

曾宪义和马晓红认为，在中国传统法研究中，提出慎用"民间法"一词：

> 在中国传统法的研究中，"民间法"一词的使用应该慎重。这是

因为：第一，舶来的"民间法"一词有其特定的含义和产生的社会背景，我们不能望文生义，将其简单地解释为与国家或官方相对而言的"民间的法"。第二，中国传统法中究竟是否存在着舶来意义上的"民间法"确实是一个尚需要认真考察的问题。①

而伍德志则进一步把民间法研究和所谓的"现代犬儒主义"相勾连，并以道德挞伐姿态，指出了这一研究的所谓诸多缺陷和弊害：

> 犬儒主义正是缺乏真诚性的一种表现，犬儒主义者对事实与价值并没有异议，但他们明知违背事实和价值而依旧为之。因此，事实批判与价值批判对于犬儒主义都不会再有功效，而只有通过学术人格的批判，我们才能击中犬儒主义的软肋。相比于那种公开进行左右逢源的犬儒主义，民间法研究是潜藏较深、不易为人所察觉的犬儒主义。
>
> 首先，民间法研究者们无视实在法在现代民族国家的秩序整合中所发挥的关键性地位，通过将民间法拔高到与国家法并列的二元并立地位，使民间法成为中国法治建设大局中与国家法平分秋色、旗鼓相当的秩序整合模式……其次，对于大多数民间法研究者来说，其圆滑与狡黠之处还在于，在二元并立模式下，他们不仅不必否认国家法研究的重要性，而且还可以研究民间法与国家法之间的互动以及国家法对民间法的吸收，而由于民间法规范大多属于私法范畴，论题本身就自然限制了这样一种民间法与国家法研究不可能触及政治性的法律实践问题。民间法研究者在这里表现出对于国家法特有的暧昧性：他们无疑对国家法有所不满，但他们对国家法的批判又无法触及其痛痒之处，只能对一些非核心的非政治法律实践敲敲打打……最后，民间法研究者对其研究的现实意义的放大还体现于多数学者对民间法合理性的假想上，而普遍忽视了民间法秩序中的负

---

① 曾宪义、马晓红：《中国传统法的"一统性"与"多层次"之分析——兼论中国传统法研究中应慎重使用"民间法"一词》，《法学家》2004年第1期。

面部分……最终，民间法研究对其现实意义的自我论证与自我放大因此能够达到一种犬儒主义效果：对学术无能的不自知、对逃避政治现实的自我说服、对学术繁荣的自我陶醉。法学学者博取学术声誉和地位的手段是对非政治性法律实践的大力研究，只有在非政治性法律实践领域，他们才能找到学术的独立和自主。鉴于他们对中国法治建设核心问题的清醒认识，他们在学术上不诚实的地方在于，将非政治性法律实践从理论上放大和虚构为全部或者主要的法律实践，将片面化的民间法研究上升到法制现代化的整体性层面。在他们故意性的不健全视野之下，还要指点"中国气派"的"现代法制"，还要引领"中国法律理想图景"，还要构建"中国法治图景"。对于民间法研究者对自身现实意义的这种过度拔高，我们不能仅仅从纯粹的学术角度来批判，因为民间法研究作为一种犬儒主义生存策略，其对自己的所作所为一清二楚，但依旧为之。①

对民间法研究的上述学术批评，不乏片面、尖刻和深刻，且两篇文章分别在两个方向上（历史的和现实的）出发对民间法研究展开批判。这意味着：

一方面，民间法研究要选取历史的维度，似乎此路不通（曾、马文），因为在秦始皇以来的专制主义传统没有提供民间法足以发挥作用的空间。官方法早已全方位作用于民间社会，全面干预民间生活，并且全面调整社会交往。且不说这种对古典官方法功能的估计是否经得起史实的考验，仅就民间法在古代中国的作用而言，只要与"官方史"（所谓"帝王将相史"）相对的"社会史"（所谓"三教九流史"）存在，就必然意味着与官方法相对的民间法的存在。因此，如果研究中国古代社会史并不算什么违忤行为的话，那么，研究和社会史息息相关的民间法也就算不得是什么违忤行为，相反，还是一个饶有兴味的法律史学术话题。更兼之民间法研究尽管尊重中国传统法，但从不囿于中国传统法而转圈圈。

另一方面，民间法研究要选取现实的维度，似乎此路更加不通（伍

---

① 伍德志：《论民间法研究的犬儒主义色彩》，《法律科学》2014年第6期。

文），因为民间法研究不但无以解决当下中国面临的实质性的社会问题，而且透过对这些问题的遮蔽，民间法研究者无论在姿态上还是事实上，都具有明知故犯的"现代犬儒"特征。此种对民间法研究及研究者的诟病，无视中国社会向市民社会发展中急需社会自治和规范自治的内在需要，无视私法的充分发展是一个更亟待"政治性法律实践"变革的话题，从而把一种具有对中国变革具有根本性指向（摆脱国家主义桎梏，迈向社会和国家的两分）的理论主张和实证研究，轻易地抛出社会变革的"阵营"，推向国家主义者的怀抱。这种建立在不求甚解基础上的"无知和偏见"，更兼之其所抱有的那种对民间法研究者的道德臆测，而非学术批评，不但背离基本的学术宗旨，而且滑向其所批评的反面。结果是好心办坏事，把盟友推给对手。

当然，对如上批评的系统回应，并非本书的主旨所在。本书之所以要引出这些批评，更想强调的是如上的批评意见显然都站在国家法律叙事的视角，而对于法律民间叙事或视而不见、置若罔闻，或不求甚解地胡说一通。我自然不愿意指责这是什么学术道德问题，只是想强调：忽视甚至无视民间法的存在及其作用，无论其主观意图是什么，但其客观结果只能为国家主义的法律观张目。因为法律民间叙事的对象，不仅是官方法，而且更是民间法。

（二）民间法之为法律民间叙事的对象

民间法是作为与国家相对，且自治独立的社会而言的，是社会及社会主体自治的规范表达和规范凭借。但凡独立、自治的事物，都有其内在的规定性。在人类社会交往领域，这种内在规定性体现为社会规范。只要一种社会规范现实有效（获得自治体内人们的普遍接受，其被违反后理应得到矫正），具有主体间权利义务的分配功能，那么，这样的社会规范就可谓之民间法。所以，民间法包括习惯法但不限于习惯法，包括宗教法但不限于宗教法，包括社团、财团规范但不限于社团、财团规范，包括村规民约但不限于村规民约……显然，民间法的外延，指向所有自治或本应自治的社会主体。这表明，人们的规范生活，不仅来自官方法，更来自日常生活中对和自身交往行为息息相关的民间法。

规范生活的实质就是法的生活,只有在日常的规范生活和规范交往中,人们才能树立自觉的法感觉或法意识。在一种外在强制模式下,尽管也照例能够树立法感觉和法意识,但借此树立的法感觉和法意识,既然来自外在力量,也就很难由人们的自觉来决定,毋宁说它只是外在强制的结果。人们不可能自觉地据此组织日常交往的秩序,但人们完全能够自觉地根据民间法的规范内容来组织其日常交往秩序。在民间法的秩序图景中,人们未必一定把法镌刻在青石上、印刷在白纸上,但人们一定会通过日复一日的行为、喜闻乐见的讲说、歌唱、舞蹈等方式,把法铭刻在心底,让法成为人们日常生活的内在规范,而不是其外在强制。

兹以歌唱为例,在苗族地区,规范人们日常交往行为的"议榔词"(榔规)、理词以及巫词等,基本上是通过苗寨里权威人士以苗民喜闻乐见的方式唱出来的。如:

>……有人思想极坏,有人道德极差,像牛拱坏圈壁,偷盗破坏地方。乱造歪歪理,破坏榔规约。地方不答应,寨子不容恶。集齐榔约之寨,齐聚榔约之人,走路要齐步,扭头要一边。舂他像舂药,捶他像捶砂。捆他晒太阳,闷他深水潭……众人听我言,众人听我论,有律在古代,有例在祖先。论古律来听,说先例才知。天上有天理,天下有律例。①

同样,在彝族有些地区,有相当影响的"训世歌",也是以人们喜闻乐见的歌唱形式表达的。所谓"训世歌",顾名思义,是教人们如何交往行为、谨守法度的。且看其对诚信以及和诚信相关的问题所做的训导:

>居木的子孙/坦诚对宗族/诚恳待家支/兹失信无颜/莫失信无光/小伙失信惹纠纷/姻亲若失信/媒人来调节/纠纷理不清/德诂来调解/金银无计量/戥子来刻度/田地无标志/地界来划分/粮食无计量/量斗来度量/失信如斯言/未必全如此/居木的子孙/礼貌待姻亲/姻亲来联

---

① 唐德海(唱),唐千武、唐千文整理:《议榔词》,谢晖、陈金钊主编《民间法》(第8卷),山东人民出版社2009年版,第394—395页。

姻/文明待朋友/朋友珍爱你/谨慎随兹莫/兹莫保护你/谦恭随长辈/长辈爱惜你。①

而在一则有关"贺新房"的习俗歌中,对哈尼族与汉族两个民族各自自觉地谨守其地界划分协议的情形,也给予形象、生动,又不失严肃的描述:

萨……咿……/天有了风口/地有了风洞/因有哈尼和汉人的分界线/因有汉人和哈尼的分水岭/那欧保是哈尼和汉人的分界线/称嘎保是汉人和哈尼的分水岭……有了哈尼和汉人分开的分界线/有了汉人和哈尼分开的分水岭/从此哈尼不过那欧保/从此汉人不过称嘎保/从此哈尼和汉人地盘清/从此汉人和哈尼界限明……②

至今在这些民族的日常生活中,人们的交往行为依然自觉地遵循相关歌谣的劝导、规训、甚至一定条件下的强制。这种情形,不仅存在于这些身处边远地带的族群中,而且也存在于文化根底深厚、文明传统久远的汉民族中。所谓"人情一匹马,买卖争分毫"是对赠予与买卖关系提纲挈领、形象生动的总结;"没有规矩,不成方圆"对法结构社会秩序的简洁明快、脉络清晰的强调;"靠山吃山,靠水吃水"对习惯权利合乎逻辑、也合乎事实的推论;"排队购票,先来后到"对公平机会恰如其分、合情合理的处断等,都让人们在日常的规范交往中形成对法的体认、感知和意识。这种"法感",才是法律的民间叙事。法律官方叙事若不和此种法律民间叙事相挂钩,反而以排斥法律民间叙事为能事,煞有介事地运用强制手段"移风易俗","破四旧、立四新",只能收获法律尽管多如牛毛,奈何民众并不从法的喟叹!

民间法之所以是法律民间叙事的对象,在于民间法植根于人们的生活历练、文化传统和情感体验。在世间不存在国家意义上的官方法之时,

---

① 雷波县语言文字工作委员会编:《彝族训世经》,中国文联出版社2013年版,第20—21页。
② 李期博等编:《哈尼族习俗歌》,云南民族出版社2006年版,第35—36页。

人类就存在交往行为的制序活动，存在"没有法律的秩序"。马林诺夫斯基和霍贝尔等的发现和论述，给世人揭破了一个有关法律的神话，即法律只能是国家的产物，是统治者意志的表达，是官家上下其手推行其统治的工具①的神话。他们深入的观察和研究证明，早在国家意义上的官方法出现之前，初民们早已通过其独特的规范体系——原始法来组织交往秩序，发展其法律民间叙事。

自然，时移世易，初民们的秩序构造方式和法律民间叙事，未必就一定能说明在现代这个全球化、现代化的时代以民间法为基础的法律民间叙事。在一定意义上讲，随着统治技术和条件的越来越方便、发达，特别是现代化的交通工具、通信工具，以及这些工具主要被国家所掌握，更增添了国家利用聚集的强制力和方便工具推行官方法的可能，从而自生自发的民间法和民间秩序之空间越来越逼仄。但事实上却是：国家的统治，越来越依赖于自治主体的自由智慧。因此，官方法律中的权力空间越来越大，官方对人们权利保护的义务和责任愈益重要。事实上，官方法中权力空间的扩大，与其说是对民间法秩序的否弃，毋宁说是对民间法秩序的一种巧妙的鼓励和"网罗"。这恰恰是对社会自治主体——无论公民、法人、村社、其他社会组织之自治的肯定，是为民间法成长及自生自发秩序的发展提供条件，从而是对这个官方法已然雄霸天下、网罗世间的时代，人们以民间法为据而进行法律叙事的肯定。

正是在此意义上，萨维尼所刻意强调的法律是"民族精神"的论断，哈耶克对"自生自发秩序"的肯定②等并不是凭空议论，而是对以民间法——自治主体自主交往行为的规范以及在这一行为规范基础上的法律民间叙事的描述和表达。而中国法学家无不熟悉的马克思的一些结论，更可看作在社会和法律（国家）两分基础上对法律民间叙事之深刻诠释：

---

① 参见〔英〕马林诺夫斯基《原始社会的习俗与犯罪》，原江译，云南人民出版社 2002年版；〔美〕E. A. 霍贝尔：《初民的法律——法的动态比较研究》，周勇译，中国社会科学出版社 1993 年版。

② 参见〔德〕弗里德里希·卡尔·冯·萨维尼《论立法与法学的当代使命》，许章润译，中国法制出版社 2001 年版；〔奥〕弗里德利希·冯·哈耶克：《自由秩序原理》（上、下册），邓正来译，生活·读书·新知三联书店 1997 年版。

社会不是以法律为基础，那是法学家的幻想；相反，法律应该以社会为基础。法律应该是社会共同的，由一定的物质生产方式所产生的利益需要的表现，而不是单个人的恣意横行。①

法律应该"是事物的法的本质的普遍和真正的表达者。因此，事物的法的本质不应该去迁就法律，恰恰相反，法律倒应该去适应事物的法的本质"②。

（三）官方法之为法律民间叙事的对象

自然，法律的民间叙事不仅局限于民间法这一对象，因为毕竟官方法在名义上是适用于法律有效期限内一个国家的全体主体的。无论这些主体是以公民、自然人、法人还是非法人团体的身份出现，只要在一个主权国家内交往行为，就得接受这个国家官方法的辖制（保护和制约）；同样，无论是良法还是恶法，其在理念上都无不强调对所有主体普遍的、一般的和公平的效力。既然如此，则不论官方法是否在民间主体中获得了实效，发挥了调整功能，都不影响民间以官方法为对象的法律叙事——这即庞德所谓"行动中的法"叙事。他指出：

如果我们认真观察，很显然，书本上的法和行动中的法之别，目的在于调整人与人之间关系的规则和那些实际上调整着他们之间关系的规则之别，在现今的法律理论、司法和行政之间不仅经常真实存在，而且还相当深刻。③

可见，各种"制定法"（这里包括判例法）或者"书本上的法"，虽然在实践中是型构秩序的基本根据，但未必一定会型构一种有效的、良好的秩序；相反，在民间很多的交往行为和秩序活动中，法律虽在睡大觉，秩序依然照进行。无论偏远乡村，还是繁华都市，日常的秩序并不总是、也不可能是按部就班地援引法律条文而做出的，毋宁说人们日常

---

① 《马克思恩格斯全集》（第6卷），人民出版社1961年版，第291页。
② 《马克思恩格斯全集》（第1卷），人民出版社1961年版，第139页。
③ Pound, "Law in Books and Law in Action", *American Law Review*, 1910. p. 44.

生活中交往的秩序是按既有传统的一般要求和人们的内心感觉去自觉遵守、严肃交往而形成的。这里的"一般要求",既可能是民间法,也可能是和民间法具有内在关联的官方法,还有可能是尽管有违民间法,但被公民在日常生活中业已接受的官方法。这些法,可统称为"行动中的法"。

对于官方法而言,"行动中的法"这一概念,所表现的不仅是人们按照、根据某种官方法律而行动的状态,也表现的是人们对某种官方法律置若罔闻、视而不见的态度和状态。这两个方面,都构成民间有关官方法的叙事。所以,"行动中的法"所表明的,不仅是官方法在法律民间叙事中的有效,而且指向其在法律民间叙事中的无效或失效。换言之,无论官方法在民间交往行为中究竟有效还是无效,都表明民间对官方法的法律态度和法律叙事。

民间对官方法的运用、遵守和服从,表明官方法业已在法律民间叙事中获得了高度认同,也表明在民间交往中,官方法成为交往秩序的主要规范凭据。此种情形,在现代法治国家和地区中,已是一个不争的事实。例如,在中国香港,法律被人们认为和水、空气一样,是人们生活须臾不可分离的事项;在欧美,因为人们的日常生活必须依赖于法律,所以,律师业和私人法律顾问蓬勃发展。这都说明官方法在人们日常交往行为中所获得的肯定和支持。

能够在民间获得这样高度认同和支持的法律,往往是对既有的民间交往规则、传统、习俗等民间法给予容纳和肯定的法律。例如,英美法律的发展,就运用经验判例主义模式,一方面强调"遵循先例";另一方面赋予法官以"先例识别"的技术和自由裁量权,从而能够使法官根据当前案件及其语境、情境,做出具有"现例创造"性的裁判。而在欧陆法律体系中,尽管包罗万象、体系庞大、逻辑完善的法典一直是其重要追求,但各国的法典都并不忽视其历史上日积月累所形成的商人习惯法、城市习惯法或部落习惯法,不但如此,为了吸纳和尊重这些习惯法,在不少国家还通过地方、城市或社区自治的机制,连带地保留了这些自治主体的规范自治,从而自然使官方法在法律民间叙事中得到的认同、运用和遵守。

不但如此，这样的法律还为民间法的发展提供了充分宽容的空间。众所周知，只要社会是发展的，那么，社会交往的规则必然是发展的。例如，在没有网络的时代，不存在什么网络权利，一旦网络出现，成为人们交往行为中不可或缺的工具和方式时，网络权利也就应运而生。这种权利，起先属于习惯权利，随着网络运用的不断发展，其对人们交往行为的影响日益显著，就必须在官方法上对之做出规定和调控。只有能够为民间法的不断生成预留出空间的官方法才能获得法律民间叙事之首肯、运用和信从；反之，那种一心想扼杀民间法生成的官方法，不可能获得法律民间叙事的首肯和支持，也无以激发人们遵守和运用之。

因此，在观察"行动中的法"时，还必须关注并不为法律民间叙事所青睐的那些法律。这样的法律，尽管在庞德看来，仅仅是"书本上的法"，是和人们的交往行为实践关联不大的法；在埃利希看来，它们不过是相对于"活法"的"死法"，是不具有社会规范功能的法；而在现实主义法学思想家们看来，它们连应然的法都算不上，因为应然的法是当事人及其律师对法官针对当下案件，将作何种裁判的一种预测……这样一来，似乎"书本上的法""死法"等官方法的实际情形，就和法律民间叙事之间不发生关联。

但我要在此强调的是，此种情形，依然是种独特的法律民间叙事。它表明在法律民间叙事中对官方法的不认可、不运用和不遵守。如果说首肯、运用、信从是法律民间叙事从正面对官方法态度和行为选择的话，那么，不首肯、不运用、不信从则是法律民间叙事对官方法的负面态度和行为选择。这两个方面，都是官方法获得民间接受的晴雨表。借由这两个方面，官方法的民间实践会表现出完全不同的两种情形。前者表明，民间交往秩序，是由官方法律主导的结果；后者则表明的往往是相反的情形。

法律民间叙事中对官方法的不首肯、不运用和不信从，或许来自一种合理的官方法并没有在民间获得认同和理解，甚至还遭到民间的恶意对抗。这时运用法律的两种功能——教化（普法）和制裁既具有道义合法性，也具有实践合理性。例如，针对民间因重男轻女的传统而抗拒男女平等的官方法，对女性胎儿肆意堕胎，甚至滥杀女婴的行为，不但需要借助官方法律进行教化，而且必须运用法律、特别是刑法予以制裁，诱使或迫使法律民间叙事回到官方法所预设的秩序体系中来，恢复官方法应有的权威和尊严。

但不得不承认的是，法律民间叙事中对官方法的不首肯、不运用和不信从，或许还来自官方法本身的不合理。尽管官方法的合理与不合理主要是一个价值判断，但任何价值判断，并不意味着没有事实基础，甚至价值判断和价值主张就是一种事实，此种事实与物质事实、制度事实相对，可以称为"精神事实"。在我看来，从事实（"是"）中能否推出价值（"应当"）的问题[①]，可以被还原为在物质事实、制度事实中能否推出"精神事实"的问题。所以，当法律民间叙事因为官方法本身的不合理而不被首肯、运用和信从时，理应通过对官方法本身的修补、矫正而获得法律民间叙事对它的肯定和包容，而不能通过任何意义上的强制获取之。

四 法律民间叙事的方式

法律的民间叙事既是民间对待民间法和官方法的不同态度，同时也是民间具体运用民间法或官方法组织交往秩序的方式。因此，其叙事形式，未必一定通过公开的言说或书写，但毫无疑问，言说和书写是其用来表达法律叙事的重要方式。除此之外，通过行动的叙事，照例是法律民间叙事的重要的、有时甚至是主要的方式。故而法律的民间叙事，可三分为行动的叙事、言说的叙事和书写的叙事。兹分述如下：

（一）行动的法律民间叙事

所谓行动的法律民间叙事，是指民间主体在交往行为的秩序构造中，通过其行动选择具体的行为规则，并事实上在行动中表达对法律（民间法和官方法）的态度。自然，这种态度的表达，未必一定是有意识的抉择，更多时候反而是无意识的习惯自然，我对此权称为"自发选择的行动的叙事"。

---

① 参见［英］休谟《人性论》，关文运译，商务印书馆1986年版，第85—205页。

对这种叙事，费孝通针对熟人社会的或者乡土社会的情形曾生动地描述道：

> 生活上被土地所困的乡民，他们平素所接触的是生而与俱的人物，正像我们的父母兄弟一般，并不是由我们选择得来的关系，而是无须选择、甚至先我而在的一个生活环境。
>
> 熟悉是从时间里、多方面、经常的接触中所发生的亲密的感觉。这感觉是无数次的小摩擦里淘练出来的结果。这过程是论语第一句里的"习"字。"学"是和陌生事物最初接触，"习"是淘练，"不亦说乎"是描写熟悉之后的亲密感觉。在一个熟悉的社会中，我们会得到从心所欲不逾矩的自由。这和法律所保障的自由不同。规矩不是法律，规矩是"习"出来的礼俗。从俗即是从心。换一句话，社会和个人在这里通了家。①

但我想进一步阐述的是，这种情形，不仅存在于乡土社会。即使在高度发达的现代都市里，只要存在市民社会和政治国家的两分，就会在市民社会中照例存在此种不经过多少思考和选择，人们对既有的规范之自然选择、自发遵从。例如在美国常见的小费制度②（主要是一种非正式制度，靠民间法来自发地规范）和排队制度③（基本上属于一种非正式制度，靠一种机会主义的"先来后到"原则和规范发挥其调整功能）等相关规范，就是主体在交往行为中不必多加思考，就会自觉去选择、遵守并运用的。由于人们对之习以为常，因此选择行为就并非刻意。

此种基于日积月累习惯的法律民间叙事，其实现条件在于可供人们选择的规范是唯一的，或者至少在人们的观念中是唯一的。因此，与其说人们是对该种规范的选择，毋宁说是对它的遵守。因此，这种规范对人们也就有了纯粹遵循的、义务的性质。其积极意义在于不用多少成本，

---

① 费孝通：《乡土中国》，生活·读书·新知三联书店1985年版，第5页。
② 参见［美］伊恩·斯文诺尼尔斯《美国小费制度背后深刻的文化内涵》，2015年12月14日，豆丁网（http://www.docin.com/p-1298506570.html）。
③ 参见仿仿《美国人的排队习惯》，《科学之友》1997年第12期。

就能很快在主体交往行为中缔造交往秩序，实现有序生活。然而，这种并不刻意的行为选择，并不足以支持人们从中寻求秩序构造的原理、知识和技巧。它很容易让人们的观念停留在"百姓日用而不知""知其然，不知其所以然"的状态。因此，在看到此种行动的叙事之积极意义的同时，不应忽视提升自发选择到自觉选择的行动的叙事。

自觉选择的行动的法律叙事，每每出自规范的冲突。因为只有在多元规范冲突之时，对当事人而言才有必要进行规范选择，才可能存在不同选择的利益后果。根据"好利恶害"[①] 的人类一般心理和需要以及经济学上有关"理性人"的假设，人们对规范的选择一定是按照"两利相权取其重、两害相权取其轻"的有利原则进行的。自然，这种选择是一种自觉选择。人们在这种选择中也就完成了对法律的行动的叙事。当民间法和官方法、民间法与民间法、官方法与官方法之间出现冲突时，人们行为选择的取向，既取决于对相关规则的习惯或熟悉程度，也取决于相关规则对人们所带来的实际的利得。而人们因相关规则的习惯程度选择某种规范，归根结底仍是选择者的一种精致的利益算计。因为越是其熟悉的规则，越有利于选择者按照其内容规划其权利义务，从而越有利于其趋利避害。

无论如何，行动的法律叙事是法律民间叙事的最常见的方式，其特点是不加修饰地、质朴地、自然地表达着人们用双脚对秩序构造规范的选择和依赖。它是法律民间叙事中最能准确地探知人们的法律取向和法律观念的一种法律民间叙事。同时，它也是其他形式的法律民间叙事得以展开的重要实践基础。因为行动不但是一切言说的或书写的法律规范之基础，同时其他一切法律民间叙事的表现方式，只有最终落实为行动时，才算完成了其真正使命。

可见，民间被反复运用的行动本身，既是一种规范，也是法律的民间叙事。这一法律叙事的实质，是把法律的根底投向民间的日常生活。

[①] 荀况"性恶论"的核心即"好利恶害"，这是所有人的本质所在："凡人有所一同。饥而欲食，寒而欲暖，劳而欲息，好利而恶害……好荣恶辱，好利恶害，是君子小人之所同也。人之生固小人，无师无法则唯利之见耳。"（《荀子·荣辱》）

它对官方法的启迪意义,也在于激励立法者在民间的日常行为选择中寻求官方法的灵感,而不要囿于既有的书本寻章摘句。自然,这不是否定在法律领域里人类理性认知的价值,只是强调如果一种理性认知不顾及以行动表达的法律的民间叙事,而只关注理性自身的自说自话,那么,法律就每每陷入和人们日常的交往行为的对抗、打架状态。在这方面,我们有诸多教训可鉴。

例如,新中国成立以来曾推行的"移风易俗""破四旧、立四新"等运动化的制度,在激烈地推进一种新理念的同时,并没有真正获得民众的接受,所以,一旦时移世易,既有的风俗不但死灰复燃,而且燃成熊熊烈火,真可谓进一步,退两步!尤其在有关丧葬、风水、信仰等领域里,更是如此。而前些年在全国数百个城市推行的烟花爆竹"禁放令",虽曾取得了短暂的效果,但它最终并未真正做到禁放,其功能和效果正如有人所反思的那样:

> 单纯地"禁放",势必造成节日文化符号的单调,进而危及传统文化的延续。政府应选择为多数民众所接受的、社会安全有保障的地方,在特定时间内有组织地燃放烟花爆竹,强化民俗的正面功能。
>
> 执行了这么多年的禁放规定,把警察放在了"管"与"不管"的两难境地。对原有的民俗,我们既没有加以正确引导,又没有进一步改进管理措施,把政府放在了与百姓的对立面上,导致群众与政府"捉迷藏",损害和扭曲了法律的功能。①

这正是最终导致"禁放令"改为"限放令"的原因所在②,同时也表明一旦官方法违背既有的法律民间叙事,那么,民间对官方法的叙事,只能以行动的背反进行回应。行动的法律民间叙事对官方法的这种回应,

---

① 以上引文参见百度词条"禁放令"。http://baike.baidu.com/link?url=NTl8C2iXQMGVX0sDJ9wFOJHdKByi2BpzWrjcJwXtqMr877P5_MvzwvFe4XkGpFyDV3mkLVUY0ohzNYseq-S1GN_,2015年12月14日访问。

② 张帆:《从禁放到限放——12年轮回》,《花炮科技与市场》2005年第1期;郑文金:《法的生命在于适用——由放鞭"禁改限"想到的》,《楚天主人》2006年第9期;李振生:《地方性法规咋就管不住"烟花爆竹"从禁放、限放到失控》,《法治与社会》2011年第4期。

不正是官方法必须据此而加以矫正的缘由所在吗？

(二) 言说的法律民间叙事

言说的法律民间叙事，是指民间通过说话或者歌唱等声音现象表达其法律叙事的方式。我们知道，言说作为人类声音现象，它和反复不断的行为，有形有意的文字一样，是人类交往行为的规范形式。作为规范，它们或者定义自然对象，或者定义社会心理，或者定义交往行为。这种定义，本身把复杂的事物通过规范符号而简单化。语言尽管不是定义事物的最好符号和方式，但毫无疑问，它是定义事物的日常符号和日常方式。

言说与法律民间叙事的关联，前文透过不同地区的歌谣已经提及。这里我想进一步就言说类型和法律民间叙事之间的关系略加叙述。

言说或人类声音现象在不同视角，可以作不同的类型化处理。本书拟选取两个视角进行处理，一是在言说的形式上，可以处理为说话和歌唱两个类型；二是在言说的主体和内容上，可以处理为独白独唱、对白对唱和群白群唱三个类型。

以说话的方式表达法律民间叙事，在文字不发达的初民社会司空见惯。法律作为交往行为的传统，就是通过口承的方式得以流传的。广义说来，法律民间叙事无论是通过说话还是歌唱表达，都属于口承的范围。徐晓光在研究黔东南苗族习惯法时，曾这样描述口承习惯法：

> 贵州黔东南苗族口承习惯法在我国西南地区少数民族口承法文化类型中极具代表性。口承法律的特点一般是以简明、易记的词句形式，叙述带有普遍性的案例，说明解决的过程，在这一过程中订立的规矩也为以后循用；苗族理师在纠纷处理时，就某个纠纷本身有很长的讲法和"讲理"过程，口承法律文化中要求裁判人员必须是博闻强识、精通古理、能言善辩、知识丰富的人。[①]

[①] 徐晓光：《原生的法：黔东南苗族侗族地区的法人类学调查》，中国政法大学出版社2010年版，第63、95页。

但与此同时,他把歌唱也作为口承习惯法的重要方式和内容。① 但我更愿意将以说话的方式保存的习惯法,称为口承习惯法。之所以强调说话的传承功能,是因为和歌唱相比较,说话能够以更为明晰清楚的语言表达交往规范的内容及性质。特别是在并不善以歌唱表达的汉族地区,识字不多的乡民们,更乐意用说话的方式传承习惯,表达其法律叙事。

当然,歌唱,也是以言说形式表达法律民间叙事的重要方面。我们知道,在宗教世界中,传授教义和教法的重要方式,既有讲,也有唱。对此,人们只要亲临有关佛教、基督教、伊斯兰教、道教的活动场合,都会有切身体会。在世俗世界中,无论法律的神圣、庄严,还是把这种神圣、庄严通过人们喜闻乐见的方式表达,都有通过歌唱的形式表现的必要。在一定意义上,歌唱比说话更能加深人们对规范的印象,通过或悠扬悦耳,或神圣庄严的仪式化的歌唱,更能把人带入特定的情境和时空中,从而更好地实现规范普及和规范交流的效果。

在贵州苗族、侗族地区的有些村寨,至今还流行着通过歌唱来表达其法律叙事的情形。例如,在黔东南锦屏县的华寨村,"劝和小组"的成员每每以"劝和歌"作为其调解、处理纠纷的基本根据。其中"劝兄弟歌"就这样写道:"我劝世间兄弟们,兄弟和气不相争。多是前日休得道,今日才得共母生。共夫共母亲血统,世间还有哪个亲。若有三兄和四弟,各的各有各的心。有钱有米讲清楚,莫要暗地起凉心。兄弟和气常有账,家庭事业时时兴。人人都有一双眼,看过世间几多人。人多必定要分家,做个和气把家分。"②

这种在内容上具有明显伦理特色的民间法规范,经由擅长歌唱者的演艺、喜欢歌唱民族的倾听,所产生的效果绝不仅仅是个案纠纷处理意义上的,而且对当地乡民之间整个社会交往秩序的建设,都具有权威的规范效果。法律民间叙事就通过这种方式发扬开去。和此相关,在近三十年持续不断的国家普法计划促动下,也因为人们对官方法的依赖性越

---

① 参见徐晓光《原生的法:黔东南苗族侗族地区的法人类学调查》,中国政法大学出版社 2010 年版,第 63—91 页。
② 转引自徐晓光《款约法——黔东南侗族习惯法的历史人类学考察》,厦门大学出版社 2012 年版,第 208 页。

来越强，导致不但各地基层以官方的名义努力编撰各种各类的"普法歌"，而且民间也对这类"普法歌"产生了浓厚的兴趣。① 这在一定程度上说明在法律的民间叙事中，官方法的地位正在愈益提高。

无论说话的法律民间叙事，还是歌唱的法律民间叙事，在言说主体上又有独白独唱、对白对唱与群白群唱之分。独白独唱的法律民间叙事，多表现权威的法律叙事功能，多具有训导和教化的意义。前引唐德海所唱的《议榔词》，就明显具有此种特征。下面不妨再举一例：

> 重栽新榔树，重埋新岩桩，若女不肯嫁，死守娘身旁，上山老虎咬，下河龙牙伤。议定新规约，女儿记心上，不准摸锅甑，不准进谷仓。新订榔规约，条条硬绑绑（邦邦）。②

对白对唱的法律民间叙事，多表现个案中询问案由、调查证据，或在法律宣教中渲染气氛、烘托场面，以表明法律之严肃、严格等。兹以黔东南丹寨具流传的《诘离婚案由》为例：

> 问：你因啥案由？你因兄弟案，你因嫂姊案？崩坍大山岭，塌陷了山川。母盘一坛酒，父杀一头猪；调处也会好，夫妻重团圆。
>
> 答：寨脚猪踩躏，寨头雀鸟磕；碓歪了墩子，舂谷米不出；簸箕一歪斜，米装不足升；说我拿收藏，我拿去养娘。了心我返回，我回来守娘……③

尽管经过汉文字整理的上述引文有表意模糊之处，但其通过对答，询问案由的基本意思可谓明了。在这种既写实，又不乏明显扩张等修辞手法的对白中，人们既不难体味法律的严谨严肃，也不难读出一例案件

---

① 参见熊诚《台江县法治苗歌苗舞进乡村　苗歌普法入耳入心》，《贵州日报》2014年11月13日；李祥：《农民自编自导普法微电影》，《北京日报》2014年7月22日等。笔者在甘肃、河南、贵州、青海、宁夏、山东、浙江、北京、湖南等地乡城进行调研时，多次听到或看到民间以歌唱或表演形式（或民众当场歌唱表演，或灌制成碟片播唱播映）宣传法律的情形。

② 转引自徐晓光《原生的法：黔东南苗族侗族地区的法人类学调查》，中国政法大学出版社2010年版，第86页。

③ 李天云主编：《丹寨苗歌选》，中国戏剧出版社2012年版，第80—81页。

对当事人和社会的深刻影响。从而这种言说的法律民间叙事,每每把情理通过生动活泼的修辞和严谨有序的逻辑巧妙地结合在一起。

至于群白群唱的法律民间叙事,其表现手法和表现内容更是多种多样,不一而足。其中最典型的是在讲法中主讲(表演者)众和(听众参与)的情形,这很类似现如今流行歌手歌唱中与观众的互动,其习惯法的民间叙事效果,自不难想见。如:

> 祖训如何?俗规如何?如何嘱咐,如何遵循。少讲多知,重在力行。表说清楚,带上青龙款坪。(众合):是呀!①

这种并不典型的群白群唱形式,对于法律的民间叙事而言或许更为妥当,因为法律毕竟是要追求权威及权威效力的。一人讲唱、百人众合,正说明法律的权威严肃、不容懈怠。这种不断重复的法律民间叙事,自然会潜移默化地成长为人们内心深处的法律观念和法律信念。

(三)书写的法律民间叙事

书写是以文字和图画表现的人类文明的进化方式,也是法律的民间叙事常用的表现手法之一。尽管行动伴随着人类发展史的始终,言说也在人类的进化史中具有更为久远的历史。但伴随"文明时代"而来的文字等书写符号,却在这一时代明显地占据了统治地位。没有文字书写的文明史,尽管也会以连续不断的行为、口承等方式予以传布,但文字书写的文明史,更能够连续、准确、稳定地表达人类文明的交往进化史。更兼之人们的交往,并不总是在一个"面对面的社会里"进行,而往往是在一个日新月异的社会里展开,因此,文字的作用就更显其要。这也是即便对"文字下乡"的脱愚去昧目的保持高度警惕的费孝通先生,也强调文字与现代化之间密切关系之缘由:"我绝不是说我们不必推行文字下乡,在现代化的过程中,我们已开始抛离乡土社会,文字是现代化的工具……"②

---

① 湖南省少数民族古籍办公室主编,杨锡光、杨锡、吴治德整理译释:《侗款》,岳麓书社1988年版,第43页。

② 费孝通:《乡土中国》,生活·读书·新知三联书店1985年版,第8页。

对文字的此种重要的、甚至是决定的作用，我曾这样写道："虽然，和语言相比，文字只是相当晚生的现象，但在人类文明进化的长河中，文字的产生标志着人类文明的一次飞升和跃迁。在一定意义上讲，正是用以传言记事的文字，才真正使人类走出动物世界，成为万物之灵。诚如前述，动物也有其语言世界，所谓鸟语花香就是人类对动物语言事实的肯认……特别是人类的生产和生活普遍靠文字化的知识来从事的时候，文字在人类交往中的地位和作用愈加彰显。"①

当然，书写不仅仅限于文字，除此之外，还有图画。但在所有书写体系中，文字的地位与核心价值是无法取代的。正因文字所具有的这种独特价值，所以，在法律的民间叙事中，文字书写就担当着独特的使命。特别在社会急速变革、传统的熟人社会或者"面对面的社会"迅速衰落的时代，更有必要通过稳定、可靠和有效的文字工具，表达其独特的法律叙事。

我国自古以来就是一个十分注重契约的国家。这种对契约的尊重，不仅在官方，而且在民间；不仅在繁华都市，而且在穷乡僻壤。众所周知，契约既是人们交往行文中权利义务分配的规范表达，同时稍微正式的契约又必须是借助文字来表达的。在上古时期，所谓"结绳记事"不过是把人们之间交往行为的内容通过一定的符号记载下来而已。而文字产生后的契约活动，更是一件严肃的事体。在边远的贵州黔东南，特别是位于深山大谷中的文斗村，至今仍保留着数万份明清时期留下来的林业契约。② 在如此偏僻的深山老林里，生活条件并不富裕的人们，还能把如此大量的契约文书较好地保存下来，我想，绝不仅是出自对文字的热

---

① 谢晖：《诠释法律的文字工具及其效力》，《法制与社会发展》2003年第1期。
② 其中有些已经通过影印或重新排版编辑成册，公开出版。规模最大的是张应强、王宗勋等主编的《清水江文书》共3辑，33卷，分别由广西师范大学出版社2007年、2009年、2011年出版。2015年，贵州锦屏县的"锦屏文书特藏馆"也已经建成并开馆，目前收藏锦屏文书共18万件，主要为契约文书。

爱，而更是出自和权利义务相关的某种法律叙事。①

对此，不少学者已经站在法学视角做出了较为深刻的阐释。② 与此同时，即使那些从历史学、社会学视角研究该领域问题的学者，也敏锐地把目光投向法律的民间叙事，追寻契约文书中所蕴含的社会交往、公众生活及其相互权利义务关系。例如，朱荫贵从中看到了"近代中国的地权转移"；戴鞍钢从中发现了"山林权的日常经营"；安尊华从中解读出"土地买卖"；陈雁从中领会了彼时清水江流域"女性与婚姻"的关系；谢开键从中获得了"妇女的权利和地位"③……这足见书写符号之于法律的民间叙事之意义。

书写对于法律民间叙事的意义，还可以从另一视角观察，即在"文化抢救"中文字的无可替代的作用。随着经由文字开拓的社会现代化、主体交往陌生化以及交往关系复杂化的发展，那些尚没有文字，主要靠行为的反复和口承的记忆而传承的文化，不但在迅速衰落，而且在日渐走向消亡。以语言为例，这种人类最重要的表意工具和传播手段，其多样性越来越面临严峻挑战，正越来越走向单面性：

> 据语言学家推算，公元前地球上曾有 12000 种语言存在，公元元年时降为 10000 种，到 15 世纪时减少到 9000 种，而如今只有 6820 种左右。有专家测算，今天人类语言种类的消亡速度是哺乳动物濒临灭绝速度的两倍，是鸟类濒临灭绝速度的四倍。据专家估计，目前世界尚存的语言，在 21 世纪将超过一半消亡；200 年后，90% 以

---

① 笔者 2003 年赴该村调查时，向村民提出了为什么要保留这些文书时，有人回答说：一方面是对祖先遗产的珍视；另一方面是那里面记载了祖上留给后人的财富。我进而问：现在那些财富已经归集体了，为什么还要保存？他听后回道说：谁知道呢？说不准还会变的……

② 其中我所见到的以现代法律理念为根据，对清水江文书的法意阐释较为全面和深刻的是程泽时：《清水江文书之法意初探》，中国政法大学出版社 2011 年版；徐晓光：《清水江流域林业经济法制的历史回溯》，贵州人民出版社 2006 年版；罗洪洋的博士学位论文：《清代黔东南锦屏人工林业中财产关系的法律分析》，云南大学 2003 年等论著。

③ 朱荫贵《从贵州清水江文书看近代中国地权转移》；戴鞍钢：《山林权的日常经营——读〈清水江文书·天柱卷〉》；安尊华：《清代清水江下游地区的土地买卖——以天柱县高酿镇木杉村文书为例》；陈雁：《清水江文书中的女性与婚姻》；谢开键：《民国时期天柱分关文书所见妇女的权利与地位》。如上论文皆载于张新民、朱荫贵主编《民间契约文书与乡土中国社会——以清水江流域天柱文书为中心的研究》，江苏人民出版社 2014 年版。

上的语言将不复存在。①

这种情形，不仅存在于语言领域，也存在于人们的日常交往行为和秩序构造方式上。随着国家立法的大规模发展，既有的民间交往方式、权利义务分配及其秩序构造受到严重威胁，法律的民间叙事越来越走向单调。对此进行抢救、整理，不仅是国家立法适应于社会交往的需要，而且也是对人类文化多样性进行必要保护的需要。在这里，所谓抢救、整理、保护基本都离不开书写符号、特别是文字符号的记录。

例如，清末民初为了民事立法的需要，当局组织专业人士在全国各地调查民商事习惯。其中有些地区的民商事习惯业已通过书写成文，而更多地方的民商事习惯则主要以反复行为和口承的方式表达。但无论面对哪种民商事习惯，调查者都需要借助汉字予以整理、记录和保护，其结果是形成了对后世立法具有重大影响、对后世研究更具有长远影响的《民事习惯调查报告录》②。

如今面对不少地方、族群的非物质文化遗产保护，特别是行为文化、口承文化（包括口承习惯法）的搜集、整理和保护，人们所能采用的工具尽管多种多样，如录音录像技术等，但文字整理仍是不可或缺的、甚至是最重要的工具。此种情形，甚至反过来影响这些族群之法律叙事的表现方式：他们也纷纷运用自身先前还十分陌生的文字工具（哪怕这种工具是外来的、强加的），来展开其法律叙事。这类情形，在历史上并没有文字的一些民族地区，接受和采用了汉文字之后的法律叙事中不时可见。

上述情形，其实反证了书写工具在法律民间叙事中的重要作用。如果说在前现代社会，这一工具尚可被替代、因之可有可无的话，那么，在现代的法律民间叙事中，书写工具，特别是文字工具，就不可或缺。其基本原因，在于现代化带来的交往关系的陌生化、交往空间的广泛化、

---

① 张文辉：《人类语言：值得关注的非物质文化遗产》，2015 年 12 月 15 日，腾讯网（http://tech.qq.com/a/20120906/000090.htm）。

② 参见前南京国民政府司法行政部编，胡旭晟等点校：《民事习惯调查报告录》（上、下册），中国政法大学出版社 2000 年版。

交往内容的复杂化和交往方式的多样化。这都需要法律的民间叙事借助稳定、明确、连续的文字展开，以便民间能更好地分配权利义务，组织交往秩序，处理社会纠纷。

法律民间叙事的如上三种表达方式，有时候是单独使用的，但在现代社会中，随着交往行为的扩展、言说能力的增长和书写水平的提高，三者在法律民间叙事中每每交互作用，共同支持这一叙事。特别是随着多媒体技术和现代影视技术的发展，人们已然能熟练地将行动、言说和书写三种符号综合起来。这对法律的民间叙事而言，更加增添了把三种叙事的方式通盘考量、综合运用，以资更好地促进它的条件和可能。

在前文论述的基础上，如下我将分别进一步探究法律民间叙事的本源和功能等问题。

五　法律民间叙事的本源与法律文化再造

法律的民间叙事，本源于人们对生活的文化记忆，或者对人的文化生活之记忆。如果说人在本质上是"符号的动物"或者"文化的动物"[①]的话，那么，人类用以延续符号、保存文化的基本方式就是所谓"文化记忆"。经验表明，动物世界有时候也存在某种符号生活的痕迹，甚至还能通过对这些符号的记忆而反复行动。例如狗通过对其分泌物的记忆，作为下次相关行动的符号。但是，除了人类，其他一切动物的符号—文化记忆都具有当下性，不但不能把此种记忆传诸子孙后世，甚至也不能在自身的记忆库中存留多久。可人类却不同。人类之所以是符号—文化的动物，是符号—文化的存在，就在于其既能创造符号和发展文化，也能代代相递、传承文化。从而让文化在传承中前后相继、发扬光大，让文化这种精神性事实成为决定人类交往的核心要素和关键标志。在此意义上，法律的民间叙事首先本源于人的符号—文化存在以及基于这种存在的符号—文化记忆。但这种记忆还

[①] ［德］卡西尔著：《人论》，甘阳译，上海译文出版社1985年版，第31—53页；梁治平：《法律的文化解释》，生活·读书·新知三联书店1994年版，第1—72页。

可作如下四分：

（一）本源之一：生活的物质记忆

人类的日常生活，首先表现为日常的物质生活，或者物质生活是维系一切其他生活的基本前提，也是维系人类以文化性方式存在的前提。柴米油盐、洒扫应对等日常生活，是所有人生来便须应对的问题。既然要应对，就需要对之有基本预期，而预期的一个基本参照和取向，就是过去的人在这方面如何作为，把过去的作为变成今天乃至以后交往的凭据。无论这种凭据是行为示范的、口耳相传的还是文字记载的，对具体的行为当事人而言，都有一种"先例"的预期效果和约束作用。例如在山东胶东一带，人们每每在问到一件事情为什么这么说或这么做时，当事人总会说："老辈子就是这么做的"。这一说法，就是典型的以既有事实作为当下行为说理的根据，就是把既有事实作为先例来使用。

这种把既有事实先例化的记忆，本质上是人们拟借此建立物质交往和生活的契约根据。无论通过行为或口耳相传、承自久远的民间物质记忆，还是形诸文字、刻意为之的私人间合同，无不是把既有的生活内容，特别是有关生活的物质记忆确定化、先例化的努力。例如，在贵州十分偏远的清水江流域，特别是锦屏县一带，那些分布于深山大川间的简朴村寨里，至今仍保留有大量的林业契约。据有人估计：

> 从清朝康熙年间（公元1662—1722年）直到20世纪60年代初的300年里，清水江流域契约总量推测不少于30万份。目前锦屏县农村大多数农户都还保存有旧契约文书，多的村寨有数千份，少的也有数10份。按每个村寨仍保存有500—1000份来计算，全县212个村（社区、居委会）目前大约应保存各种契约文献资料至少有10余万份，其他县份也有较多存留……内容大体包括：林地和林木的权属买卖转让、合伙造林、佃山造林、山林土地析分、林木收入股份分成、山林管护及村寨环境保护、山林土地权属纠纷的调解及诉讼文书、家庭林农业收支登记簿册以及村寨管理、婚俗改革规定、

官府文件等。①

这说明，一方面，自从文字广泛使用以来，人们借助它的稳定性、规范性和可反复性强化对日常生活的物质记忆；另一方面，这一记忆本身已经获得了先例的交往效力。因为人们之所以要如此记忆，不是为记忆而记忆，而是为规范以后的相关生活、交往和可预期的秩序而记忆。所以，笔者 2004 年在上述贵州锦屏县文斗村调研时，当问及有些村民"为什么要保存这些破烂不堪的契约"时，有一位村民是这样回答的：

"因为这些契约不仅是我们祖上财产的凭证，而且对以后的生活可能有用。"在这份朴素的回答中，我们不难体味到在人们的日常生活中，物质记忆本身的规范意义。换言之，记忆本身就是规范，就是符号，就是文化，就是人们寻求遵循规范、有序生活的基础。而经由记忆导致的对人们行为的反复规范和复制，本身就应被视为规范、有序的生活。在这方面，恩格斯的那句名言可谓深中肯綮："在社会发展某个很早的阶段，产生了这样的一种需要：把每天重复着的生产、分配和交换产品的行为用一个共同规则概括起来，设法使个人服从生产和交换的一般条件。这个规则首先表现为习惯，后来便成了法律。"②

众所周知，这是恩格斯在《论住宅问题》中的一句名言。尽管恩格斯是在批判蒲鲁东等的"法权住宅观"时谈及这个结论的，但这个结论本身对人们交往中物质关系一般化、规范化、普遍化的表达，和我在这里所表述的人们对日常生活中的物质记忆息息相关。生活中的物质记忆自然不是，或者不仅仅是一种具体物质的观念存留，而主要是透过对具体物质的取得、分配和消费方式的记忆，求得一种稳定性，使生活变得日常化、规范化和可预期化。正是在这里，才孕育了所谓法观念，孕育了人们根据规范而生活的一般需要。

所以，法律的民间叙事，其渊源首先来自人们对日常生活中所发生的物质性事实的反复不断的、已然具有规范化和秩序化特征的记忆。这

---

① 徐晓光：《清水江流域传统林业规则的生态人类学解读》，知识产权出版社 2014 年版，第 58 页。

② 《马克思恩格斯选集》（第 2 卷），人民出版社 1972 年版，第 538—539 页。

里的物质记忆，不仅指用来满足人们吃穿住用的那些物质，也包括对人们交往关系形态的记忆，如亲属关系、美好交往等。人类日常生活中的这些物质记忆，本质上就是人们安顿生活秩序的生活本源，也即是法律民间叙事的生活根源。在这里，人们才形成了生产、分配和消费的事实，并进而形成了你的、我的、他的这种物质—财产归属的观念。恰恰是这种物质归属观念，直接导致生活规范和生活秩序的生成，导致法律之民间叙事的成长。并且在根源意义上，也导致法律之民间叙事对法律之官方叙事的最终支持——因为没有法律民间叙事之基础，法律之官方叙事就只能是空中楼阁、镜花水月。这正是人类历史上的法律，大率起源于习惯和习惯法的缘由。①

（二）本源之二：交往的秩序记忆

虽然记忆是人的一种生理自然现象，换言之，它奠定在人的自然生理功能基础上，但人类的记忆一旦生成，就不仅仅具有生物的生理功能，更具有社会交往的功能。如前所述，人们对日常生活的物质记忆，不仅是因为物质对人的实用或好处这种自然的功能，而且更因为人们要借助此种记忆，将物质对人带来的实用功能升华为具有可预期的秩序状态，从而物质记忆便被赋予了社会交往的意义。当人们对生活的物质记忆赋予了这种诉求时，记忆本身的作用就发生了变化：它不是人们沉湎于对美好事物的精神追忆，而是如何设法将这种美好在交往行为中不断复现，从而让交往行为呈现出有则有序的秩序状态。

可见，记忆的功能不仅仅在于记忆本身，而在于这种来自观念—意识系统的东西能够反过来规范和支配人们的行为，使人们的行为趋向于靠近记忆本身。无论从表面看，还是就实质言，记忆构成了人们思维和行动的保守基础。这种保守基础自有其负面的影响——无论如何，保守这个词都不可能完全传递正能量。这从人们以墨守成规、不思进取、故步自封等贬义词来形容保守现象即可明显看出。但问题是，一切人类文

---

① 参见［英］拉努尔夫·德·格兰维尔《论英格兰王国的法律和习惯》，吴训祥译，中国政法大学出版社 2015 年版；王学辉：《从禁忌习惯到法起源运动》，法律出版社 1998 年版；田成有等：《原始法探析——从禁忌、习惯到法起源的运动》，《法学研究》1994 年第 6 期。

化，都是记忆、保守和积累的产物，人作为文化的动物，保守性是其天然属性。易言之，人的保守性、守成性永远要大于其开放性和创新性。唯其如此，人类才能积累文化，修成"文化的动物"这一称号。

> 天然的守旧思想是人们心灵的一种倾向。那是一种厌恶变化的心情；它部分地产生于对未知事物的怀疑以及相应地对经验而不是对理论论证的信赖；一部分产生于人们所具有的适应环境的能力，因此，人们熟悉的事物仅仅因为其习以为常就比不熟悉的事物容易被接受和容忍。对未知事物的怀疑以及宁可相信经验而不相信理论的这种心理，根深蒂固地存在于几乎一切人的心中……①

在本质上，我们可以将此种"天然的守旧思想"视为人们追求秩序、寻求规范生活和规范交往的努力。或许在人们看来，秩序、稳定性和规范交往，只表达了人类的守成性这一个方面，毕竟人类并不仅仅是守成的动物；相反，人类的欲望以及由欲望所支配的创造性，更使其成为一种开放性的动物。诚然，这里涉及保守和开放、守成和进步、前提和路向、稳定和发展等一系列对应的、人类所必须面对的关系。但在这些关系中，守成或保守性无疑更为重要和必要。对此，塞西尔认为："虽然乍看起来守旧思想似乎是同进步直接对立的，但它却是使进步变得稳妥而有效的一个必要因素。守旧思想的审慎态度必须控制追求进步的热情，否则就会招致祸害。人们在整个进步过程中的一个首要的、虽然确实不是唯一的问题，就是如何以正确的比例来调和这两种倾向，既不至于过分大胆或轻率，也不至于过分慎重或迟延。"②

守旧思想就是人们对交往行为中的秩序记忆，以及在这一记忆基础之上所设立的制度建构和规范生活。人们一旦放逐了守旧思想，而恣纵某种不受一切旧框架约束的拓新思想，其结果只能导向"基础不牢，地动山摇"，只能导向类似法国大革命、"文化大革命"那种"冲决一切罗

---

① [英]休·塞西尔：《保守主义》，杜汝楫译，商务印书馆1986年版，第3页。
② 同上书，第8—9页。

网"的决绝豪情，破坏既有秩序，但同时又无以建立新秩序的窘境。结果只能是"革命、革革命、革革革命……"这只能意味着人们对交往行为基本秩序的失忆，对未来交往行为不可预期的惶恐失措。但即使这种决绝的革命，也有其守成性根源。这或许正是托克维尔把"旧制度"与"大革命"勾连起来，在"旧制度"中寻求"大革命"缘由的原因所在。①

总之，所谓守旧思想、怀旧精神以及对往事的记忆，在人们的交往行为领域，是人们构建文化、寻求规范交往和秩序生活的重要基础，也是法律之民间叙事的基础。一切秩序，都既以守成、怀旧和记忆为基础，同时也进一步强化人们的记忆和守成。故《辞海》对秩序的定义是："……指人或事物所在的位置，含有整齐守规则之意。"②

主体对交往行为中秩序的记忆，与其在生活中的物质记忆一样，其功能不仅在于记忆本身，而在于把这种记忆进一步投射到主体间反复不断的交往行为中，从而建立一种相对稳定的、可预期的秩序体系，并不断地为过去、现在和未来的衔接、通畅铺排一个能够顺达的通道，为在守成和秩序基础上的创新，提供可能条件；同样，为人类的精神漫游寻找得以羁留歇休的场所。这一切，归根结底，使法律能以民间记忆的方式存在，从而也使法律获得民间叙事的效果。它构成法律之民间叙事的本体。换言之，法律之民间叙事就是经由此种对交往中秩序生活的记忆、保留、肯定和提升而发展出来的。无论是由民间法所构筑的交往秩序，还是由国家法所构筑的交往秩序，无不立基于此种主体交往行为中的秩序记忆，无不是对法律之民间叙事的发现、认可或追记、加工。

（三）本源之三：规范的价值记忆

人类的记忆，尤其是和秩序相关的文化记忆，不仅是一种要记住往事的流水账册，而且是一种意义保留和传递行为。至于这种意义是过去的、当下的还是未来的，则无关紧要，只要这种意义能够传承过去、经由当下、导向未来，那么，意义就必然承载着某种主体需要的现实性。

---

① 参见［法］托克维尔《旧制度与大革命》，冯棠译，商务印书馆1992年版。
② 《辞海》，上海辞书出版社1980年版，第1750页。

在这个意义上，所谓文化，就是符号的重复，进言之，就是人类在一定价值基础上对符号记忆的重复。记忆作为重复，会如影随形般跟随着人类。而不断重复的符号记忆，不仅会促动人们按照此种符号记忆安排交往行为，而且会借此强化价值记忆，并以价值记忆为准，创造一种维系秩序的核心的"凝聚性结构"。阿斯曼指出：

> 每种文化都会形成一种"凝聚性结构"……它起到的是一种连接和联系的作用，这种作用表现在两个层面上：社会层面和时间层面。凝聚性结构可以把人和他身边的人连接到一起，其方式便是让他们构造一个"象征意义体系"……一个共同的经验、期待和行为空间，这个空间起到了连接和约束的作用，从而创造了人与人之间的相互信任并且为他们指明了方向。这一文化视角在古代文明的文本中以关键词"公正"的形式得到了梳理。凝聚性结构同时也把昨天跟今天连接到了一起；它将一些应该被铭刻于心的经验和回忆以一定形式固定下来并且使其保持现实意义，其方式便是将发生在从前某个时间段中的场景和历史拉进持续向前的"当下"的框架之内，从而产生出希望和回忆。这一文化视角是神话和历史传说的基础。规范性和叙事性的两个方面，即指导性方面和叙事性方面，构成了归属感和身份认同的基石，使得个体有条件说"我们"。与共同遵守的规范和共同认可的价值紧密相连、对共同拥有的过去的回忆，这两点支撑着共同的知识和自我认识……基于这种知识和认识而形成的凝聚性结构，方才将单个个体和一个相应的"我们"连接到一起。
>
> 每个凝聚性结构的基本原则都是重复……重复可以避免行动路线的无限延长：通过重复，这些行动路线构成可以被再次辨认的模式，从而被当作共同的"文化"元素得到认同。[1]

在这里，阿斯曼事实上给我们表达了"文化记忆"的两个内容，一

---

[1] ［德］扬·阿斯曼：《文化记忆——早期高级文化中的文字、回忆和政治身份》，金寿福等译，北京大学出版社2016年版，第6—7页。

是记忆的价值问题；二是记忆得以呈现的方式问题。这其实也是人类的规范交往和规范生活必须具备的两个内容。在一定意义上，当我们把人的本质界定为"文化的动物"或者"符号的动物"时，同时也表明，人在本质上是"规范的动物"。文化也罢，符号也罢，实质上都指向规范，指向秩序。因此说"人是规范的动物"，至少在理解法律的民间叙事这一话题时，极具解释力。

> 规范是符号的符号，规范是理性的理性，规范是由符号材料构筑成的，是符号材料的进一步升华。如果说经济、文化、政治是人类生活的三大领域的话，那么，规范是我们人类生活的第四领域。尤其重要的是，这一领域是贯穿在其他三大领域中的。①

人类作为规范的动物，凝结规范的核心是人们所公认的价值。无论是阿斯曼前文指出的"公正"，还是人们念兹在兹的自由、民主、人权、和谐等，都是价值的具体体现。这些价值，是所有人类规范得以围绕运转的凝结点。一位公民在其社会生活中，或许对具体的规范——无论是道德规范、纪律规范、社团管理规范、习惯规范还是法律规范一无所知，但只要拥有能够凝结这些规范的价值，存有有关规范的价值记忆，就能够八九不离十地保持其行动和具体规范的一致。例如，对绝大多数人而言，之所以能尊重他人的人格、尊严、生命和健康，是因为人们一般地了解和人格、尊严、生命、健康相关的价值准则、良心规范。

对人类规范的价值记忆，其实也是对人类德性的尊重。价值的实质是建立人类的德性生活。无论秩序价值、自由价值还是立基于其上的"公正"或"正义"价值，其实质都是确立一种人类德性标准。众所周知，规范是外在交往行为的符号体系，德性则是内心选择的良心标准。任何规范，只有从外在的符号体系变为内在的良心标准时，才既具有内在规定性，也能够对外在行为发生自觉的支配效果。这就是所谓"内化于心、外化于行"。心和行之间就是种支配和被支配的关系，进而价

---

① 谢晖：《法哲学讲演录》，广西师范大学出版社2007年版，第95页。

值、德性和规范（法律）生活之间，也是种支配和被支配的关系。这正是在法制现代化进程中，人们不得不强调法律观念、法律意识的缘由所在。

法律的民间叙事在价值层面，就是坚守交往规范的价值基础，保守对法律——规范交往和秩序生活的价值记忆。在此意义上，民众每次对社会公平和个体自由的呼唤，毫无疑问可以认为是其对规范交往和秩序生活的价值追求和道德呼唤。也可以认为是法律民间叙事的日常表达。在一个国家的制度设计中，能随时关注这种叙事，并保障这种叙事畅通无阻，则意味着法律民间叙事对官方法的积极影响，也意味着官方法对法律民间叙事的正向关注。反之，则意味着法律民间叙事对官方法的影响不够，也意味着官方法对法律民间叙事的负向关注。

（四）法律民间叙事：记忆与法律文化再造

法律的民间叙事之上述三个本源，其实递进式地说明了人类规范生活形成的过程或机制。日常生活及其物质记忆，表明人们的精神世界对于生活意义的再现、复制和规范化努力；交往行为及其规范记忆，表明人们的精神世界对于交往意义的提取、复现和规范化努力；而规范网格中的价值记忆，则表明人们的精神世界对于规范价值的凝练、提纯和规范化努力。可以发现，从物质记忆、规范记忆到价值记忆，其共同的功能都指向人们的规范交往和秩序生存。所以，由生活、交往、规范，到对物质、规范和价值的记忆，归根结底是人们寻求规范交往和秩序生存的过程。是经由记忆、反复、提纯的文化—秩序再造过程。只要一个社群要维系其规范交往和秩序生存，就必须在记忆基础上进行文化再造。例如侗族的"款"制：

> 款具有"立法"的职能，"立法"场所在款坪，一般在款坪中央砌一土台，称为"款坛"，坛上竖一巨石，形状带方而扁平，称为"款石"（汉字未传入时立的是无字的石头），款组织议定或宣布第一条款约时即立此石，即所谓"立碑戒告，万古不移"。以后款组织的活动，或聚款或讲款或起款的出征仪式都在款坪举行。联合大款起款时也在一个固定的款坪上举行。"款约"经大家商议一致后颁行，

其各项内容称为"款约"或"禁款",均是在款坪集会时议定或宣布的。在通常情况下,每个款坪分别在每年的三月、九月各举行一次"聚款",称为"三月约青""九月约黄"。

通过盟誓订立的"款约法"对参加款的所有村寨都有约束力。各款为使款众遵守和谨记款规款约,每年基层款组织的款首在规定的时间集中款众到款坪宣讲或增修款约法,每当款首宣讲完一段款词后,款众便齐声合应"是呀",使款众以此为誓,具有一种永世不可违逆的神圣之感,凡盟誓而立的新款约一经通过,就成为款区内人人必须遵守的习惯法规范,要"人人引以为戒、寨寨同护其威"[①]。

类似的情形,也存在于苗族的"议榔词"和其他传统制度保存得比较完好的民族规范中。甚至在汉族地区的传统村寨中,尽管受中央和地方政权及其法律的影响甚大,但族群—村落治理、红白喜事、礼尚往来等重要的问题,也每每通过此种会商的方式解决。例如,在甘肃传统村落,遇到兄弟分家、村人结婚等问题时,至今还必须约请村中德高望重,或能说会道、勇于承担责任的人出面制定具体规则、商议具体办法、协调具体矛盾,以避免扩大分歧,或者尽量弥合分歧,让事情得以圆满、稳妥地举办或解决。这种协调处理机制,不仅是个案化的处理方式,它的反复运用和实践,其实就是村民们规范交往和秩序生存的方式。

显然,即使在乡民们相对简单的规范交往和秩序生活中,规范的达成、秩序的构造,既是一个充满自然的扩展秩序的形成过程,也是一个人们根据需要,有所选择、有所创造、有所升华的理性的文化再造过程。在一定意义上,在自然规范基础上的任何社会规范体系,都不仅仅是一种自然秩序,也不仅仅是自然而然地产生的,而必然有人为的、理性设计的因素在其中。这或许正是哈耶克强调扩展秩序介乎人的本能和人的

---

① 徐晓光:《款约法——黔东南侗族习惯法的历史人类学考察》,厦门大学出版社2012年版,第18页。

理性之间的缘由吧。① 事实上，前述记忆以及按照记忆所进行的反复行动，尽管具有明显的规范意蕴和秩序价值，但它所代表的仅仅是一种所谓"自然秩序"，人们所遵循的依然是"自然规范"。

人类规范交往和秩序生活的史实证明，人既是自然的产儿，但更是理性的存在，因此，把人类的规范交往和秩序生活完全框定在自然秩序范畴，事实上是对人类和其他动物世界未加区别的结果。尽管自然规范在终极意义上永远是人类规范交往和秩序生活的制约因素，因为人类的交往范围不能超越自然给人类业已先验地限定的范围，但人类在这一范围之内，却总是能够权衡、算计的理性存在。因此，在该范围之内，人类的交往和生活，基本上被置于人造的文明体系和文明结构中，而不是依然沉浸在物竞天择、适者生存的那种自然状态、"丛林法则"中。不但如此，人类的理性还特别强调对物竞天择、适者生存的自然状态、"丛林法则"进行必要的改造和反动。其中以"弱者优先"和相关福利制度为代表的现代"回应型"法律，典型地表明了人类理性对自然秩序、"丛林法则"的颠覆性改造。正是这种改造，让人类更多地生活在人造的文明秩序中，而不是生活于自然进化的秩序中——尽管人造的文明秩序，毫无疑问要受制于人本身的自然限度。

这样的理论说明，是想进一步证成法律的民间叙事，既可以仅仅借助人的自然记忆，以及对这种记忆内容的重复而达成，毫无疑问，这是一种近乎自然秩序的规范交往生态。对此，人类学家们通过对初民社会的认真观察和剖析，得出了很有价值的结论。如霍贝尔对爱斯基摩人的交往规范和生活秩序观察后得出了这样的结论：

> 相对于内容丰富的禁忌规范体系，在爱斯基摩人文化中，法律的规范就显得颇为缺乏，这在很大程度上是由于存在着支配爱斯基

---

① 众所周知，"扩展秩序"是哈耶克出自经验进化理性主义理念所提出的人类秩序演化的一种学说，它强调人类秩序的自然长成，反对过分的人为建构的所谓"理性秩序"。否则，人类社会必将陷于"致命的自负"。不过尽管如此，"扩展秩序"不反对理性，反而介乎自然秩序和理性之间。参见 [英] F. A. 哈耶克《致命的自负》，冯克利等译，中国社会科学出版社 2000 年版，第 7—181 页。

摩社会和经济生活的范围广泛的超自然的惩罚所造成的。巫术和宗教而不是法律，规范了他们大多数的活动。违犯这些规范的行为就是作孽，在爱斯基摩人看来，违法的行为大多是作孽的行为。

对个人作孽行为的即刻果报便是疾病，每一个作孽的行为，都会促使一种隐秘的有害气体生成，它萦绕在违禁者生命的灵魂周围。①

但这仅是法律民间叙事的一个方面，并且也属于其低层次的范畴。法律的民间叙事自然并非总是停留于此种低层次，易言之，法律的民间叙事并非低层次法律叙事的代名词，这正如法律的官方叙事也并非高层次法律叙事的代名词一样。反之，人们对美好生活的追求，对合理秩序的渴望，对交往自由和安全的期盼，都会迫使民间以更为进取的精神，以自然记忆为基础，加工、提升和创造新规范，实现文化再造，表达民间对法律的期待，传递民间法律叙事的理论和实践，并进一步推动法律官方叙事的变革。曾记否，当年安徽小岗村人摁手印、共担责、包产到户的法律叙事，对此后中国法律官方叙事变革的全局性影响和带动？

六　法律民间叙事的社会功能

法律民间叙事的社会功能，可从多视角、多方面予以观察。因为只要法律及法律现象——立法现象、行政现象、司法现象和用法守法现象是全方位地作用于社会的，那么，法律民间叙事的功能也就会全方位地作用于法律所调整的所有社会领域。法律民间叙事的具体社会功能，我在本书中归纳为如下四个方面，分别予以论述。

（一）发现国民日常的规范交往和秩序生活

法律民间叙事的首要功能，是发现一个国家国民日常的规范交往和秩序生活。在人类的生活中，除了一个人的独处状态可以不构成规范交往，也无须什么秩序生活之外，只要两个或两个人以上的交往和生活，

---

① ［美］E. A. 霍贝尔：《初民的法律——法的动态比较研究》，周勇译，中国社会科学出版社1993年版，第75页。

就必须借助规范而交往,达成一种可预期的秩序生活。因为哪怕在两人或很少的人所组成的一个小型社会中,只要人们按照一定的规范交往,因应一定的秩序生活,就意味着某种法律民间叙事的展开和存在。即使这种民间叙事、交往规范和秩序形态在主体间是极其不平等的,但只要所有成员能够接受该叙事体系,并通过其规范交往和秩序生活而不断演绎该叙事体系,就意味着其心悦诚服地融入了这一叙事体系。

因此,所谓法律的民间叙事,从根本上讲即是国民日常的规范交往和秩序生活方式。故当人们说发现了一种法律的民间叙事的时候,也就大致可以说发现了一种特定群体的日常规范交往和秩序生活方式。那么,发现这种特定群体的日常规范交往和秩序生活又意味着什么?在我看来,这意味着对法律之社会根基的挖掘和发现。

在人类交往及其秩序本源于自然法和自然秩序的意义上讲,法律并不是人们创制的结果,而是人们在其日常交往和生活中所发现的。所谓立法,不过是立法者对既有的人们交往关系的规定性进行提炼、总结和加工,而不是根据立法者的任性胡作非为。对此,马克思有名言:"立法者应该把自己看作是一个自然科学家,他不是在创造法律,不是在发明法律。他把精神关系的内在规律表现在有意识的现行法律之中。如果一个立法者用自己的臆想来代替事物的本质,那么,我们就应该谴责他极端任性。"[1]

可见,法律的任务,不是想方设法让人们的行为逃离日常生活的固有逻辑,反而是根据日常生活的既有逻辑来安排人们的法律生活。而法律的民间叙事,本身就表达着日常生活的既有逻辑。这就是即便在一个没有官方法律的社会,为什么也会呈现出"无需法律的秩序"[2]之原因。这在我国传统社会中,表现尤为明显。

一方面,传统中国的家国两分、族(父)权和政(君)权有别,导致明显的家族自治,家法族规成为人们日常规范交往和秩序生活的基本依据。也是社会治理、特别是基层治理的重要方式。[3]乃至今天我国在商

---

[1] 《马克思恩格斯全集》(第1卷),人民出版社1956年版,第183页。
[2] [美]罗伯特·C.埃里克森:《无需法律的秩序——邻人如何解决纠纷》,苏力译,中国政法大学出版社2003年版,第17—146页。
[3] 参见苏洁《宋代家法族规与基层社会治理》,《现代法学》2013年第3期。

业经济领域已然迈向世界,融入全球,但在产业和消费的诸多环节,仍恪守家族生产和家族消费的特征,从而诸如家训、家规之类的传统规范形式,至今仍是国家在治理转型中所关注的重要内容。① 即使那些传统的家训,今天读来仍不乏规范交往和秩序生活的启迪意义。如笔者家乡天水赵氏宗族流传至今的"戒条"和"家训"是:

> "戒条四则":第一,戒子孙不可随众结盟;第二,戒子孙毋得擅卖祖山;第三,戒子孙不可自相残害;第四,戒子孙毋得窃葬祖坟。
>
> "家训十条":敦孝弟;睦宗族;力本业;慎交游;和兄弟;训子弟;尚勤俭;戒争讼;遵法律;禁非为。②

另一方面,传统中国自从秦始皇以来,虽然具有国家对地方的直接控制权,但毕竟因为控制能力、手段以及制度设计本身的问题,导致"中国官制,至县而止"③ 的"皇权不下县"④ 之情形普遍地存在。这就为基层的客观自治提供了可能和方便条件。因此,在国家法律之外,基层治理既有家法族规,也有具有明显教化特征的、介乎官方法和民间法的所谓"乡约"⑤。同样,这种治理方式,至今仍然是我国城乡基层治理的基

---

① 例如,中央电视台在 2014 年春节期间推出"你的家风是什么"的随机采访活动。其用意或许就在把家风、家训等也纳入社会治理的重要方面。对此,我主张在社会自治层面,毫无疑问,这是重要的、不可忽视的治理资源。但在政府治理层面,应对其采取权利自由行使的方式对待,否则,则会带来政府的不当干预。

② 赵荣昌:《天水赵姓溯源》,2016 年 1 月 19 日,豆丁网(http://www.docin.com/p-1032331263.html)。

③ 吕思勉:《吕思勉读史札记》,上海古籍出版社 1982 年版,第 1097 页。

④ 最近,有学者以清代为例,对"皇权不下县"这一传统结论提出证伪,提出"县辖政区"的概念,并强调:"'皇权不下县'是否适用于清代以前的基层社会,暂不予讨论。仅就清代社会而论,这一理论所面临的挑战是显而易见的,佐杂官作为国家正式职官,它所具有的皇权象征意义是无可置疑的。自清代以来,由于佐杂官的大量进驻乡村,并进而分划辖区,构成县辖政区的设置体系。"(胡恒:《皇权不下县? 清代县辖政区与基层社会治理》,北京师范大学出版社 2015 年版,第 15—16 页)。尽管如此,但即使在清代,"县辖政区"并没有削弱、更没有取代古代中国基层社会的乡绅和族长治理结构,从而也没有改变基层在很大程度上具有自治性的基本治理格局和特征。

⑤ 有关乡约的研究,董建辉:《明清乡约:理论演进与实践发展》,厦门大学出版社 2008 年版。

本根据，也是城乡秩序生活的客观形式。可见，出自民间的这种法律叙事在民间规范交往和秩序生活中的客观价值。

当然，如果说上述出自民间的法律叙事，因为近代以来，特别是新中国成立以来随着我国家族制度的基本解体、国家统合能力的极度增强而不断被弱化的话，那么，在这个崇尚个体自由的时代，只要国家不能包办人们的日常事务，无法事无巨细地处理人们的规范交往和秩序生活，那么，自由主体在其交往行为和秩序生活中必然会接续传统，重新发现、修正并再造新的交往规范和秩序生活。在这方面，分布全国各地的各类商会、学会、校友会、老乡会等所制定的内部规定就很能现实地说明之；而所谓"罚3个100"的变化也颇能有力地说明之①。这些都无不表明尽管法律的官方叙事对人们的规范交往和秩序生活起着巨大的作用，但在日常生活领域，毋宁说规范交往和秩序生活是由法律的民间叙事所支持的。因此，检讨法律的民间叙事，就不仅是猎奇般地发现民间日常的规范交往和秩序生活，而且在此基础上，能对国家或官方的相关应对措施提供必要的、有价值的社会基础。

（二）寻求法律立、废、改的社会根据

诚然，文明时代以来的人类规范交往和秩序生活，随着国家控制能力的日益增强，受正式法和法律之官方叙事的影响越来越大。近代以来，法律之官方叙事似乎完全挤压了法律的民间叙事，使法律的民间叙事没有立足之地。特别是受西方中心主义深刻影响的现代法治国家，似乎更是如此。然而，这只是一种皮相的理解。现代法治国家的法律体制，事实上体现为两极对应状态：一方面是国家控制能力的愈益强大；另一方面却是个体主体自治的明显强化。国家控制能力愈益强大的技术力量来自科学以及所衍生的物质的极大丰富，但这并不必然提供国家控制能力的道义力量。反之，国家控制能力的道义力量毋宁说就在于自治主体的自主、自由的行为。所以，政府仅仅掌握了强大的技术手段，还不足以

---

① 参见徐晓光《从苗族"罚3个100"等看习惯法在村寨社会的功能》，《山东大学学报》2005年第3期；《罚3个120的适用地域及适应性变化——作为对黔东南苗族地区罚3个100的补充调查》，《甘肃政法学院学报》2010年第1期。

构成对社会全方位的控制能力,只有同时获得自治主体的自由选择和支持,才能获得全面控制社会的道义力量。

这样,就形成了由政府代表的政治国家和由自治的公民及其他主体所代表的市民社会的分野。在这一关系中,尽管市民社会和政治国家是相互依存的,但两者的相互依从并不是说没有区别的同质共存,而是相互作用、互助互为的异质共存。尽管黑格尔头足倒置地把国家作为家庭和市民社会的基础,但他所强调的下述观点,还是能够说明这里的问题:"……家庭可比之于感受性,市民社会可比之于感受刺激性,至于第三者即国家是自为的神经系统,它自身是有组织的;但它只有在两个环节,即家庭和市民社会,都在它内部得到发展时,才是有生气的。调整家庭和市民社会的规律,是映现在它们中的理性东西的制度。但是这些制度的根据和最后真理是精神,它是它们的普遍目的和被知道的对象。"①

这至少说明了两个问题:一是,国家只有在家庭和市民社会"内部得到发展时,才是有生气的";二是,尽管在黑格尔心目中,国家是家庭和市民社会的基础,但理性制度本身"映现在它们中"。如果我的这一理解和解释成立,则表明在黑格尔那里,和在马克思那里有些类似,都表明"法的关系正像国家的形式一样,既不能从它们本身来理解,也不能从所谓人类精神的一般发展来理解,相反,它们根源于物质的生活关系……"②

官方立法及其法律叙事作为国家行为,作为精神现象的规范表达,不是任何超验的上帝启示或先验的逻辑抽象,而是人们日常规范交往和秩序生活基础上的提纯、总结和一般化处理。因此,关注法律的民间叙事,对官方法律而言,就是寻求官方法得以成立的社会根据,夯实官方法的民间社会基石,寻求民间和官方沟通的桥梁,使官方法能够获得民间的接受,也使民间能够获得官方法的保护和庇佑。

但毕竟立法的民间基础再厚实,也经不住不断来自三个方面的困扰:其一是立法者主观认识能力的有限;其二是立法者价值取向的局限;其三是民间社会和民间法律叙事的不断变迁。这三个方面,会必不可免地

---

① [德] 黑格尔:《法哲学原理》,张企泰等译,商务印书馆1961年版,第264—265页。
② 《马克思恩格斯选集》(第2卷),人民出版社1972年版,第82页。

引致立法会出现缺陷——或者导致立法的合法性缺陷，或者导致立法的技术性不足。这就不但需要立法，而且需要废除或修改法律。

废除和修改法律，一方面在于矫正立法之合法性缺陷。所有立法活动，归根结底都是种价值选择行为。为什么在官方立法中，对民间那些完全不同的法律叙事，有些被立法者采纳为官方法，而有些被立法者排除于官方法之外？这其中关键所在，在于立法者的价值选择。

例如，历史上有些侗族地区盛行"姑舅转亲"，这不但具有事实合法性，而且具有价值合法性。其中有一首侗款是这样表述和规范其事的："你是我姑表亲表，娶你不要有怨言，娶你没有身价钱。我们不要，别人也不能娶到你，我们剩下，你不能成别人妻。表哥断腿断脚你要嫁，表弟眼瞎耳聋你要依。天上，你用竹竿来戳；下地，我们用锄头来挖。"[1]

但在我们这个时代，众所周知，此种婚姻内容，无论从事实合法性上讲，还是在价值合法性上说，都是必须反对的。即使在民间还有这类诉求和法律叙事，官方法律都不为所动。因此，国家立法在价值上选择了有利于人类繁衍生殖的价值诉求，而压抑了同辈亲属之间可能存在的感情需求。毫无疑问，立法的此种价值权衡，至今仍合情合理。但如果科技一旦发展到近亲结婚对生殖繁衍无所影响，那么，可以想见，上述价值戒律可能会发生变化，立法保护近亲之间的情爱需要，改变既有法律对此种情爱需要的抑制，或许会成为现实。这正如长期以来，立法者在价值上否定同性婚姻，但经过同性恋者不懈的奋斗和社会价值观念的不断变革，同性婚姻日益受到立法保护一样[2]。所以，只要官方法或者因时、因地而变，或者因价值选择不当而出现合法性缺陷时，救济它的重

---

[1] 转引自吴浩《从侗族婚俗看古越人婚姻制度的演变和发展》，《苗侗文坛》1988 年创刊号。
[2] 到目前为止，全球已经有丹麦（1989）、挪威（1993）、瑞典（1994）、冰岛（1996）、荷兰（1998）、西班牙（1998）、法国（2000）、德国（2000）、芬兰（2001）、瑞士（2002）、葡萄牙（2002）、比利时（2003）、英国（2005）、加拿大（2005）、巴西（2005）、新西兰（2005）、南非（2006）、捷克（2006）、墨西哥（2007）、澳大利亚（2008）、美国（2015）等20多个国家立法上保护同性婚姻。值得关注的是，在我国这个对同性婚姻向来十分苛刻和保守的国度，也出现了很多微妙的变化。例如，一方面，同性恋现象广泛存在（参见张超等《中国高校同性恋调查》，《记者观察月刊》2007 年第 6 期）；另一方面，法院已受理同性恋者因结婚不能而诉民政局的案件［参见《中国同性恋结婚第一案——同性恋者起诉民政局》，2016 年 1 月 19 日，结婚网（http://sy.wed114.cn/c20151222209565320521.html）］。

要根据就是法律的民间叙事。

废除和修改法律的另一方面，则在于补充立法的技术性不足。众所周知，任何立法，归根结底都是人的理性产物。由于人类认知和理性本身的局限性，不可能让立法在内容和技术上完备无遗，事无巨细地满足行政机关、司法机关以及其他社会主体从事行政、司法和规范交往的全部需求。反之，在实践中，无论在内容上，还是在操作技术上，立法常常要么意义模糊、要么相互冲突、要么漏洞百出，这些，都构成所谓法律的病症。[①]

法律有了病症，固然可以通过行政、司法等方式予以矫正，但更为可行的矫正方式，是立法者根据民间日常的规范交往和秩序生活这种法律叙事，来补充法律内容上的不足，矫正法律技术上的缺陷，所谓法律"修正案"的方式，往往是立法者通过法律的民间叙事，借助民间既有的交往和生活样态，对立法的内容缺陷和技术不足所做的立法救济。可见，法律的民间叙事不仅是立法的一般社会根据，也是立法者用以矫正法律合法性缺陷、体系性漏洞和技术性不足等问题的一般社会根据。

（三）为依法行政提供易操作的方便捷径

在法治国家，作为官方机构和功能的行政，是用来具体贯彻落实国家法律（国家意志）的日常途径。所以，总的来说，政治是国家意志的表达（立法），行政是国家意志的执行（执法）。这表明，依法行政是法治国家对行政的基本要求。行政从组织、权责到行动，本应该是根据法律来结构的一个组织体系和拟制主体。但是，尽管行政是法律所结构和拟制的主体，但这决不意味着其一旦产生，它的方方面面皆分毫不差地符合法律规定；反之，行政作为法律之具体的执行者，往往会在事实与法律之间的枝蔓纠缠，甚至凿枘不纳中，进行创造性的活动。所以，法律不能自动运行，必须由行政或其他主体的运作才能运行。对此，古德诺强调：

> 许多由国家制定法律的机关通过的法律具有一个特点，它们只

[①] 参见谢晖《沟通理性与法治》，厦门大学出版社2012年版，第67—99页。

是作为一般的行为规则来表达国家意志的，因此，它们当然不会，也不可能把国家意志表达得十分详细，使之即使没有政府的进一步活动也能够被执行。而政府的进一步活动就在于把一个具体的人或具体的事例纳入法律的一般规则对它起作用的那个类别里。而只有在具体的事情被纳入法律对之起作用的一般类别之后，国家的意志才能被执行。①

由此可见，行政并非完全被动地适用法律，而总是创造性地适用法律。这是一个方面。另一方面，依法行政这种理念，在不同国家结构体系之中央政府及其机构和地方政府及其机构间也有风格迥异、效果有别的表现方式。在联邦制国家结构中，依法行政贯彻的基本方式是中央政府及其内部机构和派出机构，统一执行联邦法律。而地方政府及其机构统一执行的是地方立法机关（议会）所制定的法律。毫无疑问，这种体制有利于兑现依法行政。因为无论中央政府还是地方政府，都在立法上恰如其分地赋予行政机关以可操作的法律使命。特别对于地方政府及其具体机构而言，因为根据地方立法行政，而地方立法更能够精准地体现不同地方民间的法律叙事，从而使事实对应规范时省去了不必要的枝蔓和麻烦，事半功倍地完成依法行政的使命。这特别对那些国情复杂的大国而言，尤为重要。这种情形的实现，乃取决于地方自治。以美国为例，存在三个层级两个方面的上级（中央）和下级（地方）的关系：

> 对于联邦而言，州具有固有的权力，州政府保留一切未在联邦宪法中所放弃的权力，和未被联邦宪法禁止行使的权力。地方政府对州而言没有固有的权力，只有由州授予的权力。美国在联邦一级实行联邦制，在州一级实行单一制。州是一个单一制的政治实体，州以下的地方政府由州创设。地方政府的权力来源只能是州宪法和法律的授权，以及州宪法和法律规定的自治权；地方政府的组织和地方事务的管理由地方人民和地方政府自己规定，不由州政府规定，

---

① ［美］F.J.古德诺：《政治与行政》，王元译，华夏出版社1987年版，第42页。

称为地方自治。地方自治权力不是地方政府固有的权力，是由州宪法和法律授予的权力。然而这个授权，不是对某一项目的授权，而是划分地方事务和州的事务。地方政府对前者有决定的权力，不由州法律规定，甚至排除州法律的规定。地方自治是划分地方权力和州权力的一种方式。①

显然，作为广义上地方政府的州及其政府，通过联邦制这一方式实现根据地方法律而依法行政的使命；而作为狭义上的地方政府，州政府和地方政府尽管是单一制关系，但因为州宪法和法律的授权所导致的地方自治，让地方政府有充足的权力空间，不受干预地执行地方人民和政府自己的规定。无论是州政府还是地方政府，只要能够根据地方法律行政，就自然更容易切近该地方的民间法律叙事，更精准地表达地方的关切，从而易于实现依法行政。

但是在单一制国家，特别是那些庞大且中央政府控制严密的单一制国家，在中央政府及其机构层面实行依法行政，较为容易，因为中央政府范围内的事务，容易通过一般性的法律予以规范。换言之，中央政府及其机构，所执行的就是一般性事务。但在此体制下，地方政府，特别是基层地方政府，所面对的绝非法律规定的一般性事务，而是极其复杂多样的，每每一般性的法律并不能直接切入的具体事务和复杂事务。甚至还要面临法律根本无暇规定，但行政必须协调处理的事务。

例如，继室去世后，能否安葬在祖坟，在另一世界和前妻"共享一夫"？这对国家法律而言，是不入法眼的鸡毛蒜皮之事，但对具体的村民而言，却是不能小觑的大事②，因此而产生的种种纠纷，一旦交由行政机关处理，其既没有原则性、一般性的国家立法可以依靠，也没有切合地

---

① 王名扬：《美国行政法》（上），中国法制出版社2005年版，第264—267页。
② 笔者调查中，曾接触到两例典型案件：一例是哥哥去世后葬在弟弟承包地里，兄弟两的儿子酒后因此发生口角，弟弟的儿子把哥哥的儿子失手打死；另一例是一位母亲去世后，葬在弟弟的承包地里，后来弟弟听风水先生说那块土地风水很好，便把其母亲的棺木移出其承包地，迫使哥哥不得不在自己承包地里为母亲另觅坟茔！

方实际的立法可以参考①，就不得不从相关的法律民间叙事中寻求行政推进的方便路径和行政获得民众支持的具体灵感。

上述种种，都让行政主体获得了必要的能动空间，从而依法行政不可能是行政主体亦步亦趋、按部就班、毫无创造地向被管理对象贩卖法律规定、提供法定的服务。事实上，行政主体还往往迫不得已地运用自由裁量权，能动地从事行政活动，能动地执行国家和地方法律，只有如此，执法活动才能在民间获得理解和支持，也才能更好地执行国家的意志，维系一方秩序。但对行政主体而言，能动地从事行政活动的最好凭借，就是其借助法律的民间叙事，借助一方公民固有的处理相关问题的态度、理念和行为策略。因为法律的民间叙事，对其解决琐碎细致的问题而言，不仅是轻车熟路、习惯自然的，而且是成本最低、获益最高的。

（四）为公正司法提供可接受的裁判方案

最后，笔者还须谈到法律的民间叙事之于司法的功能。司法机关是用来判断是非、解决纠纷的职能机构。和立法、行政相比较，在一个法律体系大体完成的国家，司法更为广受人们的关注。原因在于立法所审议、解决的是社会一般问题。因一般问题牵涉面太广太多，反倒在实践中不易形成焦点和热点。行政所要处理的是平素和日常的问题，因相关问题是人们在交往行为中司空见惯的，所以，也不易形成焦点和热点。但是，司法却不同。司法所面对的总是社会纠纷。社会纠纷本身，就具有聚焦功能。无论对当事人而言还是对社会来说，纠纷本身都会引起人们的特别关注，因为纠纷意味着矛盾，意味着社会关系发生了碰撞，意味着平素日常的生活出现了跌宕、变异和不安。

纠纷本身就是社会交往的焦点问题，而把纠纷交由司法解决，自然连带地成为焦点，甚至成为焦点的焦点：对当事人而言，兴许把纠纷诉诸法院解决，在其人生履历中是极其罕见的个例，因此，追求能够公平

---

① 尽管我国有地方法，并且最近决策者还准备通过改革继续下放地方立法权，但众所周知，我国目前的地方立法，普遍缺乏和地方实际的对接，而过分注重与国家或中央政府立法的对接。因此，其本身失去了对法律之民间叙事的深刻关注，在本质上是国家立法或中央政府及其机构法规章在地方贯彻执行的一种"抽象行政行为"而已，而不是真正行使了地方立法。此种地方立法，能否致地方行政切合地方事务？人们不难推知。

地解决纠纷，自然就是两造的聚焦和期望；对其他社会主体而言，司法的个案示范效应绝不止于个案本身，而往往会溢出个案，产生一般的示范效果。因为其他社会主体总想从个案公正来观察司法是否公正，社会是否正义。一旦司法个案的裁判常常出现不公正的，两造自然会失去对个案的公正感，其他主体也会失去对社会的正义感。因此，司法虽然解决的是具体的社会纠纷，但纠纷本身的聚焦效应，加之纠纷解决的焦点示范效应，使司法这种在诸权力体系中看似不起眼的权力，反倒在法治之下，常是焦点权力。

对司法之为法治社会焦点问题的要述，是想进一步说明和行政相比较，司法更具有事实适用于法律中的复杂性。因为一方面，行政活动毕竟既有具体行政行为，也有抽象行政行为，对后者而言，关注者太多，反倒意味着关注效力分散；另一方面，对于具体行政行为，即使人们的关注焦点很集中，但只要当事人对之不接受、不服从，尚有司法这个最后的闸门予以救济。但是，所有司法活动，要面对的都是个案化的焦点事件、纠纷事件以及一旦终决，再无法在程序上提起救济的事件。毫无疑问，这些都增加了司法中把个案运用于法律中的难度。

首先，把具体的争议事实运用于法律的一般规定的过程，本身是一个需要法官小心翼翼的活动。尽管按照一般的原则，这是一个以法律来剪裁、规范纠纷事实的活动，从而是以官方法律叙事规范具体社会纠纷的活动，但在实践中，法官又何尝不是以纠纷事实来矫正法律规定？何尝不是以法律的民间叙事来矫正法律的官方叙事？其次，一旦法律本身存在诸如意义模糊、冲突或缺陷的情形，就更需要法官动用法律民间叙事的资源，规范和矫正法律本身的问题和不足。这或许正是在英国司法史上，通过衡平法赋予法官以重大的自由裁量权的缘由。尽管对这种自由裁量权，有人曾予以深刻的讽刺和唾骂：

> 衡平法是一个无赖，是一种不好把握的东西。对于普通法，我们有一个标准，知道应该相信什么。而衡平法与一个人的良心是一致的，这个人就是大法官：即使他们确定了衡量标准，也只有这么一种，我们称其为"大法官的脚"。衡平法是随着大法官的脚变化不

定的，它有多宽，衡平法就有多宽；它有多窄，衡平法就有多窄。①

不过这种讽刺和唾骂并不能否定赋予法官以自由裁量和自由心证的必要性，也不意味着法官在适用法律时，一旦遇到法律自身的模糊、冲突或疏漏，就拒绝裁判。在此情此景下，法官不但要裁判，同时还必须想方设法做出更好的裁判。之所以要做出更好的裁判，在于法官必须考虑在法律根据有问题或不充分时，司法的可接受性问题。

> 可接受性是一种心理的认同，在语词上指人们内心世界对外在世界的某种因素或要件的认同、认可、吸纳甚至尊崇而形成的心理状态或倾向。……判决可接受性从语词上也是一个主观的心理概念。纯粹主观的认识很难以客观的标准以衡量。因此，研究裁判的可接受性并不是立足于心理因素的认识，而是以判决的理由正当说明规范的认同。"规范通过行动理由得到说明。"听众对判决的认同而不拒绝，可能因为判决足够好（具有正当性）而主动接受；也可能判决……于己不利，或显失公正，但因制度的强制而被动接受。②

问题是，当法官或法院一旦把可接受性这一因素引入裁判，作为衡量司法裁判好坏的重要标准时，已经意味着运用法律的民间叙事对官方法律所做的必要的裁剪或修正。尽管可接受性因为法律的强制效力而获得，但在更多情形下，法律的可接受性指向两个方面：其一是法律本身有模糊、冲突或缺漏，必须法官在个案裁判中出面修补、救济法律的上述缺陷③。这就必然存在一个法官的修补、救济是否论证得当、自圆其说，足以取得两造和其他社会主体心悦诚服地接受的问题。在此情形下，法官尽管必须讲理，但此种讲理，在缺乏法理支撑的背景下，必须符合

---

① William Searle Holdsworth, *A History of English Law* (Boston: Little, Brown, 1922—1927), Vol. 2, p. 89. 转引自唐士其《习惯法与法治的制度起源》，《国际政治研究》2005 年第 1 期。

② 张斌峰等：《试论司法判决的合理可接受性——以修辞学为视角》，《齐鲁学刊》2014 年第 1 期。对司法裁判可接受性问题的系统研究，还可参见孙光宁《可接受性：法律方法的一个分析视角》，北京大学出版社 2012 年版。

③ 参见谢晖《法律哲学》，湖南人民出版社 2009 年版。

常情和常理，符合一定的风俗、习惯，符合法律的民间叙事。否则就不可能收到可接受性的效果。其二是即便法律本身逻辑严谨，不存在缺漏，但只要法律的官方叙事有违法律的民间叙事，则法官依然有义务以两造和其他社会主体可接受的方式，用法律的官方叙事来说服法律的民间叙事，并进而把法律的官方叙事嵌入法律的民间叙事中。这只有巧妙地借助法律的民间叙事作桥梁，才会取得更好的可接受性。所以我赞同如下结论：

> 在尊重成文法作为主要法律渊源的前提下，民间法为提升判决的可接受性发挥一定作用，原因就在于其具有一定的权威性。无论在任何国家中，在制定法之外总是存在着特定的社会规范或者民间习惯，在保证正式法律规范得到执行的基础上，适当采用这些社会规范或者民间习惯，将使司法判决更具亲和力和权威性，进而有利于判决被接受。①

尽管民间法仅仅是法律民间叙事的一种，但如果把上述结论延展开来，运用于所有的法律之民间叙事，都能较好地实现法官在司法中为了获取裁判的可接受性，而向民间法律叙事寻求说服灵感、论证理据，并最终获得两造、其他社会主体接受裁判的效果。正是在这里，法律的民间叙事和司法的可接受性沟通联动，法律的民间叙事产生对司法活动的具体功能。

七 以黔东南清水江流域"约法"社会为切入点

（一）清代民国清水江流域的社会状况

贯穿贵州省东南部的清水江发源于今天贵州省黔南布依族苗族自治州首府都匀市邦水的斗篷山，经贵州省黔东南苗族侗族自治州的麻江、凯里、黄平、施秉、台江、剑河、锦屏、天柱等县市入湖南境内的会同、

---

① 孙光宁：《民间法源的权威：基于判决的可接受性》，《宁夏社会科学》2011 年第 1 期。

黔阳两县汇入舞水，合称为沅江，最后进洞庭湖入长江，全长500多公里。在历史上和习惯上的"清水江流域"主要是指流经黔东南苗族侗族自治州境内的麻江、凯里、丹寨、黄平、施秉、镇远、三穗、天柱、锦屏、黎平、榕江、雷山、剑河、台江等县市的这段，约有376公里，流域面积约为14883平方公里，[①] 其中又分为南哨、瑶光、八卦、亮江、洪洲五大支流。本书所指的清水江流域主要是指这五大支流地区。清代该流域地区各县大体上归黎平府与镇远府管辖。黔东南地区唯一不属于清水江流域的只有从江一县，该县属都柳江流域，这里也是苗族侗族聚居区，约法文化特色明显，本书"款约"方面的资料也多有使用。

　　清水江流域群山叠翠，山川秀美，既有延绵起伏的丘陵，又有大小不等的平原。处于亚热带气候，气候温润，雨量充沛，这种自然环境适宜林木及各种农作物的生长。在原始的生产方式下，由于没有商业利益化的刺激与推动，该流域的各族人民对如此丰富的森林资源的利用仅限于微量采伐，满足简单的生产生活需求就行了。正因为如此，大片的森林长期自然生长，蓄积量永远大于采伐量。贵州《黎平府志》中记载："天之所以利黎平在此，黎平民之所以为生计者亦此。"可见，在当时的社会经济状态下，该地区的苗族、侗族人民主要依靠这上天赐予他们的礼物进行生产和生活。

　　历经明朝200多年对贵州的拓殖开发，贵州布政使司已经辖有十个府及贵州安抚司。贵州省行政区域已渐具规模，清代以前，黔省东南部的古州一带还未列入贵州省行政管辖。黔东南地区为"生苗"区，即"化外"之地。直到清朝，贵州省疆域才得以最终确定。根据《黎平府志》记载："古州厅在府治西，在省城东南，其地与清江、台拱、八寨、丹江、都江同时建置为新疆六厅。"由此可见，在设置六厅后，该流域部分地区才真正被划为清朝行政管辖范围。清水江下游的锦屏县，明洪武二十一年（1388年）始设铜鼓、新化亮寨二守御千户所，均隶属五开卫（今黎平）。洪武三十年（1397年），改铜鼓千户所为卫所，隶属湖广都司。永乐元年（1403年），复置湖耳、亮寨、中林、欧阳、新化、龙里六

[①] 参见黔东南州志编委会编《黔东南州志·地理志》，贵州人民出版社1990年版，第181页。

长官司，属贵州卫。永乐十一年（1413年）置新化府，辖上述六长官司外，另加赤溪楠洞长官司，隶贵州布政司。宣德九年（1434年）废新化府，改隶黎平府①。康熙五年（1666年）湖广的黎平府隶属贵州。雍正五年（1727年）废铜鼓卫，设锦屏县，治铜鼓卫城。改五开卫置开泰县，均隶属黎平府，今属天柱县的大部归镇远府管辖。

明朝生活于清水江流域地区的主要是侗族和苗族，清及民国乃至以后才有汉族及其他民族迁入定居，清代民国时期侗族、苗族人口仍比其他民族多。乾隆朝《开泰县志·风俗》载：在锦屏县（清朝为开泰县）"五方杂处，人性朴茂，尚礼重信，不乐粉华"②。据《贵州经济》一书的统计，在民国二十六年（1937年）时该地区的侗、苗人口占总人口的80%以上。③ 又据最新的人口普查资料，锦屏县的侗族苗族人口仍占总人口的80%以上，黎平县占70%以上，天柱县占90%以上。从锦屏县现今的民族人口比例看，侗、苗、汉三个主要民族人口占全县总人口的99.45%，其中侗族占49.37%，苗族占37.57%，汉族占12.51%多，④ 其余极少量的为其他民族，与历史上民族的分布比例大体相同。

在锦屏、天柱当时以清水江为界，西北居住的是侗族，东南部居住的是苗族，正南部或中间夹杂着汉族。这一带的苗族也与雷公山、月亮山苗族腹地的苗族不同，是汉化程度比较高的苗族。还有部分人是祖辈就迁移此地的汉族，在林业商品经济发展时期一些人为生活和交易方便融入当地的侗族和苗族中，可见清水江流域一带显然是侗族苗族的主要世居之地，但文化的融合和族群的变迁是经常发生的。清代中期以后这里是非常特殊的地带。从地域上看，锦屏一带是经济文化非常落后的边远少数民族聚居区，属于未开化的"生苗"地区，但却有地利之便，通过清水江，上可溯至都匀、贵阳等黔中腹地，下可达江淮诸省，而且在明清开发贵州之际，较早受到中原汉族地区政治、经济、文化的影响。

---

① 参见贵州编写组《侗族社会历史调查》，贵州民族出版社1988年版，第4页。
② 乾隆《开泰县志·风俗》（夏），第20页。
③ 参见张肖梅《贵州经济》，中国国民经济研究所1939年版，第58页。
④ 参见王宗勋《乡土锦屏》，贵州大学出版社2008年版，引言。

"在官府眼中,是所谓'熟苗'地区。"① 当时民族间的界限也没有今天这样的明显,如现今的文斗寨主要是苗族,但在当时制定规约时使用的却是侗族特有的"合款"表述,说明民族间的联合、民族法文化互渗情况一直存在。有"款约"显示,文斗寨曾参加的议约组织,是南联婆洞、三瓜,北联高坡九寨(侗族地区)的巨大的"款"团体,约定了会团章程,并定期开会。议约的内容非常丰富,除对"款"组织内团众选练、军械备办,值守制度、齐团互保、作战制度、粮钱筹措、战功奖励等有详细规定外,还涉及树立纯朴的社会风尚,立约维护社会治安、维护生产、保护劳动果实、保护山林美化环境、倡议修桥补路以利交通、提倡保护山林开荒栽杉、严示持之以恒等方面,可见款约不仅具体、细致。而且也比较全面地反映了社会公共秩序的需要。② 在清水江流域各村寨为地方安定,采取地域上的联合是常有的事,在一块地域上不分家族、民族都会联合在同一个社会组织中,最有代表性的就是"四十八寨合款",这四十八寨中既有黔东南的侗族、苗族村寨;也有湖南西部的侗族、苗族村寨。还有苗族侗族村寨共同订立规约的事例,如清道光十四年(1836年)六月的《公纳禁条碑记》,就是公纳、腊俄苗族侗族村寨联合制定的禁约。③ 最近我们还发现了瑶族村寨订立"款牌规约"的事例。说明邻近侗族地区的比较弱小的瑶族村寨受侗族法文化影响的情况。由于文化势能的影响,便出现这样一种现象:邻近侗族地区的苗族的社会组织活动也称"合款",这种情况比较多;而邻近苗族地区的侗族则称"议榔",这种情况比较少。所以,在现存各类"侗款"中就有"侗人来立约,苗人在旁欢喜"④ 的说法就不难理解了。《朱批奏折》载雍正六年(1728年)十二月二十日鄂尔泰奏邛水司副土官袁三奇,曾以苗头身份参加,苗头七十二名,公推苗头内为苗众素服者为公共"榔头","议榔

---

① 王宗勋、张应强:《锦屏山林契约及其产生的社会背景》,刘毓荣主编《锦屏县林业志·附录》,贵州人民出版社2002年版。
② 参见梁聪《清水江下游村寨社会的契约规范与秩序——以文斗苗寨契约文书为中心的研究》,人民出版社2008年,第203页。
③ 参见张子刚《从江古今村规民约从江历代告示实录》,中国科技出版社2013年版,第5页。
④ 邓敏文、吴浩:《没有国王的王国——侗款研究》,中国社会科学出版社1995年版,第113页。

后"，袁副长官遵依"场款"，刻木决议，"招抚清水江之者磨等寨生苗七百余户"。"款"与"议榔"一起使用的情况比较多，所以有的地方干脆称为"榔款"，这充分说明"五方杂处"环境下民族法文化的交流与融合。

　　清水江流域民族对森林自然拥有的基本格局是：清水江与都柳江上游为苗族生息的原始森林带，主要是为市场提供大规格的用材，从森林带的结构看，苗族领有的高山原始森林带，这一地带人工林带的天然庇护，是不可缺少的水源储养林，也是水土保持的屏障，直接维护了清水江人工林的正常生产，在经济上又是人工林优质树种的来源。① 而侗族多居住中低山区，高山原始森林木材的漂运都得通过当地沿江侗族居民转手，同时主要种植人工林，所以侗族人民很早就掌握了杉木的种植技术，也较早开始从事林木贸易活动。清代开始黔东南地区优质杉材能给当地各族人民带来丰厚的经济收入，当地的居民很自然将杉树树种作为栽培树种，通过人工护理去扩大其群落规模，进而将这一树种的分布带向低海拔湿润区段展拓，从而凭借人工的驯化实现了对原生常绿阔叶林的人工置换，并形成后世的人工杉树用材林业。从这个意义上说，选择杉树作为天然林向人工林演替的代表树种是带来清水江流域社会变化的一项"技术革命"。据后世资料追忆写成的《姜氏家谱》，随着明朝政府与民间林木买办在清水江流域进行，姜氏祖先就已经在清水江北岸的文斗寨栽杉，足证当时小片的人工杉树林早在明代时就已存在。明朝《月山丛谈》中说："思恩、荔波两县西北界与贵州烂土、黎平诸夷相接，不通王化，有美杉生山下"，这一记载说明了清代以前人工杉林在都柳江、清水江流域存在。其后随着"苗疆"②的开辟，杉木贸易规模迅速扩大，有关杉木

---

① 参见杨庭硕《相际经营原理——跨民族经济活动的理论和实践》，贵州民族出版社1995年版，第448页。

② "苗疆"有广义、狭义之分，广义的"苗疆"泛指黔、滇、湘川、两广等省（区）各少数民族聚居的地区；而狭义的"苗疆"则是指黔东南以苗族、侗族（包括瑶族、水族等其他少数民族）以古州（今黔东南榕江县）为中心的核心区。本书使用该词主要是指狭义"苗疆"，或称"黔省苗疆"。正是在明代时有了把古州为中心的黔东南地区称"苗疆"的提法，如史所载："明永乐时，贵州虽列为行省，而其东南湘桂等处，仍为苗蛮所据，以古州为中心，周围三千里，环寨千三百余，名曰'苗疆'。"（民国《贵州通志》"土司志"〔四〕，民国三十七年铅印本）

文献明显增多，乾隆年间爱必达《黔南识略》对清水江流域之丹江厅（今雷山县）、清平县（今麻江和凯里毗邻一带）、台拱厅（今台江县）、天柱县等地，多有"山产杉木""地多杉木""树多杉桐""山多杉木，茶桐次之"等字样的描述；道光《黔南职方纪略》卷六载：黎郡"杉木、茶林到处皆是"；同治《平黔纪略》载："黎平属素产杉木"；光绪《黎平府志》卷二"山水"载：府境内"杉木岁售百万金"。该条又载"产木最多则遍行湖广及三江等省，远商来此购买。在数十年前每岁可卖二三百金，今虽盗伐亦可卖百余万，此皆产自境内"。到了民国时期，《台拱县文献纪要》"物产"项载："杉木出县东南区，满山苍翠，有轮围合抱者，近年来，江路开通，贩运三江出售，其质较他处所产坚实，价值亦较他处为优。"又据《贵州经济》载："查清水江自平越之羊老、经黄平之重安江入剑河、锦屏、天柱等县其中森林最多者，首推天柱、锦屏、剑河等县。"① 说明清水江流域地区在清代和民国时期是我国重要的林区，侗族人民擅长经营林木，很早就进行人工造林和商业活动。都柳江流域也是杉木的重要产区，但到目前为止我们还没有发现系统的木材种植、采运、贸易方面的资料，所以本书只能是"花开两朵，单表一枝"了。

（二）"清水江文书"的产生

林业契约文书以浩繁的数量记述和反映了清水江流域林业经济历史发展，目前在国内还很难找到与之相比的系统性林业历史文献。在清代民国时期清水江流域地区竟出现几十万份林业契约文书，为我们提供了研究该地林业经济法制独特的、宝贵的资源。仅从林业契约来看，当时人们买卖山林和土地、租佃山场、利益分成等活动，都要通过签订契约文书来实现。据专家估计，从清朝康熙年间（公元 1662—1722 年）直到 20 世纪 60 年代初的 300 年里，清水江流域契约总量推测不少于 30 万份。目前锦屏县农村大多数农户都还保存有旧契约文书，多的村寨有数千份，少的也有数十份。按每个村寨仍保存有 500—1000 份来计算，全县 212 个

---

① 马国君、罗康智：《清水江流域林区时空分布及树种结构变迁研究》，《原生态民族文化学刊》2013 年第 3 期。

村（社区、居委会）目前大约应保存各种契约文献资料至少有10余万份，其他县份也有较多存留。这些契约文书是清水江中下游苗族侗族林区古代近代经济和社会发展历史的真实记录和反映。其中林业契约文书内容大体包括：林地和林木的权属买卖转让、合伙造林、佃山造林、山林土地析分、林木收入股份分成、山林管护及村寨环境保护、山林土地权属纠纷的调解及诉讼文书、家庭林农业收支登记簿册以及村寨管理、婚俗改革规定、官府文件等。

在林业契约文书中，大量记录和反映清代林区土地流转、佃山造林、林农股份合作造林、青山（活立木）买卖、山林管护等林业生产形式，对当今的林业体制改革和生态环境建设有着重要的参考价值，同时对林学、农学、民族学、社会学、经济学、历史人类学、民族法学、法律史学、档案学、生态环境学等学科都具有较高的学术参考价值。该流域林业契约内容明确，时间跨度较大，并具有典型的地域性和突出的民族性、家庭性特点，而最突出的是系统性和稀有性，对苗族侗族林区古近代种植、管理和采伐等人工林业生产过程，对一个家族各房族及几代人对山林土地的占有、经营管理以及经济兴衰情况，对一些大山场所有权、经营权的历次变化情况都有系统和完整的反映。

小江（八卦河）是清水江下游北岸的一条主要支流，小江流域也是木材的主要产区。它发源于镇远县的报京乡和金堡乡，由西向东贯穿三穗县中部，在三穗县桐林镇由北向南依次流经剑河县南明镇和磻溪乡以及天柱县石洞镇、高酿镇，锦屏县彦洞乡和平秋镇，最后在锦屏县城三江镇注入清水江。小江流域的侗族人口比例占90%以上，居民日常语言为侗语。剑河、天柱、锦屏三县毗邻地带山水相连，民风民俗相同，是高度同质的侗族社区。明清时期随着清水江流域卷入林业商品经济热潮，林业市场对这一带林木需求越来越多，有时市场出现供不应求的状况，木商们也会到小江流域中下游地区来采购木材，从而带动了该地林业商品经济的发展。木材贸易促进了人工营林业的发展和山林买卖，人民栽杉谋生，反映出以木材为主的商品经济的发展。现今小江流域民间保留的部分林木土地买卖契约和佃山栽杉合同及抵押杉木等文书，说明小江流域地区经历以木材种植、采运业兴起为核心的经济发展与社会历史过程。以杉树为主的各种林木的种植与采伐，成为小江两岸村寨社会最为重要的生计活动，随之而来的山场田土买卖、租佃所产生的复杂土地权属关系，杉木种植采运收益分成以及地方社会体现其政治、经济、法律、历史事项等都有反映。

英国法律史学家亨利·梅因在《古代法》一书中说："一个国家文化的高低，看它的民法和刑法的比例就能知道。大凡半开化的国家，民法少而刑法多，进化的国家，民法多而刑法少。"以前学者的研究只着眼于《侗款》"约法款"中的刑事习惯法的内容，而忽视了黔东南民族地区"民法"的存在。"民法"是用来处理民间普通百姓的横向关系的法律规范，而不理会他们与国家间的垂直关系，所以任何社会的民法都授予普通百姓在日常生活的一些重要领域中的一定的权力。[①] 而契约是调整普通百姓民间经济生活的重要工具。在中国传统的乡土村落，人们处于一个熟人社会里，所以相互之间非常注重信用，否则将无法生存，只有非常重要的物品，如房屋、土地、牲畜交易时，才订立契约文书，分家析产时还订立分家文书等。现今在小江流域，特别是在沿江的村寨中还保留了大量清代民国时期的林契、田契、分家契（分关合同）、清白字合同以及婚书、税契等文书。我们把留传至今的小江流域的契约文书及其他珍贵的民间历史文献称为"小江契约文书"。从2007年开始我们对小江流域的契约文书进行调查，收集契约文书的点选在剑河的盘乐村、天柱的柳寨、锦屏的翁寨村、坪地村这条线上，共收集上述各类契约文书800份，通过这些契约文书我们对小江流域在清代民国时期的社会状况、经济生活、林业经营、婚姻家庭、财产继承以及诉讼中民间法与国家法的互动关系有了初步的了解。尽管我们收集到的只是一小部分，但它们足够反映小江流域时代变迁、经济发展、社会演变等方方面面，成为着眼民间视角下的区域社会历史过程的写照。小江林业契约文书则是在地权关系较为明晰的前提下，人们借以确定各种利益和规范及各自行为的反映，也是该流域各民族文化交流的反映。

---

① 参见黄宗智《清代的法律、社会与文化：民法的表达与实践》，上海书店出版社2007年版，第190页。

清代民国，在中国广阔的土地上，大多数地方都有呈现民事契约诸多类型同时并存的样态，并起着作用，一个社会通过这样的方式得以运行，大体上维持民事秩序。清代民国的民事法律主要是调整选嗣、分家、土地交易与典卖、婚约债务等方面的民事关系。"封建统治者也保护产权、物权，而且是刑法伺候，这些压制法保护的民法虽然不彻底（同王朝命运紧密相关），但社会团结是封建统治者普遍追求的"，特别是步入近代，"以民法为主体的恢复性法律取代以刑法为主体的压制法成为折冲樽俎的主要手段"①。这些问题引起了国内外学者的高度关注，并取得了突破性的成果。但先学的研究存在一个问题，即中国是幅员辽阔的大国，地域性差别十分显著，这种差别不但一般地对地方性的社会组织和知识形态有影响，而且在特定的情况下可能左右大的历史局面，他们的研究对地域的和社会组织方面的差异似乎没有给予足够的重视。根据各地不同的契约文书，试图在习惯法的一般性与其地方差异之间寻求适度的平衡，可能未来的研究将包括各种地域研究的课题，它们会加深我们对历史上习惯法的认识，同时我们也相信，真正富有成效的区域研究，只有在研究者抱有某种全局性认识的情况下才是可能的，至少，这种强调区域研究与一般性研究之间互动关系的模式是适合于中国历史上习惯法研究的。②清水江契约文书贯穿清代民国各个时期，从中我们可以辨认出一个相当完整的民事习惯法秩序，这些在民间生活中有着重要作用的契约文书体现了清代习惯法的基本形态，表现了侗族、苗族习惯法的传统。笔者择取清水江地区土地、婚姻和继承这几种常见的民事事项进行探讨，这正是民国民法中"物权""亲属"和"继承"篇所调整的主要内容；也与清代法律所指的"户、婚、田土细事"③ 相吻合。

（三）清水江流域少数民族的"款"

黔东南侗族苗族人民长期的生产和生活、繁衍和发展，不仅创造了

---

① 舒建军：《物权法与社会有机团结——读涂尔干〈社会分工论〉》，《读书》2008 年第 11 期。
② 参见梁治平《清代习惯法：国家与社会》，中国政法大学出版社 1996 年版，第 184 页。
③ 民国成立后有意保留了《大清律例》的"民事有效部分"，并继续运行了 20 年，这样做的目的是认为在更适合中国实际的民法还没有颁布前，"民事有效部分"还是非常适合中国实际的。

特定地域环境下的生计文化，也创造了极为富集、独具特色的习惯法文化体系，由于历史及地域原因，民族习惯法文化至今保存比较好。在清水江流域的侗族和苗族之间因长期处于"小地域"范围内，文化交流从未间断过，两个民族习惯法的形式和内容上有很多相近和相似之处。但苗、侗两个民族毕竟族源不同，民族政治、经济、文化发展水平各异，习惯法的产生、发展、表现形式及其社会调整功能等方面都有所差异。此外接受汉文化的辐射，覆盖的时间不一致。

款（kuant）是侗语译音，不但具有议事、交谈之意，也具有盟誓定约之意，还具有联姻集团之意，体现了清水江居民"以款为盟，以款设法"的显著特征，所以在黔东南民族习惯法中"款"的出现频率最高，使用得最多，如，"合款""会款""议款""讲款""团款""联款""集款""聚款""砍款""议款""吃款"等。在习惯法形式层面上的用法也很多，如"款规""款法""款条""禁款""款约"等。黔东南侗族地区用"合款"形式订立"款约"；而在苗族地区以"议榔"形式订立"榔约"。这些都是民族地域特色的"议约"，这种契约形式与"榔约""款约"古老的形式有内在关联性。苗族侗族传统的"议榔""合款"组织本身就是通过盟誓方式结合在一起的、以民族共同体为基础的社会组织，它标志着以地缘关系为基础的地域性联合逐渐取代了早期的血缘群体的社会组织，从而使各村寨联合成了更大的共同体。"议约"很大程度上带有公意的色彩，体现了苗侗民族社会原始民主和高度自治的特点。

"合款"（abs kuant）原本是侗族的地域性的社会组织，"合款"的特点是由几个甚至几十个村寨共同参与"盟款"，参加的单位是村寨，村寨中较大的氏族按每户出一人的形式合众举行。为增强"款组织"的威严和神圣，照例要举行一定的宗教仪式，如杀牛盟誓等，让天神作为见证者和监督者。然后订立"款约"，有的要埋岩，有的挂牛头为记，务在款众中树立"款约"的严肃性和稳定性，不许任何人违反。款约的执行者是参加这每次合款活动时款众们民主公推的款首，由他们代表款众对违约者进行处罚。苗族传统的"议榔"的情形与侗族"合款"大体相同。

侗族地区不同层次的"款组织"都订立有自己范围内行用的"款约法"①，这是款众在平等自愿基础上，通过缔结"盟约"建立的侗族独特的民间法制度。苗族的"议榔规约"也是如此。侗族的"款约法"、苗族的"议榔规约"开始是口传的不成文的习惯法，清朝以后由于汉字在侗族苗族地区不同程度地使用，则表现为成文和不成文习惯法并存的局面。

侗族苗族最早的原生"立法"形式叫"埋岩"，又称"栽岩""竖岩"，这是在黔东南至今所能看到的最原始的习惯法订立和公布形式。它所承载的不成文习惯法内容称为"岩规"。这些石头一端埋在土里，另一端裸露出地面，是过去各种民间制度和民族习惯法的标志。到今天人们可能不知道它们所立的年代，但它的内容老人们还能记得，栽岩所表达的内容只能依靠口耳相传，为了便于记忆和流传，歌师们把一块块"岩规"的背景材料和内容编成韵文来传诵。后来懂得汉文的人士（往往又是寨老、长老）便用汉字把岩规的内容记录下来，有的传承至今。这种传统的形式现在在偏僻的月亮山苗族地区还用在风俗改革的实践中。

大概从明末清初开始，汉文化向清水江流域地区渗透，汉字开始被部分少数民族知识分子所掌握。黔东南山多石材多，侗族、苗族人们便以石碑为载体，借用汉字镌刻各类规矩条款，相继出现了很多刻有汉字的竖岩（立碑）。特别是在侗族地区的石碑载有各村寨订立的规约，如"禁条""条规""乡例""族规""章程"；也有小款、大款、大款联合不同款组织订立的"款约法"，这种竖岩一般叫作"款碑"。随着国家行政权力在该地区影响的加强，官府也用竖岩形式推行政令，将重要的地方官府法令，如禁约、告谕、告示等刻碑公示，不但能让百姓遍晓，也能使之"垂诸久远"，有时"合款"也被作为政府"政治统治资源"加以利用，在笔者收集的锦屏平秋碑刻中有官府与"款规"相联系的内容。如，"府主示谕设立款规心解避免于互乡之徒，今我合团等子寨乡村俱约

---

① 参见湖南省少数民族古籍办公室主编，杨锡光、杨锡、吴治德整理译释：《侗款》，岳麓书社1988年版。笔者常使用的"款约法"一词，虽与"约法款"只一字之差，所指却是指在侗族"款文化"覆盖下历史上的款规款法、乡规民约、家族法规以及直接受其影响的侗族社会习惯法活动和作为一种意识形态的"款"意识等。详见徐晓光《款约法——黔东南侗族习惯法的历史人类学考察》，厦门大学出版社2012年版。

齐于款内，设立款约开如左"。这就在清水江流域民族法文化空间中形成了"碑碣器物群"。近代著名史学家梁启超在《中国历史研究法》一书中指出过碑刻资料在边疆史研究中的作用，他说："大抵碑版之在四裔者，其有助于考史最宏……何则？边裔之事关于我族与他族之交涉者甚巨，然旧史语焉不详，非借助石刻而此种史料遂湮也。"对该流域石碑富集地区的民族资料进行收集、整理、利用，无疑会大大推进这一地区民族民间法研究的深入。清水江流域民间法规碑碣的密度极高，从清朝到现在从未间断，如点点繁星遍布于苗乡侗寨，清水江两岸。多的村寨有百余块，如三门塘，少的有三五块，其中很大部分是各类"规约碑""款碑"和"告示碑"。这些碑碣记录了该流域社会经济、乡村治理和法制发展的历史，是民族民间法研究的重要资料。

  日本学者对明清时期民间"公约"的研究比较深入。寺田浩明指出：虽然其他一些对等者之间通过相互合意缔结的禁约，其参加者们相互之间的合意是没有疑问的。但"公约"虽是由众人共同合议，以相互合议的形式订立，但所约束的对象已经超越了公约直接参与者的范围。公约是立约人众为共同保护与自己利益相关的其他人单方面宣示的文告，这些具体规范内容的文书虽冠以"约"的名称，并不是出于"禁约"所涉及各方的合意，而只是一部分人单方面的意思表示。增渊龙夫教授曾考察过"约"的本义，指出"约"字就意味着单方面的命令、禁止和拘束，其本义并不存在相互合意的含义。[①] 例如"禁约"中声称"合村又同心商议"即是这种合意的表示。但实际上无论是哪种约的形式过程中，都能找出首先把规范或宣言提出来的特定主体，例如"禁约"里"目击时限"而纠集众人开会者，并被推为约首的人物，首倡"联庄约束"者。这说明了"禁约"也不是自然发生的，而是以某个或某些具有感召力的人物为中心而有意识展开的。[②] 其实，"禁约"的缔结必然要伴随着聚众结盟的形式，这其中也不完全对等合意，而是由某个主体"首倡"，再通

[①] 参见［日］增渊龙夫《中国古代的社会和国家——秦汉帝国成立过程的社会史研究》，王亚新、梁治平：《明清时期的民事审判与民间契约》，法律出版社1998年版，第16页。

[②] 参见［日］寺田浩明《明清社会法秩序中"约"的性质》，王亚新、梁治平编《明清时期的民事审判与民间契约》，法律出版社1998年版，第156—162页。

过众人"唱和"而形成的结果。有的"禁约"的缔结就以首人的名义订立并发布，如"约众父老刊碑禁止"，"会同约齐首人"等都是如此。①

清朝民国清水江流域是一个"约法"的社会，有"盟约""款约""乡约""禁约""合约"和大量的民间契约。其与内地汉族地区的"约"相比有独特之处：首先，在人们追求林业经济利益，社会变动不安的情况下，为稳定苗侗村寨的社会秩序，乡村常常订立"公约"。公约往往从本地实际考虑，为解决目前面临的重要问题，一般以一位或几位在当地有名望的人物发起，再由一些积极参加者和一大批随大流者参与，经过集体讨论订立出来的。甘乌林业管理碑落款是该村寨首人范姓诸人，这便是他首倡，广大村民响应的结果。但由于侗族传统法的文化特点，决定了利用传统资源"款约"的情况比较多，这应该是中国民间公约中比较有特色的一种，不论是订立的形式上，还是内容上都带有浓郁的地方特点。其次，"盟约"在内地汉族地区已经少有神明"保障"的意味，所以失去了原先的作用，而在还相当迷信神灵的村寨社会，为增强"款约""合约"，甚至契约的约束力，往往杀牛盟誓、杀鸡设誓，还要到南岳庙、杨公庙举行审判活动的，让天神作为见证者、监督者及执行者。这在清水江文书中都有体现。再次，在清代，"议约制度化"是村寨的愿望，也是官府的要求，国家政府、地方官府总是对民间习惯法加以利用，实际上，乡约民规在清代已经染上了浓厚的官方色彩，成了官方法与民间法互动的平台。由于君主的大力推行，地方乡约法非常普遍，但效果并不很好，因为民间"公约"本应是乡民自治的体现，而清代的乡约由礼部管辖，单纯用来教化，把讲约变成宣讲"圣谕"的"讲政"。正是由于乡约本身自治色彩的消失，"乡约"成为一种国家教化制度。② 但清水江流域的"款约"受政府的影响不大，还完整保留着原来的形态。最后，寺田浩明教授感悟的清代社会的"法秩序"，只靠国家法和国家司法审判这"一极"是根本囊括不了的，然后他考量了民间契约领域这"一极"，但

---

① 参见锦屏县志编纂委员会办公室编，王宗勋、杨秀廷点校《锦屏林业碑文选辑》（内部资料），2005 年，第 15、17 页。

② 参见刘志松《宋以来乡约与乡约法探析——以乡约碑刻为考察对象》，谢晖、陈金钊主编《民间法》，厦门大学出版社 2013 年版。

还是无法完整解释这个庞大社会的法秩序,于是他引入了"约"这个层面的内容,使上述"两极"在"公约"这个点上搭界了。[①] 而本书作为民族民间法的地域性研究,正是以清水江流域不同效力的"约"为基础,梳理其不同的内涵和社会作用,立体透视各种"约法"在清水江流域商品经济社会民间法秩序建立与形成中的各种功能。

商品经济属于经济基础的范畴,法治则属于上层建筑范畴,他们各自所具有的属性截然不同。既然这两种不同的事物或现象存在着某种确定的联系,在它们之间必然存在某个中介,而且这个中介必须既具有经济属性,还具有某些法的属性。同时从社会历史主体来说,它必须还具有自我认同、自我约束的价值观念的属性,而产生于清水江流域林业商品经济活动中的大量契约,恰恰是在民族地域社会里,人们普遍要求经济生活的规范化、法制化的具体反映。因为契约作为商品交换的条件和手段,蕴含了极为丰富的社会文化内涵。正如马克思指出的:"具有契约形式的(不管这种契约是否用法律形式固定下来的)法律关系,是一种反映着经济关系的意志关系,这种法律关系或意志关系的内容,是由这种经济关系本身决定的。"[②] 契约范畴所蕴含的丰富内容,恰恰符合充当这一中介的条件,从而在经济与法治上层建筑之间架起了一道由此及彼的桥梁。所以说清水江契约文书为我们提供了破解该地历史上林业经济法律关系和了解民族地域社会与法的重要资料。

长期以来,人们在讨论中国从古至今为什么没有形成"契约性"社会时,找出很多原因,如:中国只有皇权这一种占统治地位的政治势力,没有出现能与皇权并驾齐驱的其他政治势力;历次农民起义也是一个皇权取代另一个皇权,农民不过是皇权利用的工具而已,没有其他阶层的势力;商人势力没有崛起,没有资本势力;海外交易不兴盛,没有贸易势力;中国周边均为小国,外国力量影响较小等,原因固然很多。当笔者仔细研读"清水江文书"和民间"公约",探讨"公约"与林业经济,

---

[①] 参见寺田浩明《权利与冤抑——寺田浩明中国法制史论集》,王亚新等译,清华大学出版社 2012 年版,第 136—182 页。

[②] 马克思:《资本论》(第 1 卷),人民出版社 1975 年版,第 102 页。

"款约"与民族地区社会及法律秩序,"契约"与该流域地区社会结构与家族结构经济利益调整等问题时,发现在我国古代纳入国家行政区划最晚的黔东南偏僻的清水江流域,大体在清朝中期已经形成以契约为核心的林业经济"文化地带"。如前所述,由于大批林业种植工人的雇用,此地也成为人口流动异常频繁和人口成分最为复杂的地区,有本地的苗族、侗族,也有大批外来汉族、苗族和侗族等。特别是大批汉族民众的进入以及汉族经济活动方式的展开,使清水江流域已经不是从前的纯粹的民族地域社会,而是成为了包括汉族和其他文化在内的"复合型"社会,或者说已经开始转变成为汉族文化介入的"乡土社会"。在这一地域范围内,诸多民族文化的融合和碰撞,使此地区的社会经济等活动更趋复杂。鉴于这一地区民族分布和民族交往的复杂性及经济活动的特殊性,本书以地域性研究为主,不以某个民族为具体对象,所以多使用"清水江居民""清水江流域人民"等指称,泛指在清水江流域从事与林业经营活动有关的侗族、苗族、汉族等各民族群众。

第一章 部落盟誓是契约法的最早形式

"盟誓"在我国古代部落联盟和诸侯割据情况下经常进行，指的是结盟和发誓。中央政权建立后，国家常采取这种方法与地方势力较强的民族进行盟誓，政治性同盟的规范就是"盟约"，这是一种具有习惯法性质的法律约束形式，是各民族早期习惯法的渊源之一，起到了连接封国之君、军事将领与部族头人的功能。不仅反映了"盟"的互惠观念要求，也反映了"盟"的秩序目的，即通过"盟约"实现内外管理，使联盟内部关系达到协调，与外部的国家或部族的交往顺畅，维护内外稳定。

侗族历史上曾建立过一种以地域为纽带的村与村、寨与寨之间的地方联盟——"款组织"，它有较强的地域性，通过它形成了侗族传统社区政务、经济、法律和军事联盟等性质的民间自治联防组织和社会机制。所谓"款组织"包括小款、大款和大款联合，不同层次的"款组织"都订立有自己范围内行用的"款约法"，"款"（侗音 kuant）本身就有"盟誓"和"条约"之意。"议榔"苗语称为"构榔"，"构"有"说""议"等义，更有"咒""发誓"的内涵。"议榔"由一个村或一个鼓社进行的，也有几个鼓社、甚至几十个村进行的。侗族苗族有通过盟誓建立盟约的传统，订立的盟约形式多样。

第一节 "合款""议榔"与"盟誓"

"盟誓"指的是结盟和发誓，这是一种具有习惯法性质的法律约束形式，是各民族早期习惯法的渊源之一。"盟誓"在我国古代部落联盟和诸侯割据情况下经常使用，在中央政权建立后，国家常采取这种方法与地方势力较强的民族进行盟誓。以盟誓的形式来表达对等主体之间的合意是古代民族、部落生存和发展的基础，以契约的形式订立纠纷矛盾调解协议对稳定一个地区的社会秩序非常必要。在古代，盟与誓性质相同而形式有别。甲骨文、金文均有"盟"字，甲骨文中的"盟"字指用牲方法，金文"盟"字指祭祀，这与文献、字书的解释相印证。《礼记·曲礼》下："约信曰誓，莅牲为盟。"①《说文》："盟，杀牲歃血，朱盘玉敦，以立牛耳，从明从皿。"②《释名·释言语》："盟，明也，告其事于神明也。"由此可知，"盟"的本意即对神发誓，歃血为凭。甲骨文中未见"誓"字，但西周晚期铜器铭文中多见。文献中"誓"字出现较早，《礼记》中就有说明。《说文》："誓，约束也。"段注："按凡自表不食言之辞皆曰誓，亦约束之意也。"誓有两层含义，一层是在神灵信仰下约定起誓主体的权利义务的特殊契约，与盟同义。另一层是在坐盗、人身伤害、杀人等刑事案件或者欠债不还、田宅边界等民事纠纷中因无法举证而采取对神灵起誓（立誓、赌咒）来辨别事实、分配责任的司法手段，一般称为"神裁""神判""天断"或"天罚"。不论盟或誓，还是盟誓联用，神灵信仰是其原动力。这是从形式上来区别，"盟"用牲而"誓"不用牲，誓只是约言而已，一般说来，盟大而誓小。历史上盟约的法律效力正是来源于这种对神起誓，盟誓中的条款一般能得到严格遵守，从而成为实际上的法律。

研究社会契约论的学者认为，"统治契约"是社会契约的基础，也可以称为"服从契约"。人类学研究成果表明，统治契约最早应该就是部落之间的盟约或条约，但随着形势的变化，盟约的形式和内容也会随之改变。《周礼》载"国有疑则盟"，这说明当时人认为"盟"因"疑"起，是盟约各方解决纠纷和冲突的手段之一。所谓"寻盟"就是既盟之后又重新确定过去所订的盟约，盟誓之后必须重新确定盟约，这就说明盟约并不十分可靠，所以后来盟约逐渐被法律所取代，以后的盟誓受到法律的束缚，且具备了一定的习惯特征。

---

① 黄侃：《黄侃手批白文十三经》，上海古籍出版社 1983 年版，第 83 页。
② （汉）许慎：《说文解字》，中华书局 1981 年版，第 142 页。

在氏族部落时代，规范人们社会行为的只有习惯。以后，随着私有制的发展，开始出现各种违背传统习俗的事情。正如恩格斯所说，氏族"是被那种在我们看来简直是一种堕落，一种离开古代氏族社会的纯朴道德高峰的堕落势力所打破的……最卑鄙的手段——偷窃、暴力、欺诈、背信——毁坏了古老的，没有阶级的氏族制度"[①]。而对待这些新的问题，开始还是用宗教手段处理，以后才出现了"法"。所以《吕刑》中说，"苗民弗用灵，惟作五虐之刑，曰法"，是说古苗人不用传统的原始宗教的手段维护社会秩序，而是用严酷的刑罚。虽然有时宗教手段更为野蛮残酷，但其被笼罩在神的光环中，所以在原始社会仍有很大的权威性。而苗蛮集团中首先出现的进步因素反而成了罪行。不仅如此，文中所说"泯泯棼棼，罔中于信，以覆诅盟"等语，即是谴责苗民人心奸诈、社会紊乱、抛弃信义、背叛盟誓、滥用暴力行为的"罪名"，也说明当时苗蛮集团文明因素的成长已走在黄河流域诸部落联盟之前。一般来说，社会发展较快、经济比较发达的地区的人们头脑比较灵活和富有智慧，讲求实用理性，工于心计。经济发展落后的地区的人们比较纯朴，重信义，同时比较野蛮，重视武力和迷信神灵。从史料谴责苗蛮集团不信神灵、"狡诈"、不讲信义的言辞中可看出，远古各部落中，苗蛮可能在诸多方面处于领先地位。考古学研究已提供了不少证明。

伯尔曼在他的著作《法律与革命》中，谈到日耳曼早期的部落法律情形及宗教文化对西方法律传统的形成所产生的作用时，反复强调了与"神""宣誓"等观念相联系的"信任"的根基性作用，他说："一群群人以和平的名义集体发誓的尝试在以下的活动中起了关键性的作用，十一世纪晚期以及以后城市的建立，城市内行会的形成，公爵、国王和皇帝通过所谓的公爵或王室合约、通过领地合约颁布立法。"[②] 发誓作为日耳曼法中较为寻常的一项证据，需要在一定的仪式下进行。在进行发誓仪式时，发誓人需要将手搭在圣物上，同时口中讲述一套术语，誓言应

[①] 《马克思恩格斯选集》（第4卷），人民出版社1972年版，第94页。
[②] ［美］哈罗德·J. 伯尔曼：《法律与革命》，贺卫方等译，中国大百科全书出版社1993年版，第65页。

该保持流畅和必要的押韵,如果誓言的表达不流畅,如发誓人出现迟疑、口吃等现象,那么该发誓人的誓言将不发生效力。在进行火审与热水审的过程中,在受审之前需要进行一系列的弥撒、斋戒等仪式,这主要体现出了日耳曼法的宗教形式主义。

在西藏吐蕃王朝时期,盟誓种类最多,其作用主要是采用一种类似盟书的形式来进行不同等级的区分,其中包括王室、贵族、贫民、奴隶等,如唐朝与吐蕃之间就是通过盟誓来确定关系。从个人到氏族到王室以及相关部族与邻国间都具有不同的盟誓。① 简单来说,是指盟誓各方在各自均信任的一方的主持下,在宗教场所中进行缔约的活动,这是藏族习惯法的一个渊源。就"赔命价"制度而言,其部分渊源也是来自于藏族盟誓中的"永不复仇""以罚代刑"等与赔命价有关的约定和原则,最后逐渐形成习惯法。藏族盟誓由于其本身所具备的特点,因此相对于其他渊源来讲,其对宗教的依附性与适应性更强,并通过依附于宗教的发展而产生并发展,同时经历了从原始宗教到佛教的不同信仰形式,并经过对神灵的信奉来确立盟誓契约的神圣不可侵犯性、裁断纠纷时的公正性。藏传佛教向信徒们宣扬一种在道德规范下的宗教生活,它将"至善"设定为人的目标,让人在有限的生命中为之去追求,从而得到善业轮回。当面对重要的盟誓时,一般在寺院宗教场所进行,并由大德与高僧主持。出于对神灵以及宗教的信仰,藏族盟誓约定当事人的权利以及义务、责任,因而具备了法的属性。

在吐蕃奴隶制政权时期,盟誓作为官方法律制度的一部分,同时也在民间得到发展与实践。一直发展到元明清三朝,作为国家的一个组成部分,西藏地区的立法与国家法得到了统一,盟誓中的一部分内容也就被顺理成章地写入官方法中,可见,盟誓习惯法在其发展的过程中有时会作为官方法的一个组成部分,而其他部分则作为在民间继续使用的民间法。

黔湘桂侗族苗族的"合款"与"议榔"就是中国南方民族"盟誓"中的独特形式。关于侗族的"合款",周去非《岭外代答》"蛮俗"之

---

① 参见徐晓光《藏族法制史研究》,法律出版社2001年版,第40页。

"款塞"条载:"史有'款塞'之语,亦曰纳款,读者略之,盖未睹其事,款者誓也,今人谓中心之事为款,狱事以情实为'款',蛮夷效顺,以其中心情实发其誓词,故曰'款'也。"宋人朱辅《溪蛮丛笑》中称:侗人"彼此歃血约,缓急相援,名曰门(盟)款"[①];宋人洪迈《渠阳蛮俗》中说:"田丁之居,峭岩重阜,大率无(五)十家之聚。遇仇杀,则立栅布棘以受之,各有门(盟)款。门(盟)款犹言伍籍也。"侗族历史上曾建立有一种以地域为纽带的村与村、寨与寨之间的地方联盟——"款组织",它有较强的地域性,通过它形成了侗族传统社区政务、经济、法律和军事联盟等性质的民间自治联防组织和社会机制。所谓"款组织"包括小款、大款和大款联合,不同层次的"款组织",都订立有自己范围内行用的"款约法","款"本身就有"盟誓"和"条约"之意。侗族"合款"的重要内容也是订立"盟诅要约","合款"是为了某种共同的利益和共同防御外敌、盗贼等目的结成盟约,并通过"歃血为盟"的仪式,要求会盟各村寨共同遵守,不得违反。这是在平等自愿基础上通过"盟约"立款建立的侗族独特的民间法制度,其名称有"款约""合款各条""款示""禁约""禁款"等。

议榔,苗语称为ghed hlangb"构榔",ghed"构"有"议""说"等义,更有"咒""发誓"之内涵。"构榔"一词,可以简明地说是"议约"或"议定公约",也有"集体发誓"或"组织决定"之意。所以非常严肃和神圣。苗族的农村公社,南宋时称为"门款",清代有"宰款合榔"等称呼,而且不同地区叫法也有差别,"在黔东南大部分地区叫'构榔'或'勾夯',也叫'议榔会议''构榔会议';贵州从江月亮山区和广西大苗山叫'栽岩会议'或'埋岩会议';湘西大部分地区受侗族文化影响叫'合款',凤凰县可能受汉族影响称'春酒会';云南金平叫'丛会'或'里社会议'。尽管各地名称不同,性质基本相似,只是有些地区保留古老的东西较完整一些,有些地区有所变化和发展"[②]。黔湘桂边区

---

① 转引自符太浩《溪蛮丛笑研究》,贵州民族出版社2003年版,第205页。
② 周光大:《苗族社会组织和习惯法述论》,《思想战线》1988年第6期。

各民族凡遇大事都要通过"议榔"①来聚众议事,"议榔"时把相关村寨的寨老聚集在一起,召开"议榔大会",通过杀牛祭神,以"栽岩"盟约的形式,用口头宣布榔规。议榔是按地缘关系为基础而结成的村社组织。在议榔时,大部分地区都要杀牛或杀猪,将肉分给每户一块,也让每一个未到会的成员都能吃上肉,表示大家都发誓牢记议榔规约,不得违反。也有喝血酒盟誓,以示遵守的。榔规榔约一经群众通过,就成了不成文的法律,上至榔头,下至群众,人人必须遵守,无一例外。如有违反,都要根据不同情况进行处理。

清代的民族识别没有现在这样清楚,特别在苗族侗族邻近地区,"合款"与"议榔"往往被看作一回事。据方显《平苗纪略》载:"乃令头人订期会集'宰款合榔'。'宰款合榔'者,苗俗也,即汉人'歃血盟誓'之意。又曰'合款',亦曰'诘话'。其合盟处曰'款场'。其首事人曰'头人',头人中之头人曰'榔头'。悔盟者有罚。曰'赔榔',皆苗语也。""议榔"顾名思义,就是开会制定榔约、榔规。苗族人重承诺、守信义,在处理内外财产关系时,往往以誓状形式进行,因而订立民事契约发生诉讼时,便验对契约及向神明赌咒。从诉讼程序来说,当事人的盟诅是重要的证据,誓词是不得违反的,必须严格遵守。

第二节 侗族"合款"的范围

如前所述,"盟誓"指的是结盟和发誓,这是一种具有习惯法性质的法律约束形式,是各民族早期习惯法的渊源之一。侗族的"合款"有很悠久的历史,大概产生于侗族历史上的部落联盟时期,应该是侗族进入黔湘桂交界的山地之后,这片山地还有苗族、水族、瑶族等民族,经常

---

① "议榔"在苗族文化研究中已经有了约定俗成的概念,是汉语中的"议"和苗语中"榔"的组合词。议榔在各地苗语中有多种发音,所以汉文记述用字也不同,如"榔榔"等。1965年发布的《台江县反排苗族社会历史调查资料》直译为"勾夯",与"勾榔"的发音相似。1958年国家组织的民族调查,1962年整理的《雷山县掌披苗族社会历史调查资料》称为"议榔",被多数研究者广泛采用。各种称呼的含义都是一样的,但据我们调查研究,"栽岩"是议榔的重要仪式,但不是每个地区都有。以地域划分,议榔有"栽岩""不栽岩"两种,月亮山区苗族在议榔活动中要举行"栽岩"仪式,而雷公山区的苗族议榔不一定"栽岩"。

发生氏族间的战争，刚刚衍化成为单一民族的侗族，需要借助款组织这种形式，来加强民族凝聚力，这是侗族对山地阻隔地理空间的一种抗争。可以说款组织加强了侗族衍化成单一民族的进程，维护了侗族文化的独立性，虽然这一独立性开始是脆弱的，有严重的依附性，但通过款组织侗族社会成为整饬严明的社会，社会行为具有规范性和约束性。① 直到今天，侗族人都还在地域界限和社区归属上认同"款区"的传统划分，如"六洞地区""二千九地区"等。"合款"作为民主自治组织大约开始于唐代，这种组织经常集会的地方被称为"款坪"（也叫款场，有的地方称为"洞"），现在在黔东南三穗县还有叫"款场"的乡，是过去该地侗族人民"聚款"的地方。在湖南靖州靠近贵州一带，过去的款坪还有很多被保留，如双江鹅凤口款场（今三锹乡菜地村）、岩板田款场（今三锹乡地背村）、牛盘岭款场（今藕团乡老里村）、芦笙界款场（今藕团乡新街村九芦冲山界上）、凤冲款场（今三锹乡凤冲村）等。② 历史上，黔湘桂边区的侗族村寨不可胜数，但村寨只是侗族社会组织的细胞，并不是"款"，村寨与村寨之间因为某种目的结成联盟，订立"盟约"才能叫作"款"③，他们联合的过程以及共同的行动叫"合款"或"联款"，共同订立的"盟约"为"款约"，历史上侗族法律从整体形式上一般称为"侗款"。"合款"开始由几个或十几个地域相邻的自然村寨组成"小款"，然后逐渐扩大，形成"大款"和"大款联合"。明代刘钦《渠阳边防考》④说："其曰峒（侗）蛮者……皆从古无大豪长。……或千人团哗，百人合款，纷纷藉藉，不相兼统……徒以盟诅要约，终无法度相縻"，这条资料说明参加大款联合会议的一般都有上千人，这里说的"百人合款"是指小款组织，它的联合会议一般也有上百人，是各村寨和主要氏族的

---

① 参见傅安辉、余达忠《九寨民俗》，贵州人民出版社1997年版，第63页。
② 参见夏新华、王奇才《论湖南靖州的"合款"——兼论国家法与民族习惯法的关系》，吴大华、徐晓光主编《民族法学评论》（第2卷），华夏文化艺术出版社2002年版，第63页。
③ 杨昌嗣先生曾强调指出："合款是侗族的社会组织，而不是'款'是侗族的社会组织。"（参见《侗族社会的款组织及其特点》，《民族研究》1990年第4期）
④ 过去"渠阳"含今湖南靖州、通道、绥宁、会同和贵州的天柱、锦屏、黎平等地的侗族聚居区。（邓敏文、吴浩：《没有国王的王国——侗款研究》，中国社会科学出版社1995年版，第133—134页）

代表。真实地反映了明朝时侗族款组织的情况。由于历史上侗族地区的交通极为不便，支系较多，分布较广，迁徙也比较频繁，始终没有形成地方性的民族政权，分散而无统一的权力管辖，处于一种没有国家法制管辖的状态。大概在清朝末期以后，侗族习惯上把款叫"团款"，也可以单叫"团"。

湖南绥宁县发现的明万历三年（1575年）的《赏民册示》，是较早的解读侗族合款和当时湘黔边界民族关系以及政府民族政策的重要资料。湖南通道、绥宁紧邻贵州黎平，为侗族世居地区，又邻近"苗疆"，与周边的苗族、汉族有很深的接触。[①] 明朝政府为稳定该地社会秩序，安抚当地款首，特颁行《赏民册示》，规定："赏恩苗头盔衣甲，倒牛合款，三年一小赏，五年一大赏，花红牛酒，要恩苗紧把隘路，不许苗蛮入境，乡村相互守望，听从款令调换，大小事听洞长乡约公道排解，要安分，男耕女织，不许争占欺弊，四洞各村不许汉人坐住苗疆，百计盘剥扰害之弊。四洞每岁立冬同会四安坪（今湖南省通道侗族自治县）合款，约禁各条各款，不得违令。"[②] 朝廷鼓励侗族"倒牛合款"，保护地方，赏给本地款石头盔衣甲，扎有红结的牛和酒，并成为定例"三年一小赏，五年一大赏"，但恩赏是有目的的，其目的是：一、把守要隘，禁止苗族人入境以至进入内地，也不准汉族人长住该地，以免有汉人盘剥扰害、挑动事端；二、侗族人本身要安分守己，各安本业，有纠纷由寨老、长老妥善调解，侗族村寨"相互守望"，听从款令的安排；三、所辖"四洞"侗族每年立冬时共同会集在"四安坪"合款，详细订立"约禁"。该资料传递了诸多重要历史信息：一、早在明朝万历年间，政府在"侗

[①] 清代史籍也称："苗疆当贵州、湖南之境，叛服靡常，历代皆剿抚渐施。"（《清史稿》卷137，《兵部八·边防》）民国以前民族识别不明确，史料中把与苗族相邻居住的"峒（洞、侗）人"，称为"洞（侗）苗"者多矣，如爱必达在《黔南识略》（卷13）清江厅、（卷17）镇远及石阡府、（卷21）黎平府、（卷22）古州厅等处，则将"峒（洞）人"归为"苗"，称"峒（洞）苗"。本条资料从整体分析看，所称"恩苗"是指"受朝廷恩赏的侗族款首"。

[②] 《赏民册示》资料很重要，但学者们引用时都没有说明原始出处，内容也有所歧异。邓敏文、吴浩：《侗款的历史变迁》（《民族论坛》1994年第2期，转引自洪寒松《侗族"合款"制试析》（《湖南民族研究》1985年第11期），该文认为："四洞各村"为"罗岩峒、芙蓉峒、石阳峒、扶城半峒"。

族合款"时曾赏给祭品和礼品，朝廷要借助侗族地区早已家喻户晓的合款形式，达到维护地方安宁的目的；二、《赏民册示》的内容指向与传统"侗款"内容是一致的，所以能为侗族所接受，如禁止苗族入境和汉族长住，正好和"侗款"打击的吃里爬外、"勾生吃熟"等合拍；三、明朝在湖南侗族地区的这些"因俗而治"的政策经验，为以后清朝政府统治黔东南地区的侗族提供了路径。①

一 "小款"有多小

资料显示，民国以前贵州从江县境内的丙妹、平毫、平瑞三寨约900户为一小款；板娘、八町、弄盆、歹背等寨约700户为一小款；大榕洞、小呆、围里、小榕洞、上乐等寨约1300户为一小款；谷洞、高纤、银潭等寨约1200户为一小款；高平、流架等寨约1700户为一小款；占里、富中、驼里等寨约500户为一小款；高增、岜扒、小黄等寨约1500户为一小款。在"小款"中也有大小之分，宋代文献里"款"又叫作"门款"，即"联防武装"之意。由此可见，从500户到2000户以内均为"小款"。侗族村寨之间习惯通过水路联系，款场所在地往往位于河流交汇处。比如，湖南通道县阳烂村所在的"六款区"，其款场位于阳烂河与东湾河的交汇处，这是一个小款场，参加这一小款场的村寨包括阳烂、黄土、坪坦、高友、高秀、高团、都天等。② 实际上"第六款区"这一合款序列编号说明其上还有更高层次的总款。而黎平县黄岗村则属于"千三款"，这个小款款场设在黎平县双江乡的四寨，其款场位置位于四寨河和归密河交汇处。黄岗所在的小款包括黄岗、归密、四寨、双江、平天等村寨，这是传统小款，还以家户数来命名，即"五百黄岗"。小款不论村寨多小，哪怕只有几个村寨也可以通过合款订立"款约"，典型的如黎平纪堂、登江、弄邦、朝洞四寨于光绪十八年（1892年）七月八日款众等同立的《永世芳规》就是六洞大款中四寨所组成的小款自己订立的"条

---

① 有研究认为："《吕氏乡约》应溯源于南方少数民族的'款'，乡约是因土地私有和人口流动、宗教重整、乡村'官治'不足，政治改革无力等多问题的理学探索和设计。"参见程泽时、徐晓光《托古改制与历史实证：乡约新论》，《政法论丛》2016年第4期。

② 参见通道侗族自治县少数民族古籍整理办公室编《侗款》（第1集）（内部资料），1985年。

规"。《永世芳规碑》碑文如下：

盖设禁碑流传，以挽颓风而同款古道事：照得人有善恶之悬殊，例有轻重之各异。故效朝廷制律，以平四海而安九州。□野□条，以和宗族而睦乡里。因此始得公共酌议，即将此冠婚丧祭之礼，吉凶富嘉之义，一一以定其而无移，又将放僻邪侈之类，奸宄背逆之流，在以深其禁而有□。不特此也，且严内攘室家，资财货物，外盗田园鱼谷蔬果，并杉茶竹笋。古树山林，不准斧斤妄伐。而偷禾谷薪柴，养牲六畜不许乱食。而窃自今定碑以后，咸欲制事，以义制心，以花以格，非心而再臻于盛世，则士食旧德，农服先畴，工而居市，商也贸易，俾我等人，人各安于本分，户户讲义而型（行）仁。此善果虽微，岂非千古不朽，章程未尽修斋，明列条规于后。

——议衙门一切公务，应宜同心即办，不可违误。
——半途盗窃，要齐团送官治罪。
——翻田串磕一切等事，罚钱十二千文千。
——偷窃牛马货物，田鱼、禾谷一切，罚钱八百文。
——窝主客留匪类，罚钱十二千文。
——赌博烂棍罚钱十二千文，违者送官治罪。
——砍伐古树竹笋，罚钱三千文。
——偷杉、茶、木柴、棉花一切，每项罚钱八千八百文。
——攘摸鸡狗罚钱一千二百文。
——偷窃蔬菜罚钱一千二百文。
——通奸事罚银四两，猪肉七十二斤，酒十二斤。
——好事妄讼罚钱十二千文。
——拐夫罚银廿四两，前夫听去，现规（归）后夫全退，又赔猪肉七十二斤，鱼十五斤，酒廿四斤，并房族猪肉一百斤。
——婚未过门者，男弃女嫌，二同规（定），（罚）银七钱，（棉）花二斤，织布一匹，春夏（棉）花织（布）折钱，男六百文，女三百文，秋冬概不准折。
——婚已过门者，男弃女嫌，二同规（定），（罚）银一两六，

（棉）花（织）布同上。

——婚已得（纺）车、被（子）者，男弃女嫌，规银男十二两，女七两，（棉）花（织）布同上。

——婚久年生育者，男弃规银十四两，禾十二把，酒廿四斤，草鱼十五斤，白口银五百文，猪肉五斤，熟饭卅斤。

——婚娭妻者，要自动凭媒言定，女嫌规银六两，猪肉七十二斤，酒二十四斤，草鱼十五斤，男弃无规。

——女诬赖登门，男弃规银五两整，别无规。

——夫故妻出，银四两，白口银五百文，熟饭卅斤，猪肉五斤，女奁要凭二房，先有过秤多少后同退，妄言不准。

——父母临丧，饭布五包，酸鱼五吊（条），父归女婿，母归娘家。至送丧猪肉十斤，饭五包，鱼五吊。

——女婿犯，赔岳父礼，猪肉五十二斤，酒十二斤。

——丧岳父母者，婿之绚郎，酒饭倘后，女嫌赔钱一千二百文，婿之吊丧礼钱全退，或二三，女谁嫌谁赔。

——妄开砍禁山，公罚钱八千八百文，复谢龙在外。

以上等条倘有违抗不遵者，公罚钱十二千文，各宜禀遵。

光绪十八年七月初八日　众等同立
纪堂、登江、弄邦、朝洞寨①

侗族地区这类款碑极多，有着丰富的碑刻流传，可谓"村有石碑，寨有碑铭"，但由于交通条件的限制，石碑远未能被收录殆尽，还有很多石碑存留于黔东南侗族地区的崇山峻岭之中，如乾隆二十二年（1757年）的"款禁碑"，该法只有13个村寨联合订立，是针对盗窃、抢夺等犯罪行为的，具体要求和处罚也只有三四项，但仍属于"款约法"中的"禁款"。竹坪、薪洞、岩洞、朋岩、述洞、已炭、同关、寨拱、平岔、迷

---

① 《永世芳规》详见黄才贵收集、整理：《黎平县肇洞的纪堂等四寨合款条规》，《民族志资料汇编》（第3集·侗族）（内部资料），1987年。

洞、四寨、坑洞、山洞等是几个寨联成的小款，历史上称为"十洞小款"。其内容如下：

今天下承平日久，屯寨杂处，女织男耕，熙熙攘攘，均沾皇恩升平之世。如无数年来，有无知之棍徒，约济两三人，一入其寨，或偷牛盗禾，或挖墙穿壁，或盗鸡鸭，或盗羊，受害无休。兹我众寨商议，立禁款禁，以安地方事。

如有偷盗，拿获查实者，通历众寨，绑捆款上，立即打死。

一不许赴官；

二不许动凶；

三不许隐匿抗违。

如有三条查一，同治罪。

　　　　　立此款禁。

　　　　　竹坪：善法、干赏、老命。

　　　　　薪洞（今新洞）：田看、今太、岑宇。

　　　　　岩洞：垠共，才口、朝千。

　　　　　朋岩：王仲仁、朱德如。

　　　　　述洞：华倒。

　　　　　已炭：世川。

　　　　　同关：香挽。

　　　　　寨拱：才通。

　　　　　平吝：今敖。

　　　　　迷洞：吴老铁。

　　　　　四寨：吴松楼。

　　　　　坑洞：吴跟。

　　　　　山洞：吴法良。

　　　　乾隆二十二年二月初五十三寨　同立款禁[①]

---

① 石开忠：《侗族款组织及其变迁研究》，民族出版社2009年版，第144页。

二 "大款"有多大

前面列举的从江各小款以共同的"斗牛场"（当地称"牛塘"）八孖为中心联成一个大款。其范围以八孖为中心，东到高增20华里，西到大榕洞10华里，南到丙梅（丙妹，现在的从江县城关）10华里，北到银潭6华里。总面积约480平方公里。八孖就是这个大款的"款坪"①。"大款"是较大规模的村寨联盟，至少由相邻数十个大小村寨组成，由于村寨众多，便以小款合款的"款坪"为参加单位，有的大款由数个、数十个款坪组成。清代广西三江县志也有林溪、武洛、猛江与和里等500余寨于同治二年（1863年）联成大款的记载。②黔湘桂边界的侗族地区直到1949年仍保留着大款组织，共有"十三款坪"。据一些老人回忆，民国以前黔湘桂三省的通首、黎平、从江、三江、龙胜这几个县的侗族共有13个大款。由此可见，"千人团哗，百人合款"的记载说明了"大款""小款"的区分。传统的大款组织一种是以参加的户数来命名，如"二千九款"；有的是以小款组织的基础数来命名，如"九洞款""六洞款"等。六洞款是由六个村寨群组成的款，六个小款合称六洞，而各洞又是各自独立的行政单位，它是由一个大寨为主，包括若干小寨组合而成，所以又叫小款。贯洞小款，古称八百贯洞；云洞（今庆云乡）小款，古称四百云洞、七百龙图；洒洞小款，古称五百洒洞；塘洞小款包括仁洞、皮林；肇洞小款，包括纪堂、洛香；顿洞小款，包括干团。③

大款也根据其组成的不同区域分成各个部分。高增寨过去属于"二千九款"的范围，"二千九"就是说有2900户的一片广阔地区的若干个

---

① 也有学着认为："洞"是侗族古代社会组织形式，凌驾于家族组织之上，是村寨联盟款的基层单位（详见向零：《六洞侗族社会组织调查——一个古代军事联盟组织的遗迹》，贵州省民族研究所、贵州省民族研究会编《贵州民族调查》〔八〕〔内部资料〕，1990年）。学者们对款组织的划分也有使用"小款""中款""大款"和"特大款"叫法的。

② 参见龙春林、杨昌岩《侗族传统山地林业研究四题》，纳日碧力戈、龙宇晓主编《中国山地民族研究集刊》，社会科学文献出版社2013年版，第120页。

③ 参见栗周榕《六洞、九洞洞族村寨》，贵州民族出社2011年版，第6页。

村寨组成的村寨联盟，它是地域性的"大款"①，该款分为上九百、中九百、下九百（河边）三个部分，其中"中九百"就包括高增乡各寨，丙妹镇的峦里、岑报（苗族）以及与占里为邻的托里，这与前文提到的高增、邑扒、小黄等寨组成的小款范围大体相合。现在在从江县的增冲、信地等地仍然可找到这种大款的典型形态，这一带在历史上被称作"九洞款"，该款由上半款和下半款组成，上半款当地人称为"上千二"就是说有1200户；下半款称为"下九百"，由900户组成，全款号称2100户，这便是大款的规模了。增冲等寨就在"下九百"之中，因为他们的活动中心在往洞平寨，该寨又叫平楼寨，所以也叫"平楼款堂"，平楼不仅处于九洞中心，而且有较为宽阔的田坝，便于举行大型的群众活动。在清代以前，九洞既是基层行政单位，又是其管辖下的各寨的联合组织，也是一个地域范围的"大款"。② 近代黔东南北部侗族地区类似于大款组织的以"注溪十八寨联款"最为出名，它是清末民国时期北部侗族社会的接近大款的款组织，参加的村寨包括现今注溪乡的上注溪、下注溪及蓝田镇碧雅、凤阿、塘洞、闪溪、贡溪、三岔塘、两岔等较大的侗族村寨，大小计20余个，这可能也是北部侗族地区最小的"大款"了。"注溪十八寨联款"在抵御外盗抢劫、维护地方社会治安、保护民众生产等方面曾长期起过重要作用。

当时注溪、蓝田自然灾害频仍，民生凋敝；加上地方不靖，匪患猖獗，为了保障本族民众利益，让族内民众安心农事，平稳生活，必须有较大的村寨联盟才能保境安民，而一姓或一寨是无力抵御外来武装势力侵扰的，于是村寨之间结成地方联盟。该款组织还在蒲溪、塘洞、碧雅之间的山坳上设3个哨所，日夜轮流值班守望，有警即鸣枪为号，各寨鸣锣聚众，寨老带队出发。大款组织具有浓厚的地方自治武装性质，对维护地方治安曾起到积极的作用，每当境外土匪抢劫十八寨时，因有联款防御，多数村寨幸免于难。1949年春，湖南芷江匪首蒲光翠率数百名

---

① 向零：《高增与"二千九"的社会组织》，贵州省民族研究所、贵州省民族研究会编《贵州民族调查》（九）（内部资料），1990年。

② 向零：《从江九洞侗族社会组织与习惯法》，贵州省民族研究所、贵州省民族研究会编《贵州民族调查》（三）（内部资料），1990年。

武装土匪经常滋扰该县北部边界，天柱县保警队屡攻不下，致使匪焰嚣张。一次，蒲匪由关坪村进掳十八寨时，各寨迅速集中力量联款抵御，一时各寨要道、山头布满人群，吆喝声、呐喊声响成一片，蒲匪只好向湖南逃遁。①

三 什么是"大款联合"

侗族的"大款联合"相当于部落联盟，若干大款联盟组成"大款联合"。宋人李涌在其《熟降台记》中记载：淳熙三年（1176 年），湖南靖州中洞姚民敖组织起义，"环地百里合为一款，抗敌官军"，这是至今所见最早对"大款联合"的记载。明代吴勉领导的农民起义有"头在古州（贵州省黔东南榕江县），尾在柳州"的说法。"大款联合"一般以某地的"合款"为基础。以前贵州黎平、从江和广西三江交界的水口、高岩等六洞地方被称为"四脚牛"，因合款杀牛后分牛的四只脚，将其分给四个寨而得名。② 清光绪年间曾经在此爆发"四脚牛"农民起义，起义军在侗族首领石大力、黑大汉领导下，以款组织的形式"聚党万余人，袭破下江厅，连陷永从县，并焚掠丙妹、洪州暨湖南通道之播阳所，凶焰鸮张，楚黔大震。"广西《三江县志》也有关于林溪、武洛、猛江与和里等五百余寨于同治二年（1862 年）组成大款联合的记载。时有"头在古州，尾在柳州，五十江河，寨寨立碑"③ 的说法。在民间口传资料中也有大款联合的记录，如《从前我们做大款》的款词中就提到"头在古州，尾在柳州，古州是盖，柳州是底"的大款联合组织，但在当时的条件下，交通不便，信息传递困难，急紧时很难发挥作用。款词也提到"等古州来救我们，水来时火已过。等柳州来救，盐巴来时肉已臭"；"亲戚闻远难看望，远水救不得近火。"由于大款联合起来非常不易，所以非到发动大型农民起义和有大规模的外敌入侵，侗族聚居地整体生存受到威胁以

---

① "注溪十八寨联款"资料，见天柱县宣传部（http://www.gz.xinhanet.com）。
② 参见（清）徐家干著，吴一文校注《苗疆见闻录》，贵州人民出版社1997年版，第232页。
③ 转引自吴浩《款坪、埋岩、石碑的共同文化特征》，《中南民族学院学报》1990年第1期。

及进行民族风俗改革时不会进行大款联合。

在侗族习惯法中，我们还可以看到通过大款联合订立的"款约法"，比如《九十九老款》（也称《十二款约》或《侗族古法十二条》），这是清道光年间（1821—1850 年）侗族各地大款在黎平县地扪腊洞①举行大款联合，聚集侗族地区 99 位款首联款议定的"款约法"，所以习惯上称《九十九老款》，至今仍流传于六洞、二千九地区。《九十九老款》的主要内容是：治偷鸡鸭；治偷猪狗；治偷牛马；罚十二；治偷人妻；抓歹徒；治不孝；治嫁娶；治打人；团结（侗族俗语"块块"）；放火；治不遵守此约。② 该法全文不到 1000 字，条目清晰、用语较为规范且简明扼要，已具有成文习惯法性质。而岳麓书社出版的《侗款》所收《九十九公合款》是根据黎平赛洞老人用侗语口述并用汉字记录的，有很多内容和《九十九老款》是一致的，只是后者篇幅很长，仅用汉文记录的文本就有 700 多行，明显带有口头传唱的特点。③ 两者作为大款联合立法的地域范围是一致的，但两者是同一次合款，还是不同时间的两次合款，尚有进一步研究的必要。④

第三节 "合款""议榔"的形式与目的

明万历三年（1575 年）的《赏民册示》中说："最（有）用者，莫如峒有长，款有头，丁有牌，寨有主。"大款和小款虽都没有常设机构，

---

① 也有说在榕江三宝，今古州镇东江，亦说在今黎平县中潮镇。参见龙春林等《侗族传统山地林业研究四题》，纳日碧力戈、龙宇晓主编《中国山地民族研究集刊》，社会科学文献出版社 2013 年版，第 120 页。

② 引自政协从江县文史学习委员会、从江县文化体育广播电视局编印《从江文史资料》（第 7 集），该资料是从江县高增乡退休干部吴生贤根据侗语意译。张子刚收集整理《从江古今村规民约从江历代告示实录》《十二款约》中国科学技术出版社 2013 年版，第 22 页中载有大体相同的内容。湖南省少数民族古籍办公室主编，杨锡光、杨锡、吴治德整理译释：《侗款》，岳麓书社 1988 年版一书中也有相近的"款约"。

③ 湖南省少数民族古籍办公室主编，杨锡光、杨锡、吴治德整理译释：《侗款》，岳麓书社 1988 年版，第 205—235 页。

④ 有关"大款联合"的实际案例，参见徐晓光《仅隔一日立下的款碑——从高增与增冲款碑看侗族联合大款区"订约"活动》，《贵州民族研究》2011 年第 3 期。

但都有议事款坪，也都有"款首"（团首①、首人）。款首是款组织的领导者，也是侗族社会的管理者。"款首"在侗语里叫GaoKuant，在特定场合有叫MungGao、Mung或者"宁老"。Mung在侗语中的含义是指一个有一定社会地位的人、有官职的人等。"款首"是研究者用汉字书写的，《赏民册示》中称为"款头"；徐家干《苗疆闻见录》记作"头公"；民国姜玉笙编撰的《三江县志》记载为"款首"。款首多为男性，有巫师、款师、拳师等，既有略识汉语文的，也有不知汉语文的。款首由款众民主选举产生，通常由款内经验丰富、德高望重、处事公道、熟悉款约、组织能力强的寨老人担任。小款的款首由各寨寨老或款内成年男女推选，大款首则是在特殊时期从小款首中民主产生，小款首则从各寨的寨老、头人中产生。大小款首平时都不脱离生产劳动，无特殊报酬，只是有事时才出面处理，处理完后，当事人适当给些酬劳。由于"款首"不是终身任职的，只要其不称职，款众可以随时罢免其职务。"大款首"一般由数人共同担任，这些款首分工总理款务。在一个基层立款单位，款民所选的款首不是一个，而是若干个，是一个款首群，款首群中又有自然领袖，从而形成具有核心的领导集体。② 湖南会同的款组织，小款有款首三五人，大款七八人，多的有十几人，共同处理款区发生的问题。③ 如广西三江也有位于马胖村的"马胖乡永定合约碑"（1913年），"弄埠议功德碑"（1936年）。款首负责召集款集会，在小款集会时，参加合款村寨寨老首先代表本寨参加小款会议，如果被选为小款款首，到大款集会时，又必须代表本小款参加会议。有些关系全款群众利益的大事件，款首无法定夺时，则需要召集款众或提交到联合大款中去商议处理。如黔东南黎平地区侗族当年为了改革同姓为婚、"有女远嫁"的婚俗，每个小款首都做不了主，最后头人们互相串联，直到串联了99个寨子的99位老人来

---

① 在地方资料中，往往把"款首"叫作"团首"，如锦屏县启蒙镇归固村高增寨"亘古昭垂"碑载：锦屏县知事邓为出示禁止事案："据高增团首龙盛荣、黄光荣、黄光凤等以'培植风水、禁砍阴木'恳准勒石，永保昌盛'呈称：缘团等高增一寨，四维风水等木，承先人之栽培，启后昆之昌盛，人心如一……'。"

② 参见杨昌嗣《侗族社会的款组织及其特点》，《民族研究》1990年第4期。

③ 参见杨运干、梁自顺《会同历史上的款组织》，全国政协暨湖南、贵州、广西、湖北政协文史资料委员会编《侗族百年实录》（上册），中国文史出版社2000年版，第35—36页。

商议,才制定了"破姓开亲"的规定。

侗族历史上没有统一的地方政权,所以"古无大豪长",但在大敌当前或者重大习俗改革时,有威信、有胆识的人往往被推举出来充当这一角色,此时款组织的集体领导体制也会向着个人专制的领导体制过渡,"改变了原始性质的军事性质,吴勉当'王',虽是大家推选,但其权力已经发生了根本改变,他可以独立行使自己的指挥权,没有必要过去那样事事经集体商量,而个人只能按照集体制定的盟约行事。从这以后,侗族地区所出现的规模较大的农民起义,都采取了这种领导体制,如林宽、吴金银、姜应芳等人领导的侗族农民起义,也都自称为'王'"①。正如弗雷泽所说:"一个部落只要不再被哪个胆小的意见不一的长老会议所左右而服从单一坚定果敢的人的引导,它就变得比邻近部落强大,并进入一个扩张时期,这在人类历史的早期阶段,就十分有利于社会生产和智力的进步。"②

款首的职能主要是负责处理寨内事务,宣讲款约,调处纠纷;在外敌侵入之时,款首同时还是款的军事首领,率款众抵御外敌入侵。起款时,款首需当众宰杀一头大水牯牛,割下牛头,并用红布扎绣球系在牛头上,然后高高举起,接受款众欢呼朝贺,此即古书记载的"盟诅要约"或"倒牛"。可见侗族的合款一般都以杀牛分肉为标志。故又称"倒牛合款"。合款时,参加的村寨集资买来一头(有时是送来)大水牯牛,牵到款场坪杀掉,分给每家每户。牛肉不论多少,但家家都要分到,这样就算户户"入款"了。仪式结束后牛头或牛角则挂在款坪的鼓楼里,以示永久联盟,从此以后大家都要受到"款约法"的约束。徐家干《苗疆见闻录》记载:"地名四脚牛,初不知其何义,即执苗人问之。凡地方有事,须合众会议者,则屠牛分四脚,传之以为之约。因即以四脚牛名,曰水口,曰南江,曰古邦,曰高岩,号称四脚首寨,余各随所近者附之。主其寨者皆称曰头公。而首寨头公尤见尊大,牛传毕至,相应如响。故

---

① 邓敏文、吴浩:《没有国王的王国——侗款研究》,中国社会科学出版社1995年版,第102页。
② [英]弗雷泽:《金枝——巫术与宗教之研究》(上),徐育新、汪培基、张泽石译,中国民间艺术出版社1987年版,第73页。

一旦狯启,数千之众,随时可集……"①

"注溪十八寨联款"② 要求各寨各姓各户,不分贫富,男性青壮年必须一律参加团款组织,每人自备武器一件,或长矛、大刀,或鸟铳、火枪;规定凡有一百挑田的人家,必备步枪一支,两百挑田人家自备步枪两支,三百挑田人家备步枪三支,其余人家不限。平时随时配备草鞋一双,有事则立即上路;参加人员听到警报后,自家农活再忙、家务再忙,也要参与集体活动。若借故不到,则按款约法处罚。每年各小款首自带本款人员在约定日期,到塘涧的河沙坝集中,互相检阅各寨武器装备,称为"亮团"。并由款首宣讲款约,整顿纪律,共同商议增修款规。侗族的款师在讲款时一般都站在高高的石台上或板凳上,手中拿一大把用禾秆草或芭茅草挽成的草结。每讲完一条,听众就齐声高呼"是呀""对呀",然后讲款者就将一根草结放在神台上,以示此条已经讲完。接着再讲一条,直至将各条讲完。款组织每议一件事,先由款首让当事者与款众据理对话,每提到一件,即折稻草一节置之,让款众议决;当事者可以反驳,如查证属实,按款规约规定处理,否则把草收回,意即此事被取消。③

如前所述,款具有"立法"的职能,"立法"场所在款坪,一般在款坪中央砌一土台,称为"款坛",坛上竖一巨石,形状带方而扁平,称为"款石"(汉字未传入时立的是无字的石头),款组织议定或宣布第一条款约时即立此石,即所谓"立碑戒告,万古不移。"以后款组织的活动,或聚款或讲款或起款的出征仪式都在款坪举行。联合大款起款时也在一个固定的款坪上举行。"款约"经大家商议一致后颁行,其各项内容称为"款约"或"禁款",均是在款坪集会时议定或宣布的。在通常情况下,每个款坪分别在每年的三月、九月各举行一次"聚款",称为"三月约青""九月约黄"。在黎平的九龙村,1949 年以前三龙小款每年进入款坪讲款 2 次,第一次是每年农历的二月初二,称为"约青";第二次是每年

---

① (清)徐家干:《苗疆见闻录》,吴一文校注,贵州人民出版社 1997 年版,第 232 页。
② "注溪十八寨联款"资料见天柱县宣传部(http://www.gz.xinhanet.com)。
③ 参见粟丹《侗族传统法律文化研究——以款约为中心》,中国社会科学院博士后报告。

的八月初八，称为"约黄"。① 这时各款坪所辖的各村寨的款众（乡民）的户主都要到会。聚款所宣布的款约、号令、规条和判例户户必须遵守，人人必须信守，所以规定"碰石者伤，违约者罚"。如清雍正六年（1732年）湖南靖州地笋（今三锹乡地笋村）吴文之破坏款规拦路抢劫，拐弄妇女，欺骗其嫂，款众就将其押至岩板田田款场溺水处死。② 在黔东南锦屏县九寨侗族地区，款组织对惩处偷盗是很严厉的。在平秋和石引寨，对于偷鸡摸狗、偷鱼砍树之类，一旦抓到，就由款首通知各户拿出一块柴来，放在土坪上，把小偷被捆在土坪中央的木桩上，再由被偷的宗族人放火烤他（她），甚至烤出汗油。在彦洞寨，小偷被捆在木桩上，柴火堆好后，要叫小偷的父母或兄弟姐妹来点火。对偷猪偷牛偷粮仓的惩罚比小偷小摸加三等。在彦洞偷了猪或牛，一旦被发现，要令其退出赃物或赔偿相应的价值，再把他捆在土坪中央的木桩上，在他身边四周堆起干柴，由款首令其父母或别的家人点火，把他烧死。③

通过盟誓订立的"款约法"对参加款的所有村寨都有约束力。各款为使款众遵守和谨记款规款约，每年基层款组织的款首在规定的时间集中款众到款坪宣讲或增修款约法，每当款首宣讲完一段款词后，款众便齐声合应"是呀"，使款众以此为誓，具有一种永世不可违逆的神圣之感，凡盟誓而立的新款约一经通过，就成为款区内人人必须遵守的习惯法规范，要"人人引以为戒、寨寨同护其威"。较早对"款约法"加以记载的是宋人周去非，他在《岭外代答》中说："款者誓也，今人谓中心之事为款，狱事以情实为款。蛮夷效顺，以其中心情实，发其誓词，故曰款也。"这一记载表达了三层意思：一、"中心之事"，是参加款组织的所有村寨或款坪面临的重要问题及民族关系、军民关系问题；二、"狱事"，即刑事案件，在侗族地区主要是贼盗问题，捕到盗贼后若证据确凿就应该严厉惩罚，所以很多"款约"是对强盗、盗窃、杀人犯罪的立款；三、

---

① 参见龙耀宏《黔东南黎平县九寨村侗族习惯法民族志》，吴大华主编《民族法学评论》（第4卷），华夏文化艺术出版社2007年版，第211页。
② 夏新华、王奇才：《论湖南靖州的"合款"——兼论国家法与民族习惯法的关系》，吴大华、徐晓光主编《民族法学评论》（第2卷），华夏文化艺术出版社2002年版，第61页。
③ 傅安辉：《九寨侗族的传统社会规范述略》，《黔东南民族师专学报》1996年第1期。

立款后参加款的所有村寨都必须执行，侗族人纯朴，守信用、重誓言，所以通过"发誓"来约束。

由于款组织一般每年"议款"，所以款设"款脚"一人，由各户出米供给生活。议款时"款脚"鸣锣喊寨通知全体寨民各户户主参加，来商讨款内有关事宜，议定款约。"款脚"平时鸣锣喊寨，督促众人共同遵守款约，谁人"犯款"，则照约赔罚。秋冬时，各户凑集钱米到款首家会餐一次，总结当年执行款约情况或修订条款，俗称"吃款"或"吃定款"。会同的款组织在款首之下，设收支一人，负责款区的收入、支出、结算、公布；还设专职"长拨"一人，一般10—20华里设一"拨"（以村寨是否处于重要交通位置而定）。"长拨"平时负责公共场所的柴火供应，有事鸣锣击鼓，或传唤村民集会，明放信炮，传递信件等。[①]

参加合款的各寨寨老负责本寨具体事宜，有警则统一行动，无事则各自生产劳作。各村寨的"寨老"（族长）是村寨的主心骨，是阅历广、说话最有分量的人，村寨众人推选那些为人正直公道、德高望重、热心村寨公益事业、办事公道、懂得本寨历史和风俗典故，且能说会道的中、老年人担任。村寨的寨老是自然形成的，一个村寨有很多寨老，代表族姓或村寨对外联系，或接待来客，对内调处内部事务，裁决纠纷，修订乡规民约，代表村寨参加合款，并在村内严格执行款约法。从村寨头人代表村寨制订和执行款约法的职能来看，仍显示了村寨头人在地方事务中的权威，他们不但代表各自村寨参加款组织议订款约，而且须在各自寨内监督执行，表现了村寨头人在地方事务上的支配。[②] 就侗族地区地方治理而言，这种支配的权威继承了传统侗族村落长老制的角色，在原始民主色彩的合款活动之中，一些村寨的寨老和头人发挥着"首唱"的作用。乡众对寨老和头人不敢冒犯，对款首、款头更是怀有敬畏之心，对于越款和诬陷款首的行为，要由群众讨论从重处罚。

随国家统治的深入，清朝从雍正、乾隆时期就利用保甲之法来加强

---

① 杨运干、梁自顺：《会同历史上的款组织》，全国政协暨湖南、贵州、广西、湖北政协文史资料委员会编《侗族百年实录》（上册），中国文史出版社2000年版，第35—36页。
② 龙宪华：《清代清水江下游苗疆地区法律文书研究（1693—1911）》，博士学位论文，中国政法大学2010年，第55页。

对侗族等民族地区的统治，强调"清盗之源，莫善于保甲"①，到清朝咸丰年间以后，黔东南地区已经实行了保甲制度，侗族地方基层被纳入国家行政管辖，但原有款组织的款首、村寨寨老在生活中自然形成的权威并没有消减，相反国家规定"其土目即可改为里长、甲长"，将原有的土司、土目及其他村寨自然领袖的地位基层化。②"款约法"仍由甲长、团首、寨长执行。如现存启蒙镇边沙村启蒙小学的"边沙八议碑"所载："……以上诸条，凡合款之家，共计七百余户。若有故犯，俱在各甲长指名报众，倘或隐瞒，公罚甲长儆众。"③甲长、团首、寨长在侗族地方仍发挥其在社会治理之中作用，这样既可利用他们对村寨秩序的号召力，稳定原有的村寨秩序，也可借助其社会权威，减小推行国家政策的阻力，更好地贯彻其"因俗而治"的统治策略。

早在道光二十九年（1849年）胡林翼任镇远知府时，就曾以御盗为名，认为"与其拘成法而缓不济急，不如借民力而先事预防"，制定并颁布《镇远府团练章程》，强调"内盗宜清""外盗宜巡""赏罚宜明""守望宜严""私派宜禁""私仇宜禁""路径宜清""防范宜周"。咸丰元年（1851年）胡调任黎平知府后，在建立保甲制度的同时，又上书督抚，组办团练。在"御外寇莫如团练"的思想指导下提出了一系列主张。④他认为与其"招远方之惰民以充练，不如即本境之农民以自守"，"征兵满万，不如招募三千"。他还上书陈说："用兵不如用民，用民以自卫，优于营兵。乡民守土无征调遣发之烦，土著之民，保护乡里，其情既切，其勇自倍，节浮费而收实效，计无善于此者。"⑤这样不仅可以节省国家财力物力，而且战斗力强。

---

① 转引自吴大旬《清朝治理侗族地区的政策研究》，民族出版社2008年版，第255页。
② 参见（清）魏源《西南夷改流记》，《小方壶斋舆地丛钞》第八帙。
③ 锦屏县政协文史资料委员会、县志编纂委员会编，姚炽昌选辑点校：《锦屏碑文选辑》（内部资料），1997年，第73页。
④ 民国《贵州通志·前事志》载："元年七月，接黎平府篆。黎平界连粤、楚，久为盗薮。公访查情形，亟求安辑之法，御外寇莫如团，清内匪莫如保甲。严定条约，实力奉行。如本寨有人出外为盗，则责成本寨乡正、团长、牌长交人，如外寨有匪而不救援、不追捕，则责成本寨、邻寨乡正、团长，罚钱入寨充公备用，而官不经手。其乡正、团长等因公来署，待之以殊礼，送贼到府，给以重资，一刻不迟，一钱不花，随叫随审。"
⑤ （清）光绪《黎平府志》（卷5上），《武备志·师旅》。

咸丰二年（1852年）云贵总督张亮基奏令黔省正式开办团练。咸丰三年（1853年）二月清廷任命在籍前任漕运总督朱树、陕西布政使陶廷杰、湖北布政使唐树义等赴黔督办团练事宜。当时，在黎平府境内，胡林翼共"办团练一千五百余寨"①，团练的编组采用保甲制，即"十户立一牌头，十牌立一甲头，十甲立一保长"②，每户皆出壮丁，以二三保或数保级成一团，每团设团总一人，团附（副）数人，团丁人数无定。同年胡林翼以黎平府境各村寨"团而不练"为由，申谕五条《保甲团练章程》。胡林翼所推行的保甲、团练制度实际上是一种以侗制侗、以款制款的政治制度，由于这种制度的推行，侗族地区的款组织进一步被中央政府所利用，有些地区的款组织，实际上已被封建官府所指派的乡正、团长所把持，他们既是乡正、团长，又是当地的大小款首。尽管封建官府企图通过保甲、团练制度来对侗族社会的款组织进行操纵和利用，并企图以此来达到他们镇压人民反抗的目的。但是款组织的自治和自卫性质并没有因此而全部改变，款组织的活动仍然十分频繁，民国《三江县志》对此做了如实的记载，官府"对团众之战死者为之立祠祀，出力者赏功牌，并拽翟得力人员吴大玉、杨光宗为县丞，吴大鹏、吴大宾、吴万国为外委，皆辞不就。盖其志在桑梓，不在博利禄，尤非在拥护清廷，此则款史中之特点也"③。有时款组织的活动因官府的插手而无法进行，如民国年间，八洞大款"300小款"曾发生一起抗拒款组织公道评判的案件，该案中败诉的一方，在一保长的怂恿下上控到黎平政府。县长因为受贿，反曲为直，"300小款"的款首和头人深感不平，于是他们将款碑抬到公堂上，要求政府尊重地方习惯和规约，但都被县长拒绝。传统的乡条洞理和款规款约因此受到严重打击，款组织的威望受到了严重的破坏。④

从黔东南苗族的情况来看，"议榔"历史久远。据苗族古歌《跋山涉水》讲述，当苗家迁到新的地方后，"雄公心里乐，笑着把话说：'我们来议榔，议榔怎么住'。奶奶回答说：'大家分开来，才好建村寨。'公公

---

① 光绪《黎平府志》（卷6），《秩官志》。
② 《光绪清会典事例》（卷158），《户部》（七）"户口"。
③ 转引自邓敏文、吴浩《侗款的历史变迁》，《民族论坛》1994年第2期。
④ 转引自邓敏文、吴浩《侗款的历史变迁》，《民族论坛》1994年第2期。

回答说：'大家分开居，才好开田土！'雄公来议榔，榔约这样说：'一支住方先，一支住方尼，一支住者雄，一支住希陇，一支住春整，分开过生活。'"① 从氏族中分化出来后，通常一个农村公社就是一个"议榔"单位，故陆次云《峒溪纤志》上卷说："苗部所衣，各别以色。散处山谷，聚而成寨。"然而"议榔"大小不等，小者包括一个或数个邻近村寨。

"议榔"的最高权力机构是"议榔"大会。"议榔"大会每户一人参加，由榔头或威望最高的理老主持，讨论"议榔"单位内共同有关的大事，制定规约，选举产生各种执事首领。这种会议，有一年举行一次的，也有两三年举行一次的。大者往往以一个较大的村寨为中心，集若干村寨为一个大"议榔"。每个"榔款"设有"款首""榔头"，管理行政事务，有称为"硬手"和"老虎汉"的军事首领；有作为宗教领袖的巫师；还有主持司法、执行榔规和款约的"理老"和"娄方"。"榔头"和军事首领，一般由选举产生，有一定的任期，"理老"和"娄方"是自然形成的，不须选举，其条件是为人公正、能言善辩、熟悉榔规款约、德高望重、群众公认。

"议榔"是以地缘关系为纽带而形成的一种区域性的政治经济联盟。各"议榔"单位之间互不统属，没有统一的首领和行政机构，只有在遇上外敌入侵或涉及各"议榔"共同利益的事件发生时，才推举总的首领，率众解除危难。可见，苗族"议榔"的主要职能，一方面是抵御外来的侵犯，保护民族共同体的生存和发展，故议榔单位内部各村寨有相互支持的义务；另一方面则是规范人们的生产、生活，协调苗族社会内部的各种关系。所以曾在苗族社会中起着重要的作用。"议榔"会议作为苗族特殊的"立法"机关，在不同的历史阶段其职能也明显不同，在氏族社会，它的基本任务是讨论氏族内部的重大问题，制定规约和选举各种执事首领。"议榔"中的全体成员，对"议榔"大会议定的规约都必须自觉遵守。其任务主要讨论"议榔"内共同有关的大事，制定榔规榔约，选举各种执事首领。每年秋收后，寨老们要举行一次"议榔"会议，重申或议订榔规约。议榔一般都由榔头主持。有的地方榔头还要手持芭茅和

---

① 田兵编选：《苗族古歌》，贵州人民出版社1985年版。

梭镖（代表权力和权威）向群众宣布榔规，然后由大会通过。有的地方在宣布新的榔规之前，榔头还要背诵历史上流传下来的规约，即让大家知道历来的榔头鼓励什么、反对什么，再讲述这次议榔的内容，以便让大家更好地遵守。参加会议的群众原则上是各家户主。届时，由寨老首先重申历代继承下来的古议榔规约，然后议订宣布据现实需要制定的新榔规。宣布完毕，杀猪以示庆贺，并按与会各家过去一年遵守榔规的情况，对能遵守榔规者分给一份猪肉，对有过违反议榔规约行为者不分给猪肉，以示警告。[①]

苗族议榔制定的规约内容广泛，主要是组织管理生产，解决生产资料纠纷，处理偷盗案件，解决婚姻纠纷，处理违犯禁忌行为等。在这些关系苗族生产、生活重要方面的问题，"议榔"会议力图制定明确的禁止性规范和处罚标准，使村寨生活的主要方面有明确的习惯法规范来调整，以期达到在主要社会关系上有"法"可依，有章可循。黔东南台江县反排寨，大约在清雍正、乾隆年间举行过一次议榔，主要是解决土地分配问题。据说当时由于经济发展，人口增加，好地方均被修成田了。由于人口和劳力的不同，迁入的时间不同，以致有的人家田多，有的人家田少，有的人家田好，有的人家田坏，有的粮食充足，有的粮食不足，产生了贫富不均的现象。反排 lul fangb "娄方"（即榔头）养猫应便联络了补瓦（即今剑河搓尾寨）的"娄方"嘎咀丢，共同倡议，举行议榔，协商解决土地问题。当时参加议榔的有剑河县所属的"虾"（服装类型）大小十三寨，台江县所属的反排、登交、交密、东杜、南宫、交下、巫脚、番召、九搓、红梅等村寨，范围非常广。当时留传下来的《议榔词》说："各地的娄方都互相喊，各寨人都到齐。"上述村寨由娄方率领群众参加了大会。议榔的地点是在台江巫梭寨后面的松利略地方。[②]《议榔词》说："我们都是一个娘养，都是'固央'的后代，我们杀牛来'勾整'，大家回去再修田，修了田后再分田，个个有田种，大家有吃有穿。"据说养猫

---

① 参见韦启光《雷山西江县苗寨调查报告》，贵州省民族研究所、贵州省民族研究会编《贵州民族调查》（三）（内部资料），1993 年。

② 贵州省编辑组：《苗族社会历史调查》（一），贵州民族出版社 1986 年版，第 165—166 页。

应主持议榔后，人们就普遍开田，在开田的基础上进行重新分田。分配的原则是：原占有的田，每十挑留两挑给原主，其余八挑就拿出来和新开的田加在一起，按人均分。均分时，还实行远近、好坏搭配的原则。除分田外还分山，也是好搭坏、远搭近，分成若干份，立石为界，分配给群众。据说在分田中，曾遭到占田多的富者的强烈反对。反排寨羊纠的往当引，就是反排占田最多的富裕户。他拒绝参加分田，并带着全家迁走了。说明阶级分化已经出现，同时也说明在苗族平均主义生产资料分配原则下，不可避免地要损害一部分富有者的利益。

议榔具有自治的性质，榔与榔之间自己处理自己的事务。因此，维护社会制度和社会秩序，确保生产、生活的正常进行，就成为议榔的主要内容之一。正如苗族《议榔词》所说：

> 年年有人议榔，岁岁有人议榔，议榔在长雄，议榔在长华，大榔就杀牛，小榔就杀猪。议榔防盗，议榔防贼。议榔不准偷菜，议榔不准偷柴，议榔不准烧山，议榔封山育林。谁要起恶意，谁要起歪心，烧寨里房子，砍地方树子，在山坳抢劫，在半路杀人，我们就齐集河边榔寨，团拢山上榔村，肠一根，心子一个，走路一条，过桥一座。我们撵他越高山，赶他翻大岭，杀他的身，要他的命，教乖十五寨，警告十六村。……天上恨老鹰，地下恨强盗，恨牛爱碰圈，恨人乱地方。为不准藏匪而议榔，为不准窝匪而议榔。哪个窝匪徒，哪个藏盗贼，暗地收匪赃，明处装好人，地方睡不宁，寨子坐不安。窝匪就是匪，藏盗就是盗。我们转身在一起，扭头在一边，罪大恶极的，我们杀他的身，要他的命。教乖十五寨，警告十六村。家家莫藏盗，户户莫窝贼，地方才安静，寨子才平安。[①]

苗族地区"议榔"的社会属性发生变化主要是从清初"改土归流"开始的。"改土归流"后，大批客民、屯军进入苗区，带来了先进的生产技术和生产工具，客观上有利于苗族地区社会经济的发展。进入阶级社

---

① 何积全主编：《苗族文化研究》，贵州人民出版社1999年版，第51页。

会后，朝廷先后委任一批苗族的基层统治者为"苗官"，他们以流官为后盾，逐步脱离苗族人民群众，发展成为苗族内部的统治阶级，随之"议榔"机关的强制功能越来越明显。民国年间，"议榔"的社会属性变化较大，有些地区的"议榔"制度与国民党政权的区乡保甲制度密切结合，成为苗族阶级社会的统治机构，苗族的榔规榔约中具有明显的阶级压迫的色彩。当然，苗族地区经济发展是不平衡的，"议榔"社会属性发生变化的情况和时间也不尽相同。

如前所述，苗族近代的议榔组织与以前大同小异，大小不一，有一个村寨或几个村寨组成的，有一个鼓社或几个鼓社组成的，有几十个村寨甚至整片地区组成的。几个村寨或整片地区组成的"议榔"，一般以一个大寨为中心，集若干小寨为一榔。地区性的"议榔"设有榔头（湘西称为"款头"或"款首"，广西融水称为"头老"，贵州从江称为"该歪"，云南金平称为"丛头"）一人；副榔头若干人；设有被称为"硬手"和"老虎汉"的军事首领若干人；设有作为宗教领袖的祭师若干人；还有主持司法的"行头""寨老"若干人。榔头和军事首领一般由选举产生，并有一定的任期。榔头要求的条件是：第一，办事公正；第二，说话要有说服力；第三，年龄在30岁以上。军事首领要求作战勇猛，要能够担负起保卫安全的责任。榔头和军事首领在任期内不称职的，要进行撤换。寨老一般是自然形成，不须选举，其条件是为人公正、能言善辩、熟悉各种榔规榔约、德高望重、群众公认。祭师一般也是自然形成，他熟悉各种礼俗和规则，乐于为大家服务。

近代议榔和制定社会公约有着密切的联系，所以，议榔的主要活动是议定公约，维系社会的榔规榔约就是传统习惯法的延续，它是通过议榔会议由公众确认下来的。如前所述，由于社会历史的原因，苗族没有形成统一的组织来管理社会，而是由各地"议榔""合款""丛会"等组织制定习惯法来进行管理。苗族的习惯法由于议定组织的名称不同，各地的叫法也不尽相同。有叫"理录""理告"，即古理、古法的，也有称为"榔规""榔约""团规""款条"的，还有叫"里社规约""埋岩会议规约"的，总之，就是苗族的"乡规民约"。刘锡蕃在20世纪30年代出版的《岭表纪蛮》中，就把"议榔埋岩"称为"公益集会"。这种公益集会多半有一定的会期,届时"数千百寨之蛮人咸来会集,其范围愈广泛,其意亦愈严重。凡地方'农牧''刑罚''交际''丧婚''诉讼''乡约''禁令'等一切利弊,无不于此会解决"。"凡与会者……均有发言权及表决权。每决一案,则收草一本结之,悬之高处,会讫,当众数草,表明此会决议若干,自始至终完全用口头形式,到刑会者,默识于心,归而召集所部蛮人,剀切宣布,听者亦各暗诵而熟记之。自是以后,会区所有民众,对于决议各案,皆须绝对服从。"①

第四节 侗族"款约法"的内容

侗族"款组织"的主要职能是组织力量防奸防盗防火,抗御外来抢劫,对内维护治安,保护生产,禁止乱伐森林,协调和处理内部经济关系和纷争;加强款社间的睦邻互助友好关系和军民关系,共同维护社区安宁。所以"款约法"的内容多为防匪盗和外族入侵,保护农林生产、治安、消防、婚姻等方面的禁款,当然也有为平衡经济利益关系议定的款约。《宋史·西南溪峒诸蛮下》说:(嘉定)七年,臣僚复上言:"辰、沅、靖三州之地。山徭、峒丁……悉有定制。"本章通过现存黔东南从江、黎平、三穗、锦屏、天柱等县的"款约法"资料,分析款组织的范围、"立法"活动及"款约法"的内容。下面以清代从江侗族《二千九款约》,黎平侗族的《十二款约》《六洞公众禁约》,三穗侗族《邛水上里各洞合款各条》以及锦屏培亮《拟定江规款示》等为资料,展示清代侗族地区"款约法"的基本内容。

一 《二千九款约》

前面说到,"二千九"就是说有 2900 户的一片广阔地区的若干个村寨组成的村寨联盟,它是地域性的"大款"形式的军事、政治联盟组织。该款组织早在清朝中期就订立了《二千九款约》,内容如下:

---

① 刘锡蕃:《岭表纪蛮》,转引自龙生庭、石维海、龙兴武《中国苗族民间制度文化》,湖南人民出版社 2004 年版。

1. 村寨范围内如有些意外紧急事，即时上鼓楼敲紧急鼓声，咚、咚、咚三声，速度快，不能拖长声。人们上坡或去远处听到鼓声响，要及时回家。

2. 有外来客人莅临，敲报喜（鼓）声要拖长。寨里的人听到后，立即到鼓楼集中迎宾、待客。

3. 节日期间，男女在鼓楼唱大歌或搞其他活动，要敲长声鼓音，通知寨里人到鼓楼来商协。

4. 二千九之间要有福同享，说话要和气，永远团结友爱，患难相扶。

5. 要文明礼貌、道德、和气，态度要和谐。

6. 倘若款内发现偷牛盗马、猪羊犬豕，被抓罚款500文。

7. 偷菜、偷豆瓜抓得罚款壹拾叁两。

8. （偷）禾把（水稻收割后捆成大小相等的捆）抓得决议罚款壹拾叁两。

9. 偷开田塘捉鱼抓得罚款壹拾二两。

10. 偷鸡鸭鹅抓得罚款壹拾二两。

11. 诬说（告）假报偷盗无依无据，则罚款壹拾叁两。

12. 属于"二千九"款范围，如按社堂，或谢土，忌寨，规定"二千九"内，可让他将谢土的礼品，所拿的骨头挂起，将骨头抹过嘴可进寨。不是二千九范围的，那就不许进寨，限他三天就三天，限他五天就五天。共是二千九范围，让他入河可以捉鱼，入溪可以乘（冲）凉。条款决定，决不虚言。立此款词，共同遵守，执行为据。

清嘉庆十二年[①]

这个款约法的特色是它的第12条，规定了适用的地域范围，侗人族从地域安全起见，实现"款内款外有别"的原则，对款外的人入寨的限

---

① 录自吴仁和搜集整理、吴生贤审译《关于款洞的传说暨"二千九款"活动的两件事》一文，张广恒收集提供。《二千九款约》有后人改过的痕迹——笔者注。

制非常严格，所以这个款约法只适用于"二千九"款范围内。过去的款组织都有"款塘"，参加款塘的成员以寨为单位，是固定的具有一定权利与义务的成员。如九洞款的平楼款塘，有九洞款内的村寨，也有九洞款外的村寨。属于九洞内的有：信地（包括宰成、宰友、宰兰、荣福四寨）、吾架、增盈（包括德桥、牙观二寨）、增冲、朝利、往洞（包括平楼）、贡寨、孔寨；属九洞以外的村寨有：托苗、撒网等寨。托苗等寨与九洞各寨毗连，并以与九洞内某寨结成兄弟联盟关系，所以才能以平等的正式成员的资格加入平楼款塘。平楼款塘还有附属成员及客寨的规定，所谓"附属成员"是要求参加平楼款塘活动的村寨，要杀牛宴请平楼各寨寨老，经寨老们商议同意后，取得加入款塘的资格。

二 《十二条款约》

前面提到，这是清道光年间（1821—1850年）侗族各地大款在黎平县地扪腊洞举行大款联合，聚集侗族地区99位款首联款议定的款约法，所以习惯上称《九十九老款》，至今仍流传于六洞地区和二千九地区。

  1. 治偷鸡鸭：偷鸡偷鸭、偷柴偷米；地头偷菜，园里偷梨。抓得住，拿得到，罚银四两四。

  2. 治偷猪狗：偷狗偷猪，偷砍树林；地里偷棉，田头偷谷。抓得住，拿得到，罚银五两二。

  3. 偷狗牛马：偷牛马，拱仓库，揭房瓦；塘头摸鱼，地里摘瓜。抓得住，拿得到，罚银八两八。

  4. 治冤枉好人：偷菜罪重，偷粮罪轻。抓住贼人罚十二，冤枉好人罚十三。

  5. 治私通人妻：偷牛死在圈边，偷妻死在床边，拐骗人妻，私通人妇，抓得住，拿得双，打伤勿论，打死勿言。

  6. 治抓住的歹徒：抓住贼人先吊打，敲锣喊寨告大家，须有亲友出面保，方能按款再论罚。

  7. 治不孝：老人的话要听，父母之言要信，儿不能打骂父母，媳不得虐待老人。父母在，儿子养，父母死，儿子葬。谁不孝顺，任意虐待，不遭天公雷劈，也绝子孙后代。按情论罚，不许宽贷。

8. 治嫁娶：女大当嫁，男大当婚，女满十七始嫁，男到十八才婚。女嫁先问表哥，不娶再嫁别人。父母有命才订婚，订婚三年才过门。女退婚赔彩礼，男不娶不取分（女家不退礼）。要是父母不允许，男女私下约逃奔，切用猪（和）酒去"洗脸"，才算正式成婚。

9. 治打人：有事要好商量，切忌相争动气，先骂人错误，先打人无理，骂人要赔礼，打人要包（负责）医。夫妻要和睦，老幼不相欺。

10. 防贼：一根棉纱容易断，十根可把牯牛拴。三人同行老虎怕，一人走路猴子欺。要像鸭脚板连成块，不像鸡脚爪分叉叉。贼到哪里哪里报，逃到哪里哪里打。人人要防贼，寨寨要"守卡"。窝藏与匪同罪，坐地分赃重罚。知匪不报，遇贼不打，哪个地段发生，由哪里赔偿、搜查。

11. 防火：世间唯火最无情，既是为人又害人。人人都要防火，不得掉以轻心。哪个用火不慎，烧毁杉山柴林，除了赔偿损失，还要杀猪"打平"（"大平伙"，大家凑钱凑物），烧毁村寨房屋，驱邪费用他一人。还要赶他出寨，不许再害全村。

12. 治不遵款约：凡我侗寨侗人，须遵乡条洞理。如马不愿配鞍，牛不肯拉轭，马尾往外扫，鸡爪往外扒，纵鬼害人，引贼入里，赶出外村居住，开除他的"族籍"，还要罚他银两，使他永世孤独，众叛亲离。①

这个款约法的特色是除"以礼入款"的内容较多外，就是它的"罚则"部分，如通奸和拐卖妇女的"打伤勿论，打死勿言"；对勾结外贼，引贼入寨，用迷信方法害人的人要开除他的"族籍"，让他成为流浪的"孤狼"；抓住贼人先吊打，敲锣喊寨告诉大家，须有亲友出面担保，方能按款论罚。说明款约法的强制和惩罚作用非常大。该法和前面的《二千九款约》中都有诬告罚款的规定。

---

① 该款约引自《从江县民族志资料汇编》（第2辑），张子刚收集整理《从江古今村规民约从江历代告示实录》中国科学技术出版社2013年版，载有内容大体相同的《十二条款约》。

三 《六洞公众禁约》

"六洞"范围大概在今天从江东南部合黎平县南部,辖有从江县的贯洞、龙图、新安、庆云4个乡和黎平县的肇兴、顿洞2个乡,方圆百余里。《六洞公众禁约》便是六洞地区大款范围内公众议定的款约法。

六洞公众禁约

盖闻朝廷有律法,乡党有禁条。律法是以严奸宄,禁条是以严盗贼。近来吾乡之内有等不畏法之徒,不守本分,不务正业之辈。日则窝藏众赌,夜则肆行狗盗。山中货物网罗肥己。对此熟(孰)不睹心伤,人人切齿,处处寒心。若不齐心严禁,巩成浇漓之风,而地方之受害岂不大哉?今我众等,齐集鼓楼公议,严禁盗风。自今以后,倘谁不遵众禁,仍前偷人之货物者,近则捉拿,远则报信;轻则公众处罚,重则送官治罪。庶几一道同风,蔚成仁里之俗。所有条规,列列于下:

第一条 窝藏聚赌,停留匪类,内勾外引,坐地分肥,均非良善,如有此情,轻则撵出境外,重则送官枪毙。

第二条 挖墙拱壁,偷牛盗马,以及山中田鱼、禾、瓜蔬菜类,有私引偷窃,拿获者罚银五百五十毫,或撵出境外。

第三条 摘禾已毕,开山检茶,应由公众约限日期放捞,倘不遵约限,私捞他人茶子者,罚款一百二十毫,以充公用。

第四条 山上劈有柴堆,不许妄行偷窃,违禁偷人柴堆者,被人拿获,罚洋捌拾毫。

第五条 鸡犬鹅鸭,放牧成群,务须物各有主,不准私行隐匿。如有图谋隐匿者,一经查实,物归失主,并罚银伍拾毫,以充公用。

第六条 田塘鳅鳝,不许私行放照,倘有假以照鳅鳝为名,暗存取鲤之心,拿获者与盗论罪,罚银一百二十毫,以充公用。

第七条 天气亢阳之候,草木焦爆,不许乱放野火,务须各宜谨慎,妄行纵火者,烧毁山林杉木,一经查实,除赔赃外,罚银五百毫，以充公用。

第八条 谋财害命，掳掠奸淫，罪重冈根，以头易头，以命偿命，当押朝廷。

第九条 事理不平，先经团众公论是非，释纷不下，再送朝廷。倘有不遵众议，妄行禀告衙门者，团众先行举罚，后论是非。

第十条 以上九条，无论何种，概系禁止。从今以后必须出入相友，守望相助。庶几盗贼弭息，良善有磐石之安，四境有升平之福，道不拾遗，是所厚望也。①

该款约法除开宗明义，体现"王者之政，莫急于盗贼"②的立法宗旨外，第九条主要讲到了民间和国家司法程序。清代在黔东南民间存在二元诉讼体制，民间解决和诉讼到官的途径选择，关键是看哪一种对当事人更合算、更经济以及寨老、中人等为村寨的和睦进行调解的干预程度。当事人对寨老裁定不服的可到官府提起诉讼，也可以不通过调解直接到官府解决，但该款约明确规定先由团众解决，不行再由官府解决，不许自行诉讼到官，违者要受处罚。

此外，黄才贵先生收集、整理的《六洞议款条规》③、向零先生收集的款约④都是历史上六洞地区以口头传唱形式流传到今的款约法，篇幅较长，明显带有口头传唱的非简洁性特点。与《六洞公众禁约》一样，作为大款联合定款的地域范围应该是一致的。

---

① 张子刚收集整理《从江古今村规民约从江历代告示实录》，中国科学技术出版社2013年版，第15页。原载《从江民族志》（油印本）（卷2），"侗族篇"，原文未注明该碑立于六寨何处，仅书"清末民初六寨某地立"字样。
② 《晋书·刑罚志》。
③ 《六洞议款条规》资料详见黄才贵收集、整理《黎平县肇洞的纪堂等四寨合款条规》，《民族志资料汇编》（第3集·侗族）（内部资料），1987年。
④ 口承的款约法口头传唱性强，如"今天我们大家吃了枪尖肉，挂了牛肉串，喝了鸡血酒。从今以后有饭大家吃，有话大家听，地方百姓同安宁"。"六洞款词"是向零先生调查六洞老人梁普安及其他寨中老人的记录。参见向零《六洞侗族社会组织调查——一个古代军事联盟组织的遗迹》，贵州省民族研究所、贵州省民族研究会编《贵州民族调查》（八）（内部资料），1990年。

四 《邛水上里各洞合款各条》

三穗县（清代为邛水县）至今还有一个叫"款场"的乡，这里过去应该是"合款"的中心。2008年笔者在该县档案馆发现了清光绪十九年（1893年）议定的《邛水上里各洞合款各条》，这份资料非常珍贵。是笔者见到的唯一纸质款约文件，虽然原件磨损较大，折叠部分字迹模糊，但仍然反映了侗族地方合款的情况，该款约虽只是集中针对盗窃、地痞犯罪的，只有3个条款，但反映的问题却非常深刻、最为清楚。

邛水上里各洞合款各条

一捕盗之款。来自邛水多盗□□，近年偷牛盗马偷米盗谷以及家财兼及妇女，各寨受害□□不堪枚举，揆厥由来皆缘乡多游民，习为内应□□□□，勾结外痞，相互恣肆，或佩马刀或佩双刀或佩洋炮，横行不服，□□伺使举事可估者估，可抢者抢，不估不抢偷拿定被□□，不过送究，送究不过责押，所以贼盗如此充斥。像我上里各洞俱近苗疆，而究（竟）不如苗疆之安静者，实由近蛮地而不能学蛮法，故肆无忌惮，使唤奈何，今我等既经合款，凡遇捕盗有敢拒捕者，照例格杀勿论，即或跟踪追获赃真犯实者，明知大款，公同照苗疆水火二法，或沉塘或烹死，不使一盗偷生，则盗风自无不靖，抄窝家亦准此议。倘盗有尸亲，大款逗钱抵控，更好追抵党与斩草除根。

一合御痞之款。痞之所仗者同领人多，又有凶□□，又更有价值之说，所以故肆，今我等既合大款，一家之事各洞均以各洞人抵数十痞，何难之有。现在行有保甲，凡甘服保甲□□□者非痞不服保甲约束者即痞也。各洞各先驱逐，倘不服驱逐者再鸣大款重议。

一合逗钱之款。今既公议捕盗禁痞之条，必需经费又不能预定多少，兹不计多少，而□□退各洞□□□皆以□□准我亩均摊，任问现各洞总甲里长洞长归数每亩□□多少，临时大款酌量。另有知单其余小条各洞，各议大款，不暇琐及。

光绪十九年四月吉日合款公议

这个款约法的特点是指出在国家行政与法律的管辖情况下，在盗窃案件频繁发生时，习惯法与国家法适用上的冲突和解决的办法。国家法律规定刑事案件要送官，按照国家法律来处理，但送官后"不过责押，所以贼盗如此充斥"。上里各洞与苗疆毗邻，但却不如苗疆安宁，原因是什么呢？实因"近蛮地而不能学蛮法"，才致使盗贼肆无忌惮。所以各洞合款议定：凡遇捕盗有敢拒捕者，照例格杀勿论，另外跟踪追获赃证据确凿，要按照本次议定的"大款"处理，共同准据"苗疆水火二法"，即沉塘（水法）、烹死（火法），不使一个盗贼生还，如此盗窃之风马上就会绝迹，对窝藏盗贼之家亦应准此办理。特别是讲清了小款对大款的服从，小款执行大款款约的管辖和"法阶"关系。

五 培亮《拟定江规款示》

拟定江规款示

尝思江有规而山有界，各处各守生涯，或靠水，或靠山，随安本业，是以乡村里巷恪成规。我等乌下江沿河一带烟火万家，总因地密人稠，山多田少，土产者唯有木植，需用者专靠江河，富户贩木以资生，贫者以放排为业。从地里入至苗光原非新例，由苗光接送江山者是旧规。自父老生此长斯无异议也。自迩年人心刁恶，越界取利，下江夫属之上来包揪（撬）包放，上河客沿江买卖即买即卖。即□不顾万户之贫，惟贪一己之利息。仰□□畜之□□□□□朝饔夕□之□散，以至身独□□□□□，倘且怕其冻馁，我有家室，岂忍受厥饥寒。彼是以逸待劳，我等坐以待毙。由是人人疾□，个个伤怀。爰因约集各寨头人同申款示，永定条规，上河只准上夫放，不可紊乱江规；下河夫只准接送下河，须要分清江界。如有蹈前辙拿获者，禀公罚处，不服者送官究治。行见规款整而人心□，贫者富而惰者勤，则我地方不至饥寒无路，望救无山矣。至嘱下河朋友，仍守旧规，勿干众怒，勿谓嘱之不早预为告白。所有禁开列于左：

一议上下游久久账目，各有契约为凭。如有争论，不准阻木，只许封号银两，问清底实。

一议源来招椿旧规，每挂取银五厘，无有新例。

一议洪水漂流，不问主家之事。

一议木到，如□交主等□。

一议下河木客买卖上河发木，不准自带水夫，恐有□分争持，放木延拦，丘本勿怪。

一议夜盗木植，照数照价主家赔还。

一议□优设故生端油火等情，各寨头公论，自带盘费，捆绑送官。

一议山中子木恐有偷砍，拿获者罚纹银三两二钱，拿者赏纹银五钱，见者不拿，与贼同□，应罚纹银。

罗闪 孟彦 者官 者晚 拱背 五湖 八党 亚榜 者羊 者麻 罗里 卷寨 八卦 溪口 平信 八里 八龙 八受 塘头 归斗 美罗 双江口 南喉 苗乜 苗馁 培亮

咸丰元年四月廿二日众寨头人同心刊立 永远不朽①

款组织是为了某种目的而结成，不一定只是为了达成联合军事防御，有时还是为了某种经济目的，这一点不可忽视。这通碑文所涉及的范围包括培亮、罗闪、孟彦等26个村寨，属于传统小款范围议定的"禁款"，小款有时由同一河流的数十个村寨组成，培亮村位于乌下江西岸，其他各寨也在乌下江中游和下游地区。清代锦屏林业贸易兴盛，对乌下江流域这一盛产杉木地区的木材需求量加大，根据木材采运过程中山间拖木、江河排运、分段进行、互不侵犯、利益均沾的传统原则，各寨在乌下江

---

① 锦屏县政协文史资料委员会、县志编纂委员会编，姚炽昌选辑点校：《锦屏碑文选辑》（内部资料），1997年，第56页。

中、下游均应占有"江步"①股份，但一些地势有利的村寨对经过所管江段的木材行使放运专权，为争夺木材放运专利，各寨之间经常发生纠纷，一些纠纷不得不到官府解决。为协调各寨之间的利益关系，传统的款组织发挥了作用，咸丰元年（1851年）四月二十二日，众寨头人同心刊立这一"款示"，规定："爰因约集各寨头人同申款示，永定条规，上河只准上夫放，不可紊乱江规；下河夫只准接送下河，须要分清江界"，试图通过明确界分上下河，来达到保障自己村寨利益的目的。

六 天甫《军民合款碑》

天甫距黎平府城35公里，是黎平通往古州（榕江）、剑河的要道，明洪武二十一年（1388年），五开卫曾在此设立五阳所，军民关系较密切，天甫与府城唇齿相依，军民关系非常重要，因此百姓与驻军结盟，双方均考虑了各自的利害，一方面百姓不致被他方利用，另一方面要驻军也减少对百姓的骚扰，以恢复较为和谐的军民关系。于是，道光二十九年（1849年）双方订立了比较特别的军民合款。碑文内容如下：

一、不许杀官兵、掳官担，挖仓窝库，阻抗钱粮，军民各安。

二、不许偷牛盗马、劫屯堡。

三、不许偷割田禾，盗鱼塘以及坡上生理。

四、不许面生歹人杀人放火，判禾砍车，假马投帖害良。如有此等全家抄灭。

五、不许停留外界军民奴婢结党成群，遥乡打劫。

六、不许丢筹讲事，坐地分赃。如有此等会款罚治，擒拿正法。

七、不许里应外合，一边拿水，一边拿火，大坏地方。

八、不许远占田地，军不许占民，民不许占军。

九、不许军民人等上下往来，不得持枪架弩，只许只身带伞。

十、不许军民人等为非作歹，大不事务俱要解释，毋得以挟私

---

① "江步"这一民间制度是指在清水江支流河道上，把沿河居民经济利益与他们在相应河段放运木材的权利联系起来。也就是说，沿江村寨所处的有利地理位置作为他们获取"江步"权利的基本前提，形成清水江水道网络的大小河流"按步分江"、放排获利的民间制度。

仇，致生嫌隙。如有此情，会款罚治。

道光岁在乙酉孟夏于请业堂①

明代《炎徼纪闻》《弘治贵州图经新志》，清代《粤西诸蛮图记》及《龙胜厅志》都有"丢筹讲事"的详细记载，如《龙胜厅志》载：

> 相讼者，集于社，推老人上座，两造各剪草为筹，筹多为胜，盖理拙则筹弃，理直则存也，是为"赛老"亦曰"理论"，论毕刻木记之，终生不敢负。②

"筹"③，《康熙字典》曰："筹算也"，又称为策、算子等。它最初是小竹棍一类的自然物，以后逐渐发展成为专门的计算工具，寨老以此为道具按习惯法规程进行裁判。此碑所说的"坐地分赃"，可能就是指"会款"（合款）中罚款、罚物的内容，对这些民间惯行一概禁止，按国家法律来处理。

---

① 该碑原立古州榕江与剑河的交界处，现碑已毁，碑文内容引自石开忠《侗族款组织及其变迁研究》，民族出版社2009年版，第147页。

② 转引自武内房司《鸣神与鸣官之间——清代苗族林业契约文书中所体现的苗族习俗与纠纷的解决》，唐立、杨有庚等主编《贵州苗族林业契约文书汇编1936—1950年》卷3"研究编"，日本东京外国语大学2003年版。

③ （宋）洪迈《容斋随笔》说："靖州之地其风俗与中原异，男丁受田于酋长，不输租不服役，有罪则听其所裁，谓之草断。"黔东南苗族椰头在会议时使用芭茅草作为权力象征，理师在审理案件时用芭茅草棍（筹）作为当事人双方胜负的计算工具，这种形式称"草断"。参见徐晓光《芭茅草与草标——苗族口承习惯法中的文化符号》，《贵州民族研究》2008年第3期。

第二章 契约社会形成的经济社会环境

在自然经济条件下，清水江流域没有工业，自身对林木的需求很少，林业不能形成为人们重要的经济来源，清以后，政府为当地创造了林业开发环境。由于外地大量木商的涌入，推动了清水江内部林木、林地等资产的市场化。政府只做三项工作，一是"排除障碍"。排除清水江上暗礁的自然障碍，也包括排除经济活动中的社会障碍和地方障碍。二是扩大木业经营规模。清雍正年间进一步扩大"三寨"，即卦治、王寨、茅坪三寨"总市"木业经营规模。三是"坐收重税"，建立"厘金"制度。清朝政府对林木交易的介入是从山客将收来的木材交给行户时才开始的，对官府而言，这也是最为省事又有利可图的，官府只要管好行户就可以坐收重税。孟德斯鸠指出："哪里有贸易，哪里就有税关。贸易的目的是为国家的利益进行商品的输出与输入。税关的目的是取得与支配商品的输出与输入的某种权利，这也是为了国家的利益。因此国家居于贸易与税关之间，应该不偏不倚，应该使两者不相抵触，从而使人们享有贸易的自由。"① 这种自由体现在木材种植、采伐、甚至江上木材交易活动均由当地的民间规则来完成。清朝、民国中央政府对清水江林木市场的法律调控是比较成功的。

黔东南和毗连的湘西地区，皆崇山峻岭，层峦叠嶂，既有山谷、丘陵，又有一些平原地带，气候温暖，雨量充沛，适宜林木生长，是一个纵横千里的大林区。但在自然经济占绝对优势的封建社会，清水江流域各族人民对森林资源的利用，仅是就地采伐以用于日常生产和生活所需。

---

① ［法］孟德斯鸠：《论法的精神》（下册）张雁深译，商务印书馆1995年版，第22页。

森林的自然生长蓄积量一直超过了人们的采伐量,森林资源有增无减,越蓄越多。这里的人民历史上就与林业生产结下了不解之缘:"林不兴则山无衣,水无源,粮不丰。"① 在清水江流域生长的各种林木中,尤以杉木为最佳:"干端直,大者数围,高七八丈,纹理条直,有赤白二种,赤杉实而多油,入土不腐,作棺不生白蚁。"② 如当地的民歌唱道:"干千年(用作建造房屋称为'干'),湿千年(用作堰坝地梁称为'湿'),半干半湿几十年。"③ 此地的杉木具有外腐内部不变质等特点。在18世纪,此地所产的杉木是制造帆船桅杆的最佳材料。④ 正如乾隆十二年(1774年)七月湖南巡抚的奏文所说:"桅断二木近地难觅,须上辰州以上沅州及黔省苗境内采取"⑤,就是说要采于黔省边远偏僻的少数民族地区。在自然经济条件下,林业要成为重要经济来源,只有通过外部对其林木形成了大量的消费才有可能。从清朝开始的"贡木"征派,推动了此地林业商品经济的发展。

早在元末,清水江"三寨"(卦治、王寨、茅坪)就曾在民间有小规模的林业交易,这是清水江林业市场的萌芽阶段,而清水江流域林业的开发滥觞于明王朝在贵州的皇木征派。据载,明朝洪武三十年(1397年),朝廷在锦屏设卫,屯军占地354顷,引发了黔东南各少数民族的起义。这一年十月,朝廷派兵镇压农民起义,明军主力"由沅州伐木开道二百里抵天柱"⑥。说明当时贵州天柱、锦屏一带,还是漫山遍野的森林。也就是在这次用兵的过程中,朝廷了解到了这一地区的森林资源情况,便开始在此地实行皇木征派。明初湖南沅水流域和清水江下游的天柱县也有大量木材,然而到了清雍正年间,天柱一带的林木已经砍伐殆尽。

---

① 黔东南志编委会编:《黔东南州志·林业志·序》,中国林业出版社1990年版,第5页。
② (清)爱必达、张凤孙修撰:《黔南识略·黔南职方纪略》(卷21),道光二十七年罗氏刻本。
③ 廖耀南等:《清水江流域的木材交易》,《贵州文史资料选辑》(第6期),贵州人民出版社1980年版,第2页。
④ 唐立、杨有赓等主编:《贵州苗族林业契约文书汇编(1736—1950)》(卷3)"研究篇",日本东京外国语大学2003年版,第19页。
⑤ 参见道光七年《皇木案稿》,载贵州省编辑组《侗族社会历史调查》,贵州人民出版社1988年版,第9页。
⑥ (清)俞渭修、陈瑜撰:《黎平府志》,光绪十八年黎平府志局刻本。

当时坌处"当江立市"之请,这一诉求并没有得到地方官府的支持和认可,理由之一是"素不出产木植"[①]。可见天柱一带的生态破坏之严重。这时锦屏县(清代为开泰县)人工林业生产的木材作为清水江流域的主要特产的价值便显现出来了。这里木材生产周期短,市场周转快,杉木种植技术先进,杉木品质又好,所以清水江流域人民充分利用土地,不断植树造林,木材成材后又被大量采伐,通过不同形式的交易运至京城和其他地区。由此清水江流域的锦屏等县成为重要的林木生产基地。

由于外地大量木商的涌入,推动了清水江内部林木、林地等资产的市场化,使大家族的公山不断"均股",向私有转化,林木、林地都能自由买卖,与此相伴而生的是山地(地主)出租宜林荒山给林农经营,发生了经营权的市场化,这种生产关系的出现在当时是比较先进的。黔东南清水江流域传统林业模式的形成依赖于林木市场化,而且在结构上是两个市场,一个是外部市场,即清水江流域以外对该地林木的需要和产生的交易,具体主要有封建王朝征用采购,还有外地木商来购形成的民间交易,民间交易如清代民国时期常德、武汉的竹木市场等,其木材大量来自清水江流域的"苗木";另一个是内部市场,即流域内部形成的林木、林地以及相关物质的交易流转。清水江流域林木市场属于资源型贸易,最初起源于外部市场,而不是内部市场,并且内部市场对外部市场的依赖很大,是由外部市场推动而形成的,外部市场环境不佳,则内部市场随之式微。当然,两个市场存在着区别,外部市场交易仅限于林木,而内部市场则有林木、林地买卖以及与此相关的林地租佃活动和中介服务等,这些通过民间大量的林业契约可以资证。

既然外部市场的形成很大程度上与国家对木材的需要有关,那么清水江下游林业市场的形成与国家权力的介入便有了很大的关系。虽然在中央王朝进入清水江流域之前,这一带已经有了最初的集会市场,而国家权力进入该地区后,经济模式才发生变化。从国家角度来看,清水江

[①] 《卦治木材贸易碑》,锦屏县政协文史资料委员会、县志编纂委员会编,姚炽昌选辑点校:《锦屏碑文选辑》(内部资料),1997年。

流域人民的经济活动不应该、也不可能被全面地介入，政府也没有精力和资源面面俱到，管得过死，而只能进行面上的调控，现在我们叫作"宏观调控"。清政府对清水江流域的经济开发主要集中在两个方面：一是雍正年间开辟"新疆"以及以后的疏浚清水江，张广泗大量募征民夫，排除上自清水江下司，下至湖南沅江黔阳一线的礁碍，以利木材流通，为木材采运贸易的繁荣创造了有利条件，使一个经洞庭湖水系与全国连成一体的市场网络得以形成；二是建立各种行之有效的市场制度，使清水江流域林材贸易的秩序得以建立。本章主要探讨在清水江流域木业商品市场形成与社会经济、文化及人们生活方式转变过程中，清朝政府对林业市场经济调控法律制度的建立和作用问题。

第一节　林业经济的兴起与经济生活的改变

一　林业经济的兴起

清朝乾嘉时期，国势昌盛，经济呈现繁荣趋势，随之而来的是商业的兴旺，反映在清水江流域的木材交易上，出现了乾隆、嘉庆、道光年间的繁盛时期，这也是清水江流域林业开发史的一个高潮。据这一时期的史料记载，每年来此经商的商贾不下千人，年成交营业总额百万两白银以上；明清两代，外地到清水江流域做木材生意形成了专门的"行帮"。清朝最早到锦屏王寨、茅坪、卦治等地经营木材的商人有"三帮"和"五勷"等[①]。商人们来自全国各地，而以安徽（徽州的徽帮）、江西、陕西（西安的西帮）等组成的"三帮"和以湖南常德府、德山、河佛、洪江、托口等组成的"五勷"（一说是天柱县的远口、坌处为一勷；金子、大龙为一勷；冷水溪、碧涌为一勷；托口及辰沅为一勷及贵州天柱与湖南木商合称"五勷"）等商帮最为著名。紧靠清水江边的锦屏县王寨是清政府专设的总木市，这里终日商旅不断，街市熙熙攘攘，江边沸

[①] 道光七年苗族商人李荣魁在《皇木案稿》中说道："三帮者，即安徽、江西、陕西；五勷者，即湖南常德、德山、何佛、洪江、托口。"

沸扬扬。①

外地来锦屏采购木材的商人,皆溯江而上,并沿长江流域销售,故称"下江客"。"下河客",亦称"水客"。从整个"水客"的民族构成看,以汉族居多,侗族和苗族次之。下河木商因籍贯和经商时间不同,组建成各自的封建地区性的商帮组织。"三帮""五勷"都建有各自的会馆和停泊木排的码头木坞（系沿江能避洪水冲刷之储木处所）,并以沿途的会馆为基地,组织"公会",设置专人主持公务,负责调解内部纠纷,协助木商解决、处理木材在运输途中发生的意外事故。公会费用由木商捐款资助,在"三帮""五勷"中有不少是兼具皇商特殊身份的大木商。商帮都订有严密的帮规,以调整帮会内部及外部由于木材运输而产生的各种经济利益上的纠纷,帮规是调整林木买卖、转运等经济习惯法的重要内容之一。继"三帮""五勷"之后,来锦屏地区的下河木商有汉阳帮、大冶帮、黄岗帮、武信帮、宝庆帮、长沙帮、衡州帮、益阳帮、祁阳帮、永州帮、长州帮、沅州帮、德山帮、常州帮、宿松帮、闵帮、金寿帮、花帮等十八帮。

锦屏县的卦治、王寨（今县城）、茅坪扼清水江下游,河面开阔,水流较缓,宜泊船筏,又地近湘省,良好的自然条件,使之成为清水江流域的木材集散地。自卦治、王寨而上的清水江林区,凡经营木业者皆是当地侗、汉、苗等各族商人,只能在山上放木而下,运销木材至三江（"内三江"）,谓此类商人为"山客""山贩"或"上河山客""上河山贩";凡自长江流域各省来黔经营木业的"水客",也止于三江购木。山客和少客间不可直接交易,必须经由三寨之木行中介,方可成交。②

从明朝后期开始,清水江的杉木成为商品后,便产生了当地少数民族（其中包括一批被同化于少数民族的汉族）的第一代商人——山客。至乾隆年间,随着木材贸易的空前兴旺,便涌现出富甲一方的山客。嘉庆、道光之际,就出现所谓的"姚百万,李三千,姜家占了大半边"的

---

① 参见廖炳南等《清水江流域的木材交易》,《贵州文史资料选辑》（第6辑）,贵州人民出版社1980年版,第4—6页。
② 参见贵州省编辑组《侗族社会历史调查》,贵州人民出版社1988年版,第30页。

家资巨富的木材商人,他们都是大地主"山客"。清水江流域木材交易初期,一些地主和奸商以及不法经营者的掠夺式的开发和武力兼并,加重了当地人民的负担,导致贫富不均现象的发生。所以随着清水江林业开发的深入,利益各方要求国家在大的方面提供稳定的社会环境和竞争秩序。

二 经济生活与社会的变化

(一) 传统农业向林业转变,出现行业分工

明清时期清水江流域经济基本上是处在自给自足的状态中,各族人民一直从事传统农耕、林木种植或兼营狩猎。当林业开发潮流涌入并不断蔓延时,清水江流域人民与外地交往日趋密切,经济社会也随之发生了变迁,形成"以粮为主,以林为用"的生计模式,资源得到了开发,经济不断发展。

清水江流域侗族苗族的社会组织原多是以头人、寨老等为自然领袖,以血缘家庭为基本的社会细胞。人工林业兴起后,林业经营的特点和市场的逻辑很快就对林地"家族共有制"的形式进行了挑战。[1] 当地人民的家庭结构从传统的"同居共财"的"家族共有制"开始向"家族共有制"下的"个体房族股份占有制"转变。清水江流域人工营林情况在《百苗图》中有所记载:清江苗,"男人以(红)布束发,项有银圈,大耳环,宽裤子,男女皆跣足。广种树木。与汉人同商往来,称曰'同年'"。[2] 该书成于清嘉庆初年,可以看出当时的人们已经"广种树木",说明该地人工营林已经达到了大规模大批量生产的水平,而且有些人还参与木材贸易,"与汉人同商往来",把木材投放市场卖给汉族地区,这样既满足林木产品市场需求,又给侗族苗族人民带来了大量的财富,确保了人工营林的正常进行。随着林业的开发和贸易,大量木商进入,"木行"的设置推动了木材贸易,带动了整个清水江流域经济的繁荣,直接改变了侗族苗族人民的生活依赖。如在木材开发贸易以前,农业收入高

---

[1] 罗洪洋等:《清代黔东南文斗苗族林业契约补论》,《民族研究》2004年第2期。
[2] 引自李汉林《百苗图校释》"清江苗",贵州民族出版社2001年版,第165页。

于林业收入；木材开发后，林业生产以及林业相关的活动才是他们赚钱致富的主要途径。由于清水江水道便利的交通运输条件，清乾隆之后，当地人民"以种树为业，其寨多富"，尤其是下游沿江地区，种树栽杉、伐木放排、当江贸易，木业经营已经成为当地人民最主要的经济生活来源。因此形成了清水江"上河苗民，全靠卖木为依。苗民得以售木，即少受一日饥饿"，"木商一日不至，穷苗一日无依"，"黎平、镇远、都匀三府地方，山多田少，赖蓄杉木以度民生"的局面，也造成了清水江人民懒于种田、勤于伐木的习性。有的人甚至专门为木商放木排以谋生。

在传统自给自足的自然经济中，商人阶层的地位是不高的，在苗族侗族的传统文化中，"耻于经商""恐于经商"的观念更甚于汉族。由于清水江木材交易的广泛性与持久性，在汉族商人的影响和丰厚利润的吸引下，侗族苗族中也开始出现了自己的商人。他们在林业开发的早期多是以"山客"的身份出现，其中的少数人随着收益的增多，业务范围不断增大，有的进入偏僻山区采购木材卖给"水客"，从中获得更多利润。林业生产和木材贸易也拉开了清水江居民内部的贫富差距，行业分工急剧变化，社会阶层变化很大。这些主要表现为山客、行户、水夫、旱夫和佃户等行业的出现。当进行林业开发时，传统社会组织式微，从事林木生产和买卖的人不断增多，包含山客、水客、林农、雇工、排工等。有专为山客上山砍木、运木下河的旱夫，也有专门为山客和水客在清水江扎木放排的水夫，还有专门靠佃地种粟栽杉为生的佃户，他们大多数是锦屏附近的侗族、苗族、汉族人民，山客中以侗族、苗族为最多，林业雇工主要是侗族和苗族人，苗族人占的比例较大。这种比例结构形成的原因是由于侗族苗族是这一地区的世居民族。当林业开发时，他们自然就成了林农。在阶级发生分化时，有的就成了本地或外地地主的雇工。这些林农或雇工是以经济行业划分的，当他们回归到本民族族群社会当中时，仍属于某一血缘家庭的成员。从事各种行业的人群中，也有不少来自湖南、广西等地的汉族人，这些汉族人民常年与当地人民生活在一起，逐渐地被同化为当地的世居民族了。

商人是一种特殊的社会阶层，传统商法的商人身份特征是建立在商人特权基础上的。清朝时，每年来三江购木的水客约有千人，都是全国各地资本较雄厚的商人，而山客中除了上述的一些大的本地木商之外，一般的资本都比较少，估计山客的人数比水客至少要多一两倍。迄至近代，从山客的民族成分看，除苗族、侗族的山客外，还有汉族的山客；从阶级构成看，以地主和富裕农民兼做山客者为多，也有少数贫民经商致富者。和我国内地情况一样，他们一旦致富，必然将资本投向土地，变成商人地主，而不能转向其他商业门类或扩大再生产进行资本积累。正如黄宗智教授所指出的："清代法律和民间习俗一起向我们说明这样一个面向考虑生存、多于考虑经济收益的社会，两者都不符合资本主义利润最大化的'理性选择'逻辑。它们的逻辑是一种十分不同的合理性，以一个部分商品化了的，以生存为目的的农民经济为基础。"① 但不管怎样，正是这一批大大小小的山客，活跃了清水江流域少数民族地区的商品经济，推动着清水江流域地区社会不断向前发展和进步。

（二）货币流通加速了林业市场形成，丰富人民生活

清水江流域在改土归流以前的交易习惯是物物交换，汉族商人奉官指令，到清朝尚未直接管辖的"生苗"地区购买木材时多以黄牛、水牛来交换，因为在该地区货币尚未流通，当地人获得黄牛、水牛后，用牛皮做成护身的铠甲。林业贸易开始后，人们已经开始感受到林地、林木的重要性，使人们知道木材除了供自家建房外，还可以作为商品买卖兑现成金钱，换来人们需要的粮食。在改土归流前，木材交易中的这种物物交换曾发挥过很大作用，以后以"三寨"为中心进行木材贸易制度的起源可能与上述交易习惯有联系。② 清水江流域林业开发的早期，木材交易中开始使用白银交易，1730 年以后，随着木材的商品化，物物交换的形式已不多见，各民族木材商人阶层出现了。对商人来说，白银货币既不便于携带，又容易造成资金积压。人们在长期的交易过程中深感必须

---

① 黄宗智：《法典、习俗与司法实践：清代民国的比较》，上海书店出版社 2003 年版，第 191 页。
② 参见唐立、杨有赓等主编《贵州苗族林业契约文书汇编 1736—1950 年》（第 3 卷），东京外国语大学 2003 年版，第 26 页。

改变这一货币形式。于是汉口、洪江的钱庄所发行的"汉票"和"洪兑"便逐步代替了白银而流通于清水江市场。外省、外地木商即"下河"木商便以期票形式的汉票和洪兑按低于票面价值10%的兑换率出售给山客①，山客用此收购木材或林产品。商人们又持期票往汉口、洪江购进布、皮及百货转而销售给当地人民。商品流通及商业意识至今仍深深地留在清水江流域苗侗人民的社会生活中，形成与其他地区的苗族、侗族明显的差异，这不能不说是当地林业开发影响的结果。商业活动导致了当地人民生活方式的变化，由于出卖木材获得大量白银，他们便给家中女子做服饰，一套完整的服饰需要白银一百多两。在平时，女子戴有银耳环、手镯、银簪；节日穿盛装，头戴银丝花草、银琉、银座，项戴项圈、银链等。雍正以后，政府和民间在清水江、亮江沿岸地区进行了主要针对妇女的服装改革，规定了头饰和服饰的标准，以免耗费过大。汉族地区的特殊服饰也引起当地人的注意，有些人甚至穿上汉族人演戏时穿的旧锦袍，《百苗图》就记载清江苗："喜著戏箱锦袍，汉人多买旧袍场卖之，以获倍利。"② 这说明文化活动相对贫乏的苗侗地区，人们对娱乐生活的向往。当时放排到洪江的排工几乎都是戏迷，故洪江的辰河戏班经常被邀请到清水江流域各地演出，后来高腔戏又陆续传到苗乡侗寨③，一些音乐元素被当地民歌、戏曲吸收。

三 教育、文化的变迁

从清朝初期开始，政府对清水江流域各民族的教育和文化渗透，与对此地的林业开发和政治统治相伴而行。顺治十一年（1654年），清朝建立"乡约制度"，规定由乡民选出约正、约副（值月），建立"约所制度"。每月望、朔两天讲读。康熙年间，"约所制度"在清水江流域各县普遍实行。乾隆五年（1740年）又规定：约正免其杂差，以便专心从事教化，如果教化有成，三年内全乡无斗殴命案，朝廷给匾奖励；各地方

---

① 参见贵州文史资料选辑委员会《贵州文史资料选辑》（第6辑），贵州人民出版社1980年版。
② 引自李汉林《百苗图校释》"清江苗"，贵州民族出版社2001年版，第165页。
③ 李怀荪：《苗木·洪商·洪江古商城》，《鼓楼》2011年第5期。

官则须轮流下乡，督促乡约教育的实施。清代的"乡约"活动以讲"圣训"为主，用朝廷统一颁发的教材，康熙朝编定的《上谕十六条》、雍正二年（1724年）颁发的《圣谕广训》成为乡规民约的基本教材，后者是对前者的逐条解读，且通俗易懂，主要宣传"以孝为本""以和为贵"的道德观念，提倡尊老爱幼、礼让谦和的社会风气，这些和苗侗民族传统道德是一致的。"讲约"教育是进行社会管理的一种教育形式，目的是明辨是非善恶，强化治安，妥善处理地方内部矛盾，具有乡规民约的性质，这与侗族、苗族的讲款、讲理有些相近，但又不同，讲款、讲理是侗族、苗族民间组织的习惯法宣传教育形式，而"讲约"则是官府组织的国家法的教育形式。约所（"讲约"的场所）内置"善簿"和"恶簿"（也称"正册"和"另册"），将所辖范围内的民众，按"德业可劝者为一籍，过失可规者为一籍"归类，即将奉公守法、敬老尊贤、热心公共事业、言行符合社会公认准则者列入"正册"，将偷鸡摸狗、好吃懒做、欺老凌弱、卖淫嫖娼、赌博斗殴、言行危害地方风化者列入"另册"，以达到惩恶扬善的目的。

　　清水江流域地区文化教育的推行，大大促进了这一地区文化发展。顺治十六年（1659年）贵州巡抚赵廷臣奏请皇上："乘此遐荒开辟之初，首明教化，以端本始。"提出："今后土官应袭十三年以上者，令入学习礼，由儒学起，送承袭族属子弟愿入学者，听补廪科贡，与汉民一体仕进，使明知礼义。"顺治十七年（1660年），朝廷议准"贵州苗民照湖广例，即以民籍应试，进额不必加增，卷面不必分别，土官土目子弟仍准一体考试"，又议准"贵州各府、州、县设义学，将土司承袭子弟送学肄业，以俟袭替其族属人等，并苗民子弟愿入学者亦令送学，各府、州、县复设训导躬亲教谕"[①]。康熙十三年（1674年），时任贵州巡抚的于准以《苗民久入版图请开上进之途》疏奏朝廷，主张开放少数民族教育，将教育扩大到一般的苗民子弟。奏疏开宗明义："苗民久入版图，苗族宜沾圣化，请开上进之途，以宏文教，以变苗俗。"他还指出：明朝以前对"苗疆"只是羁縻，及至明始置布、按二司，定为贵州省。然而郡、县

---

① 转引自吴军《侗族教育史》，民族出版社2004年版，第222页。

少,而卫、所多,武弁不谙教化,只会对苗民逞威,"故迄数百年,习俗犹未变化",自清以来,设郡县、置学校、敷教化,"遐荒天末,莫不仰沾德化,唯独苗民未沐均陶",所以"应将土司族属人等,并选苗民之俊秀者使之入学肄业,一体科举,一体廪贡","汉民因有苗民进取益加奋勉,苗民以有一体科举之优渥莫不鼓舞,行之既久,苗民渐可变为汉,苗俗渐可化而为淳。边末遐荒之地尽变为中原文物之邦矣"。他又建议:"倘若文人蔚起,乡试、岁试再请增额,以罗真才。"① 这份奏疏表达了政府"以宏文教""以变苗俗""以苗变汉"的同化政策。清朝在该地推行文化教育也有独特的保障措施,如光绪元年(1875年)十二月九日,当时的黎平知府奉贵州巡抚曾碧光为出示严禁事宜所定"免夫碑记"就有:"副后除主考、学院过境照旧派夫迎送外,无论何项差役,不准派苗民应夫供役,一切供应陋规概行革除,有仍前勒派索扰情弊,或被告发,即行照例分别参处究办,决不稍宽,勿谓言之不预也。"② 这从侧面说明了官方对教育的重视和对教育官员的尊重。

  清初,官方的主流意识形态开始拓展到"归化"后的清水江流域民族村寨。以文斗苗寨为例,文斗于明英宗时期开始人工造林,林木逐渐成为与外界交换的商品,邻地中仰、羊告之居民始迁文斗,经营着"开坎砌田、挖山栽杉"的农林生产活动。清顺治年间,姜春黎自铜鼓迁居文斗后,以移风易俗为己任,他"大义率人,约众延师,劝人从学,求婚令请媒妁,迎亲令抬乘舆,丧令致哀,必设祭奠,葬须择地,不使抛悬,蒙天深庇,得人顺从。"自姜春黎倡行教育以后,文斗"文化人"并不少见。《姜氏家谱》中有乾隆十二年(1747年)姜文撰写的"序",有嘉庆时文之第四代孙撰写的"记",有道光二十年(1840年)姜载渭撰写的"祠堂序",还有光绪二年(1876年)姜佐卿撰写的"世系纪略"。作者皆为姜氏后裔。浏览诸文,叙事简要,文辞流畅,具有较高的写作水平,无论内容与文笔,都属贵州少数民族家谱文

---

① 转引自吴军《侗族教育史》,民族出版社2004年版,第223页。
② 锦屏县政协文史资料委员会、县志编纂委员会编,姚炽昌选辑点校:《锦屏碑文选辑》(内部资料),1997年,第111页。碑存河口乡塘东村,笔者曾在2000年11月于黎平县平寨抄得与此内容相同的碑文。

书中的上乘之作。当时林业生产的另一个重要基地瑶光寨,大地主商人姜志远的两个儿子中举,全寨前后考中秀才20余人,均有现存碑文记载证明。[1]

在锦屏平鳌寨还保存一块时间较早的"安民告示碑",是康熙三十六年(1697年)三月十五日黎平知府发平鳌寨晓喻:"尔等既归版图,倾心向化,亦皆朝廷赤子,每年输火烟钱粮,务宜亲身赴府完解。每逢朔望,宣传圣谕,则孝悌日生,礼法稍知矣。今尔等愿归府辖,凡一切斗殴、婚姻、田地事件,俱令亲身赴府控告,不得擅行仇杀,倘故违,责有所得。各宜遵府示。"[2] 可见清水江地区随着教化的开始,法律制度也就开始从原来具有处理村寨各种案件功能的习惯法,向大量的民事、刑事案件须由国家处理的国家法转变,起码从国家司法角度,是这样要求的。清朝初期对刚刚"归化"的平鳌寨即采取"礼法并用"的治理措施,同时表明国家欲对此地行使司法管辖的明确思路。

使用汉字书写林业契约文书,乃是其吸取汉文化的显著标志。汉文化对清水江民族地区的影响有着一个漫长的历史过程,明代以前,由于黔东南少数民族地区与汉族地区的政治关系疏松,经济关系塞滞,文化吸收过程很缓慢,受汉文化的影响较小。明朝在贵州建省之后,加强了中央与地方的政治联系,特别是施行屯田中有部分汉族军民的迁入,使汉文化与苗侗民族文化的交流有了明显的增强。自清初开始,清水江流域地区随着林业经济的快速开发,内地汉族文化进入该地区,改土归流之后,清水江下游的地主经济和以木材商品经济蓬勃发展,"徽州帮"等大量汉族商人涌入,使各民族之间的文化交流显现突进势态,汉字在当地普遍被使用,受教育的人越来越多。少数民族积极投身商业活动中,认识到了掌握汉语汉字的重要性,刺激了他们的求知欲望。所以,在清水江下游地区出现了兴办学校之风。根据地方志和碑文资料,清代清水江下游一带建立的学馆有20多所。

---

[1] 杨有赓:《清代黔东南清水江流域木行初探》,《贵州社会科学》1988年第4期。
[2] 该碑存偶里乡平鳌寨,收入锦屏县政协文史资料委员会、县志编纂委员会编,姚炽昌选辑点校:《锦屏碑文选辑》(内部资料),1997年,第109页。

清水江流域各县古往今来以天柱县的教育水平最高。天柱在明嘉靖年间就设有社学，有兴文社学、宝带桥社学、钟楼社学和聚溪社学四所，均置有学田产业。社学设在城镇和乡村，是以民间子弟为教育对象的一种地方官学。天柱县在清光绪三十年（1904年）就成立"劝学所"，应该是现代教育的开始。天柱民间有捐资教育的传统，民国初年，"外三江"赞助白银三千两，还以坌处木捐作为天柱县高等小学的常年经费。此外还规定，木客每根木头抽钱一文半，每对卦抽钱二十四文，除交杨公庙（木商会馆）香灯各费外，多余部分则提作天柱中学常年经费，从此时开始，天柱捐资办学蔚然成风。在民国时期的"开江诉讼"中，"三帮""五勷"反驳"八帮"的重要理由之一便是"客所买放下木均系主家保险，所得劳动力费每头仍须纳天柱中学一两五分……"① 可见当时天柱的中学教育经费主要是靠木材贸易税收，由于该县有较好的教育基础，到今天该县在贵州省都属教育质量较高的县份。

　　卦治、王寨、茅坪3个木材"贸易特区"，每年有上千名外省木商和数以万计的本地木商在此进行木材交易。交易中汉语、汉文则成为各民族商贾共同的交际工具，这便形成了民族经济与民族文化齐头并进的景象。② 清水江流域民间保存着大量的清代、民国契约文书，有的家里有一捆一捆的土地契约及各种文书，这既是地主经济和林业商品经济发展的产物，也是侗寨苗乡受汉文化熏陶的结果。当地的侗族苗族人民普遍使用汉文的情况也在大量的民间汉文诉讼文书中得以体现。契约文书均以毛笔写成，大多字迹端庄，部分俊秀挺拔，很有功力，体现了书写者较高的文化素养，大量的契约文书在清水江流域的出现，说明当地人民汉文化水平的普遍提高和"代笔"这一文书书写群体的存在。

　　清水江文书的大量存留，也与本地重视资料保存和"敬纸惜字"的传统有关。在天柱县中寨保存有一座"惜字炉"，这座"惜字炉"又称

---

　　① 贵州省编辑组：《侗族社会历史调查》，贵州民族出版社1988年版，第54页。
　　② 杨有赓：《清代苗族山林买卖契约反映的苗汉等族间的经济关系》，《贵州民族研究》1990年第3期。

"化字炉",是"中寨十景"之一。炉身三层,砖石结构,六面锥形,形同宝塔。三檐滴水,翼角飞翅,凌空矗立,古朴端庄。炉脚有拱顶方口,以焚纸用。两侧楹联为"水之就下也","文不在此乎",横批为"仰之弥高"。据说清代仅中寨出举人1名,贡生4名,拔贡3名,这在偏僻的西南僻壤乡村是不容易的。与寨相邻的雅地村还存有两尊"惜字炉"。锦屏平略镇平鳌寨水口山石桥头有16方型石炉,人称"化字炉",该塔炉高不足3米。另外在瓮洞岑板寨有1.6米高的"化字炉"①。这说明外省商人进入清水江流域进行林业贸易的过程中,还带来了江南等地区先进的汉族文化和民间习俗,包括直接为经济服务的契约文化及相关的辅助文化。特别是徽州木商把"徽商"文化中"纸"字神圣,不可亵渎的观念带了进来,在清水江流域逐渐形成了对纸张和文字无比敬畏的观念。

第二节 轮流"当江"制度的建立

一 自主当江与商埠上移

清水江沿岸的木材交易中心从明末的托口,到清初的远口,再到清朝中期的茅坪、王寨、卦治,都是因为全国各地木商追逐木材而形成的,可以说木材交易商埠是根据木材的有无或兴或衰,从根本上说是木材市场的需要,但也有政府在政治上的考量。

对此我们借助碑刻资料进行探讨。在清水江下游坌处镇清浪村地冲滩,有一块刊刻于清朝道光八年(1828年)的古碑。该碑位于天柱县与锦屏县交界的杨渡角之下。碑高4尺,宽2尺,共341字,是迄今为止在

---

① "化字炉"在过去文化较为发达的地区肯定很多,有此物之地,由于教育日隆,重文,科举日盛,会出文化人。鲁迅在《琐记》中讲到他就读的中西学堂,曾在原来的游泳池上建了关帝庙,庙旁是焚化字纸的炉子,炉上方横写着四个大字"敬惜纸字"。鲁迅:《中国小说史略》,人民文学出版社1976年版,第15页。

"外三江"（天柱县的坌处、清浪、三门塘）发现的唯一的内、外三江争夺木材采运及其市场过程的碑刻，因碑无名，遂命名为"清浪碑"。该碑前半部分是这样：

> 尝思普天之下，莫非王土，其于山川水土，各有界至之攸。是以我等地方自开辟清水江以来，蒙前各大宪设立坌处为采办皇木之所。至康熙二十四年，客苗乱行，被黎平府之属毛坪、黄寨、挂治三处乘机霸市，擅设三关上下经控抚蕃，臬道名载，因豪恶龙永义等财多讼能，故失江坞，于我柱属王朝富、武仕仁、刘秀刚等充发口外，苦不堪言……

这段碑文至少告诉我们两个方面的历史文化信息：一、清水江"内三江"木材垄断市场在康熙二十四年（1685年）之后才形成；二、"外三江"在争江过程中败诉，而且败得很惨，其中带头"闹事"的人受到国法严厉制裁。明末清初外地木商沿清水江到达天柱的瓮洞、白市、远口、三门塘、坌处等地采购杉木，之后这些地方渐次成为木材自由贸易的商埠，沿江村寨自主当江，不同程度地享有因木材交易活动带来的经济效益，同时也就说明了到康熙二十四年（1685年），坌处等地是木材集散的重要码头，木材营运方面的收益是当地百姓的主要经济来源。康熙二十四年（1685年）对坌处等处的"木材经营权"而言，无疑是个"背时"的年份，其原因是"客苗行乱"，对此碑文中没有详细记述，可能是指木商、山贩和行户扰乱市场，出现了违规犯禁的问题。也可能是天柱沿江各寨因利益引起内部纠纷，或外部的武力威胁，但应该与"内三江"没有直接的关系。康熙二十年到康熙四十六年的20年里，"内三江"木材垄断市场已经定型，其主要原因还是木材资源的有无，此时木材贸易的发展趋势是后发的"内三江"地带在木材资源方面已比此前兴盛的"外三江"一带具有优势和吸引力，所以外省客商和"内三江"行户更愿意直接进行"业务挂钩"。

出于对"内三江"为核心的垄断趋势的抵制，由上至天柱坌处下到湖南托口,沿江十八个村寨,设立十八道关卡,史称"十八关"。这十八个村寨都是清水江下游沿江一带较大的村落,在过去的历史发展中已经成为"鱼盐木货"的码头。他们联合起来,"内三江"木排下运过境,强行"抽江"收税。每关抽九两,才准木材通过。这样下河木商的经济利益受到严重的损害,于是湖南木商伍定祥赴长沙控告,经湖南巡抚衙门下令禁革,清水江才恢复通商。这些事情肯定引起朝廷的不满,对天柱一带可能有很不好的印象。这也可能是清廷一直不准在天柱境内设立木市的原因之一。明代清水江天柱段,尤其是垒处、三门塘等地,各民族农民起义风起云涌,自明永乐九年至天顺元年(1411—1457年),天柱垒处小坪、天台、九佛塘及天堂一带先后多次爆发侗族、苗族农民起义。据史料记载,垒处"环四面王百里皆皆苗寨,苗凡七千有奇,寨凡一百五十有奇",在朝廷的招抚下,"皆衿甲面缚请降愿归土六百里,带附编氓后输赋"①。清朝政府会考量这一带历史上动乱多发地区,加上不久前的"客苗行乱",恢复作为贸易的中心多有不妥。

雍正年间,当时垒处"当江立市"之请,希望借"三江口垒处系"的地理优势取得"当江"的权力。然而这次"争江"诉求并没有得到地方官府的支持和认可,理由是"垒处地方系镇远府天柱县所属汉民村寨","素不出产木植,本与茅坪苗疆地绝不相干"②,前面提到从清朝初期开始,政府对清水江流域林业开发与行政统治同时展开,经济上的调控和政治的控制是沿清水江上溯推进的进路。开发清水江林业的政治目的是对黔东南腹地的"生苗"地区改土归流,使其纳入国家行政管辖和区域规划。所以"天柱县所属汉民村寨……本与茅坪苗疆地绝不相干",政府要深入治理的是"生苗"地带。"素不出产木植"一语,有些不顾历史事实,实际上以前天柱沿江一带也盛产木植,只是因人多地少,木材砍伐以后改为粮田,这一基本的常识所有地方官员是知道的,有意回避事实,说明官员对垒处"当江立市"之请是抵触的。而对"内三江"来

---

① 《万历武功录》(卷2),"湖广"。
② 《卦治木材贸易碑》,锦屏县政协文史资料委员会、县志编纂委员会编,姚炽昌选辑点校:《锦屏碑文选辑》(内部资料),1997年,第42页。

说继续坐享制度的"优惠",这更证明一个道理,某些社会利益集团从现存制度中得到的资源好处愈多,则其要求维持现状的呼声就越高,要求制度变迁的驱动力和积极性就会越小。

二 "当江"主体的条件

清水江的木材贸易,历史上就是以"创新型"的独特方式来进行的。轮流"当江"制度便是一例,它有点像西方国际组织的"轮值主席国"制度,是清水江木材采运活动中的"顶层设计"。前述,早在"当江"制度确立之前,清水江下游一带经历了一个沿江村寨自主"当江",木材商人自发采买和集散发运的过程。沿江村寨都曾不同程度地享有木材贸易活动所带来的经济利益。

从地理位置上看,清水江顺流而下,依次经过卦治、王寨、茅坪,3个村寨之间的距离均不到10公里,再加上卦治之下有清水江支流小江自北向南在王寨附近汇入,而在王寨与茅坪之间又有另一条重要支流亮江自南向北注入清水江,这就使得三寨很自然地成为清水江下游最为便利的木材集散地。"当江制度"尚未确立之时,木材的贸易活动就以"以物易物"的形式在三寨悄然进行,随着清水江木材交易的繁荣,水上通道的运输价值也显现出来,因清水江在锦屏段以上只能放小型木筏,其支流都是单根流放(俗称"赶羊"),木材到卦治后,以下河段水面较宽,便把单个原木收集起来,扎成中型木排,由排工筏运到下游。清水江自锦屏段到天柱远口以下,河面宽阔,木材可以用较大型木排出江,所以大量客商涌入锦屏进行木材贸易。"新辟苗疆"形成之后,在地方官府颁布法令和行政介入之下,确立了一个卦治、王寨、茅坪三寨"岁以一寨人掌其市易,三岁而周"的制度是有其历史、经济、资源原因的。

据民间文献《夫役案》记载:

> 雍正年间,军略张大人开辟清江等处,兵差过境,愈难应付,酌于木客涯运之附寨,三江轮流值年,量取渔利,永资公费,沿江别寨均不准当。咨部定案,有碑存据。

而"三寨轮流轮值之年,谓之当江",这就是清水江木材采运中的核心制度。卦治、王寨、茅坪三寨也惯称"三江",可见官府认可或指定的"当江"之处,有着其客观的必然性。

三 "当江"与"搬江"

对于地方官府来说,三江轮流值年的"当江制度"的确立,无疑主要是基于政治层面考量。但对于三寨来说,当江制度带来的是对清水江木材采运经济利益和社会资源的更高层次分配的某种"特权"。关于"当江"的一些具体细节,嘉庆六年(1801年)卦治人镌刻于石碑的一则官府公告,即该年十二月二十七日后兵部侍郎兼都察院都附都御史巡检贵州等处地方提督案务加节制通省兵马御兼理粮饷的判词[1]中有这样的描述:

> ……照得黔省黎平府地处深山,山产木植,历系附近黑苗陆续采取,运至茅坪、王寨、卦治三处地方交易。该三寨苗人,邀同黑苗、客商三面议价,估着银色。交易后,黑苗携解回家,商人将木植即托三寨苗人照夫。而三寨苗人本系黑苗同类,语言相通,性情相习。而客商投宿三寨,房租、水火、看守、扎排,以及人工杂费,向例角银一两给银四分,三寨穷苗藉以养膳,故不敢稍有欺诈,自绝生理……

当然,三寨值年当江制度的形成是一个非常复杂的过程,也源于当地木材交易长久的"惯行",在为买卖双方"劝盘"并最后"喊盘定价"的环节中,主家业务精熟的"权威"作用。民间有"一口喊断千金价"的说法,这正好反映了买卖双方在交易过程中对主家"公平"的信赖,对他们各自经济收益产生巨大影响。因而在实际的木材交易活动中,当江的三寨主家具有不可替代的权威性,而且这种权威性从交易延伸到了

---

[1] 《卦治木材贸易碑》,锦屏县政协文史资料委员会、县志编纂委员会编,姚炽昌选辑点校:《锦屏碑文选辑》(内部资料),1997年,第42页。

市集社会生活的其他方面。

当江制度表现出极为突出的两个特点，其一就是作为区域中心市场的卦治、王寨、茅坪轮流值年当江，一年一寨，秩序井然。且后来这一制度得到了更为明确的表述，即三寨各按甲子分配值年当江。当地一句谣谚说："子午卯酉茅坪江，辰戌丑未王寨江，寅巳申亥落卦治，三江轮流开木行。"其二是三寨轮流值年当江的制度，所必然带来的一种十分独特的现象，即所谓"搬江"。每年一届的"搬江"，是清水江木材采运区域中心市场的一次大规模制度性转移。

对于值年当江的"三江"而言，每个村寨无疑都有每隔两年一次极其重要的"帆樯接踵""沽客云集"的商贸机会。这也带动了木材以外的其他商品贸易活动和文化活动，黔东南苗族侗族传统的划龙舟、斗牛活动都和当地大小集市的商业贸易有关。

第三节　建立木业市场中介与纳税制度

从清朝对清水江流域的林业开发开始逐渐形成以林业经营为主的一个经济体，并且具有内外两个市场支撑，服务林业资源有效流转和社会中介广泛形成，这成为清水江林业模式的一个特点。"锦屏木业通例：恒称卖方为山客，买方为水客，盖以卖客多来自山间，而买客多来自下江各地。山客放运木植至行户以待价而沽；水客则携款至行户选购木植，水客选定木植后，则由行户约同买卖双方，根据当时行情及材品质议定基价，经双方同意后，水客即应先付木价二分之一，其余半数俟所购木植全部放抵水客木坞内，即应照数交付山客。如是则交易手续即称完成矣。"[①]

一　木行和行户

服务于林业资源流转的特定中介，最主要的是木行和行户。清水江木行形成于清初，衰亡于抗战时期。木行就是水客与山客之间进行交易

---

① 贵州社会科学编辑部：《贵州近代经济史资料选辑》（第1卷），四川社会科学出版社1987年版，第340页。

的中介人。明末清初，清水江流域的木材交易必须经过木行来进行，木行的建立对该地林业经济的兴起起着重要作用。"苗木"的交易最早是在湖南黔阳县（现怀化黔阳市）的托口镇（该镇最近已被新建水库淹没）进行。清康熙五年（1666年）《黔阳县志》载："托市上通天柱，为峒木所必由，明时木商皆聚于此，以与苗市。兵燹后市移天柱之远口司。托市之名尚仍其旧。"当时的苗木交易是通过歇店进行的。歇店即旅店、伙铺、客栈。歇店店主是木材交易的中介。生意做成以后，要按照成交的金额，从每两白银中提取四分，交给店主，作为买卖双方的住宿、伙食、木材看管以及起运扎排的费用。当时，在建有木市的托口，歇店是最有利可图的行业。明末的一场战火，摧毁了托口的繁荣，随着苗木交易西移贵州境内，托口的歇店业衰败了，木市西移至天柱远口司以后，当时锦屏开设木行的有卦治、王寨、茅坪三寨，俗称"三江木行"。三寨由于歇店的丰厚利润而争开木市，不久王寨的王姓、茅坪的龙姓、卦治的文姓人家发生了激烈的争执。后经官府调停达成协议，才形成了如前所述的三寨按年轮值，分享利益。

三寨值年当江就是由轮值之年的行户负责处理水客与山客之间的交易，主要任务是：代水客寻找货源，选配木材等级品种，安排坞子，兑付价款，雇夫拗排运输，账目结算；代山客编单木材，上缆子，保存木植，垫付运费，货款或预支木钱，联系买主，围码量木[①]，代交税款。行户洞悉行情，精通业务，语言沟通熟练，可以喊盘定价。清朝民国时期，中央政府批准开设的牙行成为法定的经纪人。雍正七年（1729年），张广泗又向三寨行户颁发牙牒（即营业执照），正式设立木市。清代颁发"牒"，三寨人取得"牒准"后方能开行营业，才拥有经营权，并且一年一请，逐年赴省府贵阳请领行帖，帖费规定为银12两。木行为政府批准开设

[①] 明中叶江西临江府龙泉县（今为遂川县）的木材商人创造了当时最为先进的木材计量法"龙泉码价"。"龙泉码价"在测定原木的材积时，将木材分为11个等级，以眉高处（五尺左右）的围径为标准进行围量，这与当今国际通用的"胸高直径测定法"很相近。该法以"两码"为计量单位，一"两码"相当于现今的1.7立方米。该法在清水江木材市场沿用时间长达四百年，直到二十世纪50年代才改用现行计量方法。该法在木材交易中的运用具有重要作用，它解除了木材买卖双方由于计量不精确带来的困扰和怀疑，实现了公平交易，规范了木材市场，为清水江木材迅速走向国内市场提供了坚实基础。

的牙行，清代须经贵州布政司批准，民国经省财政厅批准。三寨木行分别请有总的帖名的行号：王寨帖名为"五甲公"，行号"同仁德"，为王姓所请；茅坪帖名为"五美公"，行号"同仁美"，为龙、唐二姓所请；卦治帖名为"三才公"，行号"同仁治"为文、龙二姓所请。行户的开设改变了过去任意开店歇客的局面，成为三寨人世代相袭的专利。开行者一直是三寨中之王、文、龙、张、杨、刘、吴等七姓，而以王、文、龙三姓势力最大，而且仅限于上述请"牒"之诸姓及个别至亲，其余均不得染指。

轮值当江的木行设"公所"，由"总理""纲首"主持，"总理"先经地方推举，再经官府批准。出任此职的人又称"师爷"，总管全寨公务。"纲首"名额不限，按村寨大小、人口多寡，按地段推举。公所掌理各行户经营，协调行户间的关系，向行户纳课收捐。

较大的行户的木号内部均设有经理一人，经理非开行者自任，即是对外招聘，月薪一般30两银（或银圆），设文、武管事各一名，文管事掌管内部事务，武管事管外表事务，月薪均为20两银（或大洋20元）。木号雇有围量手、杂役、厨司、学徒等，多则十余人，少则六七人，工资每月10两银（白银）至15两银或银圆不等。一般还招收学徒，三年学徒期内无薪，师满才有工资。①

行户在充当木材交易中介人的时候，其主要业务范围是代水客找货源，选配木材花色品种，安排坞子，兑换款价，寻找买主，围码，代交税款等。② 买卖交易时，行户从中喊盘定价。从职能上看，行户确非一般交易中的中介，而是握有控制木材交易特权的地方势力集团。木商行户凭借拥有外来客户和对当地情况的熟悉，充当了中间贸易的掮客。因此，只要商道畅通，各寨只须与经营较大面积的人工林林主进行沟通，就能大批量排运外销木材。因此，如能在短期内与若干村寨签订买卖林木合同，就可以迅速积累巨额的财富。由此可见行户依其职能，不仅仅是一般的交易中间媒介，更是具备了控制木材交易特权的地方势力。③

---

① 刘毓荣主编：《锦屏县林业志》，贵州人民出版社2002年版，第209页。
② 参见贵州省编辑组《侗族社会历史调查》，贵州民族出版社1988年版，第34页。
③ 同上书，第35页。

二 木税与厘金制度

市场经济条件下政府的基本职能：一是提供市场规则；二是保障社会公平。发生国家与商主体之间的管理与被管理关系，如商号、商业登记、商业账簿管理等，商事关系中被引入行政规范，强制规范和管理规范。公法因素进入商法关系，主要的管道是通过行政机关的活动，行政机关在商法关系中承担职能，但是在商事关系中，行政机关被工具化，借助其权威性、统一性，来保证交易安全。[①] 清朝官府对林木交易的介入，是从山客将收来的木材交付行户时开始的，对官府而言，这也是最为省事和最有利可图的方法，官府只要管好行户就可以坐收重税。木行每年必按规定向政府交纳营业税，清代每年交白银两千两。到民国时也是政府颁发执照后方能营业，按所得金额提取所得税。政府以木行发票为依据，向买卖木植者征收木植税。木行的主要收入是按照规定向木商提取佣金，亦称"牙口"。民国政府实业部《中国经济年鉴》统计，民国初年，清水江流域杉木每年以外销六百万元计算，则锦屏等地木行、木栈全年佣金收入为十八万元，一般年景也不下十万元。加上高利贷和向外省木商浮报开支及设赌抽头等收入，全年不下二三十万元，开行之富，可见一斑。

早在明朝中叶，"苗木"已经进入市场。洪武初年，朝廷制定《竹木抽分法》，明确了客商与贩杉木、棕毛等，三十分取二的税率。至永乐十二年（1414年），更扩大制定了"松木、柏木、松木板、苗木、杉木篙三十分取二"的税率。[②] 清雍正初年，贵州巡抚张广泗用兵黔东南，开辟"苗疆"六厅，全面推行"改土归流"，为筹措军饷，于王寨设总木市，总理"三江"木政，设"弹压局"稽征"江费"，由木牙行在收取的"牙佣"中抽收解缴。雍正五年（1727年），开始在"三寨"征收木业税，"三江"江费上缴黎平府，以充军饷。"江费""厘金""税捐"均为

[①] 童列春：《商法基础的理论建构：以商人身份化、行为制度化、财产功能化为基点》，法律出版社2008年版，第234页。
[②] 《会同林业志》，转引自李怀荪《苗木·洪商·洪江古商城》，《鼓楼》2011年第5期。

清代和民国时期官府抽收物产商品的税种和费目的称谓。清水江流域大宗的商品就是木材，其以合法形式进入市场交易后，便成为政府征收税费的主要对象。至此，清水江"三寨"木市步入合法化轨道，纳归政府经济管理范围之内。

乾隆四十二年（1777年），贵州布政司以黔东南兵事已结，免去三江江费。与此同时，在天柱县的瓮洞设木税局，征收包括木植在内的货物通过税"厘金"。厘金率为木植价值的1%，主要用于军需资费。"军费之来源曰协饷、曰捐输、曰厘金、曰零星挪移。……厘金创始于晚清，于水陆要隘分布卡局，以抽行商货物之税者，大致照物值抽若干厘之一种通过税，故曰厘金。……贵州创始于咸丰十年（1860年），当时抽收以食盐为大宗……又就粤盐入黔之黎平，设托口、流塘二局……嗣以歧路过多偷漏绕越，稽查不易，乃择各州县要路，次第添设局卡四十余处。……同治初，定通省厘金章程，刊发各局……清廷令各省一律采用。限翌年实行以值百抽一为定率。"① 光绪四年（1878年），境内大水，民物凋敝，抽厘不足供局员书役费，撤销厘金局，后复设。② 至光绪十六年的20多年中，黎平府的一部分办公经费均来自"三江"木行，在按每毛价一两抽银"二分有零"的牙佣金中提取。同年，黎平府太守俞渭"览志之余"，"慨然以续修为己任"，需要续修《黎平府志》的修志经费。"三江"绅庶龙庆荣等，为回报俞渭曾在锦屏与天柱的争江中"为民请命"，维持"三江"轮流值年当江的权利，"爰有请提江费三年之举"。于是，黎平府在"三江"设局"抽江"，从"三江"应得的行佣江费中每两银提抽2厘5毫，即2.5%，自庚寅年起至壬辰年止（1890—1892年），抽收3年为限，卦治、王寨、茅坪三寨每寨轮抽1年，届满停抽。③

---

① 凌惕安：《咸同贵州军事史》（卷1），贵州慈惠图书馆1932年版，第13章。
② 笔者在锦屏飞山庙中还见到"厘金局"字样的石碑。
③ 刘毓荣主编：《锦屏县林业志》，贵州人民出版社2002年版，第350页。

第四节 "当江"与劳役摊派制度

"当江"与劳役摊派制度即为"当江送夫",是一种朝廷设定的权利义务关系。如清雍正九年(1731年)古州布告:

> 该(茅坪)与王寨、卦治三处,皆面水而居,在清水江之下游,接地生苗交界。向者生苗未归王化,其所产木植,放出清水江,三寨每年当江,发买卖之客,亦照三寨当江年份,主于其家,盖一江厚利归此三家,即轮流当江之年,为送夫之年,次当江送夫例所由来也。①

黔东南少数民族地区多在雍正四年至雍正五年(1726—1727年)改土归流后才输粮入籍。而王寨、卦治、茅坪当时已是木材交易的中心,输粮入籍想必更早。承担夫役和纳粮一样都是少数民族直接承担的对于中央王朝的义务,"夫役案"是清雍正至嘉庆年间,苗侗少数民族因徭役负担沉重而发生的要求减轻夫役的诉讼,这是当江获利的同时承担官府夫役义务的利益分配与劳役摊派矛盾引起的诉讼。雍正四年,巡抚张广泗在推行改土归流时,将原属湖广之天柱划归黔省,茅坪就成为由黄哨山通往省城贵阳的必经之地,官差和军队往来增多,茅坪人民的夫役负担随之加重,所以至雍正九年(1731年),茅坪吴世英才等向政府提出立市以补偿过重的夫役之苦的要求。所谓"借夫立市"之请,就是以夫役过重为由,将卦治、王寨、茅坪轮流当江的制度,改成唯以茅坪为木市进行交易的诉求。古州滕姓同知的处理意见是:茅坪木市"一立则垄断独登(吞),沿河各寨见其利尽归,共起争端,论立市茅坪于理不可。……窃恐享利不久,结怨沿河"。该署主张"将当江立市名色永远革除,不得限年轮流,任从苗民、客商之便,爱于某寨贸易,即泊某寨,使沿江之民,皆有贸易,均沾乐利。"呈文上呈后,黎平府当月就复示调整夫役:

---

① 贵州地方志编纂委员会编:《贵州民族志》(上),贵州民族出版社1999年版,第44页。

仰茅坪、王寨合寨知悉，嗣后凡有军装送于邦寨交卸接替，不得接送天柱县城。其夫每名十里差役，给以米价一分，以示抚恤。运装以外，一切无票起夫者，不得滥应。倘有假兵役，横行检人，即许扭禀。

雍正九年五月二十日示

雍正至乾隆年间迭次发生夫役讼案，屡得政府断结，到乾隆后期大体解决了这一问题，方案是：第一，缩短送夫路程：原茅坪、王寨服役送至天柱，路途长达60里，改送至天柱境之邦寨，缩短为30里。第二，按派夫名额的增多，指定他寨对王寨、茅坪进行帮协，夫役百名以内，由茅坪王寨照旧完章程值年独当。夫役百名以外，两百名以内，由小江、茅坪、王寨三处均当。夫役两百名以上，由平秋、石允、高坝、皮所、黄闷、俾胆、苗白、小江、王寨、茅坪等十寨均当。第三，按单双年份和南北方位合理分担：单年夫役由王寨承担，双年夫投由茅坪承担。犯人自南路开泰而来，则送锦屏（铜鼓）再送王寨，再转送邦寨。由北路天柱而来，则送邦寨，再送茅坪，直送大腮。[1]

清代前期在黔东南苗族侗族地区的土司税役极重、征粮不善。有的土官应纳钱粮不过300余两，却"取于下者百倍"。官军、官员过境所需夫役，由土司向所属苗民征派，用以运粮、抬轿。遇有战事，土司则征调苗众服兵役以作前驱。到乾隆中后期，在黔东南地区出现"赋外加赋""差外加差"的现象，官吏"征粮不善"给苗侗人民带来沉重的经济负担，滥派劳役引起了苗侗人民普遍不满，激起各族人民的反抗，终于在同治年间爆发了张秀眉领导的大起义。每当朝廷得知上述情况，便会责令地方官府减粮减役，以减轻苗侗民族的负担，因为安抚苗疆始终是清政府的一项重要工作。苗侗人民斗争的结果一定会在国家与地方民族立法上有所反映，现在黔东南地区立有很多的"抗粮碑""抗捐碑"，也有官府的"减粮碑""减役碑"。在清代地方官府发布的"禁约"中，规定对苗民减役减粮的内容比较常见，在剑河县城东南67公里处的翁座乡翁

---

[1] 参见贵州省编辑组《侗族社会历史调查》，贵州人民出版社1988年版，第188页。

座村东路口处立有一块载有同治十三年（1874年）十一月二十七日贵州巡抚曾碧光"出示严禁事"碑，主要内容是规定差役不准向苗民摊派勒索、禁止苗民结盟拜会、村寨严查贼盗及其他社会治安问题。到光绪二年（1876年），贵州巡抚黎培敬又发布"免地方当赴应役事禁约"，此碑至今尚立于黔东南黎平县青寨鼓楼前。碑文中说：

> 太子少保品顶戴兵部侍郎兼都察院右都尉使巡抚贵州等处地方提督军务加节制通省兵马衔兼班粮饷军功加二级世袭云骑尉黎
>
> 为出示严禁事，按查
>
> 前抚部院曾　原示内开照得苗疆粗（初）定，民困未苏，亟应剔除陈弊，加意妥为抚绥，以作长治久安之计。兹据省通善后总局转据署都匀府罗　守具禀：地方官及土司衙门、书役向有苗民轮流当差应夫，并供应器具什物，每遇差使过境或因公下乡，土司书役联为一气，勒派夫马、酒食，无不恣意苛求。且有管汛、员弁、官绅责令苗民负役，其弊相等，各路防管见而效尤。遇有移营樵采等事，亦相率拉夫，似此劳烦民力，浚削民膏，实不堪命，应即严行禁革，以安闾阎。除行善后局分移镇、道，并行各营属遵照外，合行出示晓谕。为此，示仰各属地方官绅及各等营汛、员弁并土司、民苗人等知悉。嗣后除
>
> 主考学院过境照旧派夫迎送，此外无任何项差役，不准派令民苗应夫供役，一切供应陋规，概行革除。偿（倘）有仍前勒派索扰情弊，或被告发，即行照例分别参处究办，决不稍宽。勿谓言之不预也。等因缮（誊）发挠（晓）谕在案。兹据黎平府属团民杨宗刚等禀请，查案示禁，前来相应，照缮（誊）谕禁各宜禀遵，毋违特示。
>
> 　　右谕通知
>
> 　　　　　　　　　　　　　　光绪二年正月十二日　发给

除青寨石碑外，与其内容相同或相近的石碑在黎平县茅贡区寨头乡

寨头村大寨寨内过道上有一块，该乡坝寨村寨中鼓楼坪上有一块，该县天甫乡坝寨村中鼓楼坪上也有一块。① 从上文"发给"字样看，官府是根据团民的请求誊抄给各村纸质文书，由各村组织刻碑竖立的。再从青寨石碑刻写水平看，字迹很不工整，错字、别字、漏字很多，与贵州省民族志编委会所编《民族志资料汇编》(第3集·侗族卷)所录茅贡区寨头乡寨头村大寨寨内过道上的那块同一内容的碑文相比较，文字顺序有出入，刻写不一致。这些都说明各处所存石碑均为当地村民所立。村民们为什么乐于出资竖立这些官府的法令呢？因为这些法令的内容保护了苗侗人民的利益，各族人民经过各种合法的、不合法斗争，才使官府明令免除额外苛派，轻徭薄赋，所以人们才乐意竖立它。

第五节　商人自治与政府"宏观控制"

清水江林业市场是明清两代，特别是清代对该地大量征用木材发展起来的。内外两个市场相互关联互动，推动了林业的发展，也体现了清水江林业市场的特点。那么，政府在法律上如何作为才能保证林业商品经济的正常运行呢？既然是市场经济就要遵循市场经济的规律，政府不能干涉太多、管得过死，而只能进行面上的调控，国家为了政府的利益制定总的规则和推进措施就可以了，至于商品交换的细致规则会由商品经济的参与者协商或在具体的商业活动中逐渐形成，而且会越来越严密。这些经济法律规则大多不是官方制定的，而是围绕着商品经济的活动由民间利益各方约定俗成的，清水江流域有关商业活动的大量规约的出现，充分地证明了这一点。如《奕世永遵》的石刻，作为具有规范参与木材贸易中各个利益主体行为的江规，是根据官府地方性法规的规定，以民间协商的方式订立的，但是其基础和前提仍然是清水江木材采运活动中最为根本的"当江"制度。官府确立"当江"制度，界分清水江下游从事林业经济活动的不同人群之利益，切实有效地在卦治江面上划出了一条清晰的界限，把"山贩"和"木商"及其各自的权属和利益做了明确

---

① 参见贵州省志民族志编委会编《民族志资料汇编》(第3集·侗族卷)(内部资料)，1988年。

的规定,以避免更多的利益冲突。正如哈耶克所说:"在以家族、部落、村落乃至全权国家为表现形式的小社会中,始终存在着那种显而易见、具体的、维护团体利益为宗旨的共同目的,它所指向的终极目标,只能配称与'整体正义'(即以抽象的、形成规则为基础的非人格正义)对称的'局部正义'。"[1] 在商事法律发展过程中,通过形成惯例实现自治,商法中的许多规范来自民间法。在西方,中世纪的商人法整体上就是以民间法的样态存在的。在历史发展中,商事法律总是随着商品经济实践的发展而自主发展,商事法律植根于民间并符合经济规律,必须重视民间法与社会权力,让非政府组织发挥自治作用。每个行业都有自身行业特点和运作规律,这就要求行业自治更具有针对性和有效性。每个行业都有自己的共同利益和相关事务,社会中的商会、同业公会等组织具有自治功能,这种自治组织代表一定社会群体共同利益,处理某些公共事务,并且实行自律能够解决而政府却管不了、管不好的问题。行规不可以高于国法,但如果社会里都是国法没有行规是不行的。社会权力与国家权力作用各有不同,许多事情需要社会力量来解决纠纷,所以对社会权力的干预作用应该重视。[2] 行业自治的产物——行业惯例比普通立法调整商事关系更有针对性和有效性,现代商法中没有特别的约定时,以商业惯例推定适用,优先任意性法律规范。社团自治是商法自治的基本特点,社团是为私人利益搭建的一种公共空间,分散的个人利益转化为团体利益的形式实现,个人意志通过团体意志与团体行为实现。在商事法律关系中出现了职权,形成了稳定的身份关系,在团体意志执行与利益实现的过程中,形成了命令与服从、支配与被支配关系,在商事制度中,团体利益与团体行为是基本的形式,集体行动问题中如何形成集体意志,依赖于自治规则。章程是自治规则的集中表现形式,社团自治是商法自治的存在空间。在社团法中,通过表决权的自由行使实现社团自治,而自治规则涉及人数众多,那么完全一致的可能性很小。为了确保社团运

---

[1] [英]弗里德里希·冯·哈耶克:《法律、立法与自由》,《哈耶克文集》,冯克利译,江苏人民出版社2007年版,第245页。

[2] 江平:《法治中国》,《江平演讲文集》,中国法制出版社2003年版,第570页。

营的正常进行，社团内的当事人自由意志的行使只能在社团法范围内行使，即只能用多数人的意志当作全体意志。行业协会代表相同行业进行利益协调，行会是团体利益的代表，在社会系统中是一种放大的私益，本身并无天然的正当性，如果没有法律的适当约束，也会影响社会公益和商业的长远发展利益。但法律只能对于行会施行有限的干预，保持在合理性范围内以保持其功能的发挥。[①]

民国初年，清水江流域出现了商会，在商会章程中规定最多的是漂流木清赎办法。清水江流域的木材依靠水路采运，漂流的木材"非水不能行，过大则又防漂"[②]，杉木木质轻易于漂浮，木材顺流而下，易于搁浅散失；各木材码头的积木也容易被洪水冲散而流失。同时沿河的居民争相捞取，木商中有因木材流失损失惨重，甚至沦为乞丐的。这在其他商业贸易中是很少出现的。矛盾的产生与林木行业的运输方式密切相关，在漂运中常有意外事件而致木植失去控制，同时也时常与沿江两岸捞取失控木植的乡民发生争端。每值雨季，常有洪水暴涨，沿河积木被洪水冲走，不断流失。如民国六年（1917年）5月6日，上游暴雨，清水江、小江、亮江三流水游，漂木无数，在锦屏经营木材的木商流失木材折银圆数十万计，破产者十数有余。民国二十年（1931年）7月连降暴雨，清水江沿岸流木千余两计。次年夏流木折银洋几万元。[③] 由于流木大量漂流而下，沿岸居民争相捞取，如1938年5月，锦屏县建设科赴茅坪协助木商清赎漂流木码工作汇报中称，本次木商在锦屏漂流木材3000根，约合银子400两，价值6000万元（法币）左右，曾有漂流之木挡在茅坪寨脚，因水势继续上涨，专程划船来等候在该处的清浪以下民船三四十只，见木继续漂流即行抢夺。[④] 捞木者与木主之间的矛盾每年都会频繁发生。民国时期清水江流域各县和木业商会先后制定了几个规约，有民国二年（1913年）《木商会碑记》，民国二十九年（1940年）

[①] 参见童列春《商法基础的理论建构：以商人身份化、行为制度化、财产功能化为基点》，法律出版社2008年版，第126页。

[②] 参见（清）严如熤《三省边防备览》（卷9），《山货》。

[③] 刘毓荣主编：《锦屏县林业志》，贵州人民出版社2002年版，第254页。

[④] 刘毓荣主编：《锦屏县林业志》，贵州人民出版社2002年版，第254页。

《锦屏县清水江漂流木植清赎办法》，民国三十五年（1946年）三县联合订立的《清水江漂流木清赎办法》，特别是后两个规约内容更为具体、规范。

那么政府有哪些法律调控措施呢？在清水江木材贸易中，官府扮演了行政监管、税收征课及司法裁判等多重角色，对木行的行政监管和课税方面，能够使上下交易皆归江行，这样做的目的是"实于国课大有裨益"①。

政府的第一项具体工作是"排除障碍"。要排除清水江上暗礁的自然障碍，也包括排除经济活动中的社会障碍和地方障碍，只有政府才有能力做到这一点。在排除自然障碍上，只有政府具有行政能力和经济能力，而苗侗村寨没有这个财力。为了规范管理市场，促进木业发展，地方政府在朝廷工、户两部的支持下，开始疏浚河道。张广泗大量募征民夫，排除上自清水江下司，下至湖南沅江黔阳一线的"礁碍"，以利木材流通。同时对江面上妨碍商船通行的违章搭建、捕鱼设施也予以清除。

如《亮江村疏通河道碑》：

功德不朽

特署镇远府天柱县正堂加五级纪录八次潘：为

亮江小河鱼梁，河埠俱不准岸边砌搭，恐碍一切船行。如违，该保长、客总、乡约等公同禀请拆毁。是以客总邹三星、信士海、化首吴昌鳌、吴朝佐等，因见上下客商船楫装载货物，屡被鱼梁，受害非少。奉宪潘主示谕，募化各省客商士民人等，各捐钱资，请农工拆毁，以便船行，庶乎妥然太平矣。

今将众姓金名列于后：

刘老大一百文，曾聚发一百二十文

客总：邹三星　信士海

---

① 锦屏县政协文史资料委员会、县志编纂委员会编，姚炽昌选辑点校：《锦屏碑文选辑》（内部资料），1997年，第53页，《河口木材贸易碑》。

乡约：吴增武　吴昌鳌

保长：王先和　李文富

化首：李文富　杨秀兰

大腮兴顺号　乾太号　荣盛号　源盛号　德大号　太吉号等商号和个人三十九家（从略，笔者）

道光十六年六月吉日立①

排除社会障碍和地方障碍：一是压制"外三江"，对天柱沿江一带严重破坏江上贸易秩序的行为进行严厉的处罚，如把"十八寨"带头"抽江"的王朝富、武仕仁、刘秀刚等充发口外等；二是理顺挂治、王寨、茅坪"三寨"关系，如黎平府于雍正九年（1731年）按天干地支年份，特令"三寨"轮年"当江"，依序进行，各负其责，互不相争；三是设计"当江"与劳役摊派制度，即"当江送夫"这一种权利义务关系。

市场经济的根本是经济利益的获取。"三江"作为关系密切的利益共同体，不仅要应对下游垒处等村寨挑战，同时也要应对与"山客"之间的利益冲突，如"三江行户多有令下河木商银两，迳上河头代下河木商采买"，破坏了"上河山客不能冲江出卖，下河木商不能越江争买，向例严禁"，三江行户只作为两者中介机构的规矩，由于山客资金少，无法与其竞争，所以"在笱具控有案"②。三江行户的行为虽然减去了山客向山主购买木材的环节，减少了自己的交易成本，实现了"效益最大化"，但却损害了广大山客的利益，不符合政府提倡的"利益均衡"原则，所以政府对此必须加以禁止。

三江行户内部相互之间存在一系列矛盾与冲突，并在利益的驱动下进一步激化。他们自恃地利优势，长期"财利营谋"，叛逆不羁，擅更江

---

① 锦屏县志编纂委员会办公室编，王宗勋、杨秀廷点校：《锦屏林业碑文选辑》（内部资料），2005年。

② 锦屏县政协文史资料委员会、县志编纂委员会编，姚炽昌选辑点校：《锦屏碑文选辑》（内部资料），1997年，第53页，《河口木材贸易碑》。

规，制造事端。① 早期有茅坪"借夫立市"之请，王寨指控卦治"附籍漏役"等，随之而来，官府亦订立往来夫役"单双值年"、囚犯接送"南北随应"，围绕着经济利益争夺出现的案件，政府都会相应出台具体的规范和制度，这些都直接反映了在王朝国家体制下，三寨之间权益和关系的重新划分和调整，以及作为一种保证各自利益的主要手段，各种制度在当时现实社会生活中越来越突出的意义与作用。

在清政府的政策支持和法律支持下，"当江制度"继续得以维持，清水江木材采运活动一直基本保持三寨轮流当江，分年歇客的格局。"当江"制度建立后，由于"内三江"对木材贸易的垄断，"一江厚利归此三家"，就引发了清代中后期天柱坌处等"外三江"与锦屏"内三江"分享木材的商业利润诉求，争夺"当江"专利权的诉讼连绵不绝，这也是政府在经济调控上没有做得很好的地方。

政府第二项工作是扩大木业经营规模。清雍正十二年（1734年），进一步扩大"三寨"木业经营规模，除原有"行户"外，贵州提刑按察使准许"三寨"之火铺（旅店）改设"行户"，发给牙牒，经营木业。行户在充当木材交易中介人时，其业务范围很广，代水客找货源、选配木材花色品种、安排坞子、兑付款价、雇夫撬排运输、结算各种账目，代山客编单木材、上缆子、保存木材、垫付运费、贷款或预付木价、寻找买主、围码、代交税款，买卖时行户从中"喊盘定价"。

第三项工作是"坐收重税"。从木材种植、采伐、贸易的流程看，政府是要在木材贸易中收回"排除障碍"的成本和赚钱，这就是"厘金"制度了。而此前的木材种植、采伐等行为均是由当地的民间规则来完成的。清朝政府对林木交易的介入是从山客将收够木材交给行户时就开始了，对官府而言，这也是最为省事和有利可图的，官府只要管好行户、山客就可以坐收重税。正如光绪二十二年（1897年）5月，黎平府正堂发布的"出示严禁事"中说："为此，示仰该三江行户上下河客人等一体知悉。自示之后，尔等买木需由上河山贩运至三江售卖。不得越江争买，至各山贩木植到江，所有售卖之价，务须报局纳课，不得

---

① 参见刘毓荣主编《锦屏县林业志》，贵州人民出版社2002年版，第312页。

短报数目，倘敢不遵，一经查出或被告发，定即提案重惩不贷。其各凛遵毋违。"①

  清朝政府以上一系列措施在一定程度上改善了清水工木业经营的软、硬环境，使林木市场得到进一步发展。到清乾隆年间，清水江流域便呈现出"两岸杉木映印，一江巨筏长流"②的景象。

---

  ① 锦屏县政协文史资料委员会、县志编纂委员会编，姚炽昌选辑点校：《锦屏碑文选辑》（内部资料），1997年，第53页，《河口木材贸易碑》。
  ② 黎平县林业志编委会编：《黎平县林业志》，贵州人民出版社1989年版，第249页。

第三章 契约社会环境下的"清水江文书"

费孝通先生在《乡土中国》中指出，中国古代社会具有"契约社会的基础"。著名经济学家盛洪说：以前人们"对中国经济史存在着普遍的曲解，很少有人知道，中国在秦汉以后，就是一个契约性的商业社会"①。日本学者寺田浩明在研究清代社会契约秩序时认为："清代社会并不是一个单纯的未开化的社会，人们日常生活已经远远超过面对面的小范围交往，已经构成了一个大规模的复杂社会。在那里社会已经实现了相当程度的分化，存在众多的民事契约类型，这些都在日常生活中实实在在发挥着重要作用。这样的一个社会通过契约得以运行，在总体上能够维持民事秩序。"② 维持这样一个社会秩序稳定的是这个社会方方面面、有意无意的制度生长或制度设计。

"清水江文书"③ 是指贵州省黔东南苗族侗族自治州所在的清水江流

---

① 盛洪：《现代经济学的中国渊源》，《读书》1994 年第 12 期。
② ［日］寺田浩明：《权利与冤抑——寺田浩明中国法史论集》，王亚新等译，清华大学出版社 2013 年版，第 111 页。
③ "清水江文书"包括土地租佃契约、土地买卖契约、土地典当契约、山林转让契约、山林租佃契约、析产分家合同、山场座簿、山场清册、归户册、账簿、纳税单、算命单、合股书、婚书、择日单、过继书、风水单、档案、图册、碑铭、信函、日记、诉讼词稿、族谱家规、乡规民约、政府文告等，内容涉及土地制度、林业经营方式、商业运输、租佃关系、分股程序、族群定位、民族认同、宗法制度、土司制度、里甲制度、赋役制度、司法诉讼、民间纠纷解决、民族习惯法、宗教信仰、风土民俗，是清水江流域社会数百年历史变迁的真实写照。目前所见文书最早者为明成化二年（1466 年），最晚近的文书形成于 20 世纪中叶，时间跨度五百年。预计锦屏、天柱、黎平、三穗、剑河等县，遗存文书总量可能高达 30 万件至 40 万件。清水江文书的发现是继甲骨文、汉晋竹简、敦煌文书、明清档案、徽州文书之后，中国历史文化上的又一重大文献成果。它填补了西南地区契约文书较少系统发现的空白、少数民族地区汉字契约文书较少系统发现的空白和中国林业契约较少系统发现的空白，具有历史学、社会学、经济学、民族学、生态学和法学等多学科研究价值。

域中，苗族、侗族、汉族等各族民户家庭所收藏的明清两朝、民国乃至新中国成立后这一时段里用汉字书写的各类民间文书的总称，是清水江流域自清代中期纳入中央王朝政府行政规划后珍贵的民间档案文献资料，这些遗存文书具有特殊的价值。尽管有幸遗存下来的契约文书是有限的一部分，但他们还是反映了该地区时代变迁、经济发展、社会演变等方方面面的问题，是黔东南区域社会历史的写照。

第一节　中国古代契约

人类交换的最普通方式乃是契约。契约所代表的社会秩序的理念是以交换为基础的，在很大程度上，交换是个奠基于利己和互惠基础上的自我强制制度。汉字中的"契"的字形，上半部分是用刀将木片（或竹片）剖开，下面的"大"是指重要，即"要项"也。近代我国某些少数民族地区残存着的氏族公社经济制度，如云南的独龙族、怒族、基诺族、布朗族、佤族和景颇族，由于与外界隔绝而尚处于氏族社会阶段，还在继续沿袭着刻木或刻竹方法。云南省博物馆至今收藏有佤族刻木记数实物。这枚木刻有5个刻口，一侧3个，另一侧2个，用于记天数，表示借贷双方调解后，用来记日期的。刻数每刻算一日，每过一天削去一个刻口，削完后双方即到会面地点结算。旧时黎族若有借贷发生便在竹片上刻一排较深的横道和一排浅横线，深道表示牛的数量，浅横线表示现金的数量。然后将木刻纵向劈开，借贷双方各执一半，作为凭证。新中国成立前，广西瑶族在买卖田地房屋时，往往在一块长约15厘米、宽6厘米的木板上刻上大小不一的口子，大口代表大数，小口代表小数，每道缺口涂上一层黑漆，然后剖为两小块，双方各执一块，作为凭证。珞巴族借贷以刀刻木为账本，刀痕数代表所借钱物的数额，偿还时作为凭证，双方为某种事项议定相互间的权利义务后，取两个石片合在一起凿穿洞眼，各执一片，作为凭证。佤族借贷木刻上方刻有3个大缺口，第一个缺口代表借贷人；第二个缺口代表中间人；第三个缺口代表债权人。下面刻有若干个小缺口，每个小缺口代表1元，8个就代表8元，也可以以

5元、10元为单位，双方根据需要商定，刻好后劈成两半，作为凭证。①独龙族人凡借几升玉米就在木刻上刻几个缺口，上下缺口数目一样，然后劈成两半，各执一半，还清时两家当场将木刻烧掉。借牛、借猪，根据牛猪大小，有几拳（佤族的度量单位）就在木刻两边刻几个缺口，一分为二，各执一半，还清后当场烧掉。云南哈尼族过去买卖田地时，在木正面刻"＊"字形表示100元，刻"十"字形，表50元，刻"一"字形，表示10元，刻一小圆圆圈表示1元，在侧面钻一小圆孔表示中间人，刻完即劈开，买主与卖主各执一半，以此为契约。黔东南苗族的"刻木"或"刻筒"。在婚姻缔结、财产分割、案件判决等方面，一经确定就在木棍上或竹筒上刻下有关记录，双方（也有多方的）各执一份作为凭据。这就是古代的刻木记事。所谓"反竹筒"，是指违反或不执行竹筒上刻记的约定，或不经商议单方毁约的行为。《刻木歌》唱道："表示凭证木，把凭就是它，好比是契约，古人流传下。"苗族"俗无文字，文质用竹木刻数寸，名为刻木"，足见"刻木示信，犹存古风"。苗族古代刻木记事当不止婚姻一事，房屋土地的典当，买卖也必以刻木记之。

少数民族地区由于文化发展相对落后，许多地区没有文字，因此他们往往用刀刻木竹的办法来制作只有他们才一目了然的婚姻契约。独龙族男女青年订婚后，男方送彩礼给女方，就用木刻为凭证，如一次是半头羊、两只鸡、十竹筒酒，都刻在木刻上。从中间一劈为二，各执一半，下次又这样刻记，女方反悔男方拿出木刻，要求女方照数退还彩礼。旧时居住在甘肃西固一带的藏民，结婚不立婚书，只是取一段木头，大约长一尺，直径为一寸半左右，从中间劈开，各拿一半，这就是婚姻关系的契约凭证。一些少数民族的"休书"也间或采用竹刻木片的形式。新中国成立前，云南碧江一带的白族，丈夫要休妻便用一根近一尺长的木片，砍上三个口子，交给妻子。第一个口是说我对你十分讨厌，不想要你了；第二个口是说孩子归你；第三个口是说房屋财产归你所有。妻子拿木片回娘家，她父母也就明白是怎么回事了。于是请两位有威望的人

---

① 全国人大民委办公室编印：《云南西盟大马散佤族社会经济调查报告》（内部资料），1958年。

去调解，若调解无效，便宣布离婚。过去云南红河一带的哈尼族离婚时，将刻有刀痕、大约一尺的木片或竹片纵向劈成两半，男女各执一半，作为离婚凭证。据此男可再娶，女可再嫁。这类离婚契约的法律效力，完全基于一种习俗的认可。

契约的原始形式可能就是这样，少数民族的这种借贷契约的形式正反映出汉民族早期借贷契约的某些特点。由此，我们可以对古代典籍中所说的"判书"有更深的认识，从木刻、竹刻到纸契，人类社会的进步直观地表现出来。①

一 判书

从西周到两汉时期，契约曾有各种各样的名称，如为傅别、质剂、书契、约剂、券、约、契、质要、约契等。在西周到西汉的文献中，我们发现有将这些种类的契约统称为"判书"，其法律意义则在于发生纠纷时可以作为裁断判决的依据，是谓"判书"之意。《周礼·秋官·朝士》曰："凡有责（债）者，有判书以治则听。"郑玄注："判，半分而合者。"

"判书"又因使用的关系不同，而有傅别、质剂、书契之分。借贷契约叫傅别，买卖契约叫质剂，赠予和收受契约叫书契。傅别大约产生在原始社会后期，清朝袁枚《子不语》卷二十一"割竹签"说："黎民买卖田土，无文契票，但用竹签一片，售价若干，用刀划数目于签上，对劈为二，买者卖者各执其半以为信，日久转卖，则取原之半签合而验之。"这种原始契约和作为"傅别"形式的契约基本相同。由此可以推知，"傅别"的原始形式可能也是这样，从字义上看，"傅"是文约之意，"别"是"对劈为二"之意，早期"傅别"主要是用竹简木牍制作的，与黎族的竹签很相似。"质剂"形式的契约和"傅别"一样，在原始社会后期已经出现，书契的产生大约也是在原始社会后期。宋朝周去非《岭外代答》卷十"木契"说："瑶人无文字，其要约以木契合二板而刻之，

---

① 徐晓光：《原生态民族法文化中的数字与象征符号》，《凯里学院学报》（自然科学版）2012 第 6 期。

人执其一，守之甚信。"这种原始契约和书契形式的契约基本相同，有此可以推知，书契的原始形式可能也是这样。书契这一名称的由来，和这类契约的形式有关。《周礼·地官·质人》郑玄注说："书契……其券之象，书两礼，刻其侧。"许慎《说文》"四下·刀部·券"说："券，契也从刀……券别之书，以刀判契其旁，故曰契券。"[①] 书契主要也是用竹木牍制作的，但由于使用了文字，比瑶族的木契有很大的进步。对傅别、质剂、书契三种契约形式的特点，清朝学者孙诒让在《周礼·天官·小宰》之"正义"中有一番说明："盖质剂、傅别、书契：同为券书，特质剂，手书一札，前后文同，而中别之，使各执其半札，傅别为手书大字，中字而别其札，使命各执其半字。书契则书两札，使各执其一札，傅别：札、字半别；质剂：则唯札半别，而字全具，不半别；书契：则书两札，札亦不半别也。"傅别、质剂、书契之所以均为判书，关键在于它们都是分为左右两支而合券为验的。

二 合同

中国传统社会契约的合同形式是继"判书"形式之后而出现的一种契约形式，不是指现代社会中与契约同义的"合同"。合同契约形式的契约也分为左右两支，其基本特点是两支契上都写有全部契文，而在两契并合处大书一个"同"字，使两支契上各带有半个"同"字。这实际是最早的款缝制度，或谓之"押缝制度"，后来又发展为大书"合同"二字，使每支契上各有"合同"二字之半。合同契之名也由此得来。

合同契是由判书种类的书契发展演变而来。促成这一演变的主要原因有两个：一是纸的发明和广泛使用，纸契逐渐代替了竹木契；二是在一式两份或数份纸契上用大书字的办法为款缝，代替书契的刻侧之制，方便而易行。至于为什么写一"同"字，或写"合同"二字，是为了体现缔约各方合同一致之意。《说文解字》说："同，合会也。"[②] 合同就是会合齐同之意，写"同"或"合同"，既为合券制作了验证的标记，又体

---

① （汉）许慎：《说文解字》，中华书局1981年版，第93页。
② 同上书，第156页。

现了缔约各方的意思表示。今天所见最早的合同契是曹魏后期的，主要使用于财物的收受关系中。"同"字在契约上的书写位置并不固定，偏上偏下者均有，从"同"字和契文的安排来看，是先写"同"字，然后再分别将契文填写在"同"字的上下空白处。

隋唐以后，合同契在买卖关系中使用的已很少，一般买卖关系（绝卖）多使用单契。只有情况复杂的买卖关系，或活卖（典当）关系，使用合同契。清朝翟灏《通俗编·货财·合同》说："今人产业买卖，多于契背上作一手大字，而于字中央破之，谓之'合同文契'。商贾交易，则直言'合同'而不言'契'，其制度称谓由来俱古矣。"① 写在契背单作为合券标记的文字，在五代时有"合同地券"，"合同壹张叁本"，"合同壹样贰张各执壹张为照"等。可见，当时已不只写一个"同"字或"合同"二字了。作为合券标记的大字的写法，清朝赵翼《陔余丛考》卷三十二"合同"条说："今俗作契券，有所谓'合同'者，以两纸尾相并，共写'合同'二字于其上，而各执其一以为验。盖本古法也。"在实际生活中民间合同的大书之字，比这种说法复杂得多，也生动活泼得多。

三 单契

单契形式的契约不是一式两份的判书或合同契，而是由该契约关系一方根据协议出具给另一方收执的契约。这类契约主要使用于绝卖关系中，在抵押、典当、租赁、借贷等活契关系中也有使用，出具契约的一方往往是债务人（债务人一说不妥，应为"物权或所有权出让方"）。单契大约发生在魏晋南北朝中期，是由质剂演变而来的。在唐代，单契的使用有了极大的发展，买卖契约几乎都用单契，单契既不合券，验证单契真伪的标记就只能从单契本身解决。从现存古代民间单契看，验证的主要标记有二：一是突出立契人的符合单契要求的态度；二是立契人署名画押。一般立契人的态度十分明确，而且全文都用第一人称，最后之用语好似今天的合同契约。其实这是沿用了旧时契约的套语，契后实际

---

① （清）翟灏撰：《通俗编》，颜春峰点校，中华书局2013年版，第58页。

署名的只有业主一人，此外便是证人，钱主并不署名，可见这是单契还应该是合同，只不过类似于今天的"单务合同"，即一方承担义务的合同，所以特别需要承担义务一方的承诺和保证。

中国自古以来就有使用标准契约文书格式样文的传统，这首先是官府强制推行的结果。早在汉代就已经出现契约文书样文，不过当时的契约样文在民间私下流传，官府没有强制推行，而且契约格式非常简单。敦煌文书中契约文书格式齐全，如《九世纪敦煌分家文书格式》《十世纪敦煌分家文书格式》等。这个时期只发现了民间流传的分家文书格式。

规定民间土地买卖契约人要交税的做法，始于东晋南渡之初。那时，由于东晋王朝的财政困难，开始实行税契政策，以扩大财政来源，于是发生了缔约人要缴纳契税，官府在契约上加盖官印以为税据之事。此举也叫作印契，盖印之契叫作"赤契""红契""官契"或"文契"。据《隋书·食货志》："晋自过江，凡货卖奴婢、马牛、田宅，有文券。率钱一万，输估四百入官，卖者三百，买者一百。""历宋、齐、梁、陈，如此以为常。"后来的封建王朝也都实行这一制度。"立契投税者"谓之"红契"[1]，"人多惮费，隐不告官，谓之'白契'"[2]。中央王朝为了保证契税的征收，一再宣布白契为非法。在民间凡是买卖过后向官府呈报、备案、纳税后得到认可，经官方加盖官印的契约俗称"红契"，而民间未经纳税、没有加盖官府官印的契约俗称"白契"。宋以后历代王朝均以政府统一钤印的红契代替了私相交易的"白契"，以官契和税收制度对土地等不动产买卖实行严格的管理，在这种情况下，契约上的官印也就成为验证契约的重要标记，有时还强调为主要标记。历代王朝虽一再申明白契非法，"民间典卖田宅赍执白契因事到官，不问出限，并不收便，据数投纳入官"[3]。这就是说白契在诉讼中可以作为法律凭据，但要予以没收。一方面承认白契的法律效力，用以作为纠纷解决的凭证；另一方面会因为白契未经官府盖印认可，属于违法而将其没收。从元代已经开始出现

---

[1] 陶宗仪：《辍耕录》（卷14），"奴婢"。
[2] 李心传：《建炎以来朝野杂记》（甲集卷15），"田契钱"。
[3] 《宋会要·食货》（卷70—卷71）。

了"契尾","契尾"就是缴纳契税的依据,因粘贴在契约之尾部,而有"契尾"之名,也叫作"税给"或"税票"。契尾制实行后,封建中央政府规定:"止钤契纸,不连用契尾者"为违法。① 官颁契纸出现以后,民间书写的契约文书就降为契约文书草稿,称为"草契"或者"小契",后来又称"白契",而使用官府颁布的契纸书写的契约文书,因其已经缴纳过相关税钱,上面盖有官府的红色官印印章作为已经交税的确认,故称为"红契"或"正契"。宋元以后,官府制定了标准契约,并逐渐演化成官颁契纸。

《宋会要辑稿·食货·钞旁印帖》:"徽宗崇宁二年(1103年)六月三十日,敕诸县典卖牛畜,契书并税租钞旁等,印卖田宅契书,并从官司印卖。除纸笔墨工费用外,量收息钱,助赡学用,其收息不得过一倍。"元代保留下来的官府颁布的契纸格式就有借贷契约《生谷批式》《生钞批式》,典卖契约格式《典卖田地契式》《典卖房屋契式》等。这些标准契约文书格式的出现与推行,一方面促进了契约文书内容的完善,一定程度上避免了契约纠纷的发生,有助于契约文书所确立的社会关系的稳定,有利于良好经济秩序的形成。另一方面由于官府的强行干预,征收数额不菲,这样就增加了商品交易的成本,一定程度上起到了妨碍商品交易的负面效果。古代社会中"白契"的大量存在,就是为了规避过高的税收,而官府方法律又拒绝承认"白契"的法律效力,这带来了一系列负面的效应。

面对官府对田宅等不动产交易要求使用红契这一规定,内地的乡村社会多半也有类似困难,故而自明末清初开始,官版契纸领取及契税征收事务已转移到县以下地方基层。明末规定:里长从县衙领取官契契纸,民间有土地交易者须到里长处领取契纸填写,并由里长监督推收、过割等诸法定程序后报县衙钤印纳税。清朝的制度大致与此相同。清朝政府规定:"凡买卖土地房屋者必购买官方统一印制的官方契纸,并缴纳地契税过割。""凡典买田宅不税契者笞五十,(仍追)契内田宅价钱一半入官。不过割者一亩至五亩笞四十,每五亩加一等,罪止杖一百,其(不

---

① 《清朝文献通考》(卷31)。

过割之）田入官。"①　清朝规定：买卖田地必须在一年以内纳税，否则，按偷税论处。清代户部禁例也规定：田宅典卖不交纳契约的，亦要处刑，尽管如此，为了逃避赋税，民间交易多私下进行，订立白契，民间私下交易的白契仍日益增多，不见绝迹，私下土地买卖仍久禁不绝。在清代田宅买卖契约中，经过契税过割，在契纸上加盖官府的红印的红契，虽具有较强的法律效力，但民间的田宅交易往往不用官颁的契纸，也不向官府投印契税，这种白契虽为法律所不允许，但是在实践中屡禁不止。白契的确立、变更和终止民事权利义务关系方面的效力，与红契并无二致，所不同者，白契的证据效力远不如红契。②　就红契所涉对象而言，清代规定只有田宅、奴婢等大宗买卖需依契纳税，其余小件买卖，或田宅租赁典当事务，可以不再纳契税。在清水江契约文书之中，不仅田宅买卖需要缴纳契税，而且出卖山场③或者断卖山场杉木④或者卖油山⑤也盖有官府红印，表示向官府缴纳过契税。明清时期，内地民间土地房宅的典卖交易，贯彻"红契制度"是因法律上的要求。"红契"是经官方钤印、认可，因而在民事纠纷中具备法律效力，而民间私契用于土地房屋交易的就相对少，传世的所谓土地房宅交易的"白契"也多是一些草契。在实际生活中"白契"被广泛地用于非土地房宅以外的民事活动中。然而在土地房屋交易中，虽以红契为主，但仍有使用白契的，特别是清雍正时期，曾因官吏、牙行人等侵公肥私导致民怨，于雍正十年（1735年）下令"将契纸契根之法永行禁止"，"嗣后民间买卖田房，仍照旧例自行立契"。尽管此法仅行两年，又于乾隆元年（1736年）重新宣布用"官颁契纸"，但这一短暂的制度变化，却在一定程度上刺激了"白契"的大量出现。终清之世，民间私立土地房宅的白契现象一直没有停止，而且民间自定合伙、合股、分家析产、摇会、宗祧等，更多地沿用民间的习

---

①　《钦定大清会典事例》（卷247），《户部·杂赋·禁例》。
②　张晋藩：《清代民法综论》，中国政法大学出版社1998年版，第140页。
③　张应强、王宗勋主编：《清水江文书》（第2辑），广西师范大学出版社2007年版，第117、201页。
④　同上书，第293—302页。
⑤　同上书，第315页。

惯，继续使用白契，无须经官验定或纳税，对这类契约习惯上常称为"合同"或"合同文契"。

第二节 "清水江文书"及其特点

"清水江文书"是贵州省黔东南州清水江流域苗族侗族地区的民间文书，是锦屏、天柱等清水江中下游林区古代、近代经济和社会发展的真实记录和反映。其内容大体包括：林地和林木的权属买卖转让、合伙造林、佃山造林、山林土地析分、林木收入股份分成、山林管护及村寨环境保护、山林土地权属纠纷的调解及诉讼文书、家庭林、农业收支登记簿册以及村寨管理、婚俗改革规定、官府文件等。以前之所以用"锦屏文书"来命名，主要是因为锦屏县这些文书发现得最早、收集得最多，最早引起了政府和学术界的关注，至今学术界关注的焦点仍然在锦屏县。"锦屏文书"主要包括林契和田契两大类，从已收集的契约来看，两者之和占锦屏文书总量的80%左右，另外，还有官府文告、札委印信、保甲户牌、完粮执照、判决文书、诉讼文书、分家契、家谱、账簿等，内容非常广泛。2006年，当时贵州大学中国文化书院院长、省政协委员张新民教授的抢救和保护锦屏文书的提案，引起了贵州省委、省政府的重视。2006年9月，新华社记者将保护"锦屏文书"的报道写成内参，当时国务委员陈至立迅速批示贵州省委、省政府，提出要对其加强保护和研究。2006年11月，贵州省政府成立了以副省长蒙启良为组长的锦屏文书抢救保护工作领导小组，领导小组下设办公室。由此，"锦屏文书"正式获得了官方命名，其内涵也就由以前仅仅指锦屏县的林业契约扩展到包括黎平、天柱、三穗、剑河等县的契约、账簿、诉讼文书等民间文献。目前学术界很少使用"锦屏文书"这一名称，而使用较多的是"清水江文书"。

"清水江文书"是散存于清水江流域的珍贵的民间文献资料。清水江流域自清代中期纳入中央王朝政府行政规划后，使这些遗存文书具有特殊的价值。尽管有幸遗存下来的契约文书是有限的一部分，但他们还是反映了该地区时代变迁、经济发展、社会演变等方方面面的问题，可视为基于民间视域的区域社会历史的写照。在契约文献中，大量记录和反映了清代锦屏林区土地流转、佃山造林、林农股份合作造林、青山（活立木）买卖、山林管护等林业生产形式，对林业体制改革和生态环境建设有着重要的参考价值，同时对林学、农学、民族学、社会学、经济学、历史人类学、民族法学、法律史学、档案学、生态环境学等学科都具有较高的学术参考价值。

以前，清水江文书研究的领域还比较狭窄，几乎所有的研究者都是围绕锦屏县的文斗等几个苗寨的林业契约进行研究，研究内容主要是林地租佃关系、木材市场流通体系和林业习惯法三方面。实际上，清水江文书的内容非常丰富，它所反映的诸多历史信息值得研究者进行广泛而深入细致的研究。2011年11月，国家社会科学规划办通过重大招标课题《清水江文书的整理与研究》，由中山大学、贵州大学和凯里学院共同获得，以此为起点，清水江文书的整理与研究工作全面展开。几年中，国家社会科学规划办批准的国家社会科学基金课题有20余项，整理出版契约文书50余本，[①] 出版研究著作10余部，发表学术论文285篇，[②] 出现一批从事清水江文书研究的年轻学者，虽然中间出现很多问题，但从整体上看，研究的形势非常喜人。在研究设施和平台方面，锦屏县重点建设了"锦屏文书特藏馆"，该馆目前收藏契约文书6.03万份，裱糊4.5万份，数字化扫描4.2万份，此外凯里学院图书馆数字化扫描8000余份。

民间档案文书在中国各地有不同种类、不同数量的遗存，其中最引人注目的当属徽州文书，与之相比，虽然清水江文书在数量上不能超过前者，但比较清晰的时间脉络、地域格局和人际网络下体现出来的系统性和完整性却非常突出。由于清水江流域开发较晚，相应地，用于处理和记录社会生活的，尤其是经济关系的各种民族文献也出现较晚，除了下游地区有极少量明代后期或清初的文献外，现存绝大多数民间契约文书都是清朝中期和民国时期的，两三百年的历史相对来说并不久远，客

---

① 张应强、王宗勋主编：《清水江文书》第1、2、3辑，共33卷，分别为广西师范大学出版社2007、2009、2011年版；张新民主编：《清水江集成：天柱文书》（20卷），江苏人民出版社2013年版。此外还有一些单部书。

② 根据中国知网1980年至2016年8月期间不空白收录。

观上使得清水江文书的遗存及其系统性和完整性的保持,具备了更大的可能性。而木材的种植与采运这一社会经济的主线,使清水江文书保持其一贯的中心主题及特有的时间周期和节律,留下了许多值得探讨的新问题。①

一 产权明晰前提下的信用机制

清水江契约与徽州契约一个重大的不同是,徽州契约都是有官方盖印的"红契",而清水江契约中红契很少见。中国社会科学院的历史研究所徽州文契整理组所编《明清徽州社会经济资料丛编》第2集②所收219件卖山契中,161件是红契,58件是白契。与此相反,《贵州苗族林业契约文书汇编》第1卷所收279件山林卖契中,盖有官印的红契只有9件,从卖田契中见到红契的情况看,在不动产买卖中,不能说完全没有交付契税、加盖官印的习惯。如有的文书中说:"为欺官蔑法违断害良捏词妄控事,缘前以挟富吞谋具控逆侄姜沛仁在案,荷蒙仁主于前十月初九日审讯,照蚁红约当堂公断,遵依天向具有遵结在案,恳恩调阅。"③诉状所说"照蚁红约当堂公断",即以原告的红契为依据,当堂进行审断,说明了红契在案件审理当中的效力高于白契。

契约文书的实质是土地的所有权和使用权受法律保护的私人文书,契约虽存在于我国天南地北,却都根植于具有自由买卖性质的封建地主私人占有制的基础上,故各地契约的内容与契约格式都具有明显的共性。从其他省份移植进来的土地契约应用在山林买卖、租佃关系上,自然脱离不开土地契约的"原型",会表现更多的"共性"。土地契约虽然在形式上是双方当事人按照传统习俗订立的私人契约文书,但它却具有稳定社会秩序、保障经济发展的社会职能,所以政府对各种土地契

---

① 参见张应强《清水江文书的收集、整理与研究刍议》,《原生态民族文化学刊》2013年第3期。
② 中国社会科学院的历史研究所徽州文契整理组所编:《明清徽州社会经济资料丛编》(第2集),中国社会科学出版社1990年版。
③ 张应强、王宗勋主编:《清水江文书》第1辑卷5,广西师范大学出版社2007年版,第169页。

约是认可的,也认可其具有不同的证据效力作用。为了避免因契文不确切而引起更多的产权纠纷,民间教育有把书写契约文书作为知识传播的途径,政府还颁行统一的契约式文,这更强化了各地契约文书的趋同性。

经济学有一著名谚语"好篱笆带来好邻居"(Good Fences Make Good Neighboirs),其大意是说:邻里两家要想相处融洽,其间有一道隔墙是必不可少的,否则就会出现"公地效应",大家都认为公地是自己的,想多占一点,早晚总会因为界限不清发生矛盾。这句谚语用标准的经济学语言讲出来的话,那便是明确产权界定乃实现效率目标的第一准则。"有契斯有业,失契即失业",清水江居民习惯上认为契约有以下四个作用:一是作为村寨之间的边界约定;二是买卖契约;三是典山种树;四是房屋、土地等买卖转让。清代随着清水江流域卷入林业商品经济热潮,从而带动了该地林业商品经济的发展。人工林业由于作业周期长,对土地资源的占用必然形成长周期、非间断的利用状态,林木的生长周期最少要18年,一般是20—30年间积材最快,往往是树长到20年才发卖,特别是在封林后的监管期,经营者投入的劳动量很少,几乎处于任林木自然生成的状态。这时防盗(盗移林地碑界)、防毁林、防火十分重要。为保证地主和林木经营者的权利,要订立长期有效的契约作为保障。人工造林的兴起带来了林地租佃关系,造林过程很长,投入很大,村民如何参股分红,如何轮种轮伐,都要靠契约加以约定。随着人工营林而引发出来的关于林地产权界定和转让的契约文书,关于不同林木种植与林地产权主体之间权利义务的契约文书等。清水江流域民间大批山林契约,记载了山林买卖关系和租佃关系,现在大量遗存的林木土地买卖契约和佃山栽杉合同及抵押杉木等文书,说明契约文书是在地权关系较为明晰的前提下,山场、田土买卖或租佃所产生的复杂土地权属关系,人们借以确定各种利益和规范各自行为。

清水江诉讼文书及调解文书很多,很多就以契约为据,作为权利主张的依据。这些契约文书显示,只要主体双方有意,随时都可签约,随时都可成交。随时都可"请中"踏勘现场,随时都可调解,其运行简便快捷、成本低廉,体现了理性的"计算性"诚信的要素。人们之间发生经济关系，一旦签订了契约文书之后，没有必要顾忌因为对方违反而产生与主观愿望相违背和冲突的不良结果。于是，形成了良好的经济和信任环境，人们从事山林土地买卖和林业生产就不会有后顾之忧，都能较安心地经营、管理自己的山林土地，享受自己的劳动成果，所以说这类文书具有针对性的民间法效力。有了这样的具体规定之后，在契约社会大环境之下，主佃双方都不会轻易地违背己诺，合作双方的利益都能得到较好的维护和保证。这些契约文书在清水江下游村落社会发挥重要作用，不但规范着当地苗侗人民的民事行为，也约束了外来"棚户"、客商等主体在这块土地上的民事交往。[①]

据乾隆《黎平府志》载，原来苗侗地区的生产生活方式与汉族地区不同，凡山林纠纷均由苗族侗族头人按当地习惯自行解决。后来一些有文化的汉苗奸诈之徒，伪造山林证据，并以此夺人山林财产，引发不少纠纷，清政府便采取措施，规定山林田土财产买卖要向官府纳税，瞒税要受处罚，且买卖无效。于是买卖山林田土者拿着买卖契约，纷纷到官府衙门交税，官府由于人手有限，也不派人前往核查，只是照章纳税，在买卖契约盖上官府的印章，随即交给纳税人就完事。这种纳了税、盖上官府红印的契约，即所谓"红契"，是官府认可的有效凭据。

清水江契约的大量出现是在雍正年间以后的事，所以清水江契约也是随着国家契约制度的变化而改变。国家制度的贯彻和当地文化水平的提高在这一原本最落后的地区需要时间，这可能也是该地林契多为白契，并一直延续到清末的原因。清水江流域乃偏僻之地、交通不便、贸易不畅，以前交易标的之价银不过数两，交易双方又因为请中人的费用、交易达成后的宴饮等事花销不少，若再交纳契税、契纸等费用，显然难以承受。总体而言，白契居多，红契所占比例极小。在偏远的清水江流域，国家治理力所难及，民间对经济交往的调控主要依靠契约进行，这反映出清水江下游社会内部存在着传统"征信体系"并发挥着重要作用。在这个环境中，白契的证明效力与红契并无二致，山林买卖中红契就显得不是那么必要。及至民国期间"清规民随"，国家法律规定凡山林田土买

---

① 2013年5月11日笔者对黔东南锦屏县文史办主任、本土学者王宗勋先生的调查笔录。

卖仍沿袭旧制，买卖契约均须纳国税盖官章，以换取政府的有效证据，但白契的效力在民间普遍认可。

二 以人工杉木的生产为基本线索

清水江契约文书涉及面宽，时间跨度大，并具有典型的地域性和突出的民族性特点，而最突出的是系统性和林业经营这两大特点。契约对锦屏等清水江苗侗族林区杉木种植、管理和采伐等人工林业生产过程有系统和完整的反映；对一个家族各房族及几代人在对山林土地的占有、经营管理以及经济兴衰情况也有系统和完整的反映；对一些大山场所有权、经营权的历次变化情况更有系统和完整的反映。现已整理出版的以锦屏为主的《清水江文书》中70%为林业契约，在已收集到的6万多件锦屏契约文书中，林业契约在数量上占多数。而在近年黎平、剑河、三穗和台江四县收集到的契约文书中，林契也占一定比例。

清水江中下游主干流及五大支流沿岸村寨，由于水运便利，木材市场比较繁荣，林业生产关系比较发达，反映林业生产关系的契约类型也很丰富，有分公山契、卖林不卖山契、卖林又卖山契、佃山契、分合同、卖栽手股等，形成了比较完整的民间林业契约制度。林业契约中的分合同、卖栽手股等林业契约是清水江沿岸苗族侗族独特的契约形式，在其他地方比较少见。分合同是佃山契的补充协议，它是指佃种人签订佃山种杉协议时，一般都要承诺五年成林，否则栽手无份。当五年成林后，山主与佃客双方要重新签订合同，重申当初的分成比例，一般按主六佃四的比例分成。

清水江流域是南方重点人工林区，其林业发展的历史经验在国内乃至国际上都应具有一定的价值。清水江林业契约文书以较为浩繁的数量记述和反映了独具特色的林业经济历史的发展，目前在国内还很难找到与之相比的系统性林业历史文献。在"清水江文书"中，清代契约文书在数量上所占比例最多，而主要集中于乾隆、嘉庆、道光、光绪四朝，民国契约约占1/3。内容上主要涉及田地及山林山场买卖、租佃和典当、山林瓜分及按股分银，少数涉及山场山林纠纷调解或争讼、乡规民约及其执行情况。

在契约文书收藏和归类方面，刘伯山先生在介绍徽州文书的遗存与整理的时候，强调文书的"归户性"的重要价值和意义，同时也指出了徽州文书在收集、整理和保存管理的过程中，"归户性"丧失所带来的巨大遗憾。而在"清水江文书"的民间收藏中，某一家族或房族所共有的山林田产相关文字契约往往都集中由同一世代中各家庭保存。公契的管理要由家族各房成员一致同意。一般是以长幼为序，先是长房，依次下推以及后辈中有能力者（如，姚廷标具控姚绍襄的两件"禀稿"所示）。如这个家庭不便保存时，会召集族众授权另外的家庭保存，每一世代的男性子嗣成家另立门户，并不意味着要对山场、山林、田土、屋基等共有财产进行分割，而主要是对股份占有的进一步析分。一旦出现分家析产的情形，预先拟定的阄书册籍除了清楚载明各阄所占山场田土详情之外，还对所有登记"老簿""新簿"分阄草簿及部分"公契"的收藏处所加以说明，因此相关文书的内在脉络也得以延续并可追溯。从这一点来看，"清水江文书"与"徽州文书"有所不同，其"家族性"体现得更为明显。清水江民间契约文书的"家族性"和系统性表现在本家族或房族的相关文书常常是一包包捆扎起来，收存井然有序，数十件甚至更多折叠起来的契约又捆扎成一包，包契纸（或白布，晚近则用旧报纸）上分别注明某处山契、某处田契，或专门的"佃字合同"等，有的还注明清验时间，有一包包到具体某处山场或田土、基地等文书又分别捆扎在一起，或者再将几捆扎成一大包，也有的乡民似乎只是粗略地将某些相关联的文书收归一处，它们或者是某一类性质相同的契字合约或其他民间文书，如锦屏县加池寨某家族所藏文书中，就有将上百份诉讼禀稿及一些公私信函等文书归存一处的情况，而与此同时，在其他一些归存一包的文书中，还包含了几乎各种契字文约及若干诉状、禀稿、信函等的情形。① 乡民这样的归类处置习惯，可能正是我们透过这些民间文书，了解地方社会生活，进而理解和解释"契约社会基础"② 的重要材料。

清水江文书是在特殊民族地域环境、特殊商品生产过程中产生的，

---

① 张应强：《清水江文书的收集、整理与研究刍议》，《原生态民族文化学刊》2013 年第 3 期。
② 费孝通：《乡土中国》，生活·读书·新知三联书店 1985 年版。

必然出现与内地汉族地区不同的契约内容。山林经营与田产经营不同，首先受树木长达数十年生长周期的制约，而水田旱田的生产周期一般只有短短的一年时间，收益周期相差极大，这种差异自然而然地影响着两者的经营方式，由于山林契约的功能之一即为规范山主和栽手承担的权利义务关系，因此可以得知苗族侗族所经营的商品性林业的性质，提供了与"徽州文书"中山林契约的比较资料。与徽州的林业契约比较，徽州多是使用仆人进行育林劳动，而锦屏等地的契约中，山主与栽手的关系并不是隶属关系，林契中在成材或"成行"后有订立"分合同"的习惯，这一点徽州契约中没有。林业租佃契约中记录的山场情报及山主和栽手各自的利益是在契约当事者之间合意的基础上进行的，体现了双方对山场环境及未来利益的关心。比如说"四至"方位，不是使用东、南、西、北，而是使用上、下、左、右。这首先是由于西南地区的人们本身对东南西北的方位意识就比内地人弱，特别在贵州，由于山地环境，房屋随地就势修建，田地随地势开垦，与北方房屋一般"坐南朝北"的情况截然不同，这样租种契约的"四至"中就出现了"上凭岭、下凭冲"等情况，"岭"和"冲"等是地形地物环境，也是明显的界标。其次，一块山场由于面积较大，需要多人进行育林劳动方能完成，所以往往一块山地需两个以上的栽手。同时两个以上的栽手不是集体劳动，而是将土地再划分成小块，各自在自己负责的小块土地上劳动。劳动能力强和技术好的栽手可以同时在几小块地上进行育林作业，比如契约中，"右凭……所栽之山为界"等表示，正说明一块山场不止一个栽手，他右边的临界是另一个栽手的育林区。这种方位指向极容易变化，当栽手卖掉自己的股份时方位的称谓也就变化了。再次，在山林买卖契约中的"中人"一般是亲属中德高望重者或村中长老，但在"栽手股买卖契"中的"中人"，大多是在相邻场地的普通栽手[1]，他们对小地块土地环境的熟悉比村寨中长老的威望更起"见中"的实际作用。在育林尚未完成时，栽手将栽手股卖掉能从中得到多少利益无从得知，而当育林完成，几小块

---

[1] 唐立、杨有赓等主编：《贵州苗族林业契约文书汇编 1936—1950 年》（卷3），"研究编"，日本东京外国语大学 2003 年版，第 149 页。

地的栽手几乎同时将栽手股卖给山主时，便订立"分合同"，所定比例当然是成林与否和山场的环境所决定的劳动强度，如果买卖双方觉得合适，便将栽手股同时卖给山主，栽手就自然从山场退出，这样原来因栽种方便形成的小地块自然消失，"上下左右凭买主为界"。这块山场重新归买主管理。以上契约中的租种与股份买卖关系，都是清水江流域林业契约所独有的。这正体现了清水江下游少数民族地区封建林业经济的突出特点，也是当时该流域地区在贵州境内经济发展处于较高水平的标志。

三 体现林木贸易动态发展过程

明清时期商业发达地区的商人多以商帮的群体力量参与商业竞争，在当时，全国各地有许许多多的大小商帮，其中较为著名的有徽商、晋商、陕商、江右商、龙游商、宁波商、洞庭商、临清商、闽商和粤商，称为"十大商帮"。商帮是商人以地缘为纽带组合而成的松散群体，这种形式的出现意味着商人阶层已以群体的力量登上历史舞台。[1] 清水江流域的林木贸易的发展也正处在商帮崛起时期。木材贸易促进了人工营造林的发展和山林买卖，从而形成清水江流域林木交易习惯与林木贸易保护制度，这在林木贸易的正常运行中起着至关重要的作用。清水江流域地区沿岸保存大量碑刻资料，反映了该流域地区林业经济贸易的客观状况。随着木材的商品化，林木市场逐步形成，出现的一系列"江规"，维系着以水网为基础的区域性市场网络经济的稳定运行。但市场资源配置的有效性并不是一劳永逸的，国家权力的介入是不可避免的，鉴于林木贸易活动的特点和清水江流域独特的社会环境，清朝政府给予了清水江流域地区高度的经济自治权。前述在实行宏观调控步骤时，疏浚了清水江航道，便于木材的运输流通，确立了"当江"制度，维护了清水江流域林业经济的秩序，推进了林木贸易活动的顺利进行。在具体环节上主要根据市场的需要和商家的诉求制定规则，听任民间林木贸易规则，这些自发形成的习惯规则对清水江流域的林木交易起着至关重要的作用，维系着交易的稳定和持久。官方对清水江流域林木贸易的保护制度旨在降低

---

[1] 参见唐力行《商人与中国近世社会》，中华书局1995年版，第44页。

交易成本，维护交易公平，取得税收。

　　林业经济的兴起是与国家对木材的需求相关的，在林木市场网络的建立中形成的各种江规，从中可以了解清水江流域在几百年中人们从事林木贸易的基本情况。在林木的种植与贸易过程中，依靠民间订立合约的形式来调整和规范经济行为，在木材到达"三江"木市以前国家均没有介入，给予了山客与林主之间买卖主体最大限度的自由。但是一旦木材作为商品进入干流的流通领域，此环节涉及的利益范围较广，若仍然给予完全的自由空间就会出现一些违背市场经济原则的现象，于是国家要对此进行把控，为了政府的利益制定了税收方面的法规。这样，宏观和微观的灵活处理，使清水江流域的林业贸易得到以持续繁荣。所以国家的干预并不是越多越好，政府不应该成为市场的参与者，而是要在适当的时候作为裁判者，在尊重市场运行规律的前提下对整个经济环境进行把控，清楚地划分不同人群在清水江流域林业经济活动中的利益界限，尽量避免各市场主体间的利益冲突，对破坏经济秩序的违法行为进行处罚。在贸易管理中政府必须遵循纹络规律，维护贸易秩序，如《征信录》记录徽木在运输过程中所发生的"漂木之争""船木之争"与"沙地之争"等木材水运争端，这些争端依靠木商个体力量是不可能解决的，必须依靠官府的支持，商人讲究的就是官、商、财、力。该书披露徽州木商为提高利润总是尽可能压低排工工资，光绪二十八年（1902年），督理浙江杭州盐粮水利总巡分府告示，披露排夫坝夫消极怠工、以求增薪的情况，为压抑排工罢工，重申严令，若借端刁难，便送县管押，从重惩治。[①] 这与清水江上的"争江案""漂木之争"等有很多的相似性，但徽州商人经营的不仅是木材，更多的是盐、茶、纺织品等，木材只是他们贸易中的一宗，运河上漂流的木材毕竟量不大，也非经常性的。而清水江主要是木材交易，所以围绕着木材利益之争比运河上的争端更激烈，范围更广。从大量清水江文书，特别是以碑刻为载体的文本中看，清政府在林业贸易保护的制度安排中，规范管理市场，促进了该区域的经济贸易活动的发展。税收是国家对市场进行宏观调控的目的，政府建立了

---

① 参见唐力行《商人与中国近世社会》，中华书局1995年版，第84页。

"厘金"制度,"坐收重税"不仅维护了国家西南地区的稳定,同时推动了清水江林木贸易的发展。也只有政府才具有这样的行政能力和经济能力。

第三节 小江流域地域性研究的意义

小江(上游称"八卦河")是清水江下游北岸的一条主要支流,它发源于镇远县的报京乡和金堡乡,由西向东贯穿三穗县中部,在三穗县桐林镇由北向南依次流经剑河县南明镇和磻溪乡以及天柱县石洞镇、高酿镇,锦屏县彦洞乡和平秋镇,最后在锦屏县城三江镇注入清水江。小江流域的剑河、天柱、锦屏三县毗邻地带山水相连,民风民俗相同,这一带是北部侗族的核心居住区,侗族人口比例占90%以上,居民日常语言为侗语,是高度同质的侗族社区,但自古以来却分属不同的行政区域。天柱县建县于明代万历二十五年(1597年),高酿镇与石洞镇分属安乐乡一图和三图,清代分别为居仁里和循礼里。剑河县南明镇和磻溪乡在明代属黎平府赤溪湳洞蛮夷长官司管辖,清初改杨姓正长官和吴姓副长官为土千总,继续管理原有村寨。锦屏的彦洞乡和平秋镇除彦洞村为中林验洞长官司遥属外,其余都属九寨团款范围,为黎平府直属,村寨的自治程度较高。到了清朝后期,政府的行政管辖加强,在小江流域的一些地区建立了保甲制度,值得注意的是小江流域侗族社会都大体实行"合款"的社会组织,村寨关系基本上是由"盟款"以及相应的仪式性活动进行的,而该地开辟之后,特别是随着大规模的木材采运活动兴起后,以清水江水网为基础而展开的新的社会关系,国家制度的介入而形成的里甲组织,大批移民佃种山场并逐步定居所形成的民族与村寨关系,都对小江地方社会结构的演变带来深刻的影响。

明清时期,随着清水江流域卷入林业商品经济热潮,林业市场对这一带林木需求越来越多,木商们也在小江流域采购木材,从而带动了该地林业商品经济的发展。小江流域也是木材的主要产区,木材贸易促进了人工营林业的发展和山林买卖,小江流域侗族地区人民栽杉谋生,反映出以木材为主的商品经济的发展。现今小江流域民间还保留不少林木地土买卖契约和佃山栽杉合同及抵押杉木等文书,说明小江流域地区经历以木材种植、采运业兴起为核心的经济发展与社会历史过程,反映了以杉树为主的各种林木的种植与采伐,成为小江两岸村寨社会最为重要的生计活动,同时也反映了山场田土买卖、租佃所产生的复杂土地权属关系及杉木种植采运收益分成的经济利益关系。总之,小江林业契约文书是在地权关系较为明晰的前提下,人们借以确定各种利益和规范各自行为的反映。

据笔者调查,现今在小江流域,特别是在沿江的村寨中还保留了大量清代民国时期的林契、田契、分家契(分关合同)、清白字合同以及婚书、税契等文书。留传至今的小江流域的契约文书及其他珍贵的民间文献,被称为"小江契约文书"。从 2007 年开始,我们对小江流域的林业契约文书进行调查,收集契约的点选在剑河县的盘乐村,天柱县的柳寨、锦屏的翁寨村、坪地村,共收集上述各类契约文书 800 份。通过这些契约文书,笔者对小江流域在清代民国时期的社会状况、经济生活、林业经营以及相关诉讼中民间法与国家法的互动关系有了初步的了解,尽管我们收集到的只是其中的一小部分,但它们还是反映了小江流域侗族核心区的时代变迁、经济发展、社会演变的方方面面,成为基于民间视角下的区域社会历史过程的写照。

"民法"的概念是用来处理同等民间普通百姓的横向关系,而不理会他们与国家间的垂直关系,所以任何社会的民法都授予普通百姓在日常生活的一些重要领域中的一定的权力。[①] 契约是调整普通百姓民间经济生活的重要工具。在中国传统的乡土村落,人们处于一个熟人社会里,所以相互之间非常注重信用,否则将无法生存,只有非常重要的物品,如房屋、土地、牲畜进行交易时,才订立契约文书,分家析产时还订立分家文书等。

苏力教授在谈到地方性研究的重要性时指出:"在世界的偏僻角落发生的事情才能说明有关社会生活的中心问题,这可以从两个层面来理解,

---

[①] 黄宗智:《清代的法律、社会与文化:民法的表达与实践》,上海书店出版社 2007 年版,第 190 页。

一是物理空间地域的，但是在这个层面上，我们千万不要把偏僻角落一定理解为不发达的地区，初民社会或农村；其实生活是在每一块地方发生的，而每一块地方相对世界而言，相对于人们认为的社区生活的中心问题来说，都是偏远的，都是一个角落。偏远和角落都是相对于人们的关注力而言。在这个意义上，世界没有中心。二是关于更为抽象的理论知识的空间。在这个层面上，我们只能从首先获得具体的知识，地方的知识，然而这些知识并不因为其产地在某个地方就不可能回答理论世界的某个中心问题了。在这个意义上，在理论世界中，也没有固定的中心，因此无所谓偏远和角落。对于学者来说，真正的问题不在于你从何处入手，而在于你能否从生活世界中有所发现，发现对于你是否有意义以及你有无能力将这个在偏远的物理世界角落中发现位于偏远理论世界中的某些问题转化为一个对于中心也有意义甚至有普遍意义的东西。"① 小江契约文书贯穿清代民国时期，这些在民间生活中有着重要作用的契约文书体现了清代习惯法的基本形态，表现了侗族习惯法的传统，从中我们可以辨认出一个相当完整的侗族民事习惯法秩序。清代民国的民事法律主要是调整立嗣、分家、土地交易与典卖、婚约债务等方面的民事关系。舒建军先生认为："封建统治者也保护产权、物权，而且是刑法伺候，这些压制法保护的民法虽然不彻底（同王朝命运紧密相关），但社会团结是封建统治者普遍追求的。"特别是步入近代，"以民法为主体的恢复性法律取代以刑法为主体的压制法成为折冲樽俎的主要手段"②。清代民国时期，在中国的大多数地方都有程度相当分化了的且类型众多的民事契约同时并存，并起着作用，一个社会通过这样的方式得以运行，大体上维持着民事秩序。这些问题引起了国内外学者的高度关注，并取得了突破性的成果。但先学的研究有这样一个问题，即中国是幅员辽阔的大国，地域性差别十分显著，这种差别不但对地方性的社会组织和知识形态有影响，而且在特定的情况下可能左右大的历史局面，他们的研究对各个

---

① 苏力：《波斯纳及其他：译书之后》，法律出版社 2004 年版，第 238—239 页。
② 舒建军：《物权法与社会有机团结——读涂尔干〈社会分工论〉》，《读书》2008 年第 11 期。

地域的和社会组织方面的差异似乎没有足够的重视。根据各地不同的契约文书，试图在习惯法的一般性与其地方的差异之间寻求适度的平衡，可能未来的研究将包括各种地域研究的课题，这些会加深对历史与现在的习惯法的认识，同时我们也相信，真正富有成效的区域研究，只有在研究者抱有某种全局性认识的情况下才是可能的，至少这种强调区域研究与一般性研究之间互动关系的模式是适合于中国历史上习惯法研究的。① 除林业契约外，笔者择取小江地区土地、婚姻和继承等几种常见的民事事项进行探讨，这正是民国民法中"物权""亲属"和继承篇所调整的主要内容；也与清代法律所指的"户、婚、田土细事"相吻合。② 所以我们想以黔东南小江流域侗族民间契约文书为基本资料，在先学们就清代民国民间契约及民法秩序研究成果的基础上，对小江流域地区林事、民事习惯法的内容及地方性功能问题上，进行更加深入的探究。

第四节 小江林业契约

一 买卖契约形式及要项

（一）买卖契约形式

在小江流域的部分地区，由于传统林业经营的特点所决定，营林采伐极少零星地进行，而多是成片完成，甚至是一个山、一座岭地营林砍伐，所以必是成片发卖、成片更新。林木管理不比庄稼一年一收，往往经过几十年，其间薅修管理，防火防盗，单家独户负责会有很大困难，所以家族联合造林是林业生产发展的重要形式，家族共有制下的家庭股份制一直沿袭了下来③，这在小江契约中有所体现。侗族社会的结构是聚

---

① 参见梁治平《清代习惯法：国家与社会》，中国政法大学出版社1996年版，第184页。
② 民国成立后有意保留了《大清律例》的"民事有效部分"，并继续运行了20年，这样做的目的是认为在更适合中国实际的民法还没有颁布前，"民事有效部分"还是非常适合中国实际国情的。
③ 徐晓光：《锦屏契约、文书研究中的几个问题》，《民族研究》2007年第6期。

族而居的家族村寨制，在各家族村寨之间以款组织的结构方式传承习惯法，以区别内外，这种具有地域性规模的侗族社会经济结构，对工人营林所要求的长周期和大规模具有包容性。如封山育林、轮片砍伐、轮片栽种等调节机制和禁忌规范，即是社会经济结构特有功能发挥作用的表现。而在农耕地区，整体性的互让共存的抽象理念不足以解决问题，这一点对老百姓来说也是同样的，互让共存的伦理完全得以实现只能是在同居共财的小家庭中。① 林业商品经济的发展，不断冲破自然经济的桎梏，先是村寨内部家族间山林买卖和转让，转让、买卖契约严格规定其范围是家族村寨内部；但从清朝中期到民国，林地产权的转让已经出现向家族村寨外转让的现象。如尚在成长中的林木产权"卖青山""卖嫩木"，最初"卖青山""卖嫩木"的交易行为只在家族家庭间进行，后扩大到山客及山客背后其他当地富裕家庭。从小江流域民间契约看，与林业相关的买卖契约均是以卖方的名义起草的，而且有固定的格式。卖契又可以分为卖土地杉木、卖杉木、卖栽主杉木或卖杉木栽主等3种。

1. 卖土地杉木

该种契约通常都包含出卖目标（即杉木土地，有时也简写成"土木"）、出卖者姓名（立契人名）、出卖原因、出卖的木山地名和四至界限、价银、买主名、凭中与代笔人、出卖日期等。

如契1：

> 立卖杉木地土人本寨吴计保兄弟二人。今因家下要银用度，无从得处。自原将到土名坐落腊列冲杉木地土壹团，上抵买主之地为界，下抵田为界，左抵龙光德之油山为界，右抵文才之地为界，四至分明，欲行出卖，请中上门问到本寨李朝赞父子名下承卖为业。当日凭中三面言定价银三钱伍分整，其银当众亲领入手应有。其杉木地土，任从买主子孙永远管业，恐有来历不明，卖主理落，不干

---

① 参见王亚新、梁治平编《明清时期的民事审判与民间契约》，法律出版社1998年版，第246页。

买主之事。今人心不古。立有卖字，一纸为据。

笔中　吴元显
道光十四年三月廿三日　立

契2：

　　立卖土木字人龙均庆，今因要钱应用，无处得出，只得将到地名登岭秋杉木地土一团口四股均分，今将我名下应占四股出卖，其山界限上抵盘敖大路坎脚，下抵□□□□龙坤长田为界，右岭边抵买主茂昌地土为界，右抵木江吟岚王龙坤长大田来水角显字小田角坎脚劈冲分界，四至分明，要银出卖，凭中卖与堂侄龙云辉父子名下承买，当日凭中议妥，土木山价口银壹拾捌两贰钱整，其银当中（众）领足，其杉木地土交与买主永远管业。自卖之后，不得异言，若有不清，卖主理落，恐口无凭，立此卖字为据是实。

凭中　龙均魁　龙之瑶
亲笔　龙均庆
局长　怀新
民国十二年□□八月十七日立①
（文中人名处有章）

契3：

　　立卖杉木地土字人龙合村、龙树本，今因缺少（小）银用，无从得处。自己愿将到土名圭翠溪地土壹团，上抵振官地为界，左右以水溪为界，又卖圭翠地土壹团，上以卖主地为界，下以兄平为界，四至分明。请中问到平地任步龙宜照兄弟名下承买，当日二处议定

---

① 锦屏"小江翁寨村、坪地村侗族契约"第045号，2009年11月收集（本节所用契约现均在凯里学院苗族侗族博物馆保存）。

价银壹仟肆佰文整,其钱卖主领足应用。其地土杉木卖与买主永远管业,若有不清,卖主理落,今人不古。立有买卖是实。

外批:上圭翠地土杉木壹团二大股均分,今将出卖壹大股。

外批:宜本壹脚归宜照承买,价钱壹仟叁佰文整,领足应用。二比不得异言,恐口无凭立有批字存照为据。

凭中　龙运海
代笔　龙海恒
光绪四十五年七月十廿日立①

2. 卖杉木契

该类契约的其他内容与卖木并卖地契约相似,但卖木不卖地契则多以"立卖杉木字人……"起首,有时这类契约中注明"日后木植发卖,地归原主"之类的文字,下一则契约是明确交代木植砍伐之后,地归原主另栽为业。

如契4:

立卖杉木字人本寨龙泰文,情因家下要钱用,无所出处,自愿将土名盘溪杉木一团,其木分为四股,出卖一股。上抵现炳,下抵路,左抵卖主,右抵买主,四至分清,要钱出卖,凭中上门问到本房龙文登承买,当面议定价钱四仟壹佰捌拾文整,其钱亲手领足入手应用,杉木付与买主耕管为业,及长大成林砍伐下河,地归原主,不得异言。恐口无凭,立有卖字为据。

凭中　彭得绍
代笔　龙吉光
民国己巳年二月廿一日立卖②

---

① 锦屏"小江翁寨村、坪地村侗族契约"第012号,2009年11月收集。
② 天柱"柳寨侗族契约"第046号,2010年8月收集。

下面两则契约虽然没有注明木卖之后，地归原主，但从其中的"断卖杉木"和"其杉木交买主耕管为业"等可以看出，卖主是只卖木不卖地。

如契5：

立断卖杉木字人江村龙厚坤、今因要钱使用，无从得处，自愿将到土右圭杉木壹团，上抵地主，下抵口口，左抵地主山为界，右抵口口，四至分明。要钱出卖，前问口房无钱出卖，前问口房无钱承买，自己上门问口冷步村龙宜照承买，当日口价钱叁仟贰佰捌拾文整，其钱交与卖主领足，其杉木交口耕管为业，自卖之后，口口异言，若有异言，今恐无凭，立有卖字为据。

外批：木四六分

亲笔　龙厚坤

大清宣统三年口月十一日立字①

契6：

卖杉木字人吴世吉，今因要钱使用，无所出处，自愿将到地名里宗杉木贰团上团，上抵彭姓，下抵沟，左抵岑姓山，右抵毫为界，四抵分明。要钱出卖，前问口房无钱出卖，自己请中上门问到本房吴祖鉴名下承买，当日凭中议定价钱肆仟捌佰文整，其钱领清，不欠分文，若有不清，卖主理落，不得异言，恐有异言，立有卖字为据。

外批：内添二字

续三字

凭中

亲笔　吴世标

民国三十九年七口十一日②

---

① 锦屏"小江翁寨村、坪地村侗族契约"第009号，2009年11月收集。
② 剑河"盘乐侗族契约文书"第238号，2007年12月收集。

杉木在长大成林前，也有急等钱用而"卖嫩杉木"的，小江林契中有几则这样的契约。

如契7：

> 立卖嫩杉木理翁龙景恩、景云兄弟二人，今因家下要钱用度，无从得处，自愿将土名凸稿坡杉木乙块，与太忠所共二股内分兄弟二人一股出卖。上抵洛，下抵明隆地，左抵买主，右抵买主，四至分明。又下昧坡一块，上抵路，下抵坎，左抵昌炳杉木，右抵珠玉杉木，四界分明，要钱出卖，先问亲属无钱承买，上门问到本寨龙宗者名下承买，当面议定价钱贰仟肆佰文，其钱亲手领足入手应用，其木付与买主耕管耨修为业，自卖之后不得异言，如有异论，卖主向前□□，□□□□之事，恐□无凭，立有卖字存照是实。
>
> 内添一字。
>
> 凭中　龙景亨
> 代笔　龙腾波
> 光绪八年八月初一日立①

3. 卖杉木栽主（栽主杉木）契

"栽手"，也叫"栽主"，是山林契约中的一个特殊形式，其含义指佃栽人因佃别人山地育林所获得的木植股份，其特征是契约往往以"立卖栽主杉木契字人……"开头；此外，有的还交代自己在木植中所占的股份，其他内容与以上两种卖契基本相同。

如契8：

> 立卖杉木栽主契字人龙道祥。今因缺要钱使用愿将到地名（石）锢古杉木一团，上抵龙姓田，下抵溪，左右抵彭姓山为界，四抵分明，要钱出卖，栽主自己请中上门问到本房龙道吉名下承买为业，当面议定光洋十一元整，其钱付与卖主领清，不欠分文，其杉木交与买主耕管为业，自卖之后，不得异言，若有异言，卖主尚（上）

---

① 天柱"柳寨侗族契约"第987号，2010年8月收集。

前理落，不干买主之事，恐口无凭，立有卖字为据。

凭中
亲笔　龙有恩
民国丁丑年三月二十五日立

如，契9：

立卖杉木栽主字人，本寨在全馗父子名下，今因缺少钱用度，无所出处，自愿将土名高他王木乙团，左上抵荣昌，下抵四毛，右抵吉轩，四界地土分清，出卖栽主一半，请中全（权）衡上门问到本寨龙春淼承买，当面凭中议定价钱陆仟捌佰文整，其钱亲手领足，自卖之后不得异言，（恐）口无凭，立有卖字为据。

亲　笔

（民国）癸酉年后五月十九日立卖。（根据该纸后另一卖田字时间）①

有的卖栽主约没有说明自己在林地中所拥有的股份，就需要将卖契与栽手原先与地主所订的"佃栽合同"相对照。这份卖栽主契则交代得较为清楚，该块杉木地主占一半，栽手占一半，其所卖的只是自己占的一半。购买者要继续承担原来由栽手承担的修整义务，从"其杉木交与买主耕管为业"的约定可以清楚地看到栽手的股份转卖，其义务亦转让给买主，也是小江流域的惯例，因而是否在契中约定并不影响该惯例的效力。

再看契10：

立卖栽主嫩杉木人范玉康、范玉宝兄弟二人，今因要钱使用，无所（出）处，自愿将到坐落土名停居，开了杉木两团，上团统董老毛地主，出卖栽主一半。上抵金林田为界，下抵彭玉林山为界，左抵路为界，右抵岩荣口为界，下团高居彭青泰地主一团出卖栽主

---

① 天柱"柳寨侗族契约"第259号，2010年8月收集。

一边，上抵彭泰发，下抵路为界，左抵大路，右抵彭姓为界，两团四至分明，栽主出卖。自己上门问到柳寨龙里仁承买。当日凭中议定价钱壹仟伍佰文整，其钱卖主领足应，用杉木一边付（与买主）耕管修薅为业。自卖之后不得异言，若有异言卖主理落，不干买主之事，恐后无凭立有卖据是实。

凭中：金玉
讨笔：恩广①

这一则契约将出卖栽主的比例和地块说得更清楚，并强调只是出卖栽主股份。上一团地地主为董老毛，地主、栽手对半分成，栽手的五成出卖；下一团栽主一边是多少不清楚，但出卖栽主股份是清楚的，立契以后将杉木一边付与买主耕管修薅为业。

见契 11：

立卖栽主杉木两团字人柳寨龙太昌，今因要钱用度，无所出处，自愿将到土名白龙杉木栽主出卖，上抵吉堃，下抵河，左吉堃，右抵路。又到土名二处白龙，上下抵吉堃，左吉堃，右抵金波。二团界至朗然。自己请中代笔龙太模向问到本房龙太生承买。当日凭中言定价钱叁仟玖佰捌拾文正。其钱卖主领足，其杉木买主耕管，今卖之后不得异言，日后砍伐下河地归地主。恐口无凭，立有卖契存照。

民国庚申年七月初九日立卖②

这则契约虽也讲到"日后砍伐下河地归地主"语，此语常在佃山造林契约中使用，由于在买卖过程中，为弄清栽手所占股份，须将卖杉木栽手契与栽手原先同地主所订的合同对照，后者一般都说明了该要项，

---

① 天柱"柳寨侗族契约"第 186 号，2010 年 8 月收集。
② 天柱"柳寨侗族契约"第 154 号，2010 年 8 月收集。

前者一般不使用。

（二）买卖契约要项

从以上诸契并结合其他类似山林买卖契约，可以发现订立契约必须具备以下要项：

（1）立契主题。即是在契首简要交代契约的主要内容。如出卖山场的契约，契首就书明"立卖山场"或"立卖断山场"；出卖山场所蓄杉木的，则说明"立卖杉木"或"立卖嫩杉木"；山场和杉木一并出卖的，则要书明"立卖山场杉木"；卖栽主连同杉木的，要书名"卖栽主杉木"等。

（2）立契人。即出卖山林的人。在不同的契约中，立契人或是单个人，或是多个人，也有房族或"南岳会"（庙田）等民间会社组织。若买卖关系发生于寨内、族内，一般省去立契人的住址、籍贯；若买卖关系发生在寨外、族外，则须写明何寨、何族。若为外县人，则写明其籍贯和现在住址。

（3）产权的来源。写明山林的产权是"祖业"，还是"某某所遗"或是"自己买进的"。还有一部分契约只提"自己名下"或"自己分下"，这指从本家族或村寨"公山"中分得的股份。

（4）买山人。中国古代房屋等不动产买卖，长期存在着亲邻先买权的习惯，所谓亲邻先买权，是指出卖田土房屋须先遍问亲邻，由亲邻承买，如亲邻不愿承买，方可卖与他姓和他人。若山林买卖关系发生在族内，须写明与卖方的亲属关系，如买卖关系发生在寨内，则省去买卖双方的住址。寨外要写明买方的住址。习惯法上拥有先买权的大约有五类人，亲房人（以服制为限，或由近亲而远族）、地邻、典主、上手业主、合伙人。先买顺序则各地不同，典主与合伙人拥有先买权，其合理性显而易见。[①] 在中国的土地理论上土地并非占有者或所有者的个人财产，而是其家族或宗族的遗产，尽管在生活十分窘困之时，这种土地也可以被出卖以筹钱，但出卖者应尽可能考虑整个家族的权利，或者由其族人优先购买，或者出典土地保留回赎权。[②]

---

① 梁治平：《清代习惯法：国家与社会》，中国政法大学出版社1996年版，第61页。
② 同上书，第98页。

（5）立契手续。立契必有中人，曰"凭中"，凭中与买卖双方达成协议后，立契人、凭中懂汉字的由自己书写，注明"亲笔""代书""依口代笔"。然后银交卖方，契交买方，契中内容生效。在不动产交易、家产分割等方面。缔结婚约等重要的法律行为一定会有中人、媒人等通常为复数的第三者在场。在他们的介绍、参与下，当事者们商定契约的内容、确认各自的意思，并写下契据、文书，最后往往还举行兼有公告性质的宴会。① 就清代而言，中人在整个社会经济生活中扮演的角色极其重要，而且在习惯法上，他们的活动也已经充分的制度化，以致我们无法设想一个没有中人的社会中的经济秩序。中人是在交易双方之间起中介作用的人，包括寻觅适当的交易伙伴，参与议定价格，监督和证明契、价的两相交付以及不动产交易中的临场踏清界址等。民人立契通常也于契中写明中人的参与，如写请中、托中、凭中、免凭中证，或只写"三面议定（或言议、收过）价银"，契纸下端的落款则有中证、中见、凭中、见中等。在有些场合中人将交易的双方拉在一起，扮演的是介绍人的角色，在另一种场合中人只是在双方达成初步合意的情况下才介入，这时他的作用更多是参与确定细节和监督交易完成。值得注意的是，亲友甚至兄弟之间的交易也要有中人介入，这表明中人在交易中具有不可替代的作用。②

（6）出卖山林的原因。一般写明"缺少银用""无银使用"等比较笼统的原因，这一般是富裕之家出卖山林土地时的写法，也有写明比较具体原因的，如：生意亏本、缺少口粮、父母亡故、治病、婚嫁、应付诉讼、夫役差费、捐买官职、还债等。

（7）地产的范围。在买卖契约中必须写明所卖山场的上下左右四至（四抵）界限，稍有疏忽就会引起临界山主的纠纷，所以山林买卖契约对书名四至山界都非常重视，只有独山独木，四周无林地可以混淆的，不必要在买卖契约中写明四至。四至多以冲岭、溪、沟、路为参照物，或

---

① 参见王亚新、梁治平编《明清时期的民事审判与民间契约》，法律出版社1998年版，第312页。
② 吴欣认为：中人与民间社会关系中，中人是民间法律的一种象征；中人是民间秩序的一种保障；中人对契约合意的既维护与也破坏；中人凸显了民间法律的"人治化"特色。（参见吴欣《清代民事诉讼与社会秩序》，中华书局2007年版，第180页）

以相邻山林土地作为参照并书明其所有者姓名。

（8）价格。山林的买卖，按清代的币制是以白银支付，民国以后也用制钱，少数是以稻谷或以房屋田亩作抵。

（9）买卖双方的权利义务。凡山林立契断卖，银、契两交后，买方即为法定的山林所有者，有权决定对林木的蓄养栽修，对山林进行管理或转让出卖。若断卖后发生买主方叔伯、兄弟、房族和外人对产权的纠纷，全是卖方的事情，与买方无关。

（10）立契时间和执契人。契约文书的最后要书明立契时间，多为确切的年月日，也有在此之后书以"吉日""谷旦"等字样。部分契约还注明誊写的份数和各个执契人的姓名，执契多为买卖双方一人或多人，甚至有的契约凭中也执有一份。

三 佃山造林契约

杉木栽种劳务介入的同时，产生了招租劳务栽种林木，就生长出的林木按比例分成形成地主与栽主对山林的租佃关系。这对地主和栽手均有一定的前提性要求，即地主的土地必须具有一定的规模，规模小的话，一是没必要招佃；二是栽手分成太小没有经济效益。对栽手的要求也是集体性的，林木种植、砍伐等均要多人配合完成。契约虽然是建立在当事者双方合意基础上的约定，但当时的契约，却未必在文书中明确记录双方的权利义务，而且也不一定采取双方签名的方式。像这样强调双方关系的契约往往特意写明"合同"的这一特别名称。[①] 佃契均多以佃种人的名义起草，栽手为立契人，山主为收契者，即为"佃字（佃约）"。佃契内容包括佃种人姓名、所佃种土地的主人姓名、佃种的山地的地名、四至界限、林木长大后地主与栽手各自所占的股份、凭中代笔人、立契时间等。

如契12：

立佃山栽杉合同字人坪他寨龙长汉、成仆，今佃到庆寨龙长坤

---

① 参见王亚新、梁治平编《明清时期的民事审判与民间契约》，法律出版社1998年版，第282页。

栽植杉木，其地名虚花领桶地土壹团，上抵木逢，下抵冲，作抵吴清明，右抵逢为界，四至分明，栽杉壹千贰百余株，四六均分，龙长汉、成仆共占四株（股），龙长汉占六株（股）。后将木砍伐出河，地归原主，不得异言。恐口说无凭，立有合同为据是实。

民国三十一年合同

凭中　龙泽文

代笔　龙金炉

民国三十一年二月二十五日①

山主为立契人，栽手为收契者，或双方各执一份的契约也是存在的，这便要立"开山栽木合同"了。

如契 13：

立开山栽木合同字人柳寨龙仁键，情因祖公遗下土名盘定地王乙块，上抵共地，下抵汉鲤，左抵太模，右抵太连，共地四田朗然。奈我家下人少所开不到，自己上门招到同宗龙现朗兄弟等开山栽杉，至今用了三年，二比历年同耨。日后木植长大砍伐下河，地还地主，不得异言，恐口无凭，立有合同各执一张存照。

凭中

请笔　龙泰膜

皇上壬戌年二月初二日立②

清代民国时期，小江流域林业经营在主、佃之间建立租佃关系时，都是分成两步进行，第一步是先立好"佃契"，佃户取得了在指定的山上"栽杉种粟"的权利，当即开始人工造林，林粮间作，待五年幼林郁闭，进入管理阶段，再进一步确定分成关系，即订立"分成合同"。

---

① 锦屏"小江翁寨村、坪地村侗族契约"第 013 号，2009 年 11 月收集。
② 天柱"柳寨侗族契约"第 114 号，2010 年 8 月收集。

从上面"佃山栽杉合同"的内容来看，关于建立山林租佃关系过程中的先订佃约后订合同的两个步骤都载明了，即栽手占四股，山主占六股并明确四六分成。

人工林业的发展，需要大量的人力投入。特别是市场对木材的大量需求，刺激林木种植面积的进一步扩大，栽主往往合伙佃种当地的林地，等林木收获后按一定比例分成。从佃种人与地主约定的分成比例来看，不同历史时期、不同地区、不同主佃之间的情况不同，山主与栽手的比例分成一般由双方商量决定，充分考虑山场植树作业的难度，是否成林和佃户与山主的亲疏关系及栽手生活状况等问题。不管分成比例多少，大量的农民愿意租山种杉，原因在于按惯例，佃种人在种杉之前一年和种上杉苗的前三年，通过林粮间种获得的粮食收成归佃种者所有，佃种人至少可以有三季收获的机会，这对于外地无地或少地的农民来说相当具有吸引力。地主只需要投入杉苗和一点前期的伙食，自己就可以坐拥至少对半分成或更高比例的林木，二三十年之后就可以获得可观的收入。[1] 在种杉时，地主还要为种杉者补贴一定的伙食，杉苗也由地主提供，种杉者除了投入自己的劳动力之外，在林木成材到砍伐阶段不需要任何物质形式的投入，至于20年之后林木长成发卖后的分股取利，倒部分成了其附带的利益。实际上，由于各种原因，佃山者往往都等不到林木发卖，在林木成林到砍伐阶段就已经将自己栽手的股份转卖给山主或其他买主了。总之是因为各种不便，在育林过程中将以后的育林活动委托给别人的契约。

四 分合同契约

小江林业契约中的"分合同"与"佃栽合同"有承接关系，一般而言，"佃栽合同"中尽管都有地主和栽手各自的分成比例，但是，待所栽木成林后，按锦屏惯例主佃双方还要订立一个"分合同"。而分合同实际上是对"佃栽合同"约定分成比例暨主佃双方权利义务的再次确认，力图使各自的权利义务更加明白无误，以杜绝任何可能的漏洞。与林业买

---

[1] 参见徐晓光《清水江流域传统林业规则的生态人类学解读》，知识产权出版社2014年版，第50页。

卖契均为以卖方的名义订立，佃种契约多以佃种人（栽手）的名义订立不同的是，分合同既有以地主的名义订立的，也有以栽手的名义订立的，下面契约即是以栽手的名义订立的。

如契 14 清同治元年（1862 年）二月初二日开山栽杉木合同字：

龙仁建开山栽杉木合同字

  立开山栽杉木合同字人柳寨龙仁建，情因祖公遗下土名盘定地土一块，上抵共地，下抵汉鲤，左抵太模，右抵太连共地，四界朗然。奈我家下人少，所开不到。自己上门招到同宗龙显朗兄弟来开山栽杉木，至今满了三年，二比历年同耨。日后木植长大砍伐下河，地归地主。不得异言。恐口无凭，立有合同各执一张存照。

立开山栽木合同各执一张存照

凭中

请笔：龙泰模

皇上壬戌年（同治元年）二月初二日　立①

再如契 15：

  立合同字人苗江坡龙厚坤，今因问到坪地寨龙生祥有地土一团，地名圭报溪，上下左右一概抵本主地土为界，四至分明。付与栽主栽木，言定四六均分，栽主六根（股），地主四根（股），日后砍尽，地归原主，恐后无凭，二比不得异言，恐有别语，立有合同为凭。

笔龙生模

合同为凭

宣统三年四月十一日立②

---

① 天柱"柳寨侗族契约"第 116 号，2010 年 8 月收集。
② 锦屏"小江翁寨村、坪地村侗族契约"第 025 号，2009 年 11 月收集。

人工育林最需要投入劳动力的是成林或"排行"之前,光绪二年(1876年)以后的契约,人工育林中除使用"成林"一词外,也使用"排行",《贵州苗族林业契约文书汇编》中有用"三年成林"或"三年排行,五年成林"[①]者。成林后只涉及一些对林木的修整性的工作,即从"挖种栽杉"到"修理蓄禁"阶段,相对育林的前三五年要轻松得多。按黔东南林区惯例,修整的义务属于栽手,而一旦栽手将其所拥有股份出卖,对原属于栽手的修整义务就由买主来承担。以上"佃山造林契约"和分合同契约集中体现在山场的租佃及相关活动上,如租佃关系的确立、木材长成后的伐运、林材伐卖所获银两的分成、新的租佃关系的建立等,由于林业经济的驱使,每隔20年或30年必须有新的一轮经济活动,其间都涉及各种契约文书的订立,人们也依赖这些契约文书规范各自的行为和调解相互之间的关系。

第五节　小江民事契约

一　分关合同

在小江流域的部分地区,由林业经营规律性决定,营林采伐极少零星地进行,而多是成片完成,甚至是一个山、一座岭地营林砍伐,所以必是成片发卖、成片更新。林木管理不比庄稼一年一收,往往要经过几十年,其间薅修管理,防火防盗,单家独户自己管理有很大困难,所以家族联合造林是发展林业生产的一种重要形式,家族共有制下的家庭股份制一直沿袭了下来,这在小江契约中有所体现。而在内地的农耕地区,整体性的互让共存的抽象理念不足以解决问题,这一点对老百姓来说也是同样的,互让共存的伦理完全得以实现只能是在同居共财的小家庭范围内。[②] 清代法律禁止父母在世时分家,但经父

[①] 唐立、杨有赓、武内房司主编:《贵州苗族林业契约文书汇编1936—1950年》(卷3),"研究编",相原佳之论文,日本东京外国语大学2003年版。

[②] 参见王亚新、梁治平编《明清时期的民事审判与民间契约》,法律出版社1998年版,第246页。

母许可可以分家。大清法律规定,"凡祖父母、父母在,子孙别立户籍,分异财产者,杖一百",在这种文化的影响下,几乎每个家庭都试图合家共居,分家被看成应该努力避免的事,分家纠纷的调解人通常总是首先试图说服当事人和解不分。① 但清朝例文却规定:"其父母许令分析者,听。"在现实生活中,只要父母无异议,父母在世,兄弟分家是合法的,这说明父母去世后兄弟分家更是顺理成章的。农家最常见的形式是父母去世前分家,此习俗由法律确认,前提是父母同意。

分家时无论嫡出、庶出,所有儿子一律分得同等份额,这是社会现实中的一般惯例,并被赋予了法律上的正当性。正像黄宗智所指出的,"表面上看,契约说的是他们'给'土地给他们养老,但实际上他们并不能随意处置全家的土地。在他年老时奉养他的义务是与继承权相随的,不能置之不理……我们可以说,父母借赡养而维持生存的'权利'是超过任何财产所有权的逻辑"②。家产的取得即不宜视为遗产的继承,而是在对于家产负掌管之责的尊长生前或死后于诸子中间所做的分割,这就是为什么尊长生前即为析产(甚至分家),不但国法不禁,民间亦视为当然。与内地汉族地区相比较,清水江流域的非林业地区苗侗民族受传统"抽象理念"影响较小,当地人们认为"秧不分不大,家不分不发"③,分家析产时订立分家文书,不仅是民间的要求,也是官府的要求。

请看契16:

> 立分关字人龙有庆,今因人口众多,与兄商议各自分居。父亲遗下田土,今凭房族亲友今派田土耕种,又计田土礼总路头田一坵,又礼总田大小七坵,又岑岭包文田一间,又下林地田一坵、入礼总田上坵、大田一坵,又高行地毫同莫田三坵,又登落田一坵。以上

---

① 黄宗智:《清代的法律、社会与文化:民法的表达与实践》,上海书店出版社2007年版,第21页。
② 黄宗智:《法典、习俗与司法实践——清代与民国的比较》,上海书店出版社2003年版,第135页。
③ 天柱县政协非物质文化遗产宝库编委会:《天柱县政协非物质文化遗产宝库》,贵州人民出版社2009年版,第121页。

所分田坵，照契管业不得争论，每个各出禾养老谷六百斤，供膳父母不可短少，下有又办喜事求姻出田礼总路头一坵，出养老田礼总罢头大田一坵，归立有分契存照。

  与族长　亲房　龙林照　龙林保　亲友　杨秀乔　吴乔富　吴文林

          元笔　龙有谋
         立议分关三家发幸大吉
        光绪二十三年八月廿三日　立①

这件分关合同中重要的一项内容是安排好父母的养老问题"每个各出禾养老谷六百斤，供膳父母不可短少"。

如，契17：

  立分关字人龙有德、有生、有恩兄弟三人名下，以今分家业、田地、山林、屋坪、地基、菜园、坪地，当凭忠（中）人五古（股）平分。龙有生、有恩兄弟二人分落田地上登落田乙团、下登落田一坵，美免田乙干花卯田一坵，岑领坡却田一干，毫得腊田一坵，班橄田一坵，高行满利大田一干，商力田一干，毫相达田一坵。又庙会田一半。山坡六领田地屋坪、园坪五古（股）平分。有生、有恩二人受三古（股），自分之后，不得异言，若有异言，立有分关为据。

       凭忠（中）　龙林合　龙有仁
       代笔　龙有谋
      光绪二十八年十二月初五日立分关②

---

① 剑河"盘乐侗族契约文书"第134号，2007年12月收集，凯里学院苗侗民族文化博物馆收藏。
② 剑河"盘乐侗族契约文书"第067号，2007年12月收集，凯里学院苗侗民族文化博物馆收藏。

如，契18：

　　立孝议分关叔侄凭亲族商议均派田产，先出养老田名登落冲四坵，又并盘妹田一坵，共收谷三挑在生养老，归世时付与道场，有不诀用无力仰佃安葬。又计田名得腊田一坵，又半坡大田一坵，二共收谷陆挑半毫得借田一坵，又半坡得命田一坵，共收谷二挑；高行地过路田一坵、坎上田一坵，又昌口边四二坵共四坵，收谷捌挑；屋培坡头田一坵，又董泪冲田二坵、高力半坵，收谷四挑；屋培秧田左乙（坵）接收谷四挑。外批：出有谋亲□□老当田乙坵，又洞泪溪边田一坵共耕，兄弟共迎亲事，日后为益二股均分。

　　　贰凭亲房　龙林照　林尽　林合　显鳞　王昌秀

　　　　　　　笔　唐中华　唐承怀
　　　　　　孝议分关二家发达各一纸存照
　　　　　　　　　　光绪七年十月十一日　立①

如，契19：

　　立议清白分关字人父亲有仁子道明、道益、道林四人名下，另议父亲归在道益、道林二人名下养老吃食灾星病患自愿应用。道明百事不管应用。三人兄弟将议父亲以后归世仰将养老田安葬出用，养老田每月除有谷担六十斤吃用以后归世死早吃不登一年欠一月不吃到谷道益、道林二人每月要出谷六十斤共上应用安葬开道，三人兄弟当面亲房叔爹将议以后不与番悔，若有异言，立有分关清白为据。

　　　　　　　　凭族　龙有生　龙有恩
　　　　　　　　元笔　龙有谋
　　　　民国十五年　岁次丙寅　十月　初十日立议②

---

① 剑河"盘乐侗族契约文书"第008号，2007年12月收集。
② 剑河"盘乐侗族契约文书"第091号，2007年12月收集。

这是一份家产分割后专为父亲养老的协议,主要内容是:父亲龙有仁为杜绝以后3个儿子因养老发生纠纷,经与儿子们商议,请来亲房叔爹作证,由一父辈书写了这个"分关"协议契约。养老地通常与其他赡养方法连用,一般来说土地是由儿子们耕种,通常负责均等的份额。按照一般的理解,留出来的地最终作为父母亲的丧葬费用,叫"生养死葬"。所有养老地通常都会为此而被卖掉,除非儿子有能力用现钱支付葬礼开支,等于是把地"买"回来。[1] 在中国,土地不是属于个人所有,也不很容易买卖,相反,土地是由家庭作为单位耕种,而且永久持有,一代传一代,在这些方面清代民国的法典和习俗在逻辑上完全一致。法典所维护的是代际间的反馈模式,当孩子小时,父母会尽抚养的责任,当他们老了,儿子们要奉养他们以作为回报。[2] 在农村社区,亲族首事会跟这些继承人反复商议,把家产均分为若干份,然后抓阄分派。分家结果常会由调解人做中,然后形成文契。

二 过继契约

继承制度乃是宗法的而非财产的,因为这一缘故,继承乃具有义务性质,而在被继承人死亡而无继承人的情况下,可以由一些相关之人在同一宗族内指定继承人。如一对无嗣夫妇与其血缘最近的侄子(兄弟的儿子、堂兄弟的儿子等法律称为"应继"中选择一位作为继承人嗣子),并假定继嗣的侄子会尽赡养父母的责任,这是中国古代乡土社会父系意识形态的自然延伸。"然而在民间实行的惯例中,必须要考虑养父母与该侄子之间的感情,民间习俗考虑养老的实用性多于考虑意识形态。"[3] 在小江契约中有一份长房过继弟弟的儿子以承宗桃的契约,见契20:

> 立分男付约人龙林乔、林和、林保,子有德、有贤、有财、有谋、有彬、有生、老三,今因长房大哥林照,上凭高曾祖考下凭房

---

[1] 黄宗智:《法典、习俗与司法实践——清代与民国的比较》,上海书店出版社2003年版,第132页。
[2] 同上书,第136页。
[3] 同上书,第189页。

族亲戚人等，长房龙林照先年娶彭女子为妻，过门数载生女无男，夫妻二比商量无奈哀求林乔妻王氏银凤喜欣两男，名唤龙有仁分与林照妻女仔父母抚养为儿，以承宗祧侍奉父母，登山祭扫田园，一概付与有仁通房人等俱已悦服，并无异论。但因人心不古，尤恐后班之人或生妄言，再立付约，照前老分内分落。田坵土名理总田四坵岑岭田陆坵，毫洞岩田二坵，洞地家田一坵，高坡大田半坵，亚林地田一坵，毛卯田二坵，美悔田三坵，洞类田一坵，高寅地吴文林与有仁共田二坵，屋地□□菜园二团，柴山一服俱是有仁之业，日后众房人等不得争长竞短，一概付与有仁永远耕管为业，不得异言，若有异言，恐后无凭，将此付约赴公为据。

凭亲戚　吴德发

凭亲眷　彭胜伍

凭亲　彭季海

凭旧　王照坤

凭表　吴文林

立付约人　龙有贤　有财

林保　林合

有德　有生

有彬　老三

两请笔　龙广泰

光绪三年十月二十二日立有合同为据①

契20中，长房夫妻生女无男，即把全部财产付与过继侄子，说明女子在不动产方面没有继承权。契约不仅要求过继者龙有仁以后尽"以承宗祧侍奉父母，登山祭扫田园"的义务，同时也写明了过继后有权耕管的产业，日后众房人等不得"争长论短"，"不得异言"，并书名该"付约"为以后家族内部由此而发生纠纷，到官府"打官司"的凭据。

---

① 剑河"盘乐侗族契约文书"第060号，2007年12月收集。

三 婚姻契约

婚姻是一种协议合同，也是一种契约，尽管清代民国的婚约可能被看成一种身份合同。这种契约几乎涉及每个村民，但它却不像契约争执或婚后兄弟间的争执那样，并不是纠纷的一个主要来源。[①] 清代民国法律女方可以改嫁的情况大体有两种，即期约已订立5年，女方无过男方不娶及夫逃亡3年不还，规定妇女在不知丈夫的行踪，并已无音讯3年以上时可以乞求法庭解除婚姻关系。

见契21：

> 立婚书人锦屏九寨户高惧宝、欧孟荣，情因胞兄先年娶皮所寨刘贵长之妹名唤妹竹为室，人好为常，□为于民国卅一年中签出征，迄今五载未回，音信亦未收到，家境又属寒微，兄嫂外出雇工度活，与北湖柳寨龙文登有缘成配，荷蒙地方父老入中调解，由登出洋捌万捌仟元作为长日后回来另娶之资。以后远近房族人等，若藉端滋事。有本人负家全责任，特婚书一份存照。
>
> 立书人　欧孟荣
代笔人　欧诛
地方父老　龙吉张、吉坤龙代尚押
民国卅五年七月三十日立[②]

在这份婚书中，立书人的嫂子因其兄出征五年杳无音信，在外出打工时与柳寨龙文登结为夫妻，考虑前夫万一回来出现麻烦，特由新夫出88000元（法币，这个数目较大）作为前夫回来后的另娶之资，为防备以后远近房族人等借端滋事，由前夫之弟立婚书一份。

---

① 黄宗智：《清代的法律、社会与文化：民法的表达与实践》，上海书店出版社2007年版，第28页。
② 天柱"柳寨侗族契约"第049号，2010年8月收集。

契 22：

　　立退婚清白字人锦□坪□仁张翠清，情于姑母太第先年嫁于岑拱村罗承先为室，生有一女名唤揩。劳请欲许字女性固执不从，互控在县月数。幸赖吴品清、吴连有、吴登明、杨卯正（正卿）、陆应邦等不忍坐视，入中排解，言妥财理（礼）贰佰叁拾肆元整。其光洋即回缴清，其女解适与柱属刚龙显乾为室。自今议妥不得内外翻悔生端。况世道不同，人情各异，抑不得以挟嫌资事各情，今凭在场诸亲立有退婚清白一纸付与龙姓为据是实。

　　　　　　　　乡证　陆应邦
　　　　　　　　凭亲　杨正卿　吴连有
　　　　　　　　凭戚　吴品清　吴登明
　　　　　　　　亲笔
　　　　　　　　民国乙亥年六月初十日立退①

契 23：

　　立休书悔婚字人赤溪坪王金保，先年□媒求到靖州人氏梁姝之女名唤桂香，可过门数载，屡次皆夫不合，无法可治，成家吾自请□数先生推查二比夫妇年庚，兹因缘命不合，幸耐无缘，只得不已二比夫妇离异改嫁，二比喜□关悦服。男另愿讨女，愿四门开放，今有盘落寨杨宗德求合为妻。将纹银贰拾壹两零八分整，其银当中交与亲夫入手领足，其妻当中乐出付交杨宗德为妻，我异自愿下脚目手印□□，日后不得藉故幡悔等情，若有幡悔，任从中证禀官究治。不有来历异言，恐□无凭，立有休书悔婚字约为据。

　　　　　　　　请中证　王玉什　王再文
　　　　　　　　亲笔（手印中心"自愿甘心左"）
　　　　　　　　光绪十二年八月初二日立休书②

---

①　天柱"柳寨侗族契约"第 890 号，2010 年 8 月收集。
②　天柱"柳寨侗族契约"第 062 号，2010 年 8 月收集。

契 22 是女儿唤揞已与他人订立婚约，男方已下了聘礼，但唤揞可能是自己不中意，固执不从。并和男方在官府互控一个多月。后经热心人调解，女方退还了男方的彩礼，女子另嫁别人为妻。契 23 是婚后夫妻感情不和，请先生又算生辰八字，"兹因缘命不合，幸耐无缘"，只得离异。男方"四门开放"，征集新夫，有一名叫杨宗德的愿娶，并将一些银两交与亲夫，夫当着中人将妻交与杨为妻。从以上两则婚姻文书看，清朝时期起码在小江流域对婚姻离异方面的处理还是比较灵活和开通的，也比较人性化。正如黄宗智指出："……可能是法律对待妇女的构造实际上起到了在一些方面保护和强化她们的作用（但也同时对她们强加一些无理期望）。刚好相反，国民党法律坚持妇女乃完全独立的、积极的自主体实际上起了取消清代法律对她们的一些保护作用。"[1]

四　拨约字合同

"小江契约文书"中有 20 余份"拨约字合同"。从字面上分析，"拨约字合同"的"拨"就是把属于自己的土地房屋和土地拨给他人，如他人同时也有土地财产则归属自己，就是"调换"和自行调剂，是一种以物易物的交换形式。但"小江文书"中的这类合同却不是这样，只写了把拨方（立契方）的土地给对方，却没有写明把对方的财产调换给拨方。

如契 24：

> 立拨约字人彭文隆父子，今因家要（银用）父子将议自愿将到地名岑岭田一丘收谷四担，上抵唐姓田，下抵本主田，左抵彭姓田，右抵王姓屋为界，四至分明，要钱出拨，先向亲族，无人承拨，自己请中向（上）门问到龙季寿承拨为业，当面凭中议定甫价钱三十九千□八十文，亲主领真，不庆（差）分文，入手应

---

[1] 黄宗智：《法典、习俗与司法实践——清代与民国的比较》，上海书店出版社 2003 年版，第 11 页。

用，并不异言，不干季寿之事，有文隆上前理落，恐口无凭，立有拨字为据。

内添一字，外添一字。

凭中　王老伍
代笔　彭元堃
民国丙辰年三月十日　立①

又如契25：

立拨换田契人杨化光，因家下自愿将到田地名毛卯田壹坵，上抵吴姓田，下抵唐姓田，左右抵山为界，四至分明，自己出换，问到盘洛村龙林照、龙林保、林合、唐中华、杨忠禄三姓承换管业耕种，自换之后，不得异言，恐后无凭，立有换字为据。

内添三字
笔　吴大登
光绪十六年十二月初九月②

再如契26：

立拨约字人龙道吉，情因拨到高银地毫傍良地一坵，上抵彭姓田，下抵吴姓田，左抵山右抵彭姓田为界，四抵分明，将我田拨与龙政标名下耕管为业，以后当面证人，不得翻悔，若有翻悔照契管业，空口无（凭），立有拨约为据是实。

凭中　彭元兴　龙道明　龙道乾
亲笔
民国三十五年六月廿九日拨③

在以上3份契约中，有的写明了出卖土地的价银，与卖土地买卖

---

① 剑河"盘乐侗族契约文书"第152号，2007年12月收集。
② 剑河"盘乐侗族契约文书"第127号，2007年12月收集。
③ 剑河"盘乐侗族契约文书"第168号，2007年12月收集。

契约无异。

小江流域民间契约中的林业契约属于清水江流域林业契约文书的一部分，除具有林业经营的特点外，其他如土地买卖、婚姻、过继和财产分析等，由于受汉文化的影响，与内地各类契约无本质的不同。"各地习惯间的差异，或是对这些习惯原则的补充，或是对它们或大或小的偏离，然而均不足以成为一种新的制度形态。"[①] 强世功在《中国近代农村土地交易中的契约、习惯与国家法》一文中说：民间典卖土地房屋，凭中立契，既不购用官契纸，也不投税盖印，所以称为白契而佃户向业主价买田底，业主不认卖字，成交后只书写拨条，不立卖契，以避免卖田字样，这种拨条其实是一种契据，可以作为土地产权的凭证。清水江流域的小江两岸一带也流行用"白契"，土地买卖中可避免交契税，这些文契因未在官府登记，无法律效用，可能也是出于上述情况。强氏在该文中还一带而过地提到"目前保留的'调地'制"[②]，在调查中我们也发现了一条资料。

如契27：

拨换书

龙光灯将高敬田一坵拨换给龙俊象耕种，上抵沟，下抵世英田，左抵路，右抵龙光正田。龙俊豪将亮岑龙原立仓地拨给龙光显立屋，上抵龙俊先，下抵龙吉柱，左抵龙生异兄弟共地，右抵本买主，四至分清，自拨换之后各自管业，恐有异言，立有拨换书各执一张存照为据。

凭中人　龙通茂　龙通治

执笔　龙吉柱

中华（人民）共和国二〇〇〇年九月初七日立拨换书[③]

---

① 梁治平：《清代习惯法：国家与社会》，中国政法大学出版社1996年版，第77页。
② 强世功：《中国近代农村土地交易中的契约、习惯与国家法》，《北大法律评论》第1卷第2辑。
③ 天柱"柳寨侗族契约"第049号，2010年8月收集。

强氏的文字虽然简单，但谈到了"佃户向业主价买田底"，这里涉及"田底""田面"，即"一田二主"问题。这方面黄宗智、寺田浩明、梁治平诸先生都有较为深入的研究。黄氏认为：土地的佃种者常常就是出典人，这样的安排常常只是推迟出典人最后绝卖自己土地的日期而已，他在经济的压力下典出自己的土地，他的收入也进一步减少，只能看着自己步步倒运，在清代一个通常的惯例是出典人眼看赎地无望，会将其卖断给典权人，以获得该土地的典价和市价间的差额，这种做法叫作"找帖"，在这种情况下出典人自愿放弃自己的地权，尽管是十分勉强的。出典人虽不能使用这块土地，但能制约典权人对其行使充分的所有权。[①] 从心理层面上看，中国农民视土地为"命根子"，但凡有一点办法都不会卖掉赖以生存的土地。考虑到农民通常只在走投无路的情况下为了生计才出售土地，出于对这些生存受到威胁者的同情伦理，法律试图给以贫困者以方便，它虽然通过同意尊重绝卖契约迁就了清代不断增长的买卖土地的现实，但它另外也为出典人回赎土地提供了最大的机会。[②]"一田两主"的概念特别适合长时期演化而来的复杂的民间惯习，尽管它承认有机整体的物质不可分性，但它通过具体的形象来传达两主共存，每个主人都有不同的权利，这些权利可永远持有，易于并能分开地转手、继承。"一田两主"形态的出现并不破坏原有的结构，相反它使得此种结构更具有弹性和包容性。如民谚所说："租不拦当，当不拦卖"。规定了租佃（赁）、典当、买卖三种法律行为之间的效力高下关系。[③]

五 清白字合同

在小江流域随着林业商品经济的发展会有更多的商品交换，以及随之而来的与这些交换相关的更多的纠纷，苗侗民族以前经常用于解决纠

[①] 黄宗智：《法典、习俗与司法实践——清代与民国的比较》，上海书店出版社2003年版，第31页。
[②] 同上书，第68页。
[③] 梁治平：《清代习惯法：国家与社会》，中国政法大学出版社1996年版，第41页。

纷的"鸣神"（到神庙求神解决），就被"鸣官"（到官府解决）所取代了。① 这在"清白字"契约中有所体现。老百姓相互之间所立的契约尽管在官员审案时可能大体上得到尊重，从当时关于法的一般概念来看，民间契约本身却不会作为法的问题而被正面提出来，如果相邻的亲友没有介入进来调停或者即使介入也未能收拾事态的话，这种争吵的归结之一或展开过程之一环就是"打官司不堪忍耐的一方向衙门提起诉讼"②。小江契约中的"清白字"文书是诉讼当事人双方制作的为了"清局""了断"的合意文书，在签订文书时要举行"杀鸡仪式"，以示郑重。有一点是很清楚的，"清白字"文书是为今后双方的一方反悔并诉讼到官府做准备的。下面的契约是小江契约中订立时间最早的一份文书，立于嘉庆十一年五月二十二日（公元 1806 年 5 月 22 日），是一份凭戒后事约。

如，契 28：

> 立请凭戒后事约人彭昌佑子彭包报。情因先年得卖土块里总山田地山场壹冲西傍，并无掺杂，凭中卖与龙老乾用价得卖为业。至嘉庆七年老乾卖与龙现邦、现珠、现清兄弟三人至我等心气不忿之。田坎上之山场一块串人典伊二家，兹事自愿衣服本寨头人乡导劝合，不典彭姓控告我等，不如愿出戒后字一纸付与龙姓管业。日后不得思量幡悔。此之土名我等四至无有插针之地。戒后之日，再不与伊父子兄弟滋事借故争端，幡悔哄言。若在横强冒事，俱有乡导中人照实禀公究治，今凭乡导立有私约千了万了。我等情愿中间从不压逼立字，照依中人口立此戒约一纸，永远子孙取执仔照。
>
> 　　　　　　　　　　劝中人　杨世兴　吴肇才
> 　　　　　　　　　　代笔　　彭光达
> 嘉庆十一年五月廿二日在彭子同店　立戒字③

---

① 唐立、杨有庚等主编：《贵州苗族林业契约文书汇编 1936—1950 年》（卷 3），"研究编"，日本东京外国语大学 2003 年版。

② 参见王亚新、梁治平编《明清时期的民事审判与民间契约》，法律出版社 1998 年版，第 114、142 页。

③ 剑河"盘乐侗族契约文书"第 051 号，2007 年 12 月收集。

在小江流域林区，当山场地界、林木所有权出现争执时，先由当事人双方根据原订契约自己和解，再由"中人"调解，如果仍调解不成，由"寨乡老劝解"，双方仍互不相让，纠纷就只能通过习惯法的程序由寨老进行裁决。此外，纠纷通过中人、寨老（有时两者就是同一人）无法解决时，采用一种"宰牲鸣神"的神判方法，这也就是最终的裁定了。

如契29：

> 自愿书立杜后清白虑约字。下敖寨龙老乔、老信于道光十年□□□□请地方头等，向予龙乔田、邦乔所言，予地名岑领之田，说是姑娘之田，闻知骇异。先年父亲乾隆伍十九年用价得买龙我三之田，现有契据中证朗然。约至黄姓之店，复向理论不明。伊反将司主具控一案即出差提。予到司主诉明，礼法完备，差亦不提油案数月。予遂邀伊鸣神以各岑庙神佛一尊接至供养数月，伊又畏死，一概塘偿，见事有碍，伊哀请地方亲朋龙洞岩、彭三尊人等劝合解释，伊愿烧案。予送菩萨，二比不得异言。地方若劝以予母氏头簪、耳环、颈圈四两八头。当日一概领清，母氏终亡日后，永远不得借故生端滋事。今凭地方自愿书立杜后清白虑约一纸为据。

> 凭中人　龙洞容　彭三宁
卖全　龙老乔　龙老仔
两请代笔人　彭绍揆
道光十年十月初二日　立吉[①]

这是按照传统裁判方式，杀牲祭祀，让神灵开眼判断是非的例子。在普遍相信神灵的村落社会，人们相信"鸣神"后，神会灵验，理亏的一方一定会得到报应，所以有的当事人怕神惩罚，不敢在神前发誓。从

---

① 剑河"盘乐侗族契约文书"第054号，2007年12月收集。

这份文书看诉讼到官的"鸣官"与民间传统的"鸣神"同时并存,关键看哪一种方式对解决纠纷有利。

在一般情况下,山场地界、林木所有权出现纠纷,当事人双方根据原契约自己和解,和解不了,再"请中上门""两造中证"进行调解,如果仍调解不成,再由寨乡父老"临山验明",大多数纠纷都能通过民间习惯法程序得到裁决。

如,契30:

立清白字人盘乐寨龙胜标,情因要木需用,兹于九月日于地名得面之山上节与族兄龙国灿之山界限昆连错砍伊之界边木植一株,蒙父老等临山验明,殊属错谬,已砍之木归标繝用,自愿将地名毫圆岭边老槩木壹株,拨与族兄国灿蓄禁借土养木,迨此木砍伐以后地归原主,各管各业,不得翻悔。侵占等情,恐后无凭,立有清白一纸付与族兄国灿执照。

唐守林
凭首人　唐承森
彭元庆
代笔　杨英
民国乙亥年十一月初七日立①

如,契31:

立杜事清白人皮所寨彭福□,所有土名高岖羊坡地土杉木一团,一概任内据契载明,请中上门卖与柳寨龙太生,凭中议言价钱一千文整,当日领清无异。及今杉木长大雇夫砍伐,全顿起狼谋以为己业,希图洋财宏发,生思现据难保,任全信一信二心壹霉甘,以致两争不放,幸蒙龙显金入中再劝,生出元钱叁仟捌佰文整,其杉木地土任凭买主耕管伐卖,全若仍有此情不难。如前包容乃为重索之

---

① 剑河"盘乐侗族契约文书"第211号,2007年12月收集。

论,辙于半究。今当两造中证,自愿甘心于息书立此清白付与生手为据。

亲笔

民国十一年十月廿九日立①

契 31 是地土杉木已经卖给买家,但待杉木长大后卖家反悔,以致两争不放。于是又请中人"入中再劝",买主又出元钱叁仟捌佰文整,才得以将杉木地土任凭买主耕管伐卖,为此立下了这份"杜事清白字"。

---

① 天柱"柳寨侗族契约"第 271 号,2010 年 8 月收集。

第四章 清水江江面上的"公约"

清水江位于贵州省东南部,源出都匀市属邦水乡郎里,流经黔东南多个县入湖南境内,过会同至黔阳县汇潕水,合称沅江,由洞庭湖注入长江;其另一源头出福泉县境,经重安江至凯里市属之三岔河与主流交汇。清水江支流很多,主要有亮江、小江、乌下江(瑶光河)、八洋河等支流,这些支流在正常水位下都能放运木材,且每一支流流域都出产杉木。锦屏县位于清水江下游,有优越的水上交通条件,清水江从县西部河口乡入境,经文斗、彰化、平略、卦治、三江镇,最后从锦屏东北角的茅坪进入天柱县境内,在县内长 57.47 公里,河床落差有 67 米,河枯流量为每秒 40.2 立方米,最大流量为每秒 18478 立方米,年平均流量为每秒 276 立方米。[①] 清水江干流下陷很大,其干流就把锦屏县天然分成由西向东北为中线的中间低、两头高的地形,加上其他支流汇入清水江,这就构成了十分便利的水上运输网带,原木排放的天然条件十分优越。杉木木质轻,易于漂浮,清水江流域地区木材通过清水江的主干及其支流,将沿江各县的木材运至锦屏县,再顺流而下,直达长江流域诸城镇。在清水江干流和各个支流上,由于经济利益,参加木材交易的各主体达成了各种契约,以稳定清水江木材贸易的顺利进行。每当洪水暴发,木材会被水冲散,这就有了"漂木回赎"的规定。各省来往清水江沿岸各商埠购买木材,为客商、行人交通方便,就形成了码头规则和义渡方面的规定。

[①] 参见锦屏县地方志编纂委员会《锦屏县志(1991—2009)》,方志出版社 2012 年版,第 5 页。

第一节 清水江干流上的"公约"

清水江两边支流流域的黎平县、剑河县，甚至天柱县、台江、雷山等地的木材都可以随支流来到清水江，汇集到锦屏的木材"总市"之卦治、王寨和茅坪，再由清水江运到长江下游和江淮地区出售。

每当下雨时在树下仔细观察，一棵大树拢住雨水是从树叶开始的，无数片树叶接住降雨，然后顺着枝杈流到大树枝再从这流到树干、树根，森林、树木就是这样保持了水分。清水江好比一棵树干，它的支流乌下江（瑶光河）、小江、亮江等就像大的树枝，流入支流的无数条溪水如同这棵树的枝杈，而枝杈周围的树叶就是一片片生产杉木的林地。

以木材种植、采运业兴起为核心的经济发展与社会历史过程，反映杉树为主的各种林木的种植与采伐，成为清水江两岸村寨社会最为重要的生计活动。在清水江流域，"主家"一词是指有权在清水江木材交易中联络木商和山贩的大姓房族和家庭，后来发展为"行户"，是木材贸易中的中介。一般有了"中介"必然增加买卖双方的交易成本，对买卖双方来说不符合经济学中的"利益最大化"原则，但它却符合另一条经济学理论，即"均衡理论"。清代皇木采办和木材交易中皇家的利益实现了最大优化，政府的税收利益实现了，并且政府通过吸收当地习惯法的合理因素，对清水江流域地区的管理效能实现了最佳化，木行利润实现了最大化。民间商人（木材买卖双方的山客和水客）虽不能实现利润最大化，但却能"利益均沾"，而广林农和木材运输者（旱夫、水夫）作为林业发展的基础力量，在受到较重盘剥的情况下，却暂时摆脱了生存危机，有了一份勉强养家糊口的职业，正如民谚反映了生活现实，说："槁子下水，女人夸嘴，槁子上岸，女人饿饭。"所以，在经济学上，交易各方都同时达到最大目标而趋于持久存在的相互作用形式即为均衡。①

镌刻在清水江边卦治石壁上的《奕世永遵》石刻是关涉清水江木材

---

① ［美］罗伯特·考特、托马斯·尤仑：《法和经济学》，张军等译，上海三联书店1991年版，第22页。

采运各方权利与利益的一则"江规",短短数十字铭文之中,蕴涵着极为丰富的历史信息,反映了当时区域贸易活动和地方社会生活的某些重要侧面。

该石刻内容如下:

> 徽、临、西三帮协同主家公议,此外界牌以上,永为山贩湾泊木植,下河买客不得停簰。谨为永遵,母(勿)得紊占。
>
> 嘉庆二年季春月谷旦立

仔细分析这一"江规"反映三个方面问题,首先,涉及三个不同的主体人群,即以"三帮"为主的"下河买客",卦治寨的"主家"和上河贩运木植的"山贩"。"三帮"是清水江木材采运活动中最早进入清水江地区进行木材采买的三个木商集团,也是来自下游的客商中最有势力的商帮,他们往往都"兼代办江南例木"、采办"钦工例木"等,即负有为皇家或朝廷采购大型和特殊木材的使命,这实际上就给予了"三帮"木商一种特殊身份,在地方官府对木材采运活动宏观控制的政策环境下,这种特殊身份为他们赢得了特殊的权力和地位。[①] 身份作为社会关系的基本调节手段,在人类任何历史阶段中须臾不可离开。在现代商法中,商人由商法所依据的特定条件,通过特殊的程序予以确认,构成特殊技术要求的职业身份。无论是罗马的自然人样态的交易者,中世纪的商人,还是现代意义的公司,当时社会都对商人身份群体采取某种方式予以认定并做出专业性的要求。近代以来,人们对身份存在一种误解,将身份等同于固定的特殊身份。

"主家"则是指卦治这个村寨有权在木材交易中联络"木商"和"山贩"的大姓房族和家庭,凭借着其"本系黑苗同类,语言相通,性情相习",同时又懂汉语的优势,他们充当着沟通买卖双方、促成木材交易的中介角色。"山贩"则是居住在清水江上河一带的贩卖木植的"黑苗",

---

[①] 清代参与清水江木材市易的下河商人并不仅限于"三帮",几乎同时的"五勷"和晚清时的"十八帮",在经营规模上有的远超"三帮"。

他们负责组织将山场的木植砍伐并运至进行木材交易的地方,排工则是在江面上放排的工人,由于专业性强,人数较多,形成"排帮","山贩"和排工是连通生产和大规模流通的纽带。

其次,《奕世永遵》实际上就是一块界分上下河的"界牌"。"山贩"和"木商"均不得越界"湾泊木植"或"停簰",不同的利益主体在木材交易过程中的权利和利益得到了清楚的界划。与此同时,主家因此而分享了上、下河不同的客商湾泊木材或是停排的经济利益。当时社会都对商人身份群体采取某种方式予以认定并做出专业性的要求。

再次,这一江规是官府确立"当江"制度以界分清水江一河上下不同人群构想的具体化,它真实地在卦治所处江面划出了一条清晰的界线,把"山贩"和"木商"及其各自的权属和利益做了明确的规定。因此,《奕世永遵》石刻作为具有规范参与木材贸易中的各个利益主体行为的功用的一条江规,是根据官府地方性法规的规定,以民间协商的方式订立的,但是其基础或渊源仍然是"当江"制度。《奕世永遵》石刻,就是在山贩和其他商人似乎都没有(很可能也无权)参与的情况下,具有特殊地位的"三帮"与有当江特权的卦治主家商议制定的一则民间"江规"。①

"内三江"轮流"当江"也引发了很多利益冲突,在清水江木材采运市场网络的形成和运作的诸多主要纠纷事件中,不同村落间争取木材贸易利益和市场权利纠结在一起,经济纠纷复杂多变。早在康熙朝后期,天柱县境内沿江村寨"串立十八关"阻木抽江等事件,领头闹事的几个人按照清律重判,"发往口外"。嘉庆年间,由于"内三江"对木材贸易的垄断,就引发了清代中期邻县天柱坌处等"外三江"与锦屏"内三江"分享木材的商业利润,争夺"当江"专利权的诉讼,这一"当江巨案"涉及的问题大,涉讼的范围广、人员多、时间长,非其他清代大案可比,前后有近千人卷入这场旷日持久的诉讼,官司从县打到府,又从府级治所打到府院,直至向朝廷告御状,在处理过程中"外三江"的"肇事者"被判杖刑、徒刑、发配的不计其数,有的还被发往黑龙江给"披甲人"

---

① 译见张应强、胡腾:《锦屏》三联书店 2004 年版,第 86 页。

为奴。很多远程案情复杂、跌宕起伏，一些诉讼资料一直保存完好，连篇累牍的诉讼状词和官府的晓谕、告示等反映了清水江下游苗侗民族社会、法律、经济生活等状况，也反映了民族地方诉讼裁决等司法审判与国家司法程序。

第二节 清水江支流上的"公约"

在锦屏境内，清水江还有四条一级支流，它们分别是发源于黎平流经敦寨，从县南部注入的亮江，河长124公里，流域面积为1697平方公里，年平均流量为每秒32.5立方米；发源于黎平，流经瑶光，从县西南部注入的乌下江，全长83.2公里，流域面积760平方公里，年均流量为每秒13.8立方米；发源于镇远，流经三穗、剑河，从县西北注入的小江，全长185公里，流域面积2095平方公里，年平均流量每秒为37.3立方米；发源于本县由县西南部注入的八洋河，全长27公里，流域面积为197平方公里，年平均流量为每秒3.94立方米。这些支流在正常水位下都能放运木材。新中国成立前，杉木的运输主要靠水运，随着清水江木材交易的繁荣，江河通道的运输价值也显现出来。从产区到下游城镇有一整套流送程序和技术，比如，随河水量的增加，会变换扎筏规模，从单漂、小筏、中筏直到大筏。从清水江流域的锦屏经湖南托口向沅江，入洞庭湖到长江下游的流程，就可以看出杉木扎筏水运工艺环节的具体变化。

先从木材运输的第一道工序说起，所谓"洪道"就是山坡上将木材运下来的槽道，不能利用"洪道"或离江边较远地方就只能搭设棚厢，将木材用人力拖出来，棚厢分高、低、平三种，五尺以下为低，六尺以上为高。因地势而定，平厢紧贴地面，用圆木竖着接铺，上面横着架上树枝用绳捆紧，如同铁道铁轨，几个木夫用杠子拖着木材从上面经过，高的要搭起离地面一两米高的木架，将木材拖过。"巨材所生，必于深林穷壑，崇岗绝岭，人迹不到之地，当砍伐之时，非若平地易施斧开，必须找箱搭架使木有所依，且使削其枝叶，多用人夫缆索维系，方无坠折之虞，此砍木之难也。拽运之路，俱极陡窄，空手尚其难行。用力更不容易。必须垫低就高，用木搭架，非比平地可用车辆，上坡下坂，辗转数十里或百里，始至小溪，又苦水浅，且溪中怪石林立，必待大水泛涨漫石浮木，始得放出大江。然木至小溪，利于泛涨；木在山陆，又以泛涨为病。故照例九月起工，二月止工，以三月水涨，难于找箱。是拽运于陆者在冬春，拽运于水者在夏秋，非可一直而行，计日而至，此拽运之难也。"① 这是四川林区的情况，清水江流域拖木也是如此。

厢道用木材架设的专用旱运木头的拽道，构筑厢道叫"架厢"，由伐区集材外运木材至外水或公路旁，若遇悬崖路途、肩木难行时，普遍采用架厢拽运，长者几千米，短者百来米。用"板厢"为单位衡量厢道的长度，一板厢即一根条木有效用于厢轨的长度，平均每板厢约10米长，厢运木材极其艰巨，架厢设道尤为困难。断小木以"马脚"，铺条木以厢轨，双轨平列，相距1.5米许，横设小杂棒以厢檩，两两间隔2米。采野藤、破竹篾捆扎连接处。木夫架设的厢道平稳、蜿蜒，或绕山麓，或盘溪间，飞渡悬崖。厢有平、低、高之外，亦有旱厢、水厢之分，往往于悬崖陡峭架高厢时，设一层、二层或多层厢。厢过转弯处需加宽厢面，架密轨木并横檩。断木架厢损材耗木，一般运距较远，则分段架厢，分段拉木。每拉完一段随即腾厢，"马脚"等用料可得重复使用。厢架好后，依厢长和夫数均分当日每杠应拉的板厢数，短则5板，长则10—20板不等，抓阄轮次，依次来回输运。抓阄全凭运气，若抓到头阄和尾阄，自认晦气。头阄发堆、尾阄上堆，均要硬抬方能上厢和归堆，非身强体健者所不能。体弱不胜任者，可恳请他人换阄换工，但晚饭时必备酒肴以慰劳。同样当夫必然同工同酬，往往有不胜劳者弃夫归农，中途退出的，前费工日不可取酬。新中国成立以前，锦屏境内旱运木材历来架厢拽运。1959年全县架高厢道59条，累计长百余里，架厢运木至今仍然使用。②

在托运木植时，有人不顾他人的利益，生拉硬拖，破坏别人的林地

---

① 《四川通志·食货志·木政》。
② 刘毓荣主编：《锦屏县林业志》，贵州人民出版社2002年版，第246页。

和生态环境。所以在奎腮寨就有一块刊于清道光五年（1825年），禁止搬运木材毁坏农田的《公议禁碑》，对此做了专门规定：

公议禁碑

为公私两便事。缘奎腮溪一道水田，因匪徒等砍伐木植拖厢，低处将田间打樟架马，高处将田坎掘坏，只图伊便，不顾国课民生。是以先年先人曾经保甲阻止，随溪拖出，不许过田，历年无异。道光元年有禹姓贩木，经保长李洪德。三年戴姓贩木，经保长阳老四等劝请妥议，爰立禁碑。嗣后贩木，务要随溪架厢，不许损坏田坎。倘有仍蹈前辙，当即呈官究治，并将木植充分。为此禁约。

道光五年二月二十日立。①

木材运出通过之处，如果都是一家的林地就没什么问题，若过别人家的林地就会出现借道问题，这种情况两家或多家地主都习惯上安排了"洪道"或其他出路。有的在采运时为了自己方便，不按老洪道而开新洪道，破坏别人土地、树木，纠纷就会发生。这就要有相应的规则加以调整，《小江放木禁碑》就是调整此类问题的规则。规定："凡放木拖木，必虑畛坎，务在溪内，不许洪水放进田中，不许顺水拖木，故犯照木赔偿，恃强不服，送官究办无虚。培亮《拟定江规款示碑》规定："爰因约集各寨头人同申款示，永定条规，上河只准上夫放，不可紊乱江规；下河夫只准接送下河，须要分清江界。如有蹈前辙拿获者，禀公罚处，不服者送官究治。"可见有些重要的事件也被刻成石碑成为永远的规则和记忆。②

---

① 锦屏县志编纂委员会办公室编，王宗勋、杨秀廷点校：《锦屏林业碑文选辑》（内部资料），2005年印，第10页。该碑立于奎腮村大水沟头，高110厘米，宽55厘米，厚8厘米。
② 如《小江放木禁碑》：立禁碑人小江众田主等。为严禁乌（吾）邦，本食为民，为田者食所由来。今豪猾之辈，只图肥己，不顾累人，乘水势俾田坎堤障，撞击崩坏，触目惊心。动合田主严禁，凡放木拖木，必虑畛坎，务在溪内，不许洪水放进田中，不许顺水拖木，故犯照木赔偿，恃强不服，送官究办无虚。田粮有赖，为此立禁。嘉庆十七年五月吉日众田主立。（该碑现立于锦屏县三江镇小江瓮寨村圭球溪口）

在平略地芽寨内还有一块刊于乾隆五十四年（1789年），严禁拉运木材毁坏田埂和水坝的《水坝禁约》：

水坝禁约

　　每年客商全不体恤，遇水自放，或自拖运过坝，屡被过后，亦不当整砌。而有田之家，候水退抬石整砌，非一朝夕。而成带田丘尽成干涸，国课无归，老幼嗟叹，莫可如何。今找众公同人：所过木植，不许自放，亦不许请别村人托运，毋论放水托运，先说定必要众运送，扶木过坝，坝坏亦在放木人，当即照旧整理。（不）□肯整砌，罚银三两以为整砌，急需之费。……后载举凡过木植，众人议定由黄莲洞至响水坝止。

　　　　　　　　　　乾隆五十四年六月初六日众等立。

杉木在产地小支流以单根漂流到小河，这叫"赶羊"，从此木材漂流的规则就开始发生作用了。木材到卦治后，开始扎成5—8根原木的小筏，称为"挂子"。到锦屏县的茅坪江水稍大，林农把单个原木收集起来，扎成中型（三层大排）木排，由排工筏运到下游，到湖南的托口改扎成较大的木筏，统称为"苗头"或"苗排"。"苗排"大约由300根杉条扎成，再向下进入湖南沅水至洪江。以前进入洪江的木排主要有"苗排"，来自清水江；"州排"（"州"指湖南靖州）来自渠水；"广排"来自渠水流域，会同广坪一带；"溪排"来自巫水。这些木排统称为"挂子"，除"苗排"挂子有三层以外，其余的"挂子"都只有一层。到了洪江后，改扎成为"洪头"，每一"洪头"的杉木材积，折算约合50立方米（合龙泉码价300两），要编扎成三层、五层，乃至七层，排排相连。"洪头"顺沅江而下，漂流到桃源陬溪、常德河袱，再编扎成更大的木排"蓝筏"，"蓝筏"由多节木筏连接而成，一只约200米，然后进入洞庭湖，经洞庭湖到岳阳再改扎大筏，筏身加宽到10米以上，尺度缩短到100—120米。巨大的木筏顺江而下经过洞庭湖，驶向汉口鹦鹉洲，其至远至南京的上新河。上新河是过去长江下游重要的木材集散地，到1924年前，每年杉木的贸易额达到1000万元，正所谓"长排十里，白镪遍地"。杉木扎排有一整套技术，在杉条近基部凿一孔，用青冈栎等硬阔叶材木棍串联。编扎杉木筏和串引用的拉索是以毛竹篾为原料。竹篾很长，在特定的亭楼上织成长长的竹缆绳，犹如人的小臂，拉力极强，以使木筏可承受大江风浪的冲击。木筏的航行驾驶，有严密的组织和一系列指挥信号，如解缆起航、停靠、加速、减速、转递信号等。

在清水江木材贸易增长的过程中，清水江干流波涛汹涌，各支流波浪不断。锦屏县山谷纵深、溪河较多，山上的木材借以漂流集运，林农多以拽运"客木"微取"水力银"（运木劳力费）来维持生计。所以在各溪、各河形成画地为牢、分段把持的木材运输格局。支流规则的形成起于开浚河道。"江步"一词，指河段，或指水路运输木材的一段江河或溪流，是锦屏县内旧时木材运输的专有名词。"河通顺流，遂与上下沿河民分段放运客木，以取微利，江步之所由来也。"① 雍正、乾隆年间，朝廷疏浚河道，以利于木材水运，干流疏浚经费和人力由政府统一调度，问题并不突出，而支流疏浚的费用和人力由于目前资料有限，情况尚不清楚。由于各寨距江远近不同，对利益的要求自然也不同，总之，木商的木材通过该河段都需留下些"买路钱"。如何平衡这些关系，让各寨都能满意，经过大家磋商、争论，甚至诉讼到官由官府裁定等不同方式，最后形成了各寨都能认可的规则，进而或通过合款立约或刻碑明示，以期勉各寨共同遵守。

亮江长百余华里，曾被分为20段，长者五六里，短者有二三里。清乾隆嘉庆时期，清水江流域木材贸易十分火爆，沿江各寨人等竞相揽运客木，滋生异端，相持不下者只好在府署堂上对簿公堂，以求府署公断。嘉庆十六年（1811年），鬼鹅寨（今向家寨）向宗开等在黎平府呈控高柳寨向国宾等，即所谓"江步"纷争。历史上高柳寨族众人多，距亮河十里而居，而鬼鹅寨不满20户，人力单寡，却紧临亮江而栖。乾隆九年

---

① 《永定江规碑》，锦屏县政协文史资料委员会、县志编纂委员会编，姚炽昌选辑点校：《锦屏碑文选辑》（内部资料），1997年，第54—55页。

(1744年)，黎平知府令沿河居民整理河道，高柳和鬼鹅共同整理了15华里的亮江河道。由于高柳离河较远，这段河道历年的客木水运均由鬼鹅承运，年交租银四两二钱给高柳，"后因结讼和息"，认纳三两八钱。嘉庆十六年，高柳寨以人口多、利益少，要求以后放运木材作九瓜分运，高柳八瓜，鬼鹅一瓜，并向木商们申明，流经这段河道的木材即由高柳放运8年，再轮到鬼鹅放运1年。鬼鹅向宗开等不服，酿成争讼。官府经一番查询后，根据两寨人口多寡，黎平知府徐立御审断："着分为六股，鬼鹅运一年后，高柳接运二年，周而复始，永定章程。"现存高柳下寨锁口桥头的《永定江规碑》，镌刻的就是黎平知府对高柳、鬼鹅作出裁定的"江步"[①] 碑。又如乌下江，根据培亮《拟定江规款示》载：

拟定江规款示

尝思江有规而山有界，各处各守生涯，或靠水，或靠山，随安本业，是以乡村里巷恪成规。我等乌下江沿河一带烟火万家，总因地密人稠，山多田少，土产者惟有木植，需用者专靠江河，富户贩木以资生，贫者以放排为业。从地里入至苗光原非新例，由苗光接送江山者是旧规。自父老生此长斯无异议也。自迩年人心刁恶，越界取利，下江夫属之上来包揪（撬）包放，上河客沿江买卖即买即卖。即□不顾万户之贫，惟贪一己之利息。仰□□畜之□□□□□朝饔夕□之□散，以至身独□□□□□，倘且怕其冻馁，我有家室，岂忍受厥饥寒。彼是以逸待劳，我等坐以待毙。由是人人疾□，个个伤怀。爰因约集各寨头人同申款示，永定条规，上河只准上夫放，不可紊乱江规；下河夫只准接送下河，须要分清江界。如有蹈前辙拿获者，秉公罚处，不服者送官究治。行见规款整而人心□，贫者富而惰者勤，则我地方不至饥寒无路，望救无山矣。至嘱下河朋友，仍守旧规，勿干众怒，勿谓嘱之不早预为告白。所有禁开列于左：

---

① 《永定江规碑》，锦屏县政协文史资料委员会、县志编纂委员会编，姚炽昌选辑点校：《锦屏碑文选辑》（内部资料），1997年，第54—55页。

一议上下游久久账目，各有契约为凭。如有争论，不准阻木，只许封号银两，问清底实。

一议源来招椿旧规，每挂取银五厘，无有新例。

一议洪水漂流，不问主家之事。

一议木到，如□交主等□。

一议下河木客买卖上河发木，不准自带水夫，恐有□分争持，放木延拦，丘本勿怪。

一议夜盗木植，照数照价主家赔还。

一议□优设故生端油火等情，各寨头公论，自带盘费，捆绑送官。

一议山中子木恐有偷砍，拿获者罚纹银三两二钱，拿者赏纹银五钱，见者不拿，与贼同□，应罚纹银。

罗闪　孟彦　者官　者晚　拱背　五湖　八党　亚榜　者羊　者麻　罗里　卷寨　八卦　溪口　平信　八里　八龙　八受　塘头　归斗　美罗　双江口　南喉　苗乇　苗馁　培亮

咸丰元年四月廿二日众寨头人同心刊立

永远不朽①

培亮《拟定江规款示》调整的范围包括培亮、罗闪、孟彦等26个村寨。培亮村位于乌下江西岸，其他各寨也在乌下江中游和下游地区。清代锦屏林业贸易兴盛，对乌下江流域这一盛产杉木地区的木材需求量加大，根据木材采运过程中山间拖木、江河排运分段进行，互不侵犯、利益均沾的传统原则，各寨在乌下江中、下游均应占有股份，但一些地势有利的村寨对经过所管江段木材行使放运专利，为争夺木材放运专利，各寨之间经常发生纠纷，一些纠纷不得不到官府解决。为协调各寨之间的利益关系，传统的款组织发挥了作用，咸丰元年（1851年）四月二十

---

① 锦屏县政协文史资料委员会、县志编纂委员会编，姚炽昌选辑点校：《锦屏碑文选辑》（内部资料），1997年，第56页。

二日,众寨头人同心刊立这一"款示",规定:"爱因约集各寨头人同申款示,永定条规,上河只准上夫放,不可紊乱江规;下河夫只准接送下河,须要分清江界。"试图通过明确界分上下河,来达到保障自己村寨经济利益的目的。

锦屏县城的飞山庙里有一块刊刻于清光绪九年(1883年)的残碑《八步江规》。前述,清水江锦屏段长百余里,这段江道两侧有亮江、八卦河等支流汇入,《八步江规》规范的正是亮江支流从"头步"村寨到"第八步"村寨之间"分步"放运木材各取其利的基本规范。它通过划分各"步"之间的交接水面,明确和保证了不同村寨各自负责放运木材的江段,最终确定各自获取的利益。《八步江规》"前言"说:

> 钦加盐运使衔补□□,札发规条,永远遵照,以杜争端……出示晓谕。为此示,仰八步□□,□守罔替,自此以后,务宜永远遵行,□□严提究办,决不姑宽,其各凛遵。[①]

从上面两次纠纷和两项具体解决方案可以发现以下四项原则:

第一,利益均沾的原则。木材贸易就是为了获利,在林木的种植、采运、买卖过程中,林农、木夫、排夫、山客、水客都要获利,以维持生计。培亮《拟定江规款示》说:"我等乌下江沿河一带烟火万家,总因地密人稠,山多田少,土产者唯有木植,需用者专靠江河,富户贩木以资生,贫者以放排为业。"高柳和鬼鹅由于住地原因,所获利益却相差悬殊,所以高柳必然会提出新的利益要求。本来鬼鹅是从高柳寨分出的小寨,两寨之间有很近的血缘关系,但在利益面前仍互不相让,闹到官府,最后由官府作出了利益大体相当,两寨都能接受的判决。

第二,定纷止争的原则。在利益面前有些人就会破坏规则,而法的功能是定纷止争。培亮《拟定江规款示》说:"尝思江有规而山有界,各处各守生涯,或靠水,或靠山,随安本业,是以乡村里巷恪成规。……

---

① 该碑已断为两截,下半截找不到,所以缺字较多。锦屏县政协文史资料委员会、县志编纂委员会编,姚炽昌选辑点校:《锦屏碑文选辑》(内部资料),1997年,第54—55页。

自迩年人心刁恶，越界取利，下江夫属之上来包揪（撬）包放，上河客沿江买卖即买即卖。即□不顾万户之贫，惟贪一己之利息。彼是以逸待劳，我等坐以待毙。由是人人疾□，个个伤怀。所以须要分清江界。……上下游久久账目，各有契约为凭。如有争论，不准阻木，只许封号银两，问清底实。"

第三，维护稳定的原则。侗族地区（也包括部分苗族地区）款组织是为了某种目的而结成，不只是为了达成联合军事防御，有时还是为了某种经济目的，这一点不可忽视。其中"小款"有时就是由同一河流的数十个村寨组成，沿河的各村寨试图通过这种"合款"的形式来维持当地的经济秩序，同时政府也鼓励这种合款，来稳定当地的社会秩序，并能满足款组织对严重破坏当地经济秩序的犯罪者的"送惩"要求，如培亮《拟定江规款示》第七条："如议□优设故生端油火等情，各寨头公论，自带盘费，捆绑送官。"如有还敢重蹈前辙被拿获者，禀公罚处，不服者送官究治。

第四，保护生态的原则。如前举《水坝禁约》《公议禁碑》。黔东南地区多山水长，但存不住水，修筑水坝以便灌溉的做法由来已久，当木材漂流到水坝前受阻，需要人工托过。但托过木材后，损坏了水坝，稻田干涸，客商也不修砌，更不赔偿，所以水坝所在地平略地芽于以公约形式发布"水坝约示"，众人议定由黄莲洞至响水坝止必遵守此规矩。

第三节 漂浮木回赎"公约"

贵州省地处亚热带湿润季风性气候，雨量充沛，雨季较长，常有洪水暴涨，清水江流域的木材依靠水路采运，漂流的木材"非水不能行，过大则又防漂"[①]，木材顺流而下，易于搁浅散失，各木材码头的积木也容易被洪水冲散而流失。同时沿河的居民争相捞取，木商中有因木材流失损失惨重，甚至沦为乞丐的。这在其他商业贸易中是很少出现的，矛

---

① 严如煜：《三省边防备览》（卷9），《山货》。

盾的产生与林木行业的运输方式密切相关。

在清代，洪水泛滥的年份每年都频频出现捞木者与木主之间的矛盾，这些利益的冲突仅靠双方自己难以达成和解，所以纠纷各方要求政府必须加以规范。地方官府往往以裁决者的角色出现，在解决利益冲突时表现出保护木商利益的积极作为的姿态。在清水江下游坌处镇清浪村地冲滩，有一块刊刻于清朝道光八年（1828年）的古碑。该碑位于天柱县与锦屏县交界的杨渡角之下。碑高4尺，宽2尺，共341字，因碑无名，遂命名为"清浪碑"。该碑后半部分是这样：

> 至乾隆年间，洪水泛涨，沿河流木捞获甚多，上下争控县主马案下，蒙恩公断，流出羊豆角石槽以下、笋洞以上柱属地方，捞获者，尺长纹银三分赎退。商等因赎价过昂，不愿赎退，情愿照市价买。迨至道光年间，洪水泛涨，各苗之木被水冲下，沿河捞获甚多。因豪恶龙承标等复控仁天县主李案下，蒙恩给断，以照旧章，久后不得争讼，亦不得仍蹈前辙。方才勒碑以附久操，永垂不朽云。
>
> 大清道光八年岁次戊子冬月吉日公立①

清水江木材水运活动所形成的旧章惯例，凡捞得因洪水漂流的木材者，必须待主人清赎后方得处理，清代道光以前是"尺长纹银三分赎退"。碑文所说的"因豪恶龙承标等复控"，这里的"旧章"就是"尺长纹银三分赎退"标准。当时政府要权衡木商和捞木居民的利益，如果赎价过高，会增加木商的交易成本，使之损失重大；如果赎价过低，沿河居民则无心捞取。木商与沿江两岸捞取漂流木材的乡民之间的纠纷时有发生，由于各种原因，这些纠纷在民间又很难得到妥善解决。此仍乾隆年间事情。道光年间即几十年后，类似事件又发生，坌处一方固然要求照旧章办事，但对方似乎有前次经验，拒不遵章，复行控告，受理此事的县主大概以为以前赎木标准是合理的，就判定"久后不得争讼，亦不

---

① 该碑在王宗勋手抄，提供给笔者。此前有本土学者秦秀强在报刊上发表过介绍文章。

得仍蹈前辙"。

清水江天柱县流程近80公里。"内三江"木材必通过天柱境内才能到达湖南，所以洪水暴涨之际，被洪水冲散而流失的木材多在天柱境内，外三江洪水期捞获流木争取应得的赎木费也是一种经济权利，通过漂流木回赎可以取得一些木材利益回报，这也是天柱沿江各寨木材贸易的权利被剥夺后的最后一点利益。该县境内有一处云塘湾（即今天清云村），在远口下游两公里处，村前一带河面石矶散布，塘缓湾回，清水江流到此处出现回流，湾水向上回旋，漂流的木植有些在此停泊。江水暴涨时内外木坞的泊木挣缆脱缰，漫江漂流，让木材商人和木夫防不胜防，急流中被截获的只有一小部分，大多顺流而下，此场景沿江百姓称为"流黄"，但木植并非捞到便可据为己有，截获木者须待木主来赎，满一个月尚无人认赎的，捞主方可据为己有，此乃历来江规，而退水寻木的最佳地点就是云塘湾。

嘉庆七年（1802年），黎平府布告中记载："乃有沿河地棍藉木植经过，雇夫运放，昂取工价，或借以冲坏桥梁、场坝为词，勒索银两。""或溪河水发，木被冲散，任意捞取，重价勒赎；甚至将木客斧记削除，私行售卖，以致讦讼无休，尝经本府严禁在案。"此布告特别重申："倘水涨飘散之木捞获，听从客贩认对斧记取回，量出捞木微资，不许勒赎多价，及削去斧记变卖。自示以后，偶敢仍沿前辙，一经访闻或被告发，即严拿到案，责无旁贷。"从这份布告中可以看出这已不是木植捞取回赎的利益之争，而是有意破坏木植采运的犯罪行为，不仅侵害了木商的合法权益，也扰乱了正常的社会经济秩序，国家法律必加以严厉的惩罚。若客商不遵既定惯例，居民捞得木材就得不到回赎，居民捞木时的成本就得不到回报，而下河商客为促进营销量，又照市价重新购买木材，这就是矛盾存在的原因。木商与天柱沿江两岸捞取漂流木材的乡民产生纠纷时有发生，由于各种原因，这些纠纷在民间又很难得到妥善解决，必须在官府的干预下解决。嘉庆、道光年间，类似事件时有发生，垒处等天柱一方要求照"旧章"处理，但下河木商嫌赎价过高，"复行控告"，地方官府往往以裁决者的角色出现。

下面请看同一年木商们对这一问题的态度和标准，这在"亮江木材漂流赎取碑"中有所反映：

> 俾垂久远
>
> 特授贵州镇远府天柱县正堂加三级顺带加二级记录一次。为严切晓谕，靖地通商：
>
> 照得清水河上自苗疆，下达两湖江浙各省，所用木商……扰害弊端，久奉大宪，厘革殆尽，惟柱上义里等处地方，于嘉庆年间争江……奉大宪咨部严办，自应痛改前非，各安生业，用为盛世良民，乃本县下车伊始……窃干控者，除照案饬提究追外，合行出示晓谕。为此示，仰该属居民人等知悉：尔等嗣后……岸遇有木商栽椿吊缆停泊簰，毋许拔椿砍缆，偷窃肆害。遇有木商放行簰把，毋许纠凶聚……阻肆害。倘值洪水涨发之时，遇有上河漂流，下河捞获木植，毋许藏匿、毋许毁废，务候该商……斧记确实。遵照示定木植大小酌给工资银两若干，准其取赎，商等不得悭吝，亏负捞获……而居民不得高抬执漂流之木。如违，许该保长指名禀究。该保长若敢通同狥庇，或经访闻……被告发，立即签提一并倍处，各宜凛遵毋违。
>
> 特示
>
> 计开捞获大小木植工价：
>
> 一、一尺内围木，每根准给捞获工价银四分。
>
> 一、二尺内围木，每根准给捞获工价银八分。
>
> 一、三尺内围木，每根准给捞获工价银贰钱。
>
> 一、四尺内围木，每根准给捞获工价银叁钱六分。
>
> 一、五尺内围木，每根准给捞获工价银八钱六分。
>
> 一、六尺内围木，每根准给捞获工价银壹两五钱。
>
> 道光八年六月二十五日　晓谕
三帮五勷公立①

---

① 锦屏县志编纂委员会办公室编，王宗勋、杨秀廷点编：《锦屏林业碑文选辑》（2005年内部印刷），第36页。该碑现立于锦屏县飞山庙，已残损。

该碑和"清浪碑"均为道光八年（1828）所立，该碑为木商所立，"清浪碑"当为沿江乡民公立，坚持乾隆以来的旧章。"清浪碑"经天柱县正堂批准，通过"出示晓谕"，不仅指出沿江乡民在获取漂流木中的等违法情形，还根据木材的长度详细规定了回赎的标准，而且捞获的工价比"旧章"高。但特别强调"毋许毁废，务候该商……斧记确实。遵照示定木植大小酌给工资银两若干，准其取赎"。这说明乡民以前在捞取木植后将木材有所毁坏，将长木据断，一棵变多颗，即以一尺长的木材换取三分的赎金，增加赎取之数量。但对木商来说，太短的木材很多难以达到用户的要求，这就相当于废材，这样才有"商等因赎价过昂，不愿赎退，情愿照市价买"。至于天柱县正堂在同一年出现了两种态度，一种是维护"旧章"，满足沿江乡民的诉求；一种是订立新章，满足木商的利用。原因可能有两个：一是县主后被木商们说动，改变了原来的意图；二是不久之后更换了县令，搞了新的一套。由于"木材漂流赎取碑"上县令的姓氏脱落，"清浪碑"上有没有记录县令的姓氏，从文中"下车伊始"字样分析，也可能是新换了县正堂。

光绪五年（1879）的"王寨漂流木清赎碑"更加详细地规定了木商和捞获方的权利和义务，涉及木植回赎的方方面面。请看：

  署布政使　吴
总理贵州通省厘金总局
  署按察史　曾

  为晓谕遵照事。案奉抚部院牌开，据管带湖南长胜水师营、兼办竹木厘务同提督禀称："木商运木，近年河水陡涨，多被漂流，沿河奸民或乘危斩缆，或捞获勒赎。有碍商旅，拟定章程，请饬遵办"等情，檄"行者照示禁"等因。奉此，除饬地方官并局员遵照办理外，合行亟抄录章程示谕。为此示，仰商民排夫人等一体遵照，稍抗违，致干查究。切切，特示。计开捞木赎木章程：

  一、被水漂流木植，沿河居民捞获者，无论整排、散木，不准削记改记，锯断藏匿。掉放河边，报知地保点明数目，速书招赎字据，开写斧记、数目、捞获日期、粘贴泊排坞，上下木商来认，会同地保合对，斧记相符，照章取赎，木商不得短价，捞户如有违章卡赎者，准商禀官提究。

一、捞截木植定限四十日，候木商取赎。如逾限不到，准捞户鸣知地保，投行照价售卖。

一、捞截木植无论水势大小，均听木商于定限内取赎。如遇陡涨漂江洪水，每两木码准取赎价钱贰千文。满河水每两木码准取赎价钱壹千文，平常水木植漂流无多，听木商酌给捞获钱，不准持强多取，木商亦不得悭吝少给，以昭平允。

一、水涨之时，如有乘危潜至水底附近排边斩缆强放，被木商捕获告发，即照抢夺拟罪。若捞藏、削记盖记、锯断私卖，被木商查获告发，即照偷盗律计赃科罪，以示惩儆。

一、排夫包运客商木植放河洑、德山一带，沿途藉端卡索客商银米、故意羁留岩滩，迟延时日，而［ ］图加价。嗣后再蹈前项情弊，准木商就近赴县禀明严加惩办。

右谕通知
光绪五年三月十六日晓谕
三帮五勤公立①

该碑为下河木商公立，内容自然有利于木商。但它是省藩台、臬台官署与省厘金局联合发布的告示，具有省级法律效力（"省例"），该告示对乡民"乘危斩缆"、"捞获勒赎"等犯罪情严厉打击，其中对潜入水下"乘危斩缆"等行为以抢夺罪问拟；对乡民销毁斧记、据断木材、私藏河边、私自出卖的行为以偷盗罪判刑。该告示还对木植的多少、报知机构、回赎期限、通知木商、核对斧记等回赎细节等都做了规定。同时根据在水势的不同情况下获取木植定有不同的回赎标准。要求双方严格按照规定履行责任，木商不得短价，捞户如有违章卡赎，准许木商"禀官提究"。此外，"王寨漂流木清赎碑"特别对放排工人的行为做了

---

① 锦屏县志编纂委员会办公室编，王宗勋、杨秀廷点编：《锦屏林业碑文选辑》（2005年内部印刷），第37—38页。

明确的规定。因从锦屏经清水江、沅江到洞庭湖放排时间较长，要停靠多个码头，排工因工作辛苦、危险，向木商卡要钱米、停留拖延时日，以此要求多加工钱，这类事情可能经常发生。所以规定有此情形的木商可以到沿岸各县提起诉讼。

2009年7月27日笔者在锦屏飞山庙看到一块倒在草丛中的残碑，为题头为"总理贵州通省厘金总局晓谕遵照事"，碑文残缺不全，落款日期［ ］［ ］三年三月十六日立，而从可以识读的文字分析，如："每两木码赎价钱贰千文"；"每两木码赎价钱壹千文"上看，该碑和"王寨漂流木清赎碑"内容接近，时间应该是早此两年的光绪三年（1877年）。

清朝咸同年间的苗民起义对清水江的木材交易遭到严重破坏，光绪年间动乱已经平抚。同时政府根据西方法律自由贸易的原则，已经解除了"内三江"对贸易的垄断，各地都可以自由地买卖木材，木材贸易得到恢复和发展。随着各地木材贸易量的增大，种种违法犯罪的现象也不断增加，有些原来隐蔽的犯罪行为也竟然公开化，严重危害了木材贸易秩序，在漂流木回赎上也出现新的问题，需要有新的章程加以调整。

再请看光绪二十八年（1902年）"坌处漂流木材清赎碑"：

永定章程

钦加同知衔署镇远府天柱县事即补县正堂加五级纪录七次　谢

为遵录批示，出示晓谕事。照得县属沿河一带地方，为各省各帮木商方放排经过必由之道，每遇大雨，山水涨发，沿河所泊木排多被水冲散，附近居民捞获据为已有，木商备价向赎，勒索重价，方方刁难。议尚未成，擅行变卖，名许其赎，而终不能一赎，并有无知匪徒，每乘水势暴发，系缆危急之时，纠集多人执械持器械登排砍缆，令同党预伏下流，等候排一流到初行强劫。并有乘其不备，黑夜偷解缆子流下，随驾小舟拆排搞掳抢。访闻客商所失木排，洪水漂流十中不过一二，余皆被若辈砍缆强劫偷窃。此等行为实与强盗无异，种种不法真堪痛恨。上年总办瓮洞厘局委员详定，援照五分之一章程赎取，笼统而言，殊未尽善。旋据金寿、江汉、益阳、常德、黄州、长沙、永州、宿松各帮木商公议，仿照从前旧章并新订详细章程，联络禀请前来，本县查问，所拟各条甚属周妥。详请贵州通省厘金总局宪立案，奉批："据详，商民、各木帮等酌拟赎木章程禀恳转详前来柱，与前饬仿照外省估木五分之一取赎，且出自木商自愿，自应准予立案，仰俟署令将前示撤销，并转饬遵照，仍严禁沿河居民不得有藏匿，勒索等弊，以恤商情而昭公道，清册单并存。此缴"等因，奉批除遵照立案，撤销前示，并移瓮洞厘局委员及札知镇远司巡检遵照将示撤销外，合行出示，晓谕沿河一带绅耆居民人等一体知照：嗣后凡遇捞获漂流木植，赎取限期、价值以及租地青桩、运木雇夫等项，均应遵照后开章程办理，不准故意刁抗、违勒、抬价、藏匿、捐留。倘敢不遵以及再有前项解砍缆子、聚众行强、黑夜偷窃，并木排漂流因而夺取者，即与强盗无异。一经访闻，或被告发，定即饬差拿，务获到案，照例分别问拟军流绞斩，决不姑宽。其各凛遵毋违。特示。

右谕通知

　　计开详定各项章程：

　　一、赎木限期。旧章改定廿内等候木商取赎，逾期听凭捞木之人变卖；

　　一、凡遇半江水漂流长杉木，照正每两码照杉木折三钱；

　　一、凡遇满江水借地青桩系缆，一条给租钱一串二百；

　　一、凡遇运木所用包头、排夫，听客自雇，不准他人出人阻拦。倘敢不遵生事，送官惩办；

　　一、凡遇沿河居民置买木植，不论整装零碎，须问明来历。若系红印、削记盗卖之木，不准收买。倘敢不遵，查出指名禀官提案；

　　一、凡遇满江大水漂流杉木，每两码①赎钱三千文；

　　一、凡漂流无尾断桩，照正木每两码杉木折五；

　　一、凡遇单桐长七尺者，照正木每两码杉木折二；

　　一、凡遇半江水借地县城桩系缆，一条租钱六百；

---

① 按龙泉码计算，每两码大体在3.34立方米，但各地的算法有所不同。这应该与各地厘金局的木材检测标准有关，水路运输远近的木材成本可能计算在其中。

一、凡遇赎长正木者，除寸头篾八尺照围。

光绪二十八年二月二十日　告示①

该章程首先指出：每当洪水之际清水江沿岸不法乡民伙同持械白日砍缆、夜晚解缆，同伙埋伏在下游抢劫木植等行为实属强盗行径，必须严厉打击。有些木排多被洪水冲散，附近乡民捞获后居然据为己有，木商虽备价待赎，乡民却勒索重价，百般刁难。"议尚未成，擅行变卖"，表面上答应回赎，但实际上不想赎，这也属于欺骗行为，应该严行禁止。在木植回赎标准上，认为之前的"五分之一章程赎取"，太过笼统，照顾不到各种情况。经各省木商商定参照旧章，制订了新的标准。和以前不同的是回赎木材的测量单位是以清水江流域通行的篾两码为准。同时做出了几项新规定：一是凡遇满江水（大洪水），为了避险，借当地青桩系缆，一条给租钱一串二百；凡遇半江水（中等洪水）借地县城桩系缆，一条租钱六百；二是凡遇运木所用包头、排夫，听水客（木商）自己雇用，不准他人出人阻拦，以免出现中间环节，奸人从中获利。倘有人胆敢不遵生事，木商可将其送官惩办；三是规定了购木者的义务，凡遇沿河乡民置买木植，不论整木或碎木，均须问明来历。若有斧印或有削除斧记之嫌之木，不准收买。倘敢不遵，一被查出，可指名禀官提案。最后对盗窃、抢劫商人木材的行为直接定罪量刑。倘有"解砍缆子、聚众行强、黑夜偷窃，并木排漂流因而夺取者，即与强盗无异"，一经访闻，或被告发，定即饬差拿，务必拿获到案，照例分别除以充军、流放和死刑。可见官府在解决利益冲突时表现出保护木商利益的态度，特别是对破坏木材采运秩序的犯罪行为严惩不贷。所以说漂流木植回赎之争也是"当江立市"之争的延续。

"民国初年，清水江流域每年外销木材总额值600万元。……清水江林业全部以杉木为主，以锦屏为集散地。"② 锦屏县木材全赖江河之力，进行运输，在漂运中常有意外事件而致木植失去控制，同时也时常与沿江两岸

---

① 锦屏县志编纂委员会办公室编，王宗勋、杨秀廷点编：《锦屏林业碑文选辑》（2005年内部印刷），第40页。该碑立于天柱县坌处镇小学校操场边。

② 何辑五：《十年来贵州经济建设》，1912年11月15日，《侗族社会历史调查》，第29页。

捞取失控木植的乡民发生争端。每值雨季，常有洪水暴涨，沿河积木被洪水冲走，如1917年5月6日，上游暴雨，清水江、小江、亮江三流水游，漂木无数，在锦屏经营木材的木商流失木材折银圆数十万计，破产者十数有余，有的沦为乞丐；民国二十年（1931年）7月连降暴雨，清水江沿岸流木千余两计次年夏流木折银洋几万元。[①] 由于流木大量漂流而下，沿岸居民争相捞取，如1938年5月锦屏县建设科赴茅坪协助木商清赎漂流木材工作汇报中称，本次木商在锦屏漂流木材3000根，约合银子400两，价值6000万元（法币）左右，曾有漂流之木挡在茅坪寨脚，因水势继续上涨，专程划来等候在该处的清浪以下民船三四十只，见木继续漂流即行抢夺。[②] 每年捞木者与木主之间的矛盾都频频出现。故政府对于捞木与赎木均有定规颁行。如何兼顾双方利益，政府当另有详细标准和具体的实施细则。

民国时期，清水江流域各县和木业商会先后制定了几个规约，有民国二年（1913年）的《木商会碑记》，民国二十九年（1940年）的《锦屏县清水江漂流木植清赎办法》，民国三十五年（1946年）三县联合订立的《清水江漂流木清赎办法》，后两个规约的内容更为具体、规范。

民国二年（1913年），《木商会碑记》石碑上记载了有关赎木的章程内容：

  1. 满江洪水赎木价：在六丈以上者，依江内篾[③]每两码给赎钱两

[①] 刘毓荣主编：《锦屏县林业志》，贵州人民出版社2002年版，第254页。
[②] 同上书，第254页。
[③] "篾尺头"检测木材的标准，在林交易各地均不同，据一般经验，1000株杉木中圆周长度一尺到一尺四寸者，约为65%，依照计算标准，在此限度内圆周长度，增长五分加码子五分，则围量650株杉木时，篾头每短五分即增加码子二两二钱五分。一尺四寸五分到一尺五寸者约为25%，在此限度内依照计算标准，圆周增长五分加码子一分，则围量这255株杉木时，篾头每短五分，即增加码子二两五钱五分；一尺五寸五分到一尺八寸者约为百分之八，在此限度内，圆周增长五分，加码子一分五厘，则围量达八十株杉木时，篾头每短五分，则增加码子一两二钱；一尺八寸五分到二尺五寸者约为1%，在此限度内，圆周增长五分，加码子二分五厘，则围量这十株杉木时，篾头每短五分加码子二钱五分；二尺五寸五分到三尺五寸者约为0.5%，在此限度内，圆周增长五分，加码子五分，则围量这五株杉木时，篾头每短五分，即增加码子七厘五。围量起点的计算大有文章。杉木的圆周长度自树兜以上愈高愈短，据一般经验，自树兜每上量五寸，则减短圆周二分；反之，自树梢而下，每下量五寸，即增长圆周二分。依照上述标准按平均每株每增长圆周长度五分加码子七厘五分计算，则每株增加码子三厘，1000株杉木共增加三两。

千文，五丈以上给赎钱一千六百文，四丈至三丈者照式递减。

2. 半江洪水赎木价：在六丈以上者，依江内篾每两码给赎钱一千文，照式类推。

3. 满江洪水赎木期限半月，半江限十天。逾期不到，准捞户自由变卖，但连期水涨，碍难寻赎，亦不得拘此限期变卖。

以上各条，永远遵行，如敢违抗，一经控告或被察觉，定行提案，治以应得之罪。①

《木商会碑记》所载有关赎木的规定虽不够完善，但也已相对明确。章程中分别规定了满江洪水和半江洪水两种不同情况下的赎木价，又按照木材质量的优劣规定赎木的不同价格。同时又按照以上情况分别规定了赎木的期限。如果超过了规定的期限，沿河捞户即可将捞得的木材自由转让变卖。章程中第三条的"但书"将一特殊情况写入，即若遇洪水久涨不退，难以回赎，则捞户不受半月、十天的期限限制。此处类似于我国现行民法中规定的当事人的期待权。需要注意的是，虽然章程中规定，倘若违反以上规定，"治以应得之罪"，但相应的具体治罪制度并没有加以明确规定。民国二十九年（1940年），根据新发生的情况，锦屏商会在《碑记》基础上拟定了《锦屏县清水江漂流木植清赎办法》，该办法在"前言"说明了制定的理由：

本月14日，乌下江一带山洪暴发，河水陡涨数丈，商等在该处采办之木不下2万余株，均被漂流殆尽，赓即派人清查，殊意两岸之保甲长及居民人等，竟视漂流木为无主之物，或任意封号，或削原印而盖其印，或改原暗号而另刻新暗号，或将沿河着岩及捞获之木偷卖他人，或锯断自用，或运山溪隐匿，而一般奸商及木工作者，亦乘此机会，纷纷买此不法得来之赃物，纵有一二畏法之徒准予赎取，亦仅限于有印之木，但于赎价一项，非故意高抬，即谓逾月不

---

① 锦屏县政协文史资料委员会、县志编纂委员会编，姚炽昌选辑点校：《锦屏碑文选辑》（内部资料），1997年，第49页。

赎，不准赎取。至于无印而有暗号之木，尤多强行侵占，或即转卖他人，种种不法行为，实难陈述，使商等既受漂流之惨祸，复遭沿江保甲长及捞户之非法损害。其尤堪痛恨者，沿江捞户，靡不恃众逞强，木商因清赎漂流木，而遭其压迫、被其侮辱，因而涉及诉讼者，实为常见之事态。故本小之木商，即一蹶而莫起，资金较巨者亦有创深痛巨之感。

《锦屏县清水江漂流木植清赎办法》较民国二年（1913年）所订的规约更加具体明确了，依其时的民法、刑法为依据，确定漂流木的打捞、禀报、揭示等义务，打捞户享有的报酬，所有权人所有权的保护，以及限制打捞与赎取过程中的不法行为。该办法得到了省财政厅、省建设厅和省农业改进所的认可。然省政府以该办法呈送程序未合，且事涉数县，应通盘规划为由，发交第一区行政督察专员公署办理而暂未予批准施行。大水冲失的木材往往逾越县地，一地制定的清赎办法又只限于该地域通行，以致产生争议。商会协调的方式属于行业自律，行业自律指由各商业行业协会等民间组织对商人之间，商人与消费者之间的关系进行自我约束。但行业自律存在着不足，存在行业保护主义，因格式合同的条件多为各行业自己制定的，在当事人的权利义务分配上可能对消费者不公平。① 我们通过该办法粗略地知道清水江流域木材伐运漂流过程中出现的问题和民国时期地方行政法规出台的情形。

民国三十五年（1946年），锦屏县参议会会长王子灵、副会长龙运涛在锦屏主持召开有天柱、剑河两县代表参加的三县第二次地方会议，专门商定清赎漂流木植办法的议案。是年11月25日，以民国二十九年（1940年）锦屏商会所定的《锦屏县清水江漂流木植清赎办法》为蓝本，共同研讨制定了《清水江漂流木清赎办法》，报经三县政府同意后，作为政府布告，向三县各族该"清赎办法"较前者更为明确详细，涉及民法、刑法之内容，有些甚至与当今民法之法理相似，确定了漂流

---

① 童列春：《商法基础的理论建构：以商人身份化、行为制度化、财产功能化为基点》，法律出版社2008年版，第86页。

木的捞取，所有权人所有权的保护，赎期的限制以及赎回过程中不法行为的定罪等。《办法》明确严禁捞木者随意变卖及隐匿所捞木植，不允许捞户破坏木材上的斧印，损坏木植，否则就会入罪。这是涉及刑法的有关规定。说明当时私自变卖所捞之木已经突破了社会容忍度，触及了刑法。其对漂流木植所有权的保护程度可见一斑。《办法》第六条、第十条分别规定木材权属不明时如何处置以及捞户的合理注意义务。这相当于现行民法的先占和无因管理理论。不仅如此，《办法》还对政府人员的违法行为加以制约，防止他们以损害木商或捞木者的合法利益为代价谋取私利。

第四节　清水江义渡"公约"

现在的三门塘村属于天柱县坌处镇管辖，全村由三门塘、三门溪、喇赖、乌岩溪4个自然寨组成，侗族居多，有16个村民组262户1559人，包括了吴、刘、谢等19个姓氏，世代和睦相处。这是清水江边一个美丽的江村，是历史悠久的侗族村寨，为侗家"四十八寨"之一。这个村自清朝初期开始就比较有名，清代到民国因争夺林木的利益，是锦屏县与天柱县在清水江上"争江"的"外三江"之一。三门塘村依山傍水、岩高塘深，因寨中东、西、南三面各有寨门，故称"三门塘"。历史上是清水江上远近闻名的古木商码头，为"外三江"的重要木材商埠。在过去的千百年里，清水江以羊渡溪口划江为界，上游称"内江"，下游称"外江"，外省木商在没有主家引进的情况下不能直接进入"内江"采购木材，只能由三门塘、坌处、清浪3个村寨（"外三江"）的木商进入"内江"的茅坪、王寨、卦治，代客采购。"外三江"有经济实力、商场信誉好的人便开设木行（木坞），作为"主家"接纳外省木商，代替商客向"内江"采购，以收取3%的"行用费"，在清朝鼎盛时期，它的木材经营量大约占了"外三江"的80%，因此，三门塘便成了清水江上重要的木材集散地。

由于三门塘地处"外江"咽喉，成为外销商埠，长江中下游各省来往客商留住于此，购买木材，过去在"窨子屋"（外部有防火墙，属徽式建筑，中部一般是二层木楼）的房柱上留下了很多客商商号的"斧印"，见证了当年清水江流域林业的繁荣。嘉庆二年（1797年）《修庵碑记》称：三门塘"诸峰来潮，势若星拱，清河环下，碧浪排空，昼则舟楫上下，夜则渔火辉煌"。到了民国五年（1916年），锦屏、天柱两县知事对原来的"江规"做了变通，规定：垒处、清浪、三门塘木坞主家引客进内江交易后，照例先盖外江主家斧印①交纳厘税行佣等费，随即放出"外江"主家木坞交客成排，除由木商照旧例每个苗头纳天柱中学经费一两零五分外，还应酬给主家之劳务费。近代以来，天柱中学为黔东南，乃至全省培养了大批人才，新中国成立后，天柱县在黔东南也是文化、教育最发达的地区，这和当年木材贸易的"抽头"有很大关系。天柱县在清光绪三十年（1904年）就成立了"劝学所"，"外三江"赞助白银三千两，还以垒处木捐作为天柱县高等小学的常年经费。此外还规定木客每根木头抽钱一文半，每对卦抽钱二十四文，除交杨公庙（木商会馆）香灯各费外，多余部分则提作天柱中学常年经费，天柱捐资办学开始蔚然成风。② 三门塘以清水江木商文化为代表，体现了北部侗族文化与外来文化的融合，由于受汉族文化的影响较大，尤其是北部侗族文化中充分体现各民族文化的村寨，现在尚完好地保存着多处宗族祠堂，现今村里族长的权力还比较大。除此之外，三门塘村还保存一批百年古树、文物、建筑和石碑。现存有各种古碑百余通，如"禁条碑记""河道禁碑""山地禁碑"等，分别记载该寨从明朝几百年来集资修建义渡、义船、架桥修路等历史事件的经过。三门塘现今还存有5座码头，由上而下分别为谢家码头（今称喇赖码头）、吴家码头（今称大坪码头）、王家码头、刘家码头、对门码头（又称三门溪码头），大小码头均以巨型石板垒砌，总共300余阶。5座码头中以谢家码头为最早，刘家码头最大，使用最多，

---

① "斧印"又叫"斧记"是木材商号的铨记，打印在木材上，洪水冲失，便可赎买，存放在商坞，可资识别，犹如现代的商标或公章，外省木商到外地购木材总是喜欢打一个"斧印"在木行厅堂的木柱上留个纪念，几百年来不知有多少家木行到三门塘购买木材。现在该村的12栋百年老屋的庭柱上，还留有密密麻麻的"斧印"。

② 参见秦秀强《吴鹤书与清末"外三江"木材市场的建立》，《贵州政协报》2008年2月28日。

实际上是 5 座码头中的大码头，为木排的停靠点，其他的码头仅仅是自家船只的停靠点。因为刘家码头有地理优势，涨水的时候，那里的水是回流的，木材不会被冲走，所以刘家码头是停放木排最好的地方①，现在三门塘渡口仍然在刘家码头。过去码头设有义渡，置有义田和义林。据 1947 年统计，三门塘义渡田年收谷 250 担，义渡林总面积 28 亩。主要渡口除建有码头、备有渡船及船工外，还建有渡船屋，现今保留的 12 块"义渡碑"记载了这些往事。下面通过《次修碑》《义渡禁条碑》《建渡船屋碑》这 3 块"义渡碑"，解读三门塘义渡方面的习惯法文化及公益道德文化。

一　《次修渡船碑》

　　尝观溪涧之间架桥梁，庶免病涉之患，江河之处修舟渡，方解望洋之嗟。若余寨三门塘，住居清水江边，其江发源于黔属，下达辰河。过江处非小涧，实巨浸焉。纵非京省上下通衢，亦村庄往来要道。未置舟渡之先，寨中虽有私舟，无非便于一家一人而已。是以上下往来自此而徘徊嗟叹，及村内之无舟者，亦不得骤登彼岸也，其甚难为何如哉!?

　　至雍正丁未年，幸获戒僧悟透，中年出家，秉性仁慈，专存利济心，发普度愿。先修垒处一渡，次及三门塘。约本寨耆老王茂祥、刘子盛等，慕化本寨中并附近村内，共得银柒拾余两，买渡田、造渡船，招舟子，上下往来，乘舟登岸，虽无舟亦若有舟也，其甚便又何如哉!

　　然而，僧不止于是也，自修余寨渡后，又于黔之下游，楚之上游，修数十处之要津，随为成效，其功彰彰在人耳间。故不仅黔楚士民称颂，即府州县主，莫不亲见其事而叹服也。岂非沙门中所罕见哉!

　　迨至乾隆二十三年（1758 年）僧已八旬矣，修渡之愿虽毕，犹

---

① 2011 年 1 月 10 日对三门塘本地学者王扬清的访谈记录。

有意余寨之渡焉。复至本寨兴隆庵,传余等六七人齐集庵内,僧问余等曰:"尔寨渡田尚少,数十年来,将如何以处之?"余等对僧曰:"或每岁五六月,各家捐米,以周舟子之急;或每舟八九年,各户凑木,以备造舟之费。"僧曰:"此非久远之谋也。"因此,复来共商一劳永逸之计,非广募百金,断乎不可。于是面化余等六七人,各捐多寡不一,载簿以为之倡。不意二十四年(1759年),僧于天华山圆寂,其功几乎息矣!二十八年,幸获本寨王汝宏、谢子芳、刘天相,抱塘寨吴士尊,中寨刘俊贤等殚发善心,与僧亦有同志焉。仍募本寨中,并附近村内,又得银百余两,一文不苟,购买渡田,积造舟费,庶招舟子,可无俯仰不足之忧,而莘莘征夫,永免坐矶待舟之叹。

诚哉:一劳永逸矣!由是推之,盖江水与天地同流,渡舟即与江水同永,而僧与前后募首,并先后好施君子,其功其德,亦与天地同流共永久矣!岂似他僧募化,假公济私,如泥牛入海者所可比耶!

兹当竣工之期,余不揣庸陋,聊书数语于石,俾千载后,仁人君子观石兴思,永颂僧等之功德于不已也,是为序。

今将乾隆二十八年(1763年)姓名所捐银两数目,并得买田形丘数、土名,禾粮多寡,开列于左(捐资名单及数额从略)。

所余之银,造新整旧共去十四两,刻次碑去银五两,三寨共捐银,得买土名盘盏冲,田一丘;土名凉溪田六丘,二处共禾四十一扁三手,共量二升四合七勺九抄三作零七厘九粟四黍,共价银六十二两二钱。

生员刘士鳌谨撰 童生王鳳朝淋书
靖州石匠黄祥美 志美兄弟同刻
存下未取得之银有陆两余,在后碑。

皇清乾隆三十二年(1767年)岁次丁亥季冬月吉日谷旦日(立于渡船口)

碑中说:江河之上要靠渡船,而在雍正五年(1727年)以前三门塘没有义渡，那时寨中虽有私家船，无非一家一人使用而已。是以上下往来自商很不方便，村内无船的人家，也不能从容过江。到雍正、乾隆年间，有一位叫了然①的和尚，"中年出家，秉性仁慈，专存利济心，发普度愿"，在黔之下游，楚之上游大兴善举。这一河段是指清水江下游湖南的托口上溯至上游的黔东南剑河的南嘉，河段共300余里，了然和尚化缘在这里修路、造渡、架桥、修船、招司渡、买渡田，利济地方，津渡万民。就是雍正五年（1727年），了然和尚在坌处已经修了一处渡口后到了三门塘。约本寨寨老慕化本寨并附近村寨，得银70余两，买渡田，造渡船，招舟子（司渡人），上下往来渡江，甚是方便。

和尚在去世的前一年，还关心义渡之事，亲自到三门塘的兴隆庵，面见多名寨老，建议完善义渡，并当面募得一些银两，虽然不多，但体现了其努力倡导之举。乾隆二十四年（1759年），了然和尚在天华山圆寂，三门塘寨王汝宏及外寨心怀善心的人士，继承他的遗愿，到乾隆二十八年（1763年）募得本寨及附近村寨所捐之银百余两，"购买渡田，积造舟费，庶招舟子，可无俯仰不足之忧"。前后善举，镌刻石碑，垂之久远，为后世所敬仰和效法，心永向善，造福于民。碑文中也提到有些不法僧人以募化善款为名，假公济私，把捐款揣进自己腰包的恶劣行为。

二 《建渡船屋碑》

在三门塘渡口留有一块"芳流百世，德永千秋"之碑，内容是记述为渡船盖屋的目的、经过和作用。请看碑文：

> 且甚哉！渡船之不可无屋以盖藏，舟子之不可与津相离远也久矣！盖渡船有下水，必有上岸，上岸须有屋以藏，乃不致日晒雨淋而坏，始多去得几年，舟子虽坐渡，不无回家，回家须与津不远，乃不致晚归早出者流，欲济苦悲无楫，吾村沙湾，自有渡以来，几二百余载矣。往往

---

① 王扬清结合当地传说认为是"了然和尚"（参见王扬清《清水江印象》，文物出版社2007年版，第80—81页）。而本文所引碑文二处均提到"幸获戒僧悟透""幸蒙善僧字悟透者"，"了然"和"悟透"是否为同一人，笔者无力考证。

渡船上岸无房屋盖藏，舟子回家，与津离远，无感乎，日晒雨淋者之不几年而朽；晚归早出者之每无楫是悲也，丁巳之冬，村中父老，言念及此，因出头募化各甲，以及远近邻村，置地起屋，以放渡船，以居舟子。自今以后，庶舟楫不致几年而朽，往来不致无楫是悲矣。本年七月，将勒石以垂不朽，索序于予，予不揣固陋，因乐而为之序。

大清咸丰八年岁次戊午仲冬黄锺中浣吉日（该碑立于渡口）

这块碑文说到自三门塘开设义渡百余年后的咸丰年间，深感渡船上岸修补上油以作备用而无屋盖藏，于是在咸丰八年（1858年）群众捐资，在渡口购买土地，修建渡船屋，可存放备用渡船及工具。现在刘家码头碑林上还留有一副对联，对联说："碑镌善辙同江永，屋盖渡船免雨淋。"① 捐资建造渡船屋的目的：一是保护渡船，防止渡船长期放在户外腐蚀损坏；二是司渡不必每晚回家，可方便人们早晚过渡。司渡是招聘来的，自己的家离渡口有近有远，近的自不必说，家离渡口远的晚上回家就比较麻烦，不利于迟早过渡，修建渡船屋"又可将舟子家小迁来渡船屋居住"②。该渡船屋于1938年被洪水冲走，现在已经见不到了。

三　渡口《禁条碑记》

天柱县由义里三门塘渡口众等，为抄奉禁条，刻碑遵行，以杜后患事。

缘因大河一带，有隔江之难，于雍正五年，幸蒙善僧字悟透者，苦化渡舡，至今乐沾其惠，虑恐事历久远，刁顽之徒，坏此良规，即当呈请前任县主洪，颁赐禁条，印簿具在。内开：两岸码头，不许木舡阻塞码头，有防过渡一条为要。因前未刻碑谕于此，以后至囤利之徒，突踵其蔽，众等累插禁牌，视为虚文。直至过渡人物，

---

① 《城市档案》2010年8月号，"天柱专号"。
② 王承炎：《侗族古寨三门塘》（内部资料），1999年。20世纪的最后一年三门塘村为宣传本村文化，发展旅游印制了这份材料，笔者在该村收集到这份资料，资料是用油印机印的，纸张也极差。

竟受直害。今不得不奉颁簿内禁条，备列刻碑，以视客商知悉，倘有不法之徒，不遵禁约，仍蹈故辙，立即执簿送官，以正欺官藐法之罪，凡遇客商，遵禁远吊，无至后悔无及。计开列禁条于后：

一禁捐买司渡粮田，钱粮应在司渡完纳。而料理钱粮之人不得私行外派，倘水涝损田，司渡三人，即宜修砌。如有懈，不整，将禾花追出另招。如抗，鸣官究治。

一禁司渡者，凡往来客贩货物，不得勒索，如私伙地棍暗取，将渡田追退外，鸣官究治。

一禁司渡者，专任乃事，不得兼谋生理。若误往来商旅，亦追退田禾，另招司渡。

一禁遇洪水之时，独力难扒，倘一时不急，不得出言无状，亦不许客吊舡木在两岸码头，有防过渡。违者，鸣官究治。

一禁司渡之人，若非轮流，恐久怠玩。议：每年正月初一日更换，交代禾花，半分下手，如强者，鸣官究治。

一禁过渡之人，不得恃强争先，而寨内捐资者，不得倚酒虎哧。司渡之人，不时照料，恐雨绸水泛，缆索朽坏误事，在司渡赔偿，如违，鸣官究治。

一禁船支司渡，任为专业，倘有寨中支持强过，并借载石者，明禁在前，不遵，送官究治。

一禁船支当招老成，会众公立承认付约合同，若始勤终怠，渡田凭众区处，如抗，鸣官究治。

一禁渡田在司渡招人耕种，施主与寨内人等，不得强种。如违，鸣官究治。

一禁外买田，截取二把，另招一人耕种，将禾逐年积凑买木，倘舡朽坏，以备整造。如有期满，并强耕者，鸣官究治。

以上拾条，俱遵县主颁赐，刻碑世守，永垂不易。

燕山贡夫刘敬夫谨撰刘兴周沐手书，石匠罗义发敬刊（刻）。

乾隆伍拾年秋月吉日立（禁条碑记立于三门溪渡口）

《禁条碑记》是乾隆年间天柱县政府颁布的关于整顿三门塘渡口秩序的法令，内容以三门塘渡口长期行用的惯例为基础，主要有三个方面：

一是禁止木排堵江，影响摆渡。过去木材的运输靠的是清水江水道，从木材产地锦屏经这里放木排到沅江，最后到洞庭湖。作为"外三江"之一的三门塘商人到"内江"各处买到木材后，先经过水路运到刘家码头附近，外省木商要在购得的木材上打上本商号的斧印，扎排外运。有时木材太多，阻塞码头，妨碍人们过渡。以前天柱县正堂虽然对此发布过"禁条"，颁布"印簿"，但却只在码头的各处插牌提示，然而一些只贪图利润，不顾他人利益的商人并不加以理会，所以实施的效果并不好。这次不得不奉颁簿内禁条，备列刻碑，强调如再不遵守规定，可以"送官惩治"。

二是规范司渡人员的行为。对渡船、司渡的供养是全村人的义务，此时三门塘管理渡运的三人，司渡当招老成肯干的人，会众公立承认付约合同，如果司渡开始勤快后来懒怠，渡田任凭众人商议处置；司渡几人实行轮流制，目的是防止司渡时间一长产生懈怠，所以规定：每年正月初一日更换，交代禾花（经营执照）；村内有渡田，司渡招人耕种，施主与寨内人不得耕种；乡众所交的钱粮在司渡处完交，不得额外摊派；江水上涨，冲坏渡田时，司渡人员要及时修砌，如果懈怠不修，收缴"执照"（禾花），另招他人司渡；不得勒索往来客商，如果伙同当地地痞暗自勒索，必退田"鸣官"；司渡要专事本业，不得"兼职"，如果因此耽误往来商旅，"退田另招"；对摆渡的设备，司渡之人要精心维护，避免缆索等朽坏误事，如果损坏由司渡赔偿。

三是规范过渡人和村民的行为。过渡要有秩序，不得恃强争先上船，特别是寨内捐资者，不得借自己有捐助，坐船时"耍酒疯"乱闹，以免渡船倾覆；司渡是专业性工作，若寨中有人自驾渡船强过或借载石，早在严禁之例，如果不遵守，"送官究治"。

值得注意的是，与很多村寨"禁条"等乡规民约一样，《禁条碑记》中除设定大量禁止性规范外，在罚则中对违反规约者规定"鸣官究治""执簿送官"等。清代国家司法管辖到达的天柱、锦屏苗族侗族地区，村落内发生"命盗重案"由县审理上报,根据犯罪情况由有管辖权的上级司法机关审决。而一些光棍、赖皮及婚姻、田土纠纷由县司法机关负责审理。国家在法律层面并没有赋予村寨任何审判权力。但村寨作为县辖下的民族自治组织却有对作奸犯科者的"送惩权",所以县政府颁布的"禁条"明确规定,对违反以上各条情节严重者要交县司法机关处理。随着国家司法管辖的深入,"乡规民约"中就有了"送官究治"之类的规定,说明侗族村寨开始丧失了过去自然形成的"司法权",特别是刑事案件要交由县司法审判,这是国家的司法要求,甚至对民事案件也有这种要求。如四里塘乾隆《恩垂万古碑》规定:"凡二婚礼,共议银两两两,公婆、叔伯不得揹勒、阻拦,逼压生事,如违送官治罪;若有嫌贫爱富,弃丑贪花,无婚证而强夺生人妻者,送官治罪。"① 这个"乡规民约"一共规定 6 条内容,每条最后都写明"众甲送官治罪"等。另外文斗《六禁碑》:"不许赶瘟猪牛进寨,恐有不法之徒宰杀,不遵禁者众送官治罪。"② 林业方面的规约也是如此。培亮《拟定江规款示碑》也规定:"爰因约集各寨头人同申款示,永定条规,上河只准上夫放,不可紊乱江规;下河夫只准接送下河,须要分清江界。如有蹈前辙拿获者,禀公罚处,不服者送官究治。"③《小江放木禁碑》:"凡放木拖木,必虑畛坎,务在溪内,不许洪水放进田中,不许顺水拖木,故犯照木赔偿,恃强不服,送官究办无虚。"④《大同禀山禁碑》规定:"自今勒石刊碑之后(对蓄禁古木)断不扯坏。若再有等私起嫉妒歹心之人故意犯者,合团一齐鸣锣公罚赔禁栽植章程,另外罚钱拾三千文,违者禀官究治,预为警戒。"⑤ 这与黔中定番(今惠水县)民国时期苗族村寨公众议定的"议榔规约"(苗族的乡规民约)规定的"送官究治""拿获送官""捆绑送官"

---

① 锦屏县政协文史资料委员会、县志编纂委员会编,姚炽昌选辑点校:《锦屏碑文选辑》(内部资料),1997 年,第 69 页。
② 同上书,第 58 页。
③ 同上书,第 56 页。
④ 同上书,第 59 页。
⑤ 同上书,第 61 页。

"送官究办"等极其相似。① 两者又与明代内地"南赣乡约"② 中"呈官诛殄""呈官追究""呈官治罪""呈官惩治"等规定相同。来自不同时期、不同地区的"乡规民约"为我们揭示了在国家法律管辖下村落社会的"送惩"途径。

---

① 参见陈国均《苗族的乡规》,《贵州苗夷社会研究》,民族出版社2004年版,第145—146页。
② 《王阳明全集》(二),"南赣乡约",线装书局2014年版,第252页。

第五章　诚信是契约社会形成的根本

《论语》曰："子贡问政。子曰：足食、足兵、民信之矣。子贡曰：必不得已而去，于斯三者何先？曰：去兵。子贡曰：必不得已而去，于斯二者何先？曰：去食，自古皆有死，民无信不立。"[①] 在清水江林业未开发之前，苗族侗族乡土社会就有朴素的诚信传统。但在林业商品经济大潮涌来时，也有一些不法商人用各种卑劣手段追求私人利益，进行原始积累，这些人失败后，后起的商人要规矩和诚信多了，虽然他们的发迹也有偶然因素，但总的来说是凭自己掌握商机而发家致富的。在清水江长期的林业贸易活动中，神灵与诚信、契约与诚信、传统道德与诚信、"歌唱"与诚信，构成了清水江流域民间诚信机制的特点。

第一节　竞争与诚信

民法具有伦理性，关系人们日常生活，调整人身关系和财产关系，要求人们之间进行交往必须遵守诚实信用的原则。诚实侧重于主观方面的要求，是人们的内心对于诚实不欺的道德信守，信用侧重于外在的行为方面，要求人们处理相互之间的关系必须讲信用。在清水江流域林业开发之初，侗族苗族人民刚刚走出封闭的自然经济社会，人们的思想道德上都还残留有浓重的原生淳朴性，大多数人心中都保有古朴的诚信观念。直到清朝初期，清水江流域广大地区仍处于自然经济状态，"田地辗

---

① 《论语·颜渊》。

转买卖，并无册籍可考，买者不知田从何来，卖者不知田向何去"①。据《苗族社会历史调查》载，黔东南苗族人租田手续很简单，不交押金，不请中人，只是双方口头约定即成。②"在百年前无人识字，对田地的买卖，全凭中人之口舌证明，卖户不立字，买主无证凭，仅讲忠实信用而已。"③黔东南地区的地权明晰成本是最低的，自然形成的沟壑、山梁，甚至一块山的界石及草标都是土地所有权明确的标志，文斗在顺治入籍前甚至是插岩为界，就能够有效维系一定规模的营林及生产生活秩序。直到嘉庆时期，清水江流域林业经济已经兴起，但在商业交往中当地民族还保持着很多的淳朴的诚信习惯。

清朝中期，随着木材贸易的空前兴旺，便突然冒出财雄势大的山客，如文斗的姜君德、姜文襄都是腰缠万贯的富商。在嘉庆、道光之际，又有一批胆子大、头脑灵光的农民占了先机，迅速成为暴发户，所谓"姚百万，李三千，姜家占了大半边"，他们都是大地主山客。但在林业商品经济大潮涌来时，也有一些不法商人用各种卑劣的手段追求私人利益，进行原始积累。最有名的就是"姚百万"。"姚百万"是清水江下游地区的第一代富商，他在兴盛时期所拥有的财富此后无人可比，是清水江地区从事林业经营活动的"山客"中的首富。

据说"姚百万"，名玉魁，生活在乾隆、嘉庆年间，经营木材致富，家资巨富，拥金百万，故时人称之"姚百万"。其实"姚百万"应该是个家族概念，从现有资料来看，其存在的时间大约在清嘉庆到道光中期，经历两代，前后计40年。据《姚氏族谱》记载，创业者姚继周，生于清乾隆十五年（1750年），卒于道光元年（1821年）。祖籍江西，其父姚克元于雍正时来黎平谋生，乾隆前期又举家迁到锦屏县文斗河边。④ 姚继周前后生九子一女，姚玉魁是其长子，生于乾隆四十三年（1778年）。嘉庆五年（1798年）考中庚申恩科武举，卒于道光十年（1830年）。"姚百

---

① 张应强：《民间文书〈均摊全案〉介说》，《华南研究资料研究中心通讯》2003年第1期。
② 贵州省编写组：《苗族社会历史调查》，贵州民族出版社1988年版，第72页。
③ 石启贵：《湘西苗族实地调查报告》（增订版），湖南人民出版社2002年版，第115页。
④ 参见王宗勋《姚百万的兴衰》，《贵州档案史料》2002年第3期。

万"应该是指这一时期的姚氏家族。

那时,清水江主要支流之一的乌下江两岸都是苍苍郁郁的杉林,"姚百万"就在一带采购木材,运销三江,牟取重利。他们经商致富后,便投资广置山林田地。自瑶光开始,溯乌下江而上四五十里,两岸的田土山林莫不为其所有。如当时韶霭寨有居民百余家,全寨的田土山林,尽被"姚百万"买光,连寨前的水井也归了姚家。老百姓上山砍柴,"姚百万"说灌木杂草都是姚家所有,强迫百姓将柴送到他家去,还不给柴钱。"姚百万"经过一番巧取豪夺,还把塘东寨的山林田地占为己有。当时,只有吴廷州和姚吉州宁死不愿变卖祖遗产业。有一年,当田中禾稻茎青叶茂的时候,"姚百万"便遣家人奴仆,当青苗割来喂马,并向田主扬言:"你们有本事不卖,我就年年割来喂马!""姚百万"不仅有钱,而且有九个儿子,均恃武骄横,凶狠异常,吴廷州和姚吉州最终被迫失去了土地。"姚百万"还经常带领着一帮儿子和家丁,在河口阻截弱小山客,以低价强购木材。"姚百万"暴发之后,在河边建成九重大院,现今仍有残基断壁,凌河而立的月台院坝迄今如故。月台全由青石砌成,每个石料约一尺见方,垒于陡峭的岸上,台高三四丈。院坝全用四方石板嵌成,从河边而上造两重石级,各五十余梯,直通院坝。隔河眺望这叠叠石阶和雄伟的月台遗迹,可以想象这个生活在边远民族地区的大地主商人当年是何等的富贵豪华。[1]

在锦屏等清水江下游地区,清代中期尚是地广人稀,有很多比较偏远和土地贫瘠的山场无人经管,属无主公山,谁先占据,该地即归谁所有,所栽树木也归占有者自行买卖。传说中苗人迁徙到黔东南地区,首先是"插草为标"占有土地,插在哪里就占到哪里,插占以后均归私有。[2] 所谓

---

[1] 贵州省编辑组:《侗族社会历史调查》,贵州民族出版社1988年版,第139页。
[2] 相传文斗的祖先与上游20多公里外的邻村韶霭的祖先的代表在商量分界时,约定在同一时间内,二人从各自村寨骑板凳朝对方的村寨移动,在哪里相会哪里就是村界。文斗的祖先多诡,从家里出发则扛着板凳跑,而韶霭的祖先则按约骑着板凳行进,结果二人在距韶霭村不远的一个山坳会面,即以此处为界。所以在雍正以前文斗山场广阔,方圆20多平方公里。(参见王宗勋《文斗兴衰史略》,《贵州档案史料》2002年第1期)

"凡属公土杉木，视人辛勤，各栽各受无异"①。而"姚百万"不遵守传统习惯规则，对曾经有过仇结的人挟仇报复，并凭借自己财大气粗，人丁兴旺，用武力强行砍伐别人已经栽种多年的树木，贩运出售，牟取暴利，引起人们不满，招致一连串的官司。据说"姚百万"家族的衰落就是因为他为富不仁、不讲诚信，被受害山客、林农联合告倒的。还有一种说法很有意思，说"姚百万"家族是因丧失了代表林地所有权的契约而破产的。所谓"有契斯有业，失契即失业"，传说"三魁"②为斗倒姚家可谓费尽心机，将该村一名叫姚金贵的女子送给姚家做侍女，经过三年取得姚家的信任后，该女在晒契约时用计将姚家的全部山林契约烧毁，然后投乌下江自尽，其自尽处至今仍称金贵塘。③

总之，"姚百万"家族是因为不讲诚信、多行不义、树敌太多，最后栽在仇家的手里。现在河口乡加池、格翁等村还保留一些当时很多人状告姚百万的禀帖④，对这场官司的起因、经过、参与者、官府受理情况记述得非常清楚，通过这些状词我们可以了解到清代中期清水江中下游地区木材贸易与地方司法审判的情况。

自然经济条件下的乡土社会有自己的一套规则，而商品经济条件下也有商品交换的行为规则。在锦屏，刚刚在商海中获得利益成为暴发户的农民，不太懂得商品经济中互利互惠以及诚信经商的道理，有的往往为富不仁、巧取豪夺，甚至采取暴力、诬陷、欺诈、毁约等手段，攫取非法经济利益。"姚百万"家族的兴衰充分说明了这个道理。姚家依靠钱财和人多势众，只要能来钱便不择手段地去干，亦商、亦霸、亦匪，无所不为。从资料分析大概有以下几种做法：(1) 在河口阻截弱小山客，以低价强购木材，然后高价出售。(2) 以低价强行购买农民山地，种树谋利。(3) 伪造假林契将别人的林地占为己有。(4) 以所能想到的罪名诬陷其他林地

---

① 平坦选编：《贵州木业公司与湖南聚源福木号木材砍伐纠纷案》，《贵州档案史料》2002年第4期。
② 与姚家长期诉讼的三个人的名字都带"魁"字。
③ 王宗勋：《姚百万的兴衰》，《贵州档案史料》2002年第3期。
④ 王宗勋整理点校：《锦屏县范正魁等控告姚百万状词辑选》，《贵州档案史料》2003年第1期。

主人和仇家,陷人于牢狱,谋家谋命,而后取得其财产,轻的有"盗葬阴地""主谋斗殴""推子下河";重的有"聚匪劫害""资助通匪"等,用意十分狠毒和下作。(5)擅兴讼事,乐此不疲。捏造恶名以后到官府告状,然后用金钱活动官府并进行操纵,借官府之手整垮对方。(6)豢养打手,勾结土匪、恶棍,这些人"凡一切吃人害人之事,无不任姚指挥,以姚为靠"①,当别的手段不奏效时,就派几十、上百人到别人的林地强砍树木,并武装保护,强卖林木。

以上种种不守商业规则、无法无天的行为,必定引起经济利益受损和一些因官司而家败人亡之家的仇恨,他们纷纷向官府投诉,要求官府"做主",为他们"申冤",惩治这个作恶多端的"暴发户"。因此姚家长年累于讼诉,多耗钱财,所谓"敌损一千,自损八百",树敌太多,长此以往,再大的家业也要破败,所以说姚家被人们告倒是理所应当的。资料中并没有官府对"姚百万"家族中涉讼人等的处理情况的记录,但可以判断:任何统治集团都是以维护整个社会长期稳定的统治为基点的,统治集团中的一些执法者违背了这一总的宗旨和期望,以腐败助长了有损于统治的商业不法行为,从国家统治的全局和长远目的出发,国家法律要处罚腐败官吏,同时对严重干扰和损害一个地方的经济秩序的个别富人也必须抑制或铲除。这是任何社会进行统治的常理,清代对清水江木材贸易管理中也莫能例外。

后起的商人较"姚百万"家要规矩和诚信得多了,姜志远就是其中之一。虽然他的发迹也有偶然因素,但总的来说是凭自己掌握商机而发家致富的。姜志远生于乾隆二十六年(1760年),发迹于嘉庆、道光年间。道光十四年(1834年)以后,当时的富商"姚百万"因巧取豪夺、作恶多端,被乡民告倒,姜志远便代之而起,成为一代山客中的佼佼者。

传说姜志远在青年时代,家境清贫,不足温饱。他的胞姐远嫁剑河,较殷实。姜志远为穷迫曾投奔姐夫,姐夫嫌其贫而又恶其嗜赌成性,不守本分,将他拒之门外。乾嘉之时,清水江木业繁荣,"苗木"驰名省

---

① 王宗勋整理点校:《锦屏县范正魁等控告姚百万状词辑选》,《贵州档案史料》2003年第1期。

外，销路良好。姜志远在走投无路情况下，便溯乌下江而上，至落里、孟彦，想去扒排谋生。由于他衣冠整齐，被当地人误认为是进山购木的老板，争与洽谈生意。姜志远便顺水推舟，随口便说："少数木头，零打碎敲的，太费事，现在不想买。过几天，银子运到，再卖大批的不迟。"大家信以为真，都劝他先收购，银子到了再付款也不迟。姜志远只好硬着头皮买下，运至三江，恰逢杉木缺货，竟奇货可居，买了大价钱，他回到落里、孟彦付清木价，树立了信誉。[①] 这里便成了他以后生意的基地。

姜志远除了拥有乌下江两岸的木材外，还另外开拓木源，选雇了一个得力管家，深入巴拉河（雷山、台江境内的清水江支流），乘木价低廉，大量采购。据说姜志远的木材一旦出河，便整整摆满几里长的河面，成了显赫一时大木商。姜志远利用经商所获巨利，大量购买土地，据说他购买的田地的产量达 17000 多石。其田产沿清水江而下，买到了天柱县的远口；溯清水江而上，买到了剑河县；沿乌下江两岸，则买到黎平县的落里、孟彦。田地跨锦屏、黎平、天柱、剑河 4 个县境。姜的家运没有像姚家那样短命，直至 1949 年新中国成立为止，是一个六代相承的大地主家族。

同时期文斗寨的姜仕朝，也是善于捕捉商机高手。据《姜氏家谱·世系纪略》记载：

> 仕朝幼失怙，惟母教是从。及长兴家创业，生理大顺。晚年值垄处与卦治争江，两年不通买卖，吾祖（仕朝）罄其所有，广囤木植。嗣事结（争江平息），沿江半属我家印木。以一二年购进万数之木，四五旬尽卖之，获利数倍。其时，田山虽未广置，黄白已冠千家。

经济学界使用"信用"一词是对非即时商品交易的概括性表述，具

[①] 参见《侗族社会历史调查》，贵州民族出版社 1988 年版，第 31 页。

有及时性、交易性、判断标准的物质性、动态表现性的特点。① 嘉庆时期，天柱县的垒处与"内三江"发生"争江"诉讼，曾"二年不通买卖"，姜仕朝就看准了时机，"广囤木植"，"购进万数之木"。待"开江"之后，终于获利数倍，大发横财。姜仕朝以囤积居奇、贱买贵卖的手法获得利益，这正是商品经济发展的情况下商人们的通常做法，在当时是没有什么违法之处的。

在内在精神层面，商人是为了利润而存在的，商人区别于其他群体的特征就是唯利是图，追逐利润成为商人伦理的核心部分。韦伯指出："这种伦理所宣扬的至善是尽可能地多挣钱，这和那种严格避免任凭本能冲动享受生活结合在一起的，因而首先就是完全没有幸福主义的（更不用说享乐主义的）成分掺在其中……人竟被赚钱动机所左右，把获利作为人生的最终目的，在经济上获利不再从属于人满足自己物质要求的手段了。"② 所以商人不能混同于生活关系中的人，商人运用资本，精于算计，具有专业的市场判断和风险规避能力，市场竞争法则决定了商事伦理不同于日常生活的伦理，人们为了索取才会给予，为了长远利益才会放弃眼前利益。因此在商品经济中投机与竞争是不可避免的。中国人常说"商场如战场"，战场上讲究"兵者诡道也"，在不违背诚信的原则下，用点"诡道"也属正常，在贸易上叫"合法的诡计"。在木行之间的贸易竞争中，哪怕是同姓木行之间也存在激烈竞争。据说民国时期有一年正值茅坪"当江"，龙治藩、龙安和同属茅坪龙姓的两个木行，两家各有一个外省木商投行购木，要的都是同一种规格的好木材。两家都知道这种货色的木材只有剑河南哨一带才有，且数量有限，不能两家兼得，两家都希望自家做成这笔生意，心里较劲，暗中弄巧。龙治藩身体比较肥胖，要走200里山路到南哨，肯定不如龙安和，便心生一计，手书一封托龙安和带给南哨某人。龙安和暗喜，他以为龙治藩不亲自去购木，便慢慢悠悠地赶到南哨，等到第四五天抵达南哨，才知道这

---

① 童列春：《商法基础的理论建构：以商人身份化、行为制度化、财产功能化为基点》，法律出版社2008年版，第163页。
② ［德］马克斯·韦伯：《新教伦理与资本主义精神》，于晓、陈维刚译，生活·读书·新知三联书店1987年版，第37页。

些木材已被龙治藩先一天买走了。① 商事法律关系具有技术性，调整的是人们经营性的财产关系，基本不涉及人身关系，在商法中为了适应迅捷、快速的交易方式，保证动态的交易安全，体现效率的优先价值，更为重视外在的信用，难以直接地深入诚实的层次，商法中的信用原则乃市场运行的直接要求，超越了普通生活中的诚实。日常生活中理解信用是在道德层面上，它只是在相对固定、封闭的社会环境下才能有效地运作。市场经济下人们已不再十分担心失去信用对自己的生存环境的影响。

前述，清朝中叶形成"内三江"的原因有三：一是锦屏一带木材富集、地势有利、采运便利；二是"三寨苗人本系黑苗同类，语言相通，性情相习"，也就是说他们与领用天然林或部分人工林的高山苗族语言相通、性情相近，沟通便利；三是这些人"性情相习"、比较诚信，这一点最为重要，所谓"性情相习"就是前面提到的"讲忠实信用而已"。嘉庆六年（1801年），卦治人镌刻于石碑的一则官府公告："照得黔省黎平府地处深山，山产木植，历系附近黑苗陆续采取，运至茅坪、王寨、卦治三处地方交易。该三寨苗人，邀同黑苗、客商三面议价，估着银色。交易后，黑苗携解回家，商人将木植即托三寨苗人照拂。而三寨苗人本系黑苗同类，语言相通，性情相习。客商投宿三寨，房租、水火、看守、扎排，以及人工杂费，向例角银一两给银四分，三寨穷苗借以养膳，故不敢稍有欺诈，自绝生理。"② "故不敢稍有欺诈，自绝生理"这最后一句话说到了根本，就是诚信的重要。

第二节 契约诚信传统

列维斯和维加尔特认为：理性与情感是人际信任中的两个重要维度，分别表现为认知型信任和情感型信任，日常生活中的人际信任大多是掺

---

① 单洪根：《木材时代——清水江林业史话》，中国林业出版社2008年版，第173页。
② 《卦治木材贸易碑》，锦屏县政协文史资料委员会、县志编纂委员会编，姚炽昌选辑点校：《锦屏碑文选辑》（内部资料），1997年，第42页。即该年12月27日后兵部侍郎兼都察院都附御史巡检贵州等处地方提督案务的判词。

杂着不同程度的理性和情感的信任。信任在理性与感性之间寻找平衡，体现了信任的灵活性。理性信任和感性信任从根本上呈现对立。理性信任中双方都是精明的计算者，通过权衡自己的成本—收益来选择是否信任对方。一旦一方违约，可以动用停止合作的私人性惩罚、降低其声誉的社会性惩罚和规章明细的制度性惩罚等方式，对违约者进行惩罚。而感性信任的建立则是在不确定的情形下，向对方暴露自己的薄弱点，愿意将自己的资源和权力让渡给对方，从而将自己置于可能被利用的境地，这种信任以社会交换理论和互惠理论为构建基础。[1]"清水江文书"不乏理性与情感之间人际信任中的两个重要维度。

　　契约精神正是清水江林业繁荣的社会基因之一。契约背后凝聚着清水江人传统的"契约精神"和诚信意识，历史上清水江林业贸易活动中养成了重视契约的传统，契约是所有权的象征，也有的说是因为有契约就有了林地所有权，丧失了契约就失去了所有权的凭据。官府或"理中"在清理纠纷事实一般都需要对照两比新旧契约。在清代契约有"红契""白契"之分。所谓"红契"，即送到官府交了税，盖了官府大印的契约。所谓"白契"，即民间大量不交税、不经过官府盖大红印的契约，又叫"见不得官"的契约。"清水江文书"纸质契约之中"红契"极少，"白契"却大量存在。锦屏现已征集到的林业契约中90%以上是"白契"，"红契"只占百分之几。开始不仅"白契"随处可见，而且人们为逃避官府的惩治，想了不少办法。有些流氓、地痞、无赖之徒，钻政府只管纳税，不做具体核查的空子，制造大量伪契，到官府交税以谋取"官契"。得到这种伪造官契的人家往往田无一丘、地无一角、树无一根，却官契满箱，凭借这样的官契打官司，受害者往往是有口难辩、有口难言的弱者，特别是没有文化不识字的苗侗民众。官府严厉打击伪造官契的行为，如从江信地村的《除暴安良碑》（清光绪二十四年三月立）载："又或假报木商横取人木，造老契税印，强争田产以及差役下乡纵滋事等情。应由受害之家取有实据，指名控官究理，以儆奸蠹。"到后来，这些没有官

---

[1] 转引自洪名勇、钱龙《多学科视角下的信任及信任机制研究》，《江西社会科学》2013年第1期。

印的"白契"在清水江流域生产木材的村寨非常受尊重和珍视,其约束力完全不亚于甚至超过现代市场经济中盖了公章的合同。旧时代的林农也是要算计的,任何生产都得降低成本,"红契"成本高,林农承担不起税。即使发生山林权属纠纷,大多也不走司法程序,一般在民间调解,调解的依据就是大量的"白契"。在那时,"白契"维护着林区的安定与和谐。根据这些契约,只要主体双方有意,随时都可签约,随时都可成交。随时都可"请中"踏勘现场,从中调解,其运行简便快捷、高诚信、低成本,体现了理性的"计算性"诚信的要素。人们之间发往经济关系,一旦签订了契约文书之后,不必顾忌对方违反而会产生与主观愿望相违背和冲突的不良结果。于是形成了良好的经济和信任环境,人们从事山林土地买卖和林业生产都不会有后顾之忧,都能较安心地经营管理自己的山林土地,享受自己的劳动成果。① 这样的文书,具有针对性的民间法效力。有了这样的具体规定之后,在契约社会大环境之下,主佃双方都不会轻易地违背己诺,因此合作双方的利益都得到较好的维护和保证。这些契约在清水江下游村落社会发挥重要作用,不但规范着当地苗侗人民的民事行为,也约束了外来"棚户"、客商等主体在这块土地上的民事交往。

现在"清水江文书"早已失去法律效用,但苗乡侗寨的人们仍然视同宝贝,这和祖辈们凡事"立个字据"的传统颇有渊源。契约文书在文斗一带,人们叫它"厦拉理"(契子),意思就是"立个字据",他们说:"是我们祖先造林营林、成家立户的依据,生产生活方方面面都会用到。"在文斗,契约有几个主要用途:一是作为村寨之间的边界约定;二是买卖契约;三是租山种树;四是房屋、土地等买卖转让。"造林过程很长,投入很大,村民如何参股分红,如何轮种轮伐,都靠契约约定。"新中国成立后,随着土改、集体化、分产到户、林权登记等一系列政策变化,大部分"契子"已失去法律效用。然而,在文斗苗寨现存林契3万多件,有的农户一家竟保存有5000件之多。老人们总要告诫子孙:"宁烧房子,不烧契子。"意思是如果发生火灾,首先要抢救契约。文斗苗寨的"吃新

---

① 2013年5月11日笔者对黔东南锦屏县文史办主任、本土学者王宗勋先生的调查笔录。

节"这一天还是"晒契节"。每年到这天，家家户户除了庆祝即将获得的稻米丰收外，还要将珍藏的家传契约翻出来，一张张摊晒，然后细心叠好，装进防虫的樟木匣子。每张纸页之间，还要放上干烟叶以防潮。历史上的契约在现今用途很少，但一些个人和集体的纠纷，或家族成员之间的纠纷，仍需契约作为调解依据。20世纪80年代，文斗邻村有个官司打了5年，最后还是根据契约解决的。文斗苗寨保存的契子，大部分是没有官府印章的"白契"，然而历史上它们曾经有效了数百年。保留这些契子，既是对祖先的缅怀和纪念，也是告诫文斗的后人要记住："我们是忠厚诚实讲道德的民族，诚信是我们的财富，要一代代传下去。"重视契约的传统没有随着大部分契约的失效而消逝，而是积淀在文斗人的日常生活中。在文斗，父母生了几个儿子，就要准备几个契约簿，家庭所有财产都登记在册，每个儿子一本，现在还保留着。生了个姑娘，父母要如何给她陪嫁，也要立个契约。①

在村落社会中有一套完整的履约机制在发挥作用，反映了清水江流域有其独特的信用机制的存在。如林地产权流转的履约，就有基于信任的履约、基于中人的履约和基于担保的履约等。② 比如，"中人"在整个社会经济生活中，对诚信的实现扮演的角色极其重要。在中国传统社会，立契必有中人，曰"凭中"，凭中与买卖双方达成协议后，立契人、凭中懂汉字的由自己书写，注明"亲笔""代书""依口代笔"。然后银交卖方，契交买方，契中内容生效。在不动产交易、家产分割、缔结婚约等重要的法律行为中，一定会有中人、媒人等通常为复数的第三者在场。在他们的介绍、参与下，当事者们商定契约的内容、确认各自的意思，并写下契据、文书，最后往往还举行兼有公告性质的宴会。③ 就清代而言，中人在整个社会经济生活中扮演的角色极其重要，而且在习惯法上，

---

① 李丽：《契约精神：五百年林业繁荣的"社会基因"》，2010年12月第10版，《贵州日报》"时政经纬"（http://222.85.151.57/e_newspaper/gzrb/Content/20101207/Page10BC.htm）。

② 参见洪名勇《清水江流域林地产权流转制度研究——基于清水江林业契约的分析》，《林业经济》2012年第1期。

③ 参见王亚新、梁治平编《明清时期的民事审判与民间契约》，法律出版社1998年版，第312页。

他们的活动也已经充分的制度化,我们无法想象一个没有中人的社会的经济秩序。中人是在交易双方之间起中介作用的人,包括寻觅适当的交易伙伴,参与议定价格,监督和证明契、价的两相交付以及不动产交易中的临场踏清界址等。民人立契通常也于契中写明中人的参与,如写请中、托中、凭中、免凭中证,或只写"三面议定(或言议、收过)价银",契纸下端的落款则有中证、中见、凭中、见中等。在有些场合,中人将交易的双方拉在一起,扮演的是介绍人的角色,在另一些场合,中人只是在双方达成初步合意的情况下才介入,这时他的作用更多是参与确定细节和监督交易完成。值得注意的是,亲友甚至兄弟之间的交易也要有中人介入,这表明中人在交易中具有不可替代的作用。[①] 在清水江文书中允许土地买卖,但买卖土地时,家族有优先权,外族卖主即使确定了田价,只要家族内有人要,其所出的田价不比外人低,仍然让家族成员购买。买卖田产可立契约,仅由卖主请双方亲族、寨头和中人(证人)吃一餐"中饭",同时买主送卖主的亲叔伯兄弟每人10斤谷,谓之"亲房谷",中人由买卖双方各送20斤谷或四五角钱作为酬谢。经过"吃中"和接受了"亲房谷"以后,买卖关系便正式成立,将来如有反悔,参加"吃中"的人都有作证义务。苗族侗族习惯法另有"卖田不卖坎"的规定,所以在田产出卖后的第一年秋收时,买主按习惯法一般要按卖价每两银子折送10斤谷给卖主,作为"补买田坎"。此外,买主还得按买田的丘数每丘另送二三十斤谷给卖主。

在古代民间交易中,中人制度的确起到了稳定交易秩序的作用,但是中人制度并不如人们所期待的那样是民间法律的代表者或民间秩序的保障,中人只是以参与者的角色成为中国社会整个民间法或民间习惯中的必要环节。

在清水江文书中,中人的具体称谓有很多,值得注意的是"牙中",牙中这一人群以前一直没有被认识。梁治平认为:"成功的交易一半靠中

---

① 吴欣认为:中人与民间社会关系中,中人是民间法律的一种象征;中人是民间秩序的一种保障;中人对契约合意的既维护与也破坏;中人凸显了民间法律的"人治化"特色。参见吴欣《清代民事诉讼与社会秩序》,中华书局2007年版,第180页。

人的说辞和技巧，一半则是在于其'面子'。"[1] 在林业这一特殊的商品交易中，技术因素可以弥补"面子"因素，甚至技术本身就是"面子"。在清水江文书中，牙中广泛参与到诸多社会生活中。牙中在交易中起着介绍撮合的作用，契约文本中常见"请中问到某某名下承买为业"，如果有一方要出卖田土，又一时不知道谁愿意买入，这时候最好的选择就是到牙中那里，请牙中撮合买卖双方，契中记有凭中的都是牙中。"说合中人"应该也是这类人，契约中用"请中说和"，这表明了其促成交易的本质特征。牙中还有一个重要作用是三面言定卖价，契约中"凭中议定银价若干"，"凭中三面议定价银若干"等字句，说明牙中在议价中发挥的作用，有的契约将议价过程说成"凭中喊定价银多少两"。由于技术特点和行业要求，牙中要收取较高的介绍费。如过去在湘西地区，牙中职业操守较差，在买主急于寻找买主的情况下，往往拖延时日赚取额外报酬，有的根据不同"当事人"给他们的生活待遇来办事，如（牙郎中）"好吸鸦片者，日需八钱一两；好吸丝烟者，日要四两半斤。肉酒饱餐，得意扬扬。蹉跎岁月，虚耗光阴，拖累当事，牺牲无谓金钱也。有事已解决，有未解决者，纯视牙郎之是否操持"[2]。同时要注意中人的技术性特点，或者社会地位与权威是我们最容易想到的中人特征。无论是牙中还是劝中，技术优势才是其存在的原因。这样的社会分工本身并不是以职业以外的因素来划分的，而是由最符合其技术要求的人构成中人群体。技术是相对独立的，它使一个群体在最小范围内受到外界影响。而正是这种独立性，构成这一社会中相对稳定和理性的一部分。

中人是契约的必备要件，即签订契约时必须有一位或数位见证人。锦屏文书中的中人可以分为两种类型。一种是地方精英，这种中人主要出现在纠纷协议中，在纠纷处理协议中普遍有"请中理讲""凭中理讲"等词语，如：

---

[1] 梁治平：《清代习惯法：国家与社会》，中国政法大学出版社1996年版，第125页。
[2] 石启贵：《湘西苗族实地调查报告》（增订本），湖南人民出版社2002年版，第162—163页。

> 立分合同约人上寨六房龙保章、姜大相因有山场地名南鸠之山，今有下寨龙玉洪、姜连合今五讲保章砍木过界，二比请中理讲，蒙中处断，二比各管各业，其界至左抵小岭，右抵映辉田角，上抵田，下抵水沟为界，日后二比不得争论，立分合同为据。
>
> 　　凭中：姜绍魁　廷智　映科　宗义
> 　　代笔：姜绍牙
> 　　　　　　嘉庆二十四年八月二十六日①

在文斗这样一个大家都知根知底的苗族村寨，当发生契约纠纷后，能够担任"请中理讲"的"中"这个角色，而且还要是双方都认可的人，这样的"中"很显然也只有村寨中德高望重者才可胜任，而这样的人必然又是村寨中的寨老类型的"地方精英"。

然而，更普遍的情况是，在一般的买卖、租佃契约中的"中人"并非地方精英，大多数是立契人的房族、亲属或朋友，他们的中人角色带有一定担保的性质。特别是在田产交易中，由于房族有优先购买权，如契约中往往有"先问亲房无人承买，自己请中上门问到某某承买……自买之后，不得异言"等字样。以亲属为中人，可以确认亲属自愿放弃了优先购买权和保证标的物无产权纠纷等情况。最近我们在剑河县盘乐村所收集到的300多份契约中，大部分契约的中人与立契人是同姓和字辈排行相同的家族中人，有的在中人名字前面还注明了"族""亲""友"字样，甚至有父亲卖田，儿子作中人的情况。如：

> 立卖田契字人杨玉清、子：秀举、秀祥父子三人名下，今因缺少钱用，无从得处，自愿将到土名高行地田一坵，收花二百五十斤，上抵罗姓过路田，下抵沟，左抵卖主田，右抵潘姓田为界，四至分明，要钱出卖。先问房族无钱承[买]，自己上门问到龙有谋名下承买，当日凭中议定价钱五千一百五十文整。其钱领清，买主永远耕管为业。自卖之后，不得异言，若有异言，卖主尚前理洛（落），不

---

① 转引自罗洪洋《清代黔东南锦屏苗族林业契约的纠纷解决机制》，《民族研究》2005年第1期。

干买主知（之）事，恐后无凭，立有卖字为据。

>   凭中　杨秀举
>   代笔　吴正兴
>   光绪二十六年前八月廿二日立卖

这份契约的凭中就是立卖契人的儿子，也是立卖契人之一。以儿子为中人，起到见证的作用，可以防备他以后不认账。

"牵""见""理""劝"是清水江中人制度的各环节，在人员上有时是重叠的。劝中是文书中的特有概念，作为中人的一种在纠纷解决中发挥很大的作用。理中更体现地方组织行政权力，而劝中更体现民间力量和民间制度的内涵。传统中人研究中，村寨中较有面子或威望的人，他们或拥有相当可观的财产，或有一定威望，或拥有很深资历，或多少对交易双方有影响，交易一方或双方的亲戚族人的长辈，如母舅经常出现在契尾所署的凭中后。这类人群的存在自然的。劝中的核心是劝，凭借的是调处人的"面子"，调处的成功与否很大程度上要看调处人的"面子"，调处的结果是经过"面子"平衡的结果，这才是劝中的应有之意。①

第三节　神灵信仰与诚信

英国人类学家布朗认为，习俗发展的基础就是在影响社会或群体的特定环境下，行为需要或集体行为的需要，习俗及与其相联系的信仰都是为了满足这个需要。② 伯尔曼在《法律与宗教》中将已经分离的宗教与法律二者相关联，总结了两者共享的仪式是基于法律与宗教神圣性的特点。后来法律大体因技术层面而使自己从母体宗教中脱离出来，上天归

---

① 瞿见：《清代文斗寨中人问题研究》，谢晖、陈金钊主编《民间法》（第12卷），厦门大学出版社2013年版。
② ［英］拉德克利夫·布朗：《社会人类学方法》，夏建中译，华夏出版社2002年版，第21页。

上天，世间归世间。但在人们心灵史中，世间无时无刻不受上天支配，所以要敬畏上天，敬畏神灵，敬畏祖先。伯尔曼先生在谈到日耳曼早期的部落法律情形及宗教文化对西方法律传统的形成所产生的作用时，反复强调了与"神""宣誓"等观念相联系的"信任"的根基性作用。"双方当事人通过发誓使自己处于诸神的保护，从而谋得了某种程度的信任，这种信任是必要的，以为它使他们能够服从保证宣誓裁判和神明裁判，或者接受为赔偿金和赎杀金提供的保证、宣誓和人质，假如没有威胁到他们的家庭生活和部落生活的真正基础，那么他们就不会违反自己的誓言，因为家庭生活和部落生活本身就是建立在宣誓基础上的。"诚信不管是基于一种强烈的文化认同感，或是基于宗教信仰，都是构成法律母体的要素，是演生一种社会的法律的平台。

前述黔湘桂边区各民族凡遇大事要通过"议款"来聚众议事，"议款"时把相关村寨的寨老聚集在一起，召开"议款大会"，通过杀牛祭神，有的还以"栽岩"盟约的形式，用口头宣布榔款。"栽岩"这种仪式在于固化"立法"成果，有利于"规约"的实施，表示"榔约"稳如磐石，谁也不得随意更改和推翻。大凡重大事件都要通过集体讨论以"栽岩"为凭，这种活动应该叫"栽岩议榔（或款）"。"议榔"时由榔头（主持人）念颂先辈传承下来的"榔规"和新制定的"榔规"来约束大家，使其共同遵守。与苗族临近的侗族（小部分）、水族（部分）也把这一活动称作"议榔"。更多的侗族地方称"合款"，水族一部分叫"阿卡"，各民族虽叫法不同，但都是在神的面前发誓，并订立规矩的活动，很多情况下要以"栽岩"这种仪式来引起人们对此事件的重视，对通过"竖岩会议"出台的规约，人们不得稍有违反，必须不折不扣地执行。

在侗族人心中，上天的神灵、自己的祖先每天都监视着你，如果行为不端，违反上天的意志，得罪上天和神灵，就会受到他们严厉的惩罚，正如侗歌唱道："想害别人终害己，天眼恢恢不容情。"由此可见，对上天和神灵的敬畏是习惯法产生的重要心理基础，也是侗族地区长期存在神判的心理源泉。敬畏的另一方面就是祭祀好上天的神灵和祖先，这就需要虔诚地祭祀，保佑风调雨顺、五谷丰登、子孙兴旺，因此侗歌的很大一部分内容是祭祀祖先时唱的。所以《乐记》认为："故乐者，天地之命，中和之纪，人情之所不能免。"侗族在"讲款"时要举行庄严的祭祀仪式，先祭"萨岁"（侗族的女神），再祭六郎神、飞山神等，还要跳"芦笙踩堂舞"，然后才由款师登台讲款，款师身穿百鸟衣，手持茅草，站在台上或板凳上，旁边有人为他打伞，款师每讲完一条"款词"，就要打个草结摆在神坛上，若不按规矩讲款，据说会触怒神灵，给村寨带来不幸。1982年2月，广西三江独洞乡有一村寨在鼓楼坪上举行讲款活动，因事先没有祭神和跳芦笙踩堂舞，第二天村中正好发生火警，有人就说，这是飞山大王发怒了，先给警示，如果执迷不悟，就要出大事，第三天全村人聚到飞山庙前祭拜拜，又在鼓楼坪上补跳。此类巧合事件人们认为宁可信其有，不可信其无。[1]

神判是清水江流域苗侗民族特有的一种纠纷处理方式。当纠纷通过中人、寨老无法解决时，采用一种"宰牲鸣神"的神判方法。如：

> 立清字人姜东贤，东才弟兄弟。为周有祖遗山场杉木地名冲讲，忽被启略越界强卖盗斫，以致我等混争，央中理论，未获清局。今我二比情愿宰牲鸣神。我等实请到中人姜宗友、文光以并劝中姜怀义，言定明晨初六日，各带堂亲一体齐至冲讲木处，宰牲鸣神、毋许大声毒骂，更毋许伸手揪扭等情，此乃我二比心手意愿，并非中等强押。照宰牲之后言定，限于四十九日内，如神明鉴察，报应昭彰。一家者任将此木头共二十六棵输以未受报之家，复定各比堂亲之名务要实名列案，如无，以输为是，绝无异言，立此为据。
>
> 代笔　凭族人　东卓
> 道光二十七年六日初五日[2]

---

[1] 吴大华、郭靖：《侗寨民间防火规范研究》，谢晖、陈金钊主编《民间法》（第12卷），厦门大学出版社2013年版。

[2] 唐立、杨有庚等主编：《贵州苗族林业契约文书汇编1936—1950年》（卷3）"研究篇"，日本东京外国语大学2003年版。

这是按照苗族传统习惯审判方式，杀牲祭祀，让神灵开眼判断是非的例子。地点是在纠纷发生的地块上，输赢的代价是 26 棵木头，在 49 日内看双方如实填报姓名的亲属中是否出现死亡和重病的现象，如果有则被视败诉。

南岳大王是该地南岳庙祭祀的主神，在《贵州苗族林业契约文书汇编》所收契约中涉及南岳庙的有 9 件，说明该庙是文斗、平鳌一带主要的祭祀场所。如有越界侵占、强卖林木、盗砍盗伐等事件出现，原告、被告连同证人，齐赴南岳庙，在这个地方杀牲祀神以决是非。这种通过神灵解决纠纷的方式被当地苗族人普遍认可，并经常使用。在锦屏县文斗和平鳌两寨的特定地域内，还有一种到"南岳庙"拈阄的神判方式。请看这份文书：

> 立清字人姜起书、三长、起烂等，情因与姜明伟、之林、之谟、之正、起爵、起华等所争界限，山场一所，土名与维幼，上凭桥至皆色一小岭，上凭岭为界，下凭潘治华所栽为界，请中姜兴文、文煌、文星、昌举等理论不清，二比愿凭中盟请。伽蓝一尊，皇经一部，鸡狗六付，二比至南岳大王位前拈阄。若起得阄，照依皆色桥头以下至潘治华界管业，不得恃人众大妄起争端，所请是实，倘有违悔退缩，即是输家。

嘉庆十五年十月二十九日起书亲笔①

实际上，这种契约在订立时就引进了神明参与下的信用保证机制，要举行一定的仪式，通过发誓，保证不折不扣地执行，并甘愿承担违反的惩罚结果，甚至是神的惩罚。

再请看"萧廷彩、范三保木材权清白字"：

---

① ［日］武内房司：《鸣神与鸣官之间——清代苗族林业契文书中所体现的苗族习俗与纠纷的解决》，唐立、杨有庚等主编《贵州苗族林业契约文书汇编 1936—1950 年》（卷 3）"研究编"，日本东京外国语大学 2003 年版。

第五章　诚信是契约社会形成的根本

立清白字人萧廷彩、范三保，为因道光七年内所买到文堵（斗）寨姜绍略姜战渭二家之山杉木一块砍伐下河生理，遭到姜广□兴控经天柱县主。案下廷彩所用口费，二比开馆面理，蒙中等于内排解，姜绍略战渭家出银六两充公，上下南岳庙，二比自愿息和，中等并无强压，立此清白字为据。

凭中　客长　黎平向文清、江西张德明、福建李林通、湖南吴廷谋、开泰米陶廷　湖南杨□孝、黎平杨通林

绅士　姜荣　姜春发　姜本清　姜钧渭　姜济恭　姜朝干
寨长　姜通圣　姜宗智　姜廷贵　姜通义　姜朝旺
　　　　　　　　　　　　　　代书　李万年
　　　　　　　　　　　　　　清白人　萧廷彩　立
道光十一年十一月拾七日　立①

立契人将所买地块林木砍伐下河，被人控告到官，经过官府审理。后来立契人出些费用，"开馆面理，经中人排解"。由于原卖人有责任，所以出银六两充公，并到南岳庙对神息和，立下清白字。是经过官府审理又回到民间用习惯法解决的特殊案件。

清同治八年（1869年），黎平县潘老乡长春村立下禁碑：

吾村后有青龙山，林木葱茏，四季常青，乃天工造就之福地，为子孙福禄，六畜兴旺，五谷丰登，全村聚集于大坪饮生鸡血酒盟誓，凡我后龙山与笔架山一草一木，不得妄砍，违者，与血同红，与酒同尽。②

---

① 张应强、王宗勋主编：《清水江文书》第1辑卷12，广西师范大学出版社2007年版，第75页。

② 黔东南苗族侗族自治州州志编纂委员会：《黔东南苗族侗族自治州州志》，贵州人民出版社1993年版，第161页。

第四节 伦理道德与诚信

孟德斯鸠说：贸易会很自然地激起人们的信实，但它却从未激起中国人的信实。中国人在从事贸易的时候特别表现出，"虽然他们的生活完全以礼为指南，但他们是世界上最会骗人的民族"①。康德说：中国人可以把碎块的绸布料缝结成一整块，其手艺之精巧就连那些最为小心的商人也难以看出破绽。他们用铜丝修补联结破碎了的瓷器，使其乍一看上去简直是天衣无缝，因为食品均按重量出售，所以他们往鸡嗉子里填沙子，类似这些骗局一旦败露，他们并不感到羞愧，而只是从中看到自己手段的不高明。② 黑格尔的批评更尖刻，并推及一般，他说："中国人以撒谎著名，他们随时随地把谎撒，朋友欺诈朋友，假如欺诈不能达到目的，或者为对方所发现时，双方都不以为怪，都不觉得可耻。他们的欺诈实在可以说诡谲巧妙到极顶。"③ 先哲们对中国人诚信水平的片段描述虽然有些片面，不够客观，但就我国现在商家为追求高额利润，经常掺杂使假、以次充好的情况看，他们的批判也不是一点道理都没有的。

前面谈到了经济学上的"篱笆墙"理论，但界定产权所付出的成本应该低于界定产权后所带来的预期收益，花气力去界定产权（它一方面能减弱不确定性，另一方面可以提供激励）将导致效率提高和经济增长，而界定产权和保护产权主要依靠的是法律。革命样板戏《红灯记》中说："拆了墙是一家子，不拆墙也是一家子。"这就是说有一种可能，在保证效率的同时又省去对篱笆的投资，岂不两全其美。但这一切都仰仗两家人内心那尽在不言中的"道德隔墙"。这就是道德的经济功能，既然道德有如此强大的经济功能，为什么人类还要保留和依靠法律而不是用道德全部取代，原因有二：一是让所有人都具有崇高道德是成本无穷大和没有时间定数的事情。二是培养有道德的人是个颇具"整体性"的问题，

---

① ［法］孟德斯鸠：《论法的精神》上册，张雁深译，商务印书馆1959年版，第316页。
② 夏瑞春编：《德国思想家论中国》，江苏人民出版社1989年版，转引自傅红春《另一类看法》，《读书》2006年第1期。
③ ［德］黑格尔：《历史哲学》，王造时译，生活·读书·新知三联书店1956年版，第174页。

因为如果有人不遵守大家认可的行为准则，该违法乱纪的人所获得的巨额收益，会让那些道德高尚者利益受损。结果部分人的道德与另一部分人的不道德之间达成的平衡是很脆弱的，其支点恰是法律，这种理论在韩非谈法与道德时就有阐发。《韩非子·难一》在讲"矛与盾"的故事的同时，说了这样一件事：

  历山之农者侵畔，舜往耕焉，期年，甽亩正。河滨之渔者争坻，舜往渔焉，期年而让长。东夷之陶者器苦窳，舜往陶焉，期年而器牢。仲尼叹曰："耕、渔与陶，非舜官也，而舜往为之者，所以救败也。舜其信仁乎！乃躬藉处苦而民从之。故曰：圣人之德化乎！"

  或问儒者曰："方此时也，尧安在？"其人曰："尧为天子。""然则仲尼之圣尧奈何？圣人明察在上位，将使天下无奸也。今耕渔不争，陶器不窳，舜又何德而化？舜之救败也，则是尧有失也。贤舜，则去尧之明察；圣尧，则去舜之德化：不可两得也。楚人有鬻盾与矛者，誉之曰：'盾之坚，莫能陷也。'又誉其矛曰：'吾矛之利，于物无不陷也。'或曰：'以子之矛陷子之盾，何如？'其人弗能应也。夫不可陷之盾与无不陷之矛，不可同世而立。今尧、舜之不可两誉，矛盾之说也。且舜救败，期年已一过，三年已三过。舜有尽，寿有尽，天下过无已者，有尽逐无已，所止者寡矣。赏罚使天下必行之，令曰：'中程者赏，弗中程者诛。'令朝至暮变，暮至朝变，十日而海内毕矣，奚待期年？舜犹不以此说尧令从己，乃躬亲，不亦无术乎？且夫以身为苦而后化民者，尧、舜之所难也；处势而骄下者，庸主之所易也。将治天下，释庸主之所易，道尧、舜之所难，未可与为政也。"①

翻译成现代汉语是这样的：历山一带的农民相互侵占田界，舜到那里种田（相当于我们现在的"蹲点"），一年后纠纷解决了，各自的田界都恢复了正常；黄河边的渔夫相互争夺水中高地，舜到那里打鱼，一年

---

① 《韩非子·难一》，北京燕山出版社1996年版。

后大家都礼让年长的人；东夷的陶工制出的陶器质量粗劣，舜到那里制陶，一年后，大家制出的陶器很牢固。孔子赞叹说："种田、打鱼和制陶，都不是舜的职责，而舜前去干这些活，是为了纠正败坏的风气。舜确实仁厚啊！竟能亲自吃苦操劳而使民众都听从他。所以说，圣人的道德能感化人啊。"韩非对此不以为然，他认为："舜纠正败坏的风气，一年纠正一个过错，三年纠正三个过错。像舜一样的人为数有限，人的寿命有限，而天下的过错却没有休止；以有限的寿命对待没有休止的错误，能纠正的就很少了。而赏罚则不同，它能使天下人必须遵行，符合条令的赏，不符合条令的罚。法令早上下达，过错傍晚就纠正了，法令傍晚下达，过错第二天早上就纠正了；十天之后，全国都可以纠正完毕，何苦要等上一年？"韩非从法律效率角度认为德治来得太慢，不如法治那样快捷、有效。

"伦理"的"伦"是指人与人的关系，"理"是道理和规则。伦理就是人们处理相互关系时应遵守的道理和规则。从这个意义上说，伦理和道德没有什么区别。伦理含有德性、道德等意思。比如说不合伦理的行为，即是无德性的行为，不道德的行为，二者通常在一个意义上使用。如果把着重点放在道德的"德"上，道德就成了实现"道"的人的基本态度，为实现道理，即法则的伦理而采取的基本态度。伦理思想是道德观念的理论概括，是道德关系的理论表现。也可以说实践中的伦理就是道德，理论上的道德就是伦理。"伦理"两个字的连用，最早见于《礼记·乐记》："乐者，通伦理也。"在这里，"伦理"已经表示着有关道德的理论的意思。每个国家和民族都有自己的伦理道德。尽管各个国家或民族的社会文化传统及道德资源不同，使各国、各民族的伦理道德文化各有特色，致使"普世"的伦理很难在世界各国通行，但是文化上的阻隔并未能制止人类在伦理观念最低限度上达成共识，这也是人们为什么应当守法的道德理由。法律和伦理道德既有联系又有区别，道德意识提高有助于提高法律遵守的自觉性，不同国家和民族的社会教育的主要目标在于"内化控制"，"内化控制"是指个人接受社会价值观念，并成其为人格的过程。

中国正统的政治法律思想，自汉以后逐渐形成"五伦"理论，即父子、君臣、夫妇、长幼、朋友。为支持"五伦",又提出所谓"五常",即亲、义、别、序、信,作为"五伦"的德目,"五常"是实现"五伦"所应有的态度。可以说"五伦"与"五常"抓住了中国古代人际关系法则的本质。梁漱溟先生在《中国文化要义》一书中曾使用"伦理本位"这一概念,用以说明中国文化的基本特点,认为中国社会中的人的"亲切相关之情,发于天伦骨肉,以至于一切相与之人,随其相与人深浅久暂,而莫不自然有其情分。因情而有义,父义当慈,子义当孝,兄之义友,弟之义恭,夫妇、朋友,乃至一切相与之人,莫不自然互有应尽之义。伦理关系即是情谊关系,亦即是其相互间的一种义务关系,……全社会的人,不期而辗转互相连锁起来,无形中成为一种组织"。这种由家庭推广发展起来的,但非排他性最强的宗法社会。① 这实际上就是费孝通先生所说的"差序格局"。从中国社会文化的大环境看,中国乡土社会以家族为本位的诚信类型应该是"伦理型的诚信"。

在中国,"家"是一种抽象的含义,是家族成员的集合体。在对外关系上,家作为户籍单位,负担国家公课;在家庭内部,基于血统而形成尊长、卑幼关系。家长是一家的代表者与统率者,一般由尊长担任,以确保家长统理家政、管理家财。"幼与尊长,同居共财,其财总摄于尊长,而卑幼不得自专也","财则系公物"②,"家财则系公物","同居谓一家共产也,同居共产之卑幼,原系应有财物之人"等都说明家产是家族成员集合体的公产(共有财产),由尊长与卑幼共同所有,家产分割从表面上来看,是分得者专有,但实际上是将一团的家产分成数团,分出的家产属于家庭全体成员,并不专属个人。③ 中国传统社会,不是以个人为起点,而是以家庭为起点,传统中国"同居共财"是一种建立在共产关

---

① 参见梁漱溟《中国文化要义》,学林出版社 1996 年版。古代县官断案,伦理亲情也是重要标准,据《陆稼书判牍》记载:有知县审理兄弟争产一案,"乃不言其产如何分配,及谁曲谁直,但令兄弟相呼","此呼弟弟,彼呼哥哥",未及五十声,已各泪下沾襟,自愿息讼,此公判词曰:"夫同气同声,莫如兄弟,而乃竟以身外之财产,伤骨肉之至情,其愚真不可及也。……所有产业统归长兄管理,弟助其不及,扶其不足……以此旧怨已消,以基共创,勉之,勉之"。

② (清)沈之奇:《大清律辑注》(卷4),《户律》,卑幼私擅用财,律后注、律上注。

③ 阿风:《明清时代妇女的地位与权利——以明清契约文书、诉讼档案为中心》,社会科学文献出版社 2009 年版,第 7 页。

系之上的生活共同体,这是有机的生命体,家产归属这个生命整体,并非具体到某一个成员。"家族共产制"理论所说的"共产关系"实际上是一种经济机能上的共同关系。所以"共有持分"的观念说明在面对家庭成员间,特别是夫和妻、儿子与女儿不同的财产权利时就面临着很多的困境。①

日本学者滋贺秀三则从法的归属关系上说明各个家庭成员与家产的权利关系,比较清楚地说明了传统中国家庭的法律构造。他认为,"同居共财"之家,根据"父子一体,分形同气"的原则,父亲是当然的家庭的代表者和统率者,他可以处分财产,提议分家,教令子女,父亲的意志在很大程度上代表了这个有机生命体的共同意志。当父亲去世后,兄弟作为一个整体自动继承父亲的地位,形成了"兄弟同居之家",根据"兄弟平等"的原则,所有对于家产的处分,都必须是兄弟共同意志的结果。如果兄弟不能达成一致意见,分家将不可避免。而分家如同细胞分裂一样,形成了各个独立的细胞(一团分成数团),兄弟无论是未婚,还是结婚生子,都是以一个"房"的形式得到属于其房的财产。②

清水江流域侗族苗族人民习惯聚族结寨而居,有的一寨一姓,有的虽然一寨数姓,但各姓都有一定居住范围,自成群体,都有其族姓的组织法规。族内若干近亲血缘家庭组成"亲房",若干"亲房"组成"房族",若干"房族"组成"宗族",公推"族长"主持处理族内事务。所以苗族侗族社会强调家族伦理和和谐的人际关系,人们尊老爱幼,邻里和睦相处,自觉维护社会秩序。明清时期清水江流域苗族、侗族的财产都实行大家族公有制,保持了生产资料与主要生活资料的集体占有形式。当时小的家庭在经济上还不具备独立于大家族的条件。一个父系大家族包括三四个乃至七八个小家庭。它们在一个男性家长的统一领导下,组成一个共同生产、共同消费的集体。这个家长往往是祖父、父亲,或者是长兄,或者是大家推选的有能力的男性成员,作为众多成员组成的家族首领。他既是家族进行生产的指挥者和组织者,同时还是生产资料分

---

① 阿风:《明清时代妇女的地位与权利——以明清契约文书、诉讼档案为中心》,社会科学文献出版社2009年版,第17页。
② [日]滋贺秀三:《中国家族法原理》,李力译,法律出版社2003年版,第418页。

配的负责者，对外还是这个家族的代表。大家族家长和其他成员没有显著的不平等现象，家长和大家一样去参加劳动，这是他们共同处于平等地位的一个重要基础。[①] 明清时期在黔东南苗族、侗族地区80%左右的山林财产为各姓家族、宗族共有，家族中各房分股占有林业所有权，在同一家族宜林地区内有谁种谁得的传统，一经种上林木，可以直接传给子孙，待砍伐出卖以后按股分利，以后林地又由家族统一协调更新，直到主伐为止。如家族成员因建房等需要木材，通知家族，即可上山砍伐。[②] 到清朝中期以后，随着林业经济的发展，苗族地区传统管理方式和经营体制有所改变，这主要体现在保留家族共有制前提下家庭股份制的出现。罗洪洋等认为：清水江苗侗民族地区林业契约，特别是"卖木又卖地契"的出现，说明林地所有制正从"家族公有制"向"家庭私有制"转变，而且认为"林业契约只能是林地家庭私有制的产物"。[③] 然而我们从锦屏契约中还不能读出证明"林地家庭私有制"的有力证据。其实有时契约本身是不能说明问题的，可以借助其他资料，如家族内部的土地纠纷诉讼文书等。

在苗族、侗族家庭发展过程中，由于人口的增长会引起父系大家族分化，但早期的父系大家族由于受到生产力水平的限制，分化时不是产生若干小家庭，即核心家庭，而是产生若干较小规模的家庭公社。[④] 常常是在家族内的家长已经衰老或逝世，且人口极度膨胀时发生，曾由第一代领导的大家庭分化为第二代领导的若干新的家族公社。开始时，新产生的由第二代领导的家族公社，人数虽然少于分化前的大家族，是一种较小规模的父系大家庭。这种家庭最常见的类型为兄弟家庭，由至少两对以上夫妻，三代以上组成的兄弟家庭组合体。随人口的增长，又依世代与集体分化原则再行分化。如在内地，当"家庭核心增大时，这个群体就变得不稳定起来，这就导致了分家。但已经分开的单位，相互之间不完全分离。经济上他们变成独立了，这就是说他们各有一份财产，各

[①] 贵州省编辑组：《苗族社会历史调查》（一），贵州民族出版社1986年版，第363页。
[②] 同上书，第139页。
[③] 罗洪洋、赵大华、吴云：《清代黔东南文斗苗族林业契约补论》，《民族研究》2004年第2期。
[④] 参见石朝江《论苗族家庭的类型与发展》，《贵州民族学院学报》1993年第4期。

有一个炉灶,但各种社会义务仍然把他们联系在一起"①。日本学者寺田浩明将这种家族财产形式称作"一个钱包的生活"②。也就是说个体家庭只在父系大家族中分出生活,经济上仍依附于父系大家族。在锦屏地区,由于林业经济的特点不同,家族中财产所有和分配形式与内地汉族有所不同,但家族共有的财产形式与内地是基本相同的。

一般来说,家庭私有制的产生是由于生产力的进一步提高,个体劳动能够不依靠集体力量进行生产,而生产出来的东西不仅可以养活自己,还有剩余产品供养其他人。当已经有条件在经济上实行分离,从父系大家族中把地分出来自己耕种,建立个体家庭经济基础(土地、房屋等)的时候,当财产不仅属个人而且属于家庭所有的时候,家族私有制才产生了。由于经济从大家族经济中独立出来,个体家庭便开始成为生产单位、社会细胞和最基层供养单位(生活单位)。家庭的全部生产劳动,由家庭成员担当,供养孩子也纯粹是家庭的责任,家庭财产由家庭自己支配。我们从"清水江文书"中除了发现份地可以买卖的契约外,尚未发现说明"家庭私有制"的其他资料。个体房族虽然可将自己在家族财产中依股所有的份地出卖,但原则上要首先卖给大家族中的其他成员,在大家族成员无人购买的情况下,必须经过家族长和家族长老的同意,才能卖给外族或外寨的人。特别是家族内股份制经营模式,资金可以在整个大家族融资。

马克斯·韦伯将信任分为一般信任和特殊信任,特殊信任是以血缘性区域为基础的,建立在私人关系和家庭或准家庭关系之上,普遍信任则以信仰共同体为基础,特殊信任的特点是只信赖和自己有私人关系的他人,而不信任外人。大多数情况下,群体都是同质性较高的,群体成员之间差异性不大,有些社会联系可能加强个别信任,但却不是普遍信任。③

---

① 费孝通:《江村经济——中国农民的经济生活》,商务印书馆2004年版,第84页。
② 参见[日]寺田浩明2004年度京都大学法学部"东洋法史"讲义配送资料B第1页(未刊稿)。
③ 参见[美]埃里克·尤斯拉纳《信任的道德基础》,张敦敏译,中国社会科学出版社2006年版,第30页。

正是这种伦理,使传统村寨社会构成了一个亲族社会和熟人社会。所有的道义,首先在亲族那里发挥作用,然后扩展到熟人圈子。[①] 这个熟人圈子会在社会活动中呈现出石头投入水中,涟漪由中心向外部扩散,从最亲近的人向外逐次扩展,以道义决定的诚信强度也逐次衰减。正如福山所说,自发自生秩序本身难以进化出普适的道德,无法为人类平等和人权提供基础,因为自生自发秩序虽然能生成诚实、互惠、尊敬等美德,但是它们只适用于被称为自己人的小团体,并在"自己人"与"外人"之间划出了一条明晰的界线。[②] 清水江林业贸易的发展,狭隘的家族血缘关系十分有限,已经不能维系更为广阔的社会经济活动,于是,推己及人,由近及远,这种伦理观点和规范会渗透到"外人"之中。最便捷和最基本的方式是,先把"外人"变成"熟人",进而变成"自己人"。把"外人"变成"熟人""自己人",要先给"外人"甜头,人欲得之,必先予之。据《百苗图》"黑仲家"条记载:"在清江所属,以种树为业,其寨多富。汉人(与之往来)熟识,可以富户作保,出树木合伙生理。或借贷经商,不能如期纳还,不妨直告以故,即致亏折,可以再行添借。"[③] 这已经说明村寨中已经有人靠诚信和互惠赢得了财富。有时与外人结拜就是改变人际关系的有效方式之一。2000年笔者在天柱县清浪村调查时,曾遇到一位80多岁的龙姓老人,他在新中国成立前曾经是排工,经常放排到洪江,然后徒步走回清浪,他说那时如果外地商人买木不给钱就走,或占当地人的便宜就把木材运走,那就只能是一锤子买卖,下次再不会和他做生意了,他也不敢再来了,否则有生命危险。

感情性诚信在清水江木材交易活动中就更明显了。苗族侗族社会有互助互惠传统,谁家有盖房、结婚、生子等事全村人都来帮忙,侗族的歌班本身就是互助组织。黔东南民间有一种经济互助组织叫"合会",是有互助意义的一种借贷团体,对民间资金的互通有无起到重要作用。这些传统都会转化为林业经营中的互助。如"合会"首先由缺钱户发起,

---

[①] 刘文瑞:《伦理式诚信与契约式诚信》,《北大商业评论》2007年第11期。
[②] [美]弗朗西斯·福山:《大分裂:人类本性与社会秩序的重建》,刘榜离、王胜利译,中国社会科学出版社2002年版,第239页。
[③] 李汉林:《百苗图校注》,贵州民族出版社2001年版,第171页。

担任会首，应邀参加的通常为10多人，每人每次出款1元为起点，每一次会款总额由会首先得，以后每隔半年或固定时间集款一次。有多少人参加就集款多少次，得会款总额的次序在会首得款后由大家商量决定，凡已得会款的人，在以后交付定额会款时，要附加定额的50%作利息给后得款者。清末时，"合会"尚未具有高利贷的性质，到1926年前后，"合会"才成为一种高利贷形式，到1948年，"合会"仍在一些苗族地区流行。[①]

清水江流域从事林业经济活动的木商，根据地缘关系建立了很多会馆。按照费孝通先生的说法，地缘是从商业里发展出来的社会关系，是契约社会的基础。乡土观念根深蒂固的传统中国，会馆虽属地缘组织，却仍然带有相当浓厚的血缘色彩，而行会和公所等业缘组织，同样也无法摆脱血缘关系和地缘关系的网络。攀亲缘、叙乡里——特别重视亲属情分和同乡关系是中国近代商人在经营活动中的一大特点。[②] 而且无论是在资本主义萌芽产生的过程中，还是在近现代企业发展历程中，中国商人的这一特点始终没有改变。著名剧作家高满堂的《温州一家人》，将温州商人在欧洲经商这种亲属关系和同乡情分反映得淋漓尽致，他们还把温州非常规范的"呈会"制度带到欧洲，在同乡人内部融资，以解决某个企业的资金短缺，应对欧洲同行的竞争。在个体行为如何趋向于秩序的问题上，正如哈耶克指出："自生自发秩序可以超越家庭、部落、种族、小国，甚至是帝国、民族国家等小社会。"[③]

第五节 歌唱与诚信

世界上任何一个没有文字的民族，在传承或记载本民族的历史、文化诸方面的内容时，都要借用一定的符号或表达方式作为完成记忆、交流和传承文化的载体。喻中教授认为："要想成功地表现一个民族，特别

---

① 贵州省编辑组：《苗族社会历史调查》（一），贵州民族出版社1986年版，第68页。
② 唐力行：《商人与中国近世社会》，中华书局1995年版，第99页。
③ [英] 弗里德里西·冯·哈耶克：《自由社会的秩序原理》，《哈耶克文集》，冯克利译，江苏人民出版社2007年第2版，第346页。

是它的生活史与心灵史，浪漫的艺术家可以使用艺术的语音，通过民歌的演唱来实现这个目标；严谨的学者运用学术的语音，通过民俗的研究或人类学考察，同样也可以实现这个目标。然而，在两种途径之外，负责立法者可以运用法律语言，通过立法活动，依然可以达到这个目标。"①

在商品贸易行为中"和气"一词使用最为频繁。《新书·六术》言，"唱和相应而调和"，意即虽然音调有高有低，然只要有主次、有节奏、有旋律地调和起来，便可成为和谐之乐，这里讲不同因素怎样才能从和到谐，达到"和谐"默契的境界。我们认为清水江契约社会当是和而不同，而达到"唱和相应"的社会，寺田浩明先生也把民间规约的订立称为"首倡"和"唱和"的过程。《乐记》说："广其节奏，省其风采，以绳德厚，律之大小之称，比始终之序，以象事行。"用现代汉语解释是："逐渐增益音乐的节奏，审察音乐的文采，用以衡量道德仁厚，配合音律的大小高低，排列五音的先后次序，用来表现人伦关系。"② 即所谓"乐通伦理"。从苗族侗族历史文化上看，两个民族历史上没有文字，便选择了歌唱：因为"汉人有字传书本，侗家无字传歌声；祖辈传唱到父辈，父辈传唱到儿孙"。苗族理词中说："汉人离不开字，苗家丢不了佳。"③ "歌以载道"是苗族侗族有别于汉族等有文字民族"文以载道"的传统。因此，习歌、唱歌的过程就是苗族侗族人人接受本民族潜移默化的传统文化教育过程：每当祭祀仪式、春播秋收（"开秧门""吃新节"）、婚嫁、起屋、建楼、迁居、"祭萨""祭鼓"以及节假期间其他活动之前，都要由寨老或族中长者唱古歌或念词追溯本族祖先的来历，追忆祖先创业艰难的过程等。侗族年轻人中的"歌班"是一种重要的社会组织。农忙时，歌班的功能即转化成"劳动协作组织"，共同或轮流到班成员家里帮忙，通过歌班的互惠与互助，侗族社区将家户的劳力转化为社会群体

---

① 喻中：《民歌、民俗与民法》，《法学家茶座》（第6集），山东人民出版社2004年版。
② 钱玄、钱兴奇等译注：《礼记》（下），岳麓书社2001年7月版，第590页。本章所引《乐记》内容均出自此书。
③ 中国民间文艺研究会贵州分会：《民间文学资料》（第61集），"佳"是苗族歌唱题的人生哲理。

的劳力。互助是歌班成员之间的一种义务，是体现一个歌班内部关系和凝聚力的主要内容。歌班的互助活动有四种形式：生产互助、生活互助、恋爱互助和社交互助。生产互助主要是在春耕和秋收等农忙时节，由于家中劳动力缺乏，歌班是最好的求助对象，通常是由本人提前向歌班的领头人提出要求，领头人则根据求助者本人和歌班成员的实际情况确定时间并通知全体成员前往相助。生活互助则是发生在歌班成员家中有喜事或难事之际，歌班成员首先要集体出"份子"，或凑钱或出米、酒、肉等物品，同时还必须在当事人家中帮忙或聚人气。正如光绪七年（1881年）三月立于三江镇卦治村的"表扬德政碑"所说"唯有敦亲睦，将来和气生财，自享源源不竭之利，庶无民本署道（贵东兵备道）一片体恤商民之至意"。

侗族村寨多依山傍水、林木繁茂、风景秀丽。长期在这种清新的自然生态中繁衍生息，优美的田园生活环境和宁静的男耕女织生活方式，使歌手们对周围环境那富有节奏感的大自然和声产生浓厚的兴趣和广泛的联想，并使人产生崇尚和谐美的审美心理。侗族传统农耕社会单位面积的低产出性需要农业更多的和谐性。水资源的调配、管理、利用，农田、林业的经营都需要基于文化基础上的一系列规则来运行，在生产方式上形成"稻鱼鸭共生"系统和"混农林兼作"模式。和谐的规则保证稻、鱼、鸭和人的生命的延续，而且多声部和谐，建构在由人生、群体、家庭复合体系上，这种和谐奠定了侗族大歌多声部的基础。"和合"是中国文化的最高境界，南方稻作文化民族都是如此。和睦相处的基础是诚信，这是东西方文化共同的道德追求。席勒作词、贝多芬作曲的《欢乐颂》唱道："欢乐女神圣洁美丽，灿烂光芒照大地，我们心中充满热情来到你的圣殿里，你的力量能使人们消除一切分歧，在你光辉照耀下面，人们团结成兄弟……"其基本思想与中国的《乐记》是相通的，万事万物"和谐"最为重要，正如《乐记》所说："乐者敦和，率神而从于天。"[①]

[①] 钱玄、钱兴奇等译注：《礼记》（下），岳麓书社 2001 年 7 月版，第 590 页。本章所引《乐记》内容均出自此书。

一般来说没有文字或文字功能不强的民族，口头传承的功能就特别强，口头传承除了说之外就是唱，俗话说"说的不如唱的"，唱的形式多样，易懂易记，无文字民族都有"以歌载道"的传统，在黔东南苗族侗族地区不仅习惯法的内容以歌口头传承，本民族传统伦理道德的内容也以各种歌唱的形式传承，以此将道德和法律的内容内化到人们的行为中。

法律的最高价值是使社会和谐。可以说"法律都并不是效力最高的控制工具，说服性的控制工具，如暗示、模仿、批评、报酬、赞许、反应等，往往比法律有更高的功效"①。黔东南侗族地区南部侗族的《劝世歌》和北部侗族的《劝和歌》都体现了这种说服性功效。如南部侗族《劝世歌》中的《酒色财气歌》，有200多年的传唱历史，为清嘉庆年间侗族著名歌手吴文彩所作，其中"财歌""气歌"这样唱道：

> 财：为人在世莫贪财，找钱要靠走正道。杀人越货莫要做，切莫为财去坐牢。钱来找人才能富，人去找钱代价高。钱财无根不好找，生财之道靠勤劳。
>
> 气：与人交往莫斗气，说话轻轻不费力，人活世间有时难免要受气，不要为争口气去做蠢事吃苦头，年轻的人争强好胜气壮胆，要忍得一时之气可免百日忧，心平气和天地广，忍气吞声也是谋。

"财歌"是劝告人们正确对待钱财，树立正确的金钱观。古人云"君子爱财，取之有道"，所以坚决反对损人利己，取不义之财，诚心诚意劝告人们不要因为钱财问题处理不当而毁了自己，以致锒铛入狱。紧接着向人们提出了富有哲理味的金钱观："钱来找人才能富，人去找钱代价高"，前者显然指靠技术本事攒钱，一个人有一技之长服务于社会，得到人们的信任，都来和他做生意，从而得到报酬。后者则是指没有突出技能，而靠体力谋生的人，这类人一般收入较少，只能维持较低的生活水平，所以说"人找钱"不但辛苦，而且付出的代价更大。如此劝说，言

---

① 芮逸夫主编：《云五社会科学大辞典·人类学》，商务印书馆1915年版，第18页，转引自庄孔韶主编《人类学通论》，山西教育出版社2003年版，第383页。

下之意是要人们多学谋生的本事，要有一技之长，才有利于自己的生计，"钱找人"也不是天上掉馅饼，也是靠勤劳，靠脑力，靠智慧，勤动脑。①"财歌"还应包括戒赌，有些人从小养成赌博恶习，游手好闲，最后弄得倾家荡产。侗族谚语说："强盗出于赌博，人命出于奸淫。"② 黎平《寨母碑》规定："赌博诸事最为下贱，贫盗贼皆缘此出。嗣后各家敬戒子弟不许聚赌打牌，倘有不遵约束仍敢窝赌及诱打牌者□□□□。或访闻知俱罚艮（银）六两。"《永世芳规碑》第五款规定："赌博滥棍罚钱十二千文，违者送官治罪。"《侗款》也说："哪人阴打阳和，日里做人，夜里做鬼，明摆酒席，暗开赌场，只要捉到，款条显灵。"

"气歌"是劝告年轻人正确处理"气"的问题，"气"往往是在社会交往中相争相斗形成的，这"气歌"开篇就强调与人交往"莫斗气"。"莫斗气"是侗家的处世哲学，和汉族的"和为贵，忍为高"如出一辙。因为和气生财，和气才能合作，只有人和才能办成事。"和合"的基本要求就是不要斗气，应该注意协调彼此之间的关系，能够融洽相处，因此说话时要温和，不要盛气凌人，要经常保持心平气和的心态与人交往。"气歌"考虑到人生在世普遍遇到的生活现象就是人在社会上生活难免要受气，这个气来自社会上不同的人，受了气怎么办？"气歌"告诉人们一定要保持清醒和冷静的头脑，不要有过激的言语和行为，并且要忍，俗话说"吃得亏，打得堆"，这是一种处世谋略，往往容忍、宽恕才能达到自己的目标。生活中充满着矛盾和斗争，需要我们正确地对待，能忍则忍，能和则和，化敌为友，化干戈为玉帛，要学会平息事态，才能达到人与人的和谐。乍一看，这种劝世歌在和稀泥、回避矛盾，无法让当事人心服口服，但是基于侗族淳朴的和谐相处观念、共同生存的意识以及强有力的血缘纽带，在没有陌生人的乡土社会中，行为者对传统规则相当服膺，长期的教育已经把外在的规则内化为习惯。维持礼俗的力量不在于身外的权力，而是在身内的良心。所以《礼记·乐记》说："廉直、劲正、庄诚之音作，而民肃敬；宽裕、肉好、顺成、和动之音作，而民慈爱。"

---

① 傅安辉：《侗族民间文学》，远方出版社 2009 年版，第 38—44 页。
② 杨汉基等编：《侗族谚语》，贵州民族出版社 1996 年版，第 26 页。

第六章 村寨社会的二元纠纷解决机制

从清朝到民国,随着黔东南清水江流域地区林业经济的发展,林区苗族侗族人民的权利意识开始增强,民事纠纷诉讼到官府的案件明显增多。从整体取向上看,传统村寨内部纠纷调解机制所调整的范围还是相当大,林农还是不想将每件纠纷都闹到官府。传统的村寨组织既要解决村寨社会复杂多样的纠纷,又要保持村寨社会人际关系和睦。此时在林业经营和解决纠纷的实践中出现了"清白字""认错字""悔过字""合息""戒约"等多种类型的字据文书。其中一些文书是为准备一旦纠纷诉讼到官时提供证据,作为"经官"凭据的民间文书。另外,清代清水江流域的一些地方又是"土流并存"的行政体制,这在司法上也会有所体现,可能是个多元并存的司法体制,这一问题有待以后深入研究。

第一节 二元诉讼机制并存

在林业开发以前,清水江沿岸地区苗村侗寨主要是依据传统的鼓社、款约等村社组织实行自治,使得传统习惯法在基层社会调控方面得以发挥重要的作用,并成为契约纠纷的社会调控机制。在国家行政和司法权力未进入苗侗村落社会以前,寨老享有最高的权威,村寨内部的纠纷都听凭其解决,即便有一方吃了一点亏,考虑到村内的和谐、寨老的权威,也都尊重其处理意见。"苗族理词"说:"莫以角相斗,不用头相碰,两公牛相斗,总有一头跑。并非力不足,只因一起吃草(指将来还要一起生活，要互相忍让）。"① 在村落社会，不论大事小事，村落寨老们都可以解决，包括一些死刑也能在村落内部决定，并由被判者的家族亲属负责执行。如《侗族大歌》"干赛久"唱道："父母生咱，早晚一团糯饭，不会让咱沿村讨，别人快嘴快舌，造出事端，交给村寨，乡老明断。""犯了天地，按照乡规了结，不要相互攻击，好好商量，不要进衙门。"②

　　清代清水江流域被纳入国家行政管辖后，雍正五年（1727年），为适应朝廷在贵州"改土归流"和无力开辟黔东南"新疆"的需要，以原铜鼓卫地建锦屏县，以原五开卫地置设开泰县。然当时的锦屏县地域狭小，故而道光十二年（1832年）将锦屏县降为乡，今锦屏大部分地区归属黎平府开泰县，而平秋、彦洞等九寨及王寨、茅坪却不隶属于县和长官司，直属黎平府，直到清末。民国三年（1914年），废开泰县和锦屏乡，重设锦屏县，将原来开泰县、锦屏乡、黎平府直属九寨及天柱县平金等六寨、文斗下寨划为新锦屏县的行政区域，并将县城从铜鼓移至木材贸易中心王寨，20多年后，又将黎平县的新化、隆里两乡划归锦屏，大体形成现在这样的区域范围。清代锦屏的区域范围内还有多个长官司，亮寨长官司"驻亮寨，亦称诸葛营，距城七十里"；欧阳长官司，"驻欧阳寨，距城六五里"；中林验洞长官司，"驻中林寨，距城八十里"；湖耳长官司正司，"驻长寨，距城一百二十里"。民国时期有的长官司还存在，但已名存实亡。③ 这说明在清代的锦屏地区又是"土流并存"的行政体制，这在司法上也会有所体现，可能是个多元并存的司法体制，但锦屏土司统治下的司法情况目前还没有研究清楚。

　　在流官统治下，国家机关对该地区的各类案件拥有管辖权，但传统村寨法还在起很大作用，这起码表明在该地区国家解决和民间解决两个

---

① 张应强、王宗勋主编：《清水江文书》第1辑卷6，广西师范大学出版社2007年版，第112页。
② 贵州省少数民族古籍整理办公室编：《侗族大歌》"干赛久 anl saip juh"，贵州民族出版社2003年版，第643页。
③ 参见田玉隆、田泽、胡冬梅《贵州土司史》（上册），贵州人民出版社2006年版，第127—128页。

系统的并存。从当时的诉讼取向来看，村寨内部的纠纷尽量在内部消化解决，实在解决不了的诉讼到官，由官府解决。但官府受理前以及受理后当事人撤诉归于民间调解也是可以的。《清水江文书》中的几则文书反映了这一事实。先请看"范合生等劝合息字"：

> 等二比争争词来城。我等到劝合，二比不得异言，各自回家。姜大明等当时不得翻悔。若再有翻悔，任中等禀报□□府主。恐口无凭，立此合息□□为据。
>
> 凭中　范合生　刘成美　姜廷荣　姚洪顺　朱大先
> 　　　　　　　　　　光绪十七年二月廿一日先笔立①

这个字据没有前面部分，因双方的纠纷在村内未能和解，已经到县城，准备经官。范合生等数人经过最后劝解，双方表示愿意和解，各自回家。并要求作为其中一方的姜大明不得翻悔，若有翻悔，一定禀官处理，故而立下合息字据。一般说来民事诉讼当事人显然不会在非正式的制度与正式的制度之间只做一次性选择；在这两者中间，他们可做一系列的抉择。② 清代法律是一个矛盾多发而又多层次的制度，其中包含了一个基于法律的正式制度，一个基于妥协的调解制度，还有一个介于这两者之间的第三空间。琐细的民事纠纷就让社会本身的民间调解系统而不是由官府的司法制度去处理，特别是对家庭和宗亲的纠纷。这样的意识形态架构使得官方审判和民间调解系统间的关系比国家支配社会的理论所设想的要平等一些，要依靠民间的调解系统尽可能地让社会自己去处理"细事"③，致使民间调解在很大程度上各行其是。在广大的中国乡土社会，民间调解成本最低，但也会让双方做最大退让，而衙门审讯成本最高，但双方曲直判得最分明。在一般情况下，一场公开的争吵爆

---

① 张应强、王宗勋主编：《清水江文书》第1辑卷8，广西师范大学出版社2007年版，第259页。原契人名为竖排，由于人名太多，本文改为横排，以下横排者同。
② 黄宗智：《清代的法律、社会与文化：民法的表达与实践》，上海书店出版社2007年版，第158页。
③ 同上书，第183页。

发之后，如果非正式的干预不能平息纷争，村首领以及地保乡约们就会被要求出门裁断，他们将听取当事人两方的诉求和理由，并试图找出双方都可以接受的解决办法，最后经过耐心地劝解，使双方达成妥协。[1] 这就形成了国家法与民间法的互动。习惯法并未诸文字，但并不因此而缺乏效力和确定性，它在一套关系网络中被实施，其效力来源于乡民对于此种"地方性知识"的熟悉和信赖，并且主要靠一套与"特殊主义的关系结构"有关的舆论机制来维护，自然官府的认可和支持有助于加强其效力，但是它们并非习惯法所以为"法"的最根本特征。

另一份"和息了局字"也说明这一问题。

> 和息了局字人姜宋氏子来根来、根发弟兄，情因去岁月廿二月往至地名包堂楠种地失火，烧坏姜源淋、姜承炽二人杉山一块，来发弟兄自知理屈，登门哀求，而淋、炽等目见心伤，经中理讲，来发凭中自愿将猪牛赔偿伊母，不愿往至王寨团防总局具控。二比未经审讯，亲族排解将猪牛退回，书立和息存照。
>
> 凭亲　等　姜凤德　姜纯秀　姜祖发
> 宋学文　龙世田
> 笔　彭献瑞
>
> 民国十二年二月十二日　立[2]

这是因种地失火，烧毁别人的木植，失火者自知理屈，登门哀求受损者不要向官府具控，并愿意以猪牛赔偿。受损方受到感动，经中人、亲族排解，立下"和息了局"字据，并将失火方的猪牛退回。清水江契约文书中的"清白字"文书是诉讼当事人双方制作的为了"清局""了断"的合意文书，在签订文书时要举行"杀鸡"仪式，以示郑重。从《清水江文书》收录的多个"清白字"文书看，有一点是很清楚的，

---

[1] 梁治平：《清代习惯法：国家与社会》，中国政法大学出版社1996年版，第146页。
[2] 张应强、王宗勋主编：《清水江文书》第1辑卷1，广西师范大学出版社2007年版，第80页。

就是为今后双方的一方反悔，诉讼到官府做准备。如"杨秀廷父子清白字"：

> 立清白字人党秋村杨秀廷父子为因先年祖父用传得买嘉池寨姜世杰之山地名培粟之山一块字内外块，罩争元瀚弟兄之井园晋之山一块，界止上凭田，左凭翻培逢，以冲为界，右凭以栽岩直下坟为界。偷卖与加池寨姜锡珍，文斗李老六等，砍伐条木五根，元瀚等闻知登山阻号客人锡珍等登门求认，仰杨姓将山传二元退还元瀚等杉木地土为元瀚等管业姓杨不得偷卖混争。如有此情，仰其元瀚等执清白字禀官，恐口无凭，立此清白字为据。
>
> 凭中　姜锡珍　姜承钦　文斗老二
民国丙子二十五年十月廿八日代笔
塘东姜甫钦　立①

这是一件因重复卖地，造成权属不清、界限不清的案件，当第二买主山上木植被砍伐时，第一买主到山上阻止，砍伐之人登门认错，经三家共同认定确认了权属关系，并立下清白字，写明如果再发生些类事件，可持此字据"禀官"处理。

关于"认错字"文书，从《清水江文书》收录的几则文书的内容看，多属于由于过失侵害了他人的林木所有权，通过赔礼认错，表示以后不再发生些类事件，得到所有权人的谅解，目的是防止再犯。如果以后再发生此类事件，就不是过失问题了，可以凭此文书"报众经官"，任恐官府处置。如"姜开书错砍姜开明之杉木字"：

> 立错砍杉木字人本寨姜开书。为今年三月内错砍姜开明之木一株地名坐略，清中乡约寨头理问，实是错砍。自愿登门错□。日后不敢再砍乱行，如有再砍乱行，执字报众经官，自己的头罪，亲笔

---

① 张应强、王宗勋主编：《清水江文书》第1辑卷6，广西师范大学出版社2007年版，第112页。

所立错砍字样，是实。

姜开书　字
凭中　姜中周　姜之连①

随着汉文化进入少数民族地区，孝道也倍受重视，"李廉贞、范氏愿菊悔过书"中的李氏夫妇，不遵守孝道，言语顶撞父亲，父亲到官府控诉。李氏求地方父老说和，表示以后绝不再犯，遵守孝道，并立"悔过书"，如有再犯，任地方父老凭此字据送官治罪。

立悔过书字人李廉贞妻范氏愿菊，二人情因时愚昧言语抵触父亲致父亲愤投政府控诉，窃自思维示能安慰亲心而使亲怒矣，实属罪无可赦，只得央求地方父老等转恳父亲予以宽宥，已蒙俯允理合立悔过书，呈各地方父老等执照从此以后革面洗心尽心孝道，不得再有抵触父亲等情，倘有仍蹈故辙任地方父老等执字送官治罪，恐口无凭，立此悔过书呈地方父老。②

有时地方保甲为了稳定社会秩序，防止原告"缠讼"，案件处理过后还要求原告立"清白字"，以免以后纠缠。请看"姜祖朝母子，寄父杨秀太立清白字"：

立清白字人姜祖朝母子，寄父杨秀太，情因去岁母子往外偏工回转两年，丢抛家货被本寨姜主德偷拐财物并契约，母子伸鸣地方保甲等，保甲等向问主德伊料难逃法网，其认退契退赃，凭保甲概义与母子并罚叁仟三佰文赔款，嗣后母子并寄父杨秀太不得再行生端亦不得悔怨地方保甲等，如有此情任地方扫字禀官为据。拟此清白字奈母子与杨姓一字不识，因仰请地方笔写杨

---

① 张应强、王宗勋主编：《清水江文书》第1辑卷1，广西师范大学出版社2007年版，第346页。

② 张应强、王宗勋主编：《清水江文书》第1辑卷10，广西师范大学出版社2007年版，第339页。

秀太亲历。

光绪廿一年六月初二　立①

这是一份很有意思的文书，保甲在解决村内部的一起偷掳财物和契约的案件后，要求原告写下"清白字"，不得以后纠缠保甲，再生讼端。并由保甲保存这份字据，作为以后禀官解决时的凭据。

我们在锦屏调查时还找到了一份"戒条字"文书：

> 立戒条字约人石引寨小材岑孔，为因朝廷有国法，为本乡党有条例，为先我等地方男女协力耕种，男耕而应，而良女耕而备身体。我团一则公议不准白日除刀，二则公议不准辽钱赌博而串油伙等情，今有我罗耀祖父子思元榜，为因日与堂兄堂弟罗耀坤子罗氏引交父子白日除刀，将开今有地方众十牌款首人等，严楚我父子，今我自知理屈，哀求团等自愿立有，永远不准将闹多事，当凭地方乡团首人刘开贤、陆志太、志厚、刘吞仁等，以后我父子不敢翻悔重犯，忍（任）从地方团等送官禀明，不得异言，若有异言，自愿凭中立有永远戒条是据，倘有异姓人等所犯一例目罚。
>
> 　　　　凭中　陆志　太志厚　刘开贤
> 　　亲笔
> 　　　　　　　　　　　光绪十六年七月廿六日

这份"戒条字"体现了民间法规则及处理与国家法的衔接，先谈到了地方公议的几项规约，当事人犯了其中的一条，经款首严厉训诫，自知理亏，保证以后不再犯，故立下此"戒条字"，保证如果再犯，送官禀明，毫无怨言。

民间解决和诉讼到官的途径选择，关键是看哪种对当事人更合算、

---

① 张应强、王宗勋主编：《清水江文书》第1辑卷8，广西师范大学出版社2007年版，第273页。

更经济以及寨老、中人等为村寨的和睦进行调解的干预程度。当事人不愿"中人"调解或对寨老裁定不服的可到官府提起诉讼,也可以不通过调解直接到官府解决。苗族侗族村寨社会讲究和睦的人际关系,都不愿意把事情闹到非由官府解决不可的程度。一个主要的原因就是官府诉讼成本高。过去的官府"衙门口八字开、有理没钱别进来",除官府法定诉讼费用较高外,师爷借案搜刮、衙役的索取、"歇家"的捉弄也提高诉讼成本,百姓"厌讼"、官府在受理案件上也有"限讼"的取向,锦屏县大同乡大同村沙坝河边现今还有一块"申明条约"碑,这是清雍正年间贵州布政使衔署贵州分巡贵东道兵备总办兼下游(清水江)游击易佩绅在自己工作范围内就一些约束事项订立的申明条约。其中就案件受理问题规定:

□士民有便利欲陈疾苦欲达,凡一切词讼冤抑欲伸者,皆省用白呈。向收入文所投递不拘格式,不限□,不准差弁书役受文规费。但各士民等,除地方利病外,凡一切词讼,非万不得已者,不准控告;(诉状)□□务须整洁并留有余尾,以便批粘,其叙事但取明白,不准拖沓粉饰。凡投呈词讼者,须先寻歇户□送收文,所收文者验明,仍投词人交歇户,俟批示发落,其歇户并所呈之词,或自叙,或系何人代作,皆于词后注明。

以上两个因素这就给民间"理郎"解决纠纷提供了机会。有一首"苗族古歌"详细地讲到了诉讼费用问题,如下:

他若把钱财背去官府,他若把粮米送去衙门;有那么多钱财粮米,官家会把衙门开得很宽很宽。他若用钱去塞官吏的衣兜,他若用钱去打通官家衙门,有这笔钱去告状,他可走遍通街;有这笔钱去打官司,他可打个长年累月。这样,钱米像甩进水里,我们也看不见起泡;钱财像扔入地窖,我们再也看不见钱影。这样啊,我们理郎也就无油来抹嘴!我们四位理郎,哪来酒肉落肚肠?酒肉的气味也闻不上了,钱粮的影子也看不见了。尽管我们讲理讲得嘴干,尽管我们说理说得舌燥;即使我们说理像流水一样通畅,就算我们评理评得再好;那也是无偿的酬劳,那也无法解决你们的纠纷。①

在清水江文书有"理中"应该是这一带特有的概念,在纠纷解决中大量体现,表现在"请中理讲""请中理论""蒙中等于内排解""请中理剖"等记载中。"理中"的关键作用在于"理",不同于一般的民事调处人,理中的主要职责是理清双方争议的事实,一般事实不清,产生纠纷后,纠纷双方或一方就会寻求理中查清事实,做出决断。这往往体现在"清白字文书"等记载中。

苗族侗族习惯法有自己处理案件的标准,叫作"理",有"大理""小理""重理""轻理"之分,而"大理"中又有十二条大理、三十六条大理、七十二条大理之别。"理师"(或"理郎""理老")是"理讲"、讲理的主体。侗族规定得更具体,如《侗款》中有"六面阳事",是一些尚未构成死罪的犯罪事项。还有"六面厚",即重罚,"六面薄",即轻罚,"六面下",即"无理"等十二细则条款,十条规章。②

理师,根据苗族地区不同、时间不同、汉译后汉语的称谓不同,也称理老、理郎、赛老、牙郎、行头等,是苗族习惯法的法律裁判者,他是由那些熟习古理榔规而又能言善辩的人担任。他们有如"智者"或"师长",举凡天文地理、历史文化和风土人情都能对答如流,无论大小纠纷,均能有求必应,热心调解,所以极受尊重。但在村寨家族纠纷、冲突和重大决定中拥有实际的权力,起到最后仲裁的作用。

民间论理歌就是"理词"(或"理辞")。由天津古籍出版社出版石宗仁翻译整理的《中国苗族古歌》第七部"婚配"、第八部"纠纷"(一、婚姻纠葛;二、财产纠纷)是在湘鄂黔边区的苗族东部方言区中流

---

① 石宗仁翻译整理:《中国苗族古歌》(第八部)"纠纷",天津古籍出版社1991年12月出版。
② 参见湖南省少数民族古籍办公室主编,杨锡光、杨锡、吴治德整理译释《侗款》,岳麓书社1988年版。

传的反映家庭纠纷的"古歌"。其中"婚姻纠葛"中的内容与黔东南州黄平县"婚姻调解理词"有很多相似之处。下面节录一段围绕婚姻纠纷的处理情节,案由是婆家认为儿媳行为不端正所引起的纠纷,婆家、娘家与四位理老的辩论和"理剖"都是以歌唱形式进行的。娘家和婆家经过充分的辩理后,理老开始最后裁定:

> ……我婆家说的十二条啊,自己输了两条。娘家说的十条大理啊,娘家说的十条重理;我算了啊,输了娘家的七条大理,我共输了九条重理……

婆家说完理郎又说:

> 原来议了说理的条款,原先定了输赢的款规;谁输了就输四百四十,谁赢了就退四百四十;娘家的四百四十就退娘家,婆家的四百四十啊,四十归我们四个理郎分享,四百钱没有退的理由,婆家要用来赔礼道歉。①

理郎又说:

> 婆家输了九条大理,称肉要成块啊,打酒要用酒桶;买鸡要买大的,买猪要买肥的;要杀鸡向娘家赔理,要杀猪向娘家道歉!这样,婆家遵从理规,就杀猪宰羊啊,婆家向娘家道歉赔理;请四个理郎来吃,请四个理老来喝;请众人亲友来吃,请众人亲友来喝。吃了了结这场纠纷,喝了完结这场论理。千年不准再来反悔,百代不许再来重犯。争吵的过去从今一刀两断,不和的往事从此了结。论理说完了一场,纠纷解决了一桩。

---

① 理老职业操守不同,也有蹭吃蹭喝的,如《苗族古歌》"婚姻纠葛"中理老的唱词,"讲理不能空着口讲,评理不能空着肚子说;讲理要有酒肉荤腥,评理要供饭吃钱花。有肉吃啊,就帮你认真说个输赢;吃豆腐,就说个马马虎虎;吃小菜啊,就帮你说个不疼不痒。要是吃干菜,就九天也说不清白;要是吃酸汤啊,讲十天也讲不了结;那就没有了结事理的日期,那就没有说断纠纷的日子"。

纠纷解决后，歌中描绘了娘家婆家和好如初、其乐融融的场面：

> ……这时，人们都喜气洋洋，这时，娘家忙出一言说：说理说完了，纠纷解决了，千谢你们四个精明的理郎，万谢你们四位公正的理老；你们的亮眼真像光辉的北斗，你们的智慧之光像炫目的辰星。你们四位理郎啊，像四座耸立坪地上的高山；你们四位理老啊，像四株屹立村边的大树；你们像高山啊，给我家流来了清澈的泉水；你们像大树啊，给我家投下凉爽的浓荫。千谢你们的妙手，给我们理清了一堆乱麻；万谢理郎的利斧，帮我们劈开了难破的松木疙瘩。你们削好了不规整的竹木，把弯的削成直的，把歪的弄成正的。谢你们找出了曲直，谢你们明辨了是非。从此我两家重新和好，从此儿女重新做人。你们的情义我们铭记心间，你们主持公正的名声，会在人间永远流传！谢你们说完了一场论理，谢你们排解了纠纷。①

理中查清事实的根据和方式除了听取两造的说辞外，很多情况下还需要查阅契约或者亲自地界，有重视契约的传统，清理事实一般都需要对照两比新旧契约。如《张荣吉、荣朝卖田契》："……及请中理论，清伊买契……又清伊老契。"② 这说明要"凭契讲理"。而很多纠纷都是因为田土界址不清产生的争端，这时就需要理中勘察山地的具体四至进而作出判断，"查契勘山"是其基本工作。这样的工作从工作性质上看已经具有了官府的职能。中人制度并非作为社会秩序的守望者而存在，而是作为社会秩序的参与者而存在，它对社会秩序的维护恰恰体现在它对整个民间习惯的参与之中。

血缘关系比较浓厚的村寨社会，给予自然领袖，如族长、寨老、头人等调解内部纠纷的权力，他们是村落内部纠纷的裁判者和规范的实施者。由于他们的威望，有时也充当调解纠纷的"中人"，这就形

---

① 参见石宗仁翻译整理《中国苗族古歌》（第八部）"纠纷"，天津古籍出版社1991年版。
② 唐立、杨有庚等主编：《贵州苗族林业契约文书汇编1936—1950年》（D0030），日本东京外国语大学2003年版。

成了解决村落社会纠纷的一套独特的机制。清朝苗疆地区在"改土归流"后，除新辟"苗疆六厅"以外，乡村的基层政权组织制度是保甲制。保甲制是一种严密控制人民群众的基层组织制度，在基层政权中，普遍地编户口、设保甲，十户为一甲，立一甲长，十甲为一保，立一保长。有的地方是十户立一头人（首人），十头人立一寨长，实行"联保联坐"，逐村经理，逐户稽查，"一家被盗，全村干连"，保甲长不能察觉，左邻右舍不能救护，各皆配罪，无所逃罪。在清水江流域苗族侗族地区，咸丰二年（1852年），云贵总督张亮基奏令黔省正式开办团练。三年二月，清廷任命在籍前任漕运总督朱树、陕西布政使陶廷杰、湖北布政使唐树义等赴黔督办团练事宜。当时，在黎平府境内，胡林翼共"办团练一千五百余寨"①。团练的编组采用保甲制，即"十户立一牌头，十牌立一甲头，十甲立一保长"②。每户皆出壮丁，以二三保或数保级成一团，每团设团总一人，团附（副）数人，团丁人数无定。同年，胡林翼以黎平府境各村寨"团而不练"为由，申谕五条《保甲团练章程》。胡林翼所推行的保甲、团练制度实际上是一种以苗制苗、以侗制侗、以款制款的政治制度，由于这种制度的推行，苗族侗族地区的"议榔组织""款组织"进一步被中央政府所利用，有些地区的传统组织，实际上已被封建官府所指派的乡正、团长所把持，他们既是乡正、团长，又是当地的大小款款首。保长、甲长、寨长、头人也都是从当地的自然领袖中转化而来的，他们所熟悉的纠纷解决办法仍然是传统的那一套。

文斗一则款约对团练作为"理中"凭中理剖职能这样记录："我团中每因婚户、田土、银钱、细故，动辄兴词告状，以致荡产倾家。言念及此，深为扼腕！自议之后，毋论大小事主诣本地公所，各设便宴一席，一起一落，请首人齐集，各将争论事实情一一说明，不得展辩喧哗、强词夺理。众首人兼得其情，当面据理劝解，以免牵缠拖累、播弄刁唆之弊，如两造各坚执一词，势难了息，即投营上团首。再将一切情

---

① 光绪《黎平府志》（卷6），《秩官志》。
② 《光绪清会典事例》（卷158），《户部》（七），"户口"。

节详细告诉众等查问明确，体察情形，妥为议决，倘有负固不服、逗刁扰公，立即联名禀官重究。但我团首不得循情徇，偏执臆见，以绍公道而服人心。"可见在清末民国时期，团首承担了原来"理中"的职能。苗族古歌对"中人"和"理师"也是有界定的，"评纠纷不会恨中人，断祸事将会恨理师"。

第二节　民间纠纷解决机制及其调整范围

过去的农耕社会，特别是血缘关系比较浓厚的苗族侗族村寨，资源、信息、社会评价和一切生活、生产都在村落内进行，每个家庭中遇到困难要通过互助解决，如建房、婚丧嫁娶仪式的张罗等，遇到自己解决不了的大事小情都需要熟人帮助。这样就形成一团和气的人际关系。有点小矛盾、小纠纷，想想以后还要在一起生活，"低头不见抬头见"，"谁都会求着谁"，一般也就算了。这种村寨社会的诉讼取向，使民间纠纷调解机制的作用仍然很大，调整的范围还比较宽，包括轻微刑事案件、民事案件和治安案件，涉及村寨社会生活的方方面面。

一　盗窃

苗族侗族地区习惯法对偷盗行为处罚非常重，盗窃属故意犯罪，可以直接拿获送官。但任何案件的发生都有具体情形，"情"的因素也被人们看重。由于某种"情由"盗窃，盗窃者又愿意写下"戒书"，表示改恶从善，永不再犯，即可从宽发落。从几份"戒约"内容上看都是针对偷盗等恶性行为，如"姜义宗偷盗被抓戒约"，失主已将作案者拿获并送地方头人，但地方头人念盗窃者母子贫穷，令盗窃者立下"戒约"，由地方头人存照了事。

> 立戒约字人本寨姜义宗为因居心不善，偷到姜凤仪贺勿（物）不料恶贯满银（盈），凤仪双手拿获，人将两勿当时交与头人。蒙姜光秀，龙文连□解劝求凤仪念前义宗娘子穷苦，义宗自愿写出戒约，日后在（再）犯，在如众人究治，义宗母子不得异言，恐口无凭，

立此戒约，求远存照。

凭中　姜光秀
龙文连
道光二十九年四月十日义宗亲笔　立①

还有一份偷盗案件的立戒约字文书：

  立戒约字人本寨姜作琦为因民国辛酉年十月十四日已刻入本寨姜金贵房，盗得各米被，生贵之女得见报告与金贵，金贵即时伸鸣报地方首人众等，将作琦跟问其由，作琦自认所偷其实。蒙地方首人等将我作琦照其款规罚银陆两陆钱。恶自今以后我作琦自愿改恶从善，务农作工各守本分，不得重犯。如有重犯，任凭地方首人众等处治，不得异言，恐口无凭，立此戒约交与地方首人权执为凭。

民国辛酉年十月十四日亲笔　立②

  这是一起入屋盗窃案，地方头人按规矩罚盗窃者银六两六钱，盗窃者自愿写出戒书，表示永不再犯，所以未处以其他刑罚。以后如再盗窃，可依此文书从重处罚。

二　失火

  黔东南苗族侗族有"刀耕火种"的耕种传统，过去开垦荒地先焚烧植被，留下草木灰，然后再种粮食和林木。另外该地区特别重视清明节，每到清明必带"社饭"到祖先墓前"挂清"（祭奠亲人），烧纸聚餐，所以每到清明前后耕种季节，林火的发生率特别高，因用火不慎烧毁别人

---

① 张应强、王宗勋主编：《清水江文书》第1辑卷2，广西师范大学出版社2007年版，第357页。

② 张应强、王宗勋主编：《清水江文书》第1辑卷1，广西师范大学出版社2007年版，第381页。

林木的事情也很多。由于"失火烧山"多属于过失，失火方出具"认错字"，以求得受损方原谅。

> 立错字人塘桥村杨惟厚。情因去岁九月，因运不顺，失火所烧姜源淋之六合山一块，该姜源淋于本年正月内到达本村，接请地方父老龙甲长有政理论。窃民有案可查，只得无奈夫妇二人相商。仰请原中龙甲长有政代民邀求说合，日后不得异言。特立错字是实为据。
>
> 　　　　　　　　　　　　　凭中　代笔人
> 　　　　　　　　　　　　　民国三十五年正月廿六日　立①

这是失火烧了别人的林地，受损方前来请地方父老、甲长要求失火者赔偿，失火方无奈，请地方父老、甲长为其说合的"认错字"。

> 立错字人本寨姜登智，因刀耕火种容什之地，失火烧之琏、之毫兄弟地名纲套之山一块，杉木五百有余。登智上门拜尚求情，之琏、之毫兄弟念在邻居之处平时又和目（睦）之人。失火无奈，难得培（赔）还。自愿出错字一纸，日后之琏、之毫子孙失错不必生端异论，今恐日后人心不古，立此错字为据。
>
> 　　　　　　　　　　　　　代笔　姜世培
> 　　　　　　　　　　　　　道光十二年三月十四　立②

失火后上门赔罪，受损失者念在长年邻居，平时又和睦，放弃赔偿。失火方出具认错字一张，一方面表示认错，一方面怕日后受损方子孙再借此事索赔。

---

① 张应强、王宗勋主编：《清水江文书》第1辑卷2，广西师范大学出版社2007年版，第173页。
② 张应强、王宗勋主编：《清水江文书》第1辑卷10，广西师范大学出版社2007年版，第147页。

三 错砍错放

错砍别人林木有故意和过失两种情况，一种是明知是人家树木故意去砍伐，被发现后只好说是错砍，写下认错文书；一种是真的错砍，没有主观故意。但只要被侵害一方愿意了息，立下清白字，都可以作为凭据，以息事宁人。

1. 错砍"清白字"

立清白字人姜秉文父子为因先祖遗有山业一块，地名皆理鸟。其山四界俱是姜源淋山，因秉文将此山发卖与姜作文砍伐错姜源淋界内十余根，经首人姜梦熊恩宽理论，劝将此属之木归秉文卖山其山之土归源淋永远开栽木管业，日后秉文父子并无寸土在此山内，二比依劝了息，恐日后无凭时立清白字为据与姜源淋，永远存照。

凭中　姜梦熊
姜恩宽
中华民国八年七月十六日　亲笔①

立清白字人南路杨启顺错砍地名堂四孔张老三屋地坪之木，今以自愿登姜盛荣弟兄叔侄之门任（认）错。凭中张花寨范锡智劝合抵价木行。后代子孙照老字及清白字管业，立此清白字为据。

凭中　范锡智
中华民国卅六年十一月十九日亲笔　立②

2. 错砍"认错字"

立错字人本房姜开星因错砍到姜凤仪叔侄油树地名皆报库，砍

---

① 张应强、王宗勋主编：《清水江文书》第1辑卷2，广西师范大学出版社2007年版，第327页。
② 同上书，第351页。

为柴，拿后经官报众，蒙中改劝自愿登门秧（央）求尔等养若二次在（再）犯报伊亲兄老弟拿下，投河楚（处）治，不得异言，口说无凭，立此错字为据。

凭中　四叔大爷姜元芳
请本寨姜开明代书
道光二十九年三月十一日　立①

此"认错字"文书是错砍了别人的油茶树，按当地经验油茶树乃经济作物，人们对这种树都认识，错砍为柴不大可能，有主观故意成分，所以才拿获报众经官，侵权者通过中人，自愿登门央求，表示永不再犯，如果再犯由自己亲属执行投河也无怨言。

3. 错放"认错字"

立错与□后字人本寨姜朝英自砍木一□，始与姜生龙光委、应生、世齐、开相、世运、开贤、开庆众等乡人，由古至今各有老洪路，无姑拉过姜开明之山，将山由之木植打坏，并开新洪路。古人去：新路不开，旧路不灭。无姑开些新路，情理难容，故请房族理论。他众等自愿错过错放。欲想将酒水赔礼，我等念在村寨之人，岂有不知各有老洪路，我本系良善，一不要培（赔）正木植，二不要他们酒水，现有房族可证今姜赳英众等木放坏我之木并开新路，恐日后我又放坏他众等之木并开新路，依照旧变不要培（赔）理培（赔）还。现凭房族立此错字并包字永远存照。

凭中　房族　朝弼　姜世培
道光十四年三月十三日　立②

这是一份"私开林道，毁坏别人木植"的认错文书，林业采伐时要

---

① 张应强、王宗勋主编：《清水江文书》第 1 辑卷 1，广西师范大学出版社 2007 年版，第 356 页。

② 同上书，第 351 页。

有林道运至山下,每家都有自己的老山林道(洪路),文书中侵权者新开林道,毁坏了别人木植。林权所有者便约请房族理论,侵权一方也承认自己是"错过错放",并表示要"赔酒服乱"。木权所有者念及本寨之人,开新林道乃属正常,自己林木损失也不大,以后自己开新道时也可能出现此类问题,所以不需赔偿木植,也不需"赔酒礼"。

四 地界

黔东南林区传统习惯法中就非常重视林界,林地一般以山梁、山冲、河沟为界。与别人林地相连处必立界桩和埋岩(石头桩),以保证林地所有权不受侵害。请看"姜玉连、龙之成等立山场纠纷清白和约":

> 立清白争议。名荣培格山场字人姜玉连情因中仰寨龙之成佃种朦混界趾同玉连与得买姜凤来经中理□,凭萦劝解分栽手与玉连丢□场与凤来。日后玉连不得争论,两造自愿清楚,日后凤来照买□□边,凭凤仪管业,恐口无凭,立此清白各执一纸为据。
>
> 外批右边凭凤仪与岩洞为界
>
> 　　　　　凭中　姜兆胡　姜凤至
> 　　　　　笔　　凤文
> 　　　　　光绪二十二年三月廿四日　立[1]

这是佃种栽手间地界不清的文书。在林地经营中,栽手和栽手、栽手和山主的地界有时会不清,相邻的地块林木砍伐后可能会卖给他人,都会出现地界不清,从而产生争议。这时的中人一般是比较了解当地地形的其他栽手或山主,所以凭中在解决这种纠纷中最有发言权。

---

[1] 张应强、王宗勋主编:《清水江文书》第1辑卷8,广西师范大学出版社2007年版,第275页。

五 占地

　　立清白字人文斗寨姜文勳、起相等为因有九榜祖山小岭壹个，内有阴地被加池寨姜佐章谋取四塚意欲兴讼。二比亲识不忍坐视袖手旁观，于中劝解议处，姜佐章出地认银一拾八两整，凭亲识中人让个小岭四棺地与他葬埋。上凭凹顶，下凭尖嘴，左右凭冲，自清白后照字管业不得籍坟越界罩佔（占）。恐口无凭，立此清白字存照。

　　合同为据

凭中　姜梦熊　姜弘道
姜起相　姜启高
国用笔
乾隆四十年四月十七日　立

外批：老酉之木在所让葬坟界内，日后长大砍伐言定日后变无地租。①

　　文书中姜佐章埋坟四座在姜文勳、姜起相的坟地上，双方发生争执，并欲告官，由于双方是亲属，所以族人不能坐视，出面调解。今姜佐章让出原地并出银十八两，才准其埋葬。文书中明确规定这块地的四至，并规定以后照字管业，不得越界强占。

六 权属

　　立清白字人姜保生子遇荣为祖遗谷沟盘路下山场一块，谁知先人早卖于本寨姜世连。于道光十八年世连又卖于姜之豪开壤管业，

---

① 张应强、王宗勋主编：《清水江文书》第1辑卷10，广西师范大学出版社2007年版，第4页。

奈世远年湮，我父子未得知于光绪十五年又将此山出卖与姜显韬。因姜大明叔侄公孙将此山发卖与龙之元砍伐，姜显韬经中阻止，我父子难逃公论，自愿将四培补显韬退字转回了局。此山仍归姜大明叔侄公孙等管业。惜今后及不为再行复卖情事，恐口无凭，立此清白字为据。

凭　原中　文斗　姜开明　姜世龙
姜培刚　陆铿堂
光绪廿一年十月初六日陆铿堂代书　立①

再看另一份契约：

立清白字人中仰案陆受田叔侄等，为因割秧草与刚褚之李被加池寨姜开周所割与砍伐，意欲兴讼，蒙亲友不忍坐视，于中劝解商议，姜开周作艮拾柒两贰分整，一饶清白。日后不得藉此复行。如有复行问受田过串恐。立此清白为据。

凭中　姜恩灿
光绪十三年闰四月廿八日亲笔　立②

此文书为自家秧草被别人割去，意欲提起诉讼，亲友"不忍坐视"，出面劝解，令私割者出银，平息事端，并立下了清白字。

七　买卖

立清白字人姜廷干。为王老知所卖太散之田与家什姜佐才，我等实不肯，二比请中理论，蒙劝处断，佐才老之平培（赔）理，廷

---

①　张应强、王宗勋主编：《清水江文书》第1辑卷1，广西师范大学出版社2007年版，第194页。
②　张应强、王宗勋主编：《清水江文书》第1辑卷10，广西师范大学出版社2007年版，第269页。

干退两伍□，自凭中所断之后，不得阻党议论，其田之粮□落九□，佐才不得推闪。倘若采买各照众人所派重轻亦不得推闪，恐口无凭，立此清白字为据。

凭中　姜梦熊　姜弘运

姜廷盛　龙□三

姜廷干　亲书

乾隆四十九年后三月廿七日　立①

王老知卖田给姜佐才，已经议定交钱，作为亲属的姜廷千等不肯，双方发生纠纷，请中人理论，姜佐才赔理后，王老知退钱给卖主，并要求对凭中处理的结果不得"阻挡"和"推闪"。

八　收租

《清水江文书》中还有一份有关收租的清白字，如下：

立清白收租人文斗四房廷辉士朝映科□佐等，为因先年姜安国卖与加池寨姜保乔砍伐四房请查加十姜保乔自愿退地租，余下大小木，土名鸠榜在田坎上，凭今以后不得收租，日后砍尽地归四房，恐后无凭，立此清白是实。

凭中　姜廷辉　姜善济

姜廷伦　姜朝英　姜宗智

代笔　宗至成

嘉庆十八年七月十二日　立②

---

① 张应强、王宗勋主编：《清水江文书》第1辑卷10，广西师范大学出版社2007年版，第9页。

② 同上书，第51页。

九　账目

　　立清白账务字人姜恩厚自高祖以来所欠克顺弟兄叔侄之银账。为因争论今凭亲族解劝，前后之账一概清楚，其有借字与簿子、单子日后寻出俱系故纸无用，恐口无凭，立此清白字为据。

　　外批光绪十年以先克顺弟兄叔侄与恩厚叔侄上下二家之银账内账凭中一概面结清楚，日后儿孙不得异言。

凭中　炳政　范基元　姜开周

凤至　凤飞　姜兆璋

兆珊　姜培刚

亲笔

光绪拾年三月初二日清白　立①

　　这是确认账目是否清晰的清白字据。债务人对债权人所说账目有疑义，经族人劝解，并核对借据与账簿、账单完全一致，债务人特立下字据，保证以后没有异言。

十　自杀

　　立复查清白无事字人韶霭龙璋、龙石青、五生、五松、蛟龙、福元、老方、长连、家瑜、家琏、向三、保、杨登凤、老孝、庚保等，情因侄女噢□英先年嫁与加池寨姜开秤为妻，所生一子名噢三寄，不意于九月廿三日自缢身亡。伊家当时来报有□英胞弟定富宗乔宗益族兄家与家珩家，儒家瑞往探视，伊子伯壹备衣棺樟道场安葬了结。复后我远房未曾往视心有可疑，亲自复查果系自缢真情并

---

① 张应强、王宗勋主编：《清水江文书》第1辑卷7，广西师范大学出版社2007年版，第250页。

无别，故了自缢身亡，恐有□□□，伊子伯姜开明子三寄故念我等侄女自缢身亡，恐有□□□，伊子伯姜开明子三寄出艮（银）五十两加增□，比俱各心平，恐后无凭，立有复清白字样与姜姓为据。

凭中　李方　李占春　龙家瑞

龙季见　杨枝华

道光七年十月廿四日　龙璋笔　立①

一女子嫁到外寨后自杀，夫家将死因报与女子本家，本家派亲属前去查看，验证确是自杀，并无他杀迹象和其他缘由，"俱各心平"，消除疑虑，并开具清白字交与夫家。因为人命关天，如果夫家不报告女子的本家及其亲属，肯定会产生疑惑，猜疑加深会使关系恶化，此类事件经过民间的手续立下清白字，以免以后生成事端。

第三节　官府的审理

随着林业商品经济的发展，原本讨厌诉讼的苗侗民族，为保护自己的经济利益，诉讼意识迅速增强。在道光年间，锦屏地区几十年、十几年前种植的杉木大面积长成，成为商品流入市场，村民间及村寨之间因收益权而引起的纠纷不断增加。苗侗民族村寨也遇到很多以前没有出现过的纠纷，有些纠纷准备或已经诉讼到官，希望由官府来解决，从而使自己的权利得到更权威性的保障，这种诉讼意识的提高在"清白字"等文书中有足够的体现。同时在道光以后"健讼"之风大兴，村寨人民"只要觉得不平，人们即会书禀投论，由是被官府称为'好讼之乡'"②。

油山作为家庭财产之一，常会因收益引起家庭纠纷。如道光十年（1830年）文斗寨姜应桥弟兄因争杉山油山订立了一份分拨契约：

---

① 张应强、王宗勋主编：《清水江文书》第1辑卷3，广西师范大学出版社2007年版，第357页。

② 王宗勋：《文斗兴衰史略》，《贵州档案史料》2002年第1期。

立分拨油山字人姜老凤、姜应桥兄弟二人，为因先年老凤种卖祖父遗油山内有杉木（地）一块，土名笼早，出卖与姜春发，请中理讲，蒙油山中解劝，老凤分拨笼早路坎脚山土一块，弟应桥全受，应桥栽油，老凤永远无分。此山界至：上凭路凹讲为界，左凭路，右凭冲，四至分明。经今凭中寨长分拨落弟应桥面分，任从应桥挖种，日后老凤不得异言生端，倘有此情，应桥契约内有名中人寨长等执字送公，自干不变，今欲有凭，立此分拨字样为据管业。

凭中　姜春发　姜宗德
道光十年九月初二日　　立①

从该地一些诉讼文书看，清朝中期以后锦屏土地和生产资料还是家族公有的。公有制的家族内部常会出现畸轻畸重、分配不均的现象，甚至因多劳少得、少劳多得而引起家庭矛盾。吃了亏的房族成员在经济利益和心理不平衡的作用下也会将官司打到官府，要求公平解决。这里通过曾在嘉庆、道光时期显赫一时的姚氏家族②的后代姚廷标具控姚绍襄的两件"禀稿"③，分析清朝晚期家族油茶林地所有制及家族内部关系情况。

禀稿一：

为私吞公业，公卖私翻。告恩提究事。缘生等祖继周生父兄弟九人，公业均属九股分占，生祖暨伯父玉坤兄弟于先年二次公卖姜姓地名半党东杉山土股三股，父辈将杉木砍尽。公契先祖概交三房伯父玉坤收管。伯故，仍将契传坤子堂兄廷煊收执。煊为九房之长，公业山场或买或卖，或栽或砍，均由廷煊主事。于光绪年间将公地"半党东"招佃栽植茶树。廷煊欺死瞒生，私约佃户分立合同，声言

---

① 参见贵州省编辑组《侗族社会历史调查》，贵州民族出版社1988年版，第27页。
② 参见徐晓光《清水江流域林业经济法制的历史回溯》，贵州人民出版社2006年版，第189页以下。
③ 两份"禀稿"虽未标明年代，但从明确记载的代系辈分看，应是晚清时期的。

第六章　村寨社会的二元纠纷解决机制

为三房私业。因得每年捡茶作为伊房六股均分。迨前年廷煊病笃，虑公契无人承管，面嘱堂侄绍襄等概将公契移交生管。□□□□□清查，始知"半党东"山土股系九家公业，将契并祖父老簿□□□□绍襄等验看，伊横言抵塘，捏称此山土股是伊祖玉坤私业。生请地方乡团再四追契无契。生于去岁捡茶时，又请地方将茶子公捡公分，无吴（误）后，乃公同照契股分，出卖与姜业黼管业，价粮十八两八钱，房房在场。三房绍襄等着伊胞叔廷扬之子岩林当面书字画押领银。公卖公分，并无异论。突今年本月内，绍襄、福保率带伊房妇女将此茶子抢捡，买主当请原中追生理落，生亦请原中追契出质。绍襄不特恃横无契，且要将油树砍尽等语。似此横行，生亦无奈伊何，只得俯乞大公祖台前赏准差提讯究施行。①

从以上所述情由中可以得知以下几点：一、控告人祖上姚继周生兄弟九人，公业均分九股，为九个兄弟按股所有。二、家族财产由族长统一管理，并执掌公契。公业山场由家族长决定或买或卖，或栽或砍。以前廷煊为九房之长，均由其主事。三、到控告人姚廷标主事时，接管家业和公契后，发现"半党东"杉山土股三股（此前被祖父将山上的杉木公卖，该地在廷煊主事时种上茶树）被姚廷煊在与佃户订立合同时，划为本户所有，并写明每年所采之茶分为六股在该房内部均分。四、控告人将公契与祖父的财产记录拿给堂侄绍襄（廷煊之子）验看，强调该地茶山土股应属九家公业，绍襄抵赖，不承认事实。控告人便请地方乡团再三追问，绍襄拿不出契约等证据。五、控告人在去年采茶时，按照公契所定股份，在乡团的监督之下公采公分，然后将土地出卖给别的家族承买管业，并将所得银两九家均分，绍襄一房也派人到场签字领银。六、今年采茶季节，绍襄等率本房妇女将本属买主所有的茶子采走。七、买主自然不让，便请卖地时的中人找控告人理论，控告人也请中人，让绍

---

① 王宗勋选编：《锦屏县范正魁等控告姚百万状词辑选》，《贵州档案史料》2003年第1期。文中"俯乞大公祖台前赏准……"，"俯乞"与"台前赏准"连用，是百姓等呈递给地方官府的文书中，尤其是诉讼文书中常见的套语，表示对长官的尊敬并请办理之意，又如"伏乞大老爷台首俯准施行"等。

襄出具能证明该地为他房所有的契据和相关证明。八、绍襄因拿不出契约还十分强蛮，声言要将茶树砍尽，控告人不得不请县政府提讯姚绍襄，追究其企图私吞公业并蛮横闹事的责任。

这是一件家族主事具控房族成员将公产划为私业，并在家族长纠正后仍然带人闹事，引起与已购买土地的所有权人发生的争议。该房族又无证据，且态度蛮横，在家族内部无法解决，请县政府解决案件。县政府受理这个案件，提讯绍襄，然而绍襄反控姚廷标，暗盗契据，并以他母亲葬在茶山为由，证明该山为本房族所有，姚廷标又一次提出具控：

禀稿二：

为貌官抗提，捏同搪塞，续恳拘究事。缘生等前以"私吞公业"等情具控绍襄在案。蒙恩票差提讯，理宜静候，曷敢多渎？唯念此茶山土股原系四股，生等公契得三股，契后股数载明族叔玉林得买一股，现有玉林老簿可验，临审呈电。况玉林之子廷璧早年卖与李姓为业。据绍襄等捏称：生到伊家暗盗公私契约、据匿等语。窃思伊叔煊故，原系毛妹主丧，因伊叔葬费卖田，毛妹估吞价银，现被伊叔廷扬等控毛妹，有案可稽，何得言生等至伊家主事，暗盗契据？况此公契凭亲族九房子孙公愿交生收管。至于伊房私契，若是暗盗，理宜早为伸鸣地方，禀官追究。至今公卖之后，欲行私霸，反捏以"盗伊□□□，□图掩□□□"。然又称襄母葬于茶地，伊房屡葬无异，独□□□□人选□□如茶地脑顶，先辈俱葬有坟数冢。只有襄母葬于茶山脚，生等书立卖批"除上下坟墓、古木在外"，何得藉此进葬，遂致霸吞公业？种种捏词，难逃恩鉴。今生等俱到城候讯，毛妹虎踞家中，胆敢督令伊妇女阻骂公差，抗提不赴，公差可质。似此无法无天，恶极害极，莫此为甚。惟使伊胞弟滥棍武生绍先在此包搪，以致案延不（结），生亦无奈伊何。迫无得已，只得缕晰，续恳公祖大人台前作主，赏准换票差拘到案，讯明究断施。①

---

① 王宗勋选编：《锦屏县范正魁等控告姚百万状词辑选》，《贵州档案史料》2003年第1期。

这份诉讼文书中，姚廷标又补充了一些新的材料：一、该茶山土股原来分四股，姚廷标对其三股享有所有权和收益权，可能是该房所占公业九股之一的全部或一部分。另外一股为玉林所有，由其子卖与别家族承买为业，都在契据股数中载明，并有玉林老簿记录。二、由他管理公契是亲族九房子孙一致同意的，不存在到控告人主事，暗盗公私契约的事实。如果说绍襄一房私契果真被盗，为什么不报告地方乡团和官府追查，而该地公卖之后反诬陷于他"暗盗契据"。三、毛妹在为廷煊主丧之际，为筹葬费卖田，并私吞田价银，被其叔廷扬告到官府，有案可查。四、此次在官府提讯她时还督令房族妇女阻骂公差，抗提不赴，只派其胞弟到城搪塞、敷衍，致使案件无法解决。

从这份禀稿中可以得知以下几点：一、家族公有制下分到各房的股份，经家族同意是可以部分或全部出卖土地收益权的。二、公契的管理要由家族各房成员一致同意。一般是以长幼为序，先是长房，依次下推以及后辈中有能力者。三、家族内部对"暗盗契据""估吞（田）价银"等名目的民事纠纷可告到官府请求追查和追究。在该家族内已经有过到官府控告的事情发生。四、从官府对此案的批示看，"候严催原差速将人证拘案讯究，虚实自明，毋庸换票"。说明在清水江下游的锦屏政府的司法管辖是全面的，与中原内地县级政府司法情况无多大区别。①

清代清水江土地纠纷、财产纠纷当事者之间的权益分配关系的确定完全是由地方官用"堂谕"来判决的，两当事者各自以遵依结状的方式（甘结）表示接受该判决。但与此稍微不同的还有当事者不仅表示接受官府的裁决，还进一步在彼此之间订立合约的事例。进一步看，则又有经过众人调解说合或"理剖"，两当事者就彼此间权益关系的重新确定而订立合约的例子。②

小江文书中有一份光绪十年清江厅（即今剑河县）通判处理盘乐村与邻村山林纠纷的"堂谕"：

---

① 徐晓光：《清代黔东南锦屏林业开发中国家法与民族习惯法的互动》，《贵州社会科学》2008年第2期。
② ［日］寺田浩明：《明清社会法秩序中"约"的性质》，王亚新、梁治平编：《明清时期的民事审判与民间契约》，法律出版社1998年版，第176页。

赏顶戴花翎特授清江理苗府在任即补同知直隶军民府加三级纪录五次余为：

晓谕事照得下敖寨武生黄定清、王连科，民人黄河海、彭绍连，盘乐民人唐中华等互争山木一案。本府卷查此案，缠讼六年官经六任，屡经讯判，皆未了结。光绪七年彭老二与唐成榜殴酿人命，亦由此事起畔。两造虽暂寝息，而葛藤仍未断也。昨据谈两造复控前来，详细思度非履勘不能明晰。于九月二十二日本府亲身前往沿途采访其说不一。临山指图勘问并亲抄下敖碑记要语，缘唐中华等所住之村，地名盘乐。……石洞乐村各忍村在左也……各忍圭念等处山土皆系下敖公业，左系私山，右系公山，中以小溪为界，是以盘乐之土皆属公山。而唐中华则云不尽盘乐连各忍所争之山，亦是伊等价买之业。细核碑记内载地名，各忍原系苗等下敖寨八牌公共之业，左系私人占，右系公山，中以小溪田垱为界。并无圭念等处山土六字，黄定清等抄呈之碑多此六字，必是自行添注。查勘形势明系道光二十六年断结者乃各忍山以田水小溪为界，并不干冲于溪外盘乐之事。即以水源分左右亦不过所争之各忍山为公山耳，断不致越冲干溪而连盘乐亦在内也。况不书冲干之名，直指小溪为界之可据乎？黄定清、王连科、黄河海等借公为名，争得山土可饱私囊，不得山土亦可派敛。众姓缠讼六年□是之故，彭老二之死其咎皆由该生民也，诡诈刁狡实勘（堪）痛恨。但公山例不准其私买私卖。唐中华、吴乔富、杨秀乔等，私买各忍公山以致拖累多年，亦属咎由自取。兹悉其情酌，断以冲干小溪为界，盘乐山土归唐中华各姓管业；各忍山土归下敖公共管业，不许妄相争占。所有砍伐之木，唐姓砍者系在盘乐山内应归唐姓，黄定清等集众占砍之木贰仟余根亦系盘乐山内者虽已变卖，本属妄砍例悉追缴候查明，着落另议。不意黄河海、彭绍连等情虚胆怯，一言不发，连夜逃匿。本府复□□施仁，加差传提，乃该生民怙恶不悛，抗传不到，其意欲延搁□，遂其妄砍派敛之心除详明各宪立案，并将武生王连科、黄定清查取年貌详革，并黄河海、彭绍连严密孥案究办外，合行示谕为此示，仰下敖各排花户遵照，勿得再听派敛□取拖累。倘该刁棍等仍敢潜回恶虐,估派众人仰即捆送来辕以凭,并处其附近各寨一体知遵。

右谕通知

光绪十年十一月二十四告示
实帖各忍村晓谕

本案系一起互争山木案,缠讼多年,官经六任,屡经讯判,皆未了结。光绪七年(1881年)又互殴酿成人命,到了不解决不行的地步,同知实地踏验,抄录碑文记录,细致"理剖",最后作出"堂谕"。2008年,笔者到剑河县磻溪乡的盘乐村考察,发现这个村寨保留很多清代和民国时期的契约。这是一个处于大山深处的侗族村寨,侗民都居住在半山的缓坡地带,梯田也在半山腰,山上和山脚都是茂密的杉木林。对于这样一个山多田少的村寨来说,田契的数量却多于林契,而且林契的种类很单一,基本上都是买卖杉山、油山和荒山契约,而没有佃山种杉契。林业租佃制不发达,家庭私有制的发展就要受到很大制约。告示显示村寨公山还占据很大的份额。事情的原委是盘乐村的唐中华等私自购买了盘乐村与各忍村相邻的公山,另一相邻村寨下敖寨的武生黄定清等又说唐中华等购买的山林是下敖寨的公业,并集众强行砍伐了盘乐村界内树木两千多根。新任清江通判余亲往踏勘,"细核碑记",发现唐中华等购买的各忍村山林确实属于下敖寨公业,黄定清等强行占砍毫无道理。于是通判对这场林权纠纷的判决是:"但公山例不准私买私卖,唐中华、吴乔富、杨秀乔等私买各忍公山,以致拖累多年,亦属咎由自取。兹悉其情,酌断以冲干小溪为界,盘乐山土归唐中华各姓管业,各忍山土归下敖公共管业,不许妄相争占。所有砍伐之木,唐姓砍者系在盘乐山内,应归唐姓;黄定清等集众占砍之木贰千余根亦系盘乐山内者,虽已变卖,本属妄砍,例应追缴,候查明著落,另议。"对于这个缠讼多年,并且还发生械斗,出了人命的官司,已经够余通判头痛的了,然而更头痛的是黄定清等还逃匿不见,"抗传不到",通判只想息事宁人,并不想节外生枝去追究唐中华私买公山之罪。被黄定清等强行砍去的盘乐山内的两千多棵木材也多半是唐中华等私买的本村公山，假如是祖传的山林，黄定清等根本找不到借口来强砍。

该村文书中还有一份光绪十三年（1887年）的告示，该告示没有官印，可能只是保甲长根据官府指示而自行贴出的，但却说明直到清末，清水江流域广大地区的山林还保留农村公社所有制形式，但也面临着被家族公社瓦解的危险。

> 晓谕为此示，仰两造人等遵照，嗣后四处公山不许私行典卖。倘有不遵，一经告发，定即严究，决不姑宽，毋违特示。
>
> 光绪十三年十月

这条示谕没有审理机关、没有地点、没有案情，只是晓谕两造不准私行典买公山的堂谕，以上都说明官府依据事实和法律作出的判决最具权威性。毫无疑问，国家司法机关及其官员如果有意受理民间纠纷处理的话，是可以随时这样做的。

广义地说，国家法并不只是律典，而且也不尽是立法的产物，它也包括国家各级有关机构订立的规则，发布的告示和通过之判决，这种意义上的国家法可以看成一种受到自觉维护和更具统一性的精英知识传统。[1] 地方官因为职责所在，他们直接处在国家法与习惯法的连接点上，他们对民间词讼案件的处理及对民间习惯所持的态度和采取的措施，本身即可被视为国家法对习惯法的一种反应。不仅如此，作为受过正统教育的知识精英，他们又是意识形态的维护者和理论创作者，这种特殊身份在习惯法与国家法的链接中也具有重要意义。[2] 从清代民间契约和官府档案看，地方官判案兼顾和认可地方习惯之例甚多，然而这绝不意味着民间任何一种"规约""公约"对地方官可能具有法的性质和意义。[3] 事实是无论是律典还是谕令、告示、省例，都没有为地方官处理这类复杂

---

[1] 梁治平：《清代习惯法：社会与国家》，中国政法大学出版社1996年版，第28页。
[2] 同上书，第131页。
[3] 同上书，第132页。

关系提供相应的指导。在一场公开的争吵爆发之后，如果非正式的干预不能平息纷争，村首领以及地保、乡约们就会被要求出门裁断，他们将听取两造的诉求和理由，并试图找出双方都可以接受的解决办法，最后经过耐心的劝解，使双方达成妥协。[①] 习惯法并未诉诸文字，但并不因此而缺乏效力和确定性，它会在一套关系网络中实施，其效力来源于乡民对于此种"地方性知识"的熟悉和信赖，并且主要靠一套与"特殊主义的关系结构"及相关的舆论机制来维护。自然，官府的认可和支持有助于加强其效力，但是它们并非习惯法所以为。

有些案件官府可能觉得值得考虑，但案情太轻，不必亲自过问，以此发还下属处理或交乡保处理（或让土地或债务纠纷中原来的中人处理），在这种情况下，知县会饬令他们"查清"并"秉公处理"。乡保作为经衙门认定，由村庄社区首事提名的人选，既是衙门的代理人又是村社的代表。他与衙役共负责任，把衙门的意见、传票、逮捕状送达诉讼当事人以及村社成员。遇到比较琐细的纠纷，他还可能受县委托代行处理，与此同时，他还有责任代表社区和宗族把意见和调解努力上报衙门（这一点，使他区别于衙役）。他十分借重半官半民的乡保和衙役的中介，而因此造成了贪赃枉法行为的空间。

"具甘结"是庭审的最后一个步骤，如系调解处理，甘结上则说明"经亲友（邻）说合"，或举出调解人的名字，接着扼要叙述和解条件，内容无非是某方或双方做了道歉，有时也包括复杂的纠纷处理方案。甘结的最后是说甘结人对这些处理结果"并无异说""情愿息讼"，因此"恳恩免讯"。有时调解人也会具结确认这些处理方案，把它纳入村社或亲族的道义影响下，加重其分量，讼案于是正式销结。

清水江林业纠纷调解和诉讼文书包括村寨间当事者双方自然领袖、各级官府对各种利益纠纷调解和判决的文件。清代的法律起源于一个相对简单的小农社会，当初是针对这种社会而设计和安排的，律例并没有准备用来应对社会商品化的日益分化所带来的种种后果。一般以为没见过大世面的小农会畏怯法庭的威严，甘心接受县官判决，然而木材贸易

[①] 梁治平：《清代习惯法：社会与国家》，中国政法大学出版社1996年版，第146页。

中富裕、老练的个人和集体，并不会像小农那样，轻易变得畏怯，兴讼频仍、积案增加的原因，并非讼棍、讼师的蛊惑，抑或生齿日繁，而是诉讼当事人的构成发生了结构性变化，会有更多的商品交换，以及随之而来的与这些交换相关的更多的纠纷。广大民众只有在土地买卖、财产继承等日常事务中遇到纠纷需要官方介入时，才直接和国家政权组织打交道，大多数涉讼者都是普通民众，他们求助于法庭是为了保护自己的合法权益和解决难以和解的纠纷。

一般对地方官而言，他们实际上具有双重执政心理，在贱讼、息讼的同时又要积极应对诉讼、解决纠纷。也正因为双重心理的同时存在，使得他们在具体执政过程中还会面临执法还是泥法的问题，请看下面几块碑文：

1. "岔路梧洞坳分界碑"

    万古不朽
    贵州黎平府锦屏正堂加五级记录十次　宋
    贵州黎平府湖耳正堂加一级随带记录二次　杨
    为勒石定界以杜争端事，照得梧洞坳原系府属地介，因龙正卿控告吴荣华、良华、贵华、高华、成先等所占山场一案，控经前任府主郑，蒙批前任县严三勘三详在案，而就龙正卿不服。前任府主郑当堂审讯，复委县主严登山踏勘，梧洞寨后管山六岭，吴荣华等就近开挖茶、杉树木俱已成林，断归吴容华等管业。所有黄匡冲一带，东至丹梁介，西至岑脚坡，南至江北至杨梅山止，仍归吴姓管业。但龙姓所管之业上至岔路起，下至龙海坟脚止，并荒寨屋基一所，黄匡冲有龙正卿当出茶山一幅、冲品田一丘，听其龙正卿赎取，而正卿复勾刘文德盗检山中茶子，又控经前任开泰县主费审讯，追赔吴荣华等茶子银三十六两，给执照，着形收执。于乾隆三十年九月内，龙正卿盗砍黄匡冲界内杉木一株卖于邱益生，控经本县，依照前案断明，追回木价，复又勾杨老羊盗检茶子，自取跌伤，具控府主王批发下县，本县登山勘验，细查询问，委果无异，立碑定界，详明府主王在案，吴荣华等系愚民无知，是以勒石为界，永杜后患。

乾隆三十一年六月十八日立①

这是一起因地界不清引发长期诉讼的林地纠纷。龙正卿因与吴家在"后管山六岭"山地有争议，告到锦屏县衙，县官经过"三勘三详"，判定田地为吴家所有，但龙家不服。黎平府又命锦屏正堂复勘，确定"后管山六岭，吴荣华等就近开挖茶、杉树木俱已成林，断归吴荣华等管业"。而龙正卿又不断勾结别人在该山上捡茶籽、砍树出卖，吴家多次告到官府，官府依照前判所有权归属，判定错在龙家。并要求"以勒石为界，永杜后患"。这是一份针对具体、复杂案件的判决书，记载了当时纠纷的经过、官府的判决和立界碑的目的。虽然该碑没有写明竖立者是谁，但可以推知是官司胜诉一方为固化官府判决结果，达到永保胜利果实、永绝纠纷的目的而立的。

2. 大冲"碑墩"

> 遵批立碑，万代不朽
> 贵州镇远府天柱县巡厅张
> 查询得袁克恒、秀清、德凤、光辉、士贤、生员盛猷、世经等以强砍古树等情，具控杨裕远等一案，随据两造投递情况前来。当经本厅亲临踏勘，验得杨、袁二家门首溪岸之上，砍倒重杨树四苑，约大四五尺不等，此树想因培植风水所蓄。勘毕集案研讯，其树乃先年所蓄，并无干碍杨姓，质质乡保人等，各供如绘，其不宜擅砍明矣。乃杨裕远妄信勘舆狂言，将树强行砍伐，反敢行凶，肆横已极。本应详究，按律惩治，姑念乡愚无知，量予枷责，断令仍于原砍之处蓄栽树木，以培风水。并令埋石为界，上截归袁性，下截归杨姓，永远敦好，不得滋事。杨裕远等俯首诚服，自愿凭证书立虑合同二纸，朱批执拟，外各具遵结在案。诚恐杨姓等复行藐断，更

---

① 锦屏县志编纂委员会办公室编，王宗勋、杨秀廷点校：《锦屏林业碑文选辑》（内部资料），2005年，第52页。

为详情立案，竖立石碑，永绝讼端可也。

此批

贵州镇远府摄理天柱县正堂博大老爷批，既经勘明讯断，如详立案。

此缴

乾隆五十七年十一月二十九日详
十二月初二日批　十二日到①

这是袁、杨两家因为"风水树"而引起的纠纷，杨家因为袁家培植的风水树，破坏了自己家的风水，砍倒袁家四株重杨树，袁家告到镇远府天柱县，经司法机关现场询问、亲临踏勘，最后判定错在杨家。杨家私砍别人的树，还胆敢行凶，本该按清律严惩，但考虑乡民愚昧，量情处以枷责。②并责令在原处种树赔偿，竖立界碑，划定两家地界，两当事者各自以遵依结状的方式（甘结）表示接受该判决。这块碑刻详细记载了当时纠纷的经过、官府的判决和立碑的目的，是一份法院判决书，判决的结果特立石碑，以达到永绝纠纷的目的。

当发生契约纠纷时，其解决的办法大致有四个层次：一是双方协商，这样成本最低；二是找"中人"或寨老裁决，中人或寨老在村寨里有较高的威望，大部分纠纷都能在这个层次上得到解决；三是神明裁判，主要有"宰牲鸣神"或者到南岳庙拈阄；四是官府判决，而提交到官府的诉讼一般都是比较重大的纠纷案件。可见，清代中期以后，在该地区国家解决系统和民间解决系统是并存的，但国家法的作用有逐步增强的趋势。

---

①　该碑位于三门塘下游五华里的大冲，大冲有百余户人家，分别为袁、杨、李等姓，该碑四方立柱，高三米余，上部四面均刻有文字，碑柱立于大冲河畔细草坪上人们称为"碑礅"。

②　由于县官们不必把他们对民事的判决，随同词讼月报上交给上级查阅，他们的判词实际上是针对当事人撰写的。在一般情况下，判决都是在庭审时对着下跪的当事人当场宣读，这是没有必要直接引用律例来判决，而是尽量化解纠纷。

第七章　婚姻习俗改革"公约"

《毛诗序》对"风"的解释是"上以风化下，下以风刺上"。历史上，官方的意识和习性往往向民间推行，久而久之也可以成为民间的风俗，这是文化自上而下的渗透路径。相反，民间的传统也可以通过"刺上"的作用，向上渗透，甚至影响一代风俗的改变，最为明显的是官方成文法的制定，大多数情况是以民间的习惯法为基础的。"风俗习惯支持法律，法律改变了风俗习惯自身固有的要素。法律依次支持其他社会形式，并且在这个过程中成为其他社会形式的一部分。"[1] 法律不是单一的现象，它为社会形式的多元化所构建。法律和其他社会形式之间有着密切的联系。婚俗是民间重要的习俗之一，在一些民族中，某种婚俗在一定历史时期曾经几乎主宰了婚姻。如"姑舅表婚"习俗曾盛行于许多国家，而在黔东南民族地区表现得更突出，国家法、民间法和民间习俗长期进行着博弈。

第一节　"姑舅表婚"与"舅权"

Fitzpatrick 的"统一多元论"的概念关注规范性秩序之间的相互作用，认为国家法是在社会形式多样化的基础上被统一制定的。Fitzpatrick 认为我们不仅要把法律看作统治，还要把法律看作社会生活的构成。国家和半自治社会领域都是通过彼此的相互联系而作为重要的部分被建构的：家庭和它的法律秩序被国家所规定，反之，国家又被家庭和它的法

---

[1] 参见萨莉·英格尔·梅丽《法律多元》，云南大学法学院张晓辉教授提供电子文本。

律秩序规定，因为它们每一个都是彼此的一部分。在这里，Fitzpatrick 从半自治社会领域被国家法构建到国家法被规范性秩序规定（反之亦然）中看到这种转变。而对于风俗习惯来说，当它被国家法律渗透时，它的特性被根本地改变了，成为国家法的一部分。① 移风易俗是国家教化少数民族的一项工作。春秋战国之际，楚国为七雄五霸之一，随着楚国的势力向外扩张，苗族的先民经过长期的融合和迁徙，慢慢向西、南两方向移动。据《后汉书·南蛮传》载："秦昭王使白起伐楚，略取蛮夷，始置黔中郡。"秦昭襄王二十八年、二十九年（公元前 279 年、公元前 278 年），秦派大将白起率军"攻楚，拔郢，烧夷陵，遂东至竟陵"②。在新占领的楚地设置南郡。南郡大约包括今湖北省汉江流域大部分地区，原是楚国的活动中心。从秦设置南郡到秦始皇二十年，虽已过几十年，但楚国的影响仍然很大，加之多民族聚居于此，情况比较复杂，阶级矛盾和民族矛盾时常激化，造成社会动荡。公元前 228 年，"南郡备警"，秦派腾任南郡守是秦始皇加强战备的一项重大措施。云梦秦简中的《语书》也是一篇重要的法律资料，颁行于秦始皇二十年（公元前 227 年）。《语书》是教戒性文告，它是秦始皇时期南郡守腾颁布的地方性法规。③ 这是一篇南郡及所辖各县的地方性法规，有助于了解当时南郡地区社会民族状况和秦朝制定有关管理民族地区的法律——《属邦律》的原因。

《语书》共 520 余字，分为两部分。第一部分是正文，第二部分类似于正文的附件。发往机关和主管官员是南郡所属各县、道官府和各县、道啬夫。所谓"道"，即少数民族集居的县。《语书》首先写道："古者，民各有乡俗，其所制及好恶不同，或不便于民，害于邦。是以圣王作为法度，以矫民心，去真邪僻，除其恶俗。法律未是，民多诈巧。故后有间（简）令下者。凡法律令者，以教导民，去其邪僻，除其恶俗，而使之之于为善也。"

在这段记述中，强调同乡俗恶俗做斗争。将乡俗、恶俗与邪僻连在

---

① 参见萨科·英格尔·梅丽《法律多元》，云南大学法学院张晓辉教授提供电子文本。
② 《史记》（卷63），《白起王翦列传》。
③ 《睡虎地秦墓竹简·编年纪》。

一起，显然不能狭义地理解为仅指民族风俗习惯，还应该包括那些不利于实行阶级统治的言行，甚至可以说主要是指民间斗争。正因为如此，就需要制定和使用法律来解决。当然，制定法律并不等于要一味地使用暴力，而应"以教导民"，"使之之于为善"。当他们可以采用暴力以外的手段达到维护自己的统治目的时，并不是一定要采用武力。

婚俗是民间的重要习俗之一，在一些民族中，某种婚俗在一定历史时期曾经几乎主宰了婚姻。如"姑舅表婚"习俗曾盛行于许多国家，历史上某些雅利安人部族、美洲的印第安人等均曾存在或盛行过"姑舅表婚"。在中国，汉族、苗族、侗族、瑶族、布依族等二三十个民族都盛行过"姑舅表婚"，在贵州，苗族、侗族、布依族、瑶族、土家族等民族中，"姑舅表婚"曾经几乎主宰了婚姻，由于经济文化落后，交通闭塞等原因，直到现在黔东南地区"姑舅表婚"习俗依然没有彻底根除。

在现代婚姻法理论中，关于婚姻的本质，各国学者观点不一。资本主义国家学者多主张婚姻在本质上是一种"契约"，认为婚姻是缔结婚姻的男女双方合意的结果，无合意即无婚姻。"契约婚姻"是指领取结婚证的当事人是通过某些协议而暂时组成或者长期组成家庭，并在一起进行生活的一种婚姻状态。从大的方面说，婚姻是夫妻之间及两者的共同体与社会之间的一种法律上的契约。从小的方面说，婚姻也是夫妻之间一种心理上的契约。在封建家长制度下，婚姻为家族的延续和亲属关系考虑，不是建立在青年男女爱情基础上，"姑舅表婚"多是基于习俗力量和父母意愿，这种婚姻是否属于上面所说的"契约婚姻"，还有待婚姻法理论的探讨，而本章研究的重点是"姑舅表婚"改革方面的社会"公约"。

探讨这一婚俗的产生，则应从"舅权"说起。在母系时代，两性之间的缔结极不稳定，那个时代两性之间是群婚形式，男女双方除过偶居生活外，经济上几乎没有什么联系。偶居其间所生子女概属女方，女方负责抚养教育。对孩子来说，母亲、母亲的兄弟姐妹乃是最亲的人。没有父亲这一称呼，只有舅舅一词，由于舅舅在家庭中的血缘关系和经济关系，使他有条件作为辅助势力参与本氏族的事务管理，而按照母系继承原则，当有的家庭女子能力较差，无力承担整个家庭的事务时，家长代理人便只能由舅舅或兄弟充当了。因此，舅舅不仅有抚育和教育姊妹们的子女的义务,而且有直接支配他们的权利。母舅一死,他的世间物全归甥男、甥女所有。当他在世的时候,必须将他自己的所有本领都传给他们,如跳舞、唱歌、神话、巫术、手艺等本事。他也供给姊妹等的家室饮食;田园所产大部分归于他们。母舅代表家庭以内的纪律、权威和执行力量。在甥男、甥女的心目中,舅舅是可亲的朋友、可敬的长辈、可畏的家长。所谓"舅权",就是指原始社会母系氏族及父系氏族制早期存在于舅甥之间的一种权利和义务。在母系氏族制时期,氏族曾是一个经济单位,舅舅是甥男、甥女最亲的男性长辈,他与姊妹一道承担抚养和教育下一代的职责。年老后由甥男、甥女供养,职位(酋长、祭师等)和个人财产也由甥男、甥女继承。到后来这种尊重舅权的习俗皆有所保留。可以说,舅舅在母系家庭中所具有的权势,便是所谓的舅权。这种舅权关系是建立在母系氏族生产关系的基础之上的,并且直接从母权文化的土壤中派生出来。久而久之,舅权便成为一种惯例,一种文化,受到社会的认可。

当对偶婚家庭出现后,两性关系便稳定下来,已为比较稳定的夫妻关系所替代,子女也能够确认自己的生父了。随着生产的不断发展和家庭财富的不断增多,它便一方面使丈夫在家庭中占据比妻子更重要的地位;另一方面,又产生了改变传统的继承制度使之有利于子女的意图。于是,在对偶家庭中,从妻居制逐渐为从夫居制所代替,实行男子娶妻,女子出嫁,确立了按男系计算世系的办法和父系的继承权。母亲的子女也就离开了母舅所在的氏族,转到他们父亲的氏族中去了,这样,母舅的财产就不再由母亲的子女继承,而母亲的子女也脱离了母舅的直接支配范围了。[①]

然而这并不意味着随之就取缔了母舅对外甥的支配权,由于长久以来的习惯势力,舅权观念已深深沉淀在人们的意识底层。在旧式文化心理的支配下,母舅即使充当了父系家庭的家长,也不会轻易地放弃原来所获取的舅权,因为舅权一旦跌落,便会直接影响并危害舅系的切身利

[①] 参见彭兆荣《论"舅权"在西南少数民族婚姻中的制约作用》,《贵州民族研究》1989年第2期。

益；同时在父系社会形成之初，母权文化还大量存在，父权文化还未充分发展之时，男子也只好借助已有的舅权来维护自己的地位了。在母系家庭里，母舅对甥男、甥女的管理义务和支配权利让位于父系家庭后，究竟采取什么样的措施，才能使舅权关系最大限度地保留下来，从而维护舅舅的根本利益？众所周知，当婚姻发展到氏族外婚制阶段后，两个不同的氏族之间是可以通婚的。既然母舅的子女和母亲的子女属于两个不同的氏族或家庭，舅家和姑家之间便可以结成表亲了。就表面而论，"姑舅表婚"似乎是极其自然的现象，体现不出什么权势的威力来。问题在于，舅权并没有让这种婚姻自由地缔结，而是苛刻地要求舅家和姑家之间有优先缔结婚姻的权利，也就是习惯上所说的"姑舅表优先婚权"。姑舅表优先婚的民间法定性，不仅使舅爷的威势发展到了极高的地步，而且在人们的脑海中充盈了一种恒久不变的思想意识，从而为"姑舅表优先婚"的发展打下社会基础和思想基础，如黔东南苗族就称姑舅表优先婚为"还娘头"，按照传统规矩，不管男女的年龄是否相当，也不管双方是否有感情，一旦舅家提出，即强行结婚，舅家优先娶外甥女为儿媳妇被视为是理所当然的。如果舅家对外甥女不称心，外甥女出嫁到别人家时，也必须送给舅家一份礼物。① 如果外甥女不愿嫁给舅舅家，要另嫁别人，娶这个女子的男方家必须送给女方舅家一份优厚的财礼。宋朝洪迈撰《容斋四笔·渠阳蛮俗》中叙说：靖州（湘黔交界处侗族聚居地）峒（侗）人"姑舅之昏（婚），他人取（娶）之，必赇舅家，否则争，甚至仇杀"。侗族著名叙事诗《娘梅歌》中的舅爷声称："娘梅本是我媳妇，女还舅门是旧法，假如我家不放手，还有哪家敢娶她！"舅爷对外甥女甚至有生杀之权，如果姑娘不肯嫁舅家，一旦舅爷生气翻了脸，就有被处死的危险。瑶族也有"相亲不过我兄弟，有女先给舅作媳"的老理儿。舅家无子或放弃这种权利，外甥女才能嫁给别人。土家族至今流传，"姑家女，伸手取；舅家要，隔河叫"的歌谣。彝族也有"河水向低处流，姑娘向舅家嫁"的民谚。由此观见，姑舅表优先婚一经社会打上印记，便被民族习惯法和道德等认可并加以保护，它已不是单纯的家庭义

---

① 参见杨通山等《侗乡风情录》，四川民族出版社1983年版，第140页。

务或相互关系了。这种习惯法的规定性，为舅权的行使提供了依据，显示了舅权文化社会基础的牢固。

贵州一些少数民族地区社会生产力发展较慢，社会或家庭组织结构相对稳定，残留着许多体现母权文化的习俗，如"摇马郎""游访婚""公房制""行歌坐月""不落夫家"等，父权在势力上尚未达到足以使母权完全受支配的地步，于是在这些民族中，父系家庭仍然被代表母权势力的"舅权"所制约，"舅权"整合了父权的成分，充当了父系社会中的"父权"，成为舅系家族的统治力量。这是舅权文化得以留存的社会经济根源。体现舅权的"姑舅表优先婚"，正是在这种舅权意识的支配之下得以保存的。如贵州黔南青瑶地区的"九牛婚制"。此地"姑舅表婚"的由来有一则传说："打犇歌场"是贵州青瑶地区青年男女恋爱之地，也是瑶族传统文化交流和沿袭的重要方式。每到十一月或十二月的时候，茂兰、瑶麓大寨等周围的青年都会精心打扮一番，然后来这里对歌，自由地挑选自己的意中人。后来，"打犇歌场"被查封。由于瑶族居住的地方都很分散，交通闭塞，山高路险，相互之间来往很是不便。在这种情况下，瑶几寨头人姚糯力提出了一个办法，为了保持瑶族人民之间的亲密关系以及人口的不断增长，立即试行"回头婚"，就是姑妈家的女儿嫁给舅家的儿子，如果有人不愿意嫁给舅家的话，大家都会惩罚她，娶大姑娘（家中排行）的罚九头牛，娶二姑娘的罚七头牛，娶三姑娘的罚五头牛，所罚之牛完全归舅家所有，并要求青瑶人民全部遵照。

在中国各少数民族中，舅霸姑婚（还娘头），是"姑舅表婚"的主要形式，也有"姑霸舅婚"的情况，如执行单向姑舅表优先婚的景颇族习惯法严格规定，姑家的男孩必须娶舅家的女孩为妻，这叫"丈人种"，若舅家没有合适的女孩子，姑家的男子要结婚还得由舅舅代为寻找对象。倘若反过来，舅家的儿子娶了姑家的女子，将会招致严厉的惩罚，把男子杀死，将女子赶出村外。此外，有的民族姑舅表婚是双向的，即舅舅家的儿子优先娶姑姑家的女儿，反过来姑姑家的儿子也优先娶舅舅家的女儿。贵州各民族姑舅表婚习俗主要是"舅霸姑婚"，也可以称为"姑舅转亲"。据《古州厅志·地理》卷一记载："舅之子娶姑之女。此俗谓之骨血还家。""苗俗：姑之女，必须还舅家，名曰'转亲'。如舅无子，或有子年齿不相当，即勒索银两，名曰'背带财礼'。不满所欲，不许他嫁。竟有误其婚期，酿出别故者。"另外又据如乾隆《贵州通志》卷七《苗蛮》说："黑苗，在都匀之八寨、丹江，镇远之清江，黎平之古州。……清江婚嫁，姑之女定为舅媳，倘舅无子，必重献于舅，谓之'外甥钱'，否则终身不得嫁。"《镇远府志·风俗》卷九也有大体相同的记载。在天柱县"三苗之俗，以母党为重，婚先中表，而后外人"。①

清朝时期，李宗昉所写的《黔记》中就这样详细描述过"姑之女必适舅之子，聘礼不能措则取偿于子孙，倘外氏无相当子孙抑或无子，姑有女必重贿于舅，谓之'外甥钱'，其女方许别配。若无钱贿赂舅舅，终身不敢嫁也"。即舅舅家的儿子有优先于别人娶自己姑妈家女儿的权利，无论年龄是否相当，也无论姑娘是否自愿，一旦舅家看上了姑姑家的女儿，则其他人不得擅自干涉。倘若舅舅家没有儿子，外甥女想要嫁给他人，姑家也必须要争取舅家的意见，并且需要向舅舅家送一笔"外甥钱"。我国著名民族学家吴泽霖教授20世纪30年代在贵州进行民族学田野调查时就发现："在八寨（现在为黔东南丹寨县）苗中，外甥女如拟与他家订婚，必须先向舅家征求同意。舅家如无意娶此女为媳，那她就可自由与他姓通婚。倘若未得舅家同意而通自与人订婚后，那舅家即可来质问，通常女家即须出一二十元为赔礼。"此外，根据新中国成立初期的调查，在黔东南凯里舟溪地区的苗族，不仅舅家提出与姑家联姻，姑家无可推辞，甚至双方孩子年龄相当，舅家并没提出联姻，姑家一旦遇有别家来提亲或女孩子已长大成年时，还主动去问舅家。舅家无意姑家才可自行决定，不过外适的对象也还得征求舅父的同意才行。《贵州土司史》作者在该书中说，"民国年间，苗族还盛行这种婚媾，如笔者姑母、堂姑母、堂嫂等都嫁给舅父的儿子，姑妈女儿不嫁给舅父的儿子，虽不仇杀，但还诉讼官府，仍判给舅家"。② 黔东南苗族《开亲歌》和《刻木

---

① 贵州省天柱县地方志编纂委员会办公室编印：《天柱县旧志汇编》1996年内部印刷，第69页。

② 田玉隆、田泽、胡冬梅：《贵州土司史》上册，贵州人民出版社2006年版，第104页。

歌》集中反映了舅权与"姑舅表婚"的危害性及苗族人民对它的抵制和反抗①。苗族社会长期保有"姑舅表婚"的习惯，据《镇远府志》卷九记载："清江婚嫁：姑之女定为舅媳，倘无子，必重献于舅，谓之'外甥钱'，否则终身不得嫁，或招少年往来。"可见舅舅对姑妈之女的婚事有最先决定权，这就严重地制约了苗族青年男女的自由恋爱，剥夺了年轻女子追求幸福生活的权利。这在《开亲歌》"逼嫁"一节有清晰的反映。歌中唱道："逼扁金出嫁，真也逼姑娘，假也逼姑娘。"逼得姑娘出走时"心里冷冰冰，胸中藏忧伤"。最后只得以自尽来威胁舅舅。舅舅见逼婚不成，于是就索要财礼作为补偿，即"舅爷钱"，"白银三百两，骡马三百匹，水牛三百头，鸭子三百对，三百块花布"。这对普遍苗族农户来说是天价，如果这些彩礼付不出，那就只好去"刻木"②。歌中舅舅索要这些根本实现不了的财礼，实际上还是要逼迫姑妈家的女儿嫁给自己年纪尚小的儿子，以实现"舅霸姑婚"③。

从以上资料可以看出"姑舅表婚"婚俗有以下特征：

第一，具有强制占有性。所谓"抚有女，非有行媒，舅公估要"，在这种婚俗下，姑姑家的女儿没有婚姻自主权，甚至可以说是为舅舅家的儿子而生，是舅家儿子的私有财产。姑家之女长大以后，只要舅家认可，那么则无权别嫁，舅家对甥女享有绝对的优先权，并且这种优先权具有单向性：只有舅家对甥女享有绝对的优先权，而姑家对侄女无优先权。

---

① 徐晓光：《黔湘桂边区山地民族习惯法和民间文学表达》，广西师范大学出版社2014年版，第279页。

② 刻木或刻筒，苗族称 kheik det，古语称 khe iongx。在婚姻缔结、财产分割、案件判决等方面，一经确定就在木棍上或竹筒上刻下有关记录，双方（也有多方的）各执一份作为凭据。这就是古代刻木记事。所谓反竹筒，苗族称 hfaia、diongx，是指违反或不执行竹筒上刻记的约定，或不经商议单方毁约的行为（吴德坤、吴德林搜集整理翻译：《苗族理辞》，栋金·觉·柳旁所撰"前言"，贵州民族出版社2002年版）。《刻木歌》唱道："表示凭证木，把凭就是它，好比是契约，古人流传下"。（王应光唱译，成文魁、王应光整理：《木刻歌》二，中国民间文艺研究会贵州分会编印《民间文学资料》第66集，1984年版），苗族"俗无文字，文质用竹木刻数寸，名为刻木"（乾隆《镇远志》），"刻木示信，犹存古风"（《贵州志略》）547）。苗族古代刻木记事当不止婚姻一事，房屋土地的典当，买卖也必以刻木记之，但这类刻物黔东南苗族除上述一件外并无其他发现。

③ 徐晓光：《原生的法——黔东南苗族侗族地区习惯法田野调查》，中国政法大学出版社2010年版，第38页。

这种婚姻习俗下，舅家具有绝对的主导地位。如果舅舅家只有一个儿子，而姑妈家却有多个女儿，那么舅舅家是可以自由选择究竟要哪个姑娘来做自己的儿媳的。如果姑妈家的女儿有多个舅舅，那么多个舅舅就同时拥有此项权利，至于哪个舅舅娶姑姑的哪个女儿为儿媳，通常是由姑姑和舅舅之间相互协商来最终确定的，通常百姓的做法是根据舅舅的年龄来排列选择姑姑女儿做儿媳的优先权。如果姑娘没有舅舅，堂舅还有对姑娘的选择权，只有在舅舅和堂舅都没有的情况下，姑姑的女儿才有权利别嫁。[①]

第二，甥女别嫁后果严重。甥女长大以后，如果有别的意中人，或者与之私订终身，即使舅家没有儿子，外甥女要出嫁，也得征求舅父的意见，并给舅父一笔钱，否则"舅公要银数十余金，富者售尽家业以得为室，贫者绝灭香烟不得为家"。"养女出室，舅公要郎家礼银二十余金，出室受穷，舅公反富。倘若郎家穷困并无积蓄，势必告贷，告贷不成，势必售产，穷者益穷，富者益富，祖遗薄产尽归于人。"由此可见，倘若违背该习俗将为家人酿成何等灾祸。如果舅舅家儿子相貌丑陋，或者有残疾痴呆等病，甥女不愿意嫁给舅舅家儿子的时候，也必须征得舅舅家同意，舅舅家如果同意了，那么姑妈家仍要给舅舅家一笔费用，作为补偿，如果姑姑家境贫寒，拿不起这笔费用，甥女可以求助于向她求亲的男方，男方如果同样不富裕，那么这桩婚事只能作罢。

第三，起初得到官府认可。"舅公估要女转娘头，若女有不喜之心，不由媒说，随同后生私走，或去日久未回，舅爷要女匹配，或搕数十金，或以拐案呈控，或将屋宇拆毁……"由此可知，倘若姑家违背了该习俗，那么舅家是可以去官府去状告姑家的，并且由此导致本来就是亲戚的两家永远不和睦。此外据《定俗垂后碑》描述："……至于舅家之子必娶姑家之女，谓之'转娘头'，此事原干禁例，现虽听从民便……"由此可见，政府最初对该习俗是做了一定的妥协认可的。

[①] 参见姚炽昌《清代锦屏苗、侗族的婚俗改革》，《苗侗文坛》1989年第2期。

第二节　从侗族婚碑看"姑舅转亲"

侗族的款规说道：

> 你是我姑表亲表，娶你不要有怨言，娶你没有身价钱。我们不要，别人也不能娶到你，我们剩下，你不能成别人妻。表哥断腿断脚你要嫁，表弟眼瞎耳聋你要依。天上，你用竹竿来戳；下地，我们用锄头来挖。①

历史上侗族地区盛行"姑舅转亲""侄女跟姑妈婚"等婚俗。康熙六十一年（1722年）八月，思州知府蒋深撰成的《思州府志》云："婚嫁不凭媒妁，姑家之女，必子舅氏之男，名曰'酬婚'。"② 清代民国时期的"姑舅转亲"在侗族地区也比较常见。如果违反这种婚姻习惯，往往就在姑家和舅家之间产生矛盾，矛盾主要表现有：

一、姑女和舅子年龄差距太大，导致不愿结婚或婚姻不和。男女的年龄差距大，仍要强行婚配。

二、姑家本无女，舅家要"头钱"，导致财产债务纠纷。

三、姑家许嫁他人，舅家强要钱，导致财产债务纠纷。如"姑抚有女，非有行媒，舅公估要；女有不欣意，舅公要银数十余金"。"出室受穷，舅公反富。倘若郎家穷困并无积蓄，势必告贷；告贷不成，势必售产。"

四、姑家女不愿意而私奔。"舅公估要女转娘头，若女有不喜之心，不由媒说，随同后生私走，或去日久未回，舅爷要女匹配，或搭数十金，或以拐案呈控，或将屋宇拆毁。"

五、姑表结亲的"悔婚"和"赖婚"纠纷。所谓"悔婚"是指由于"姑女"不满意舅家，在迎娶前私奔、逃脱、自杀等方式拒绝"估娶"。

---

① 转引自吴浩《从侗族婚俗看古越人婚姻制度的演变和发展》，《苗侗文坛》1988年创刊号。
② 康熙《思州府志》（卷1），《区域志·风俗》。

所谓"赖婚",是指姑表结亲发生纠纷后,诉至官府,没有婚书、媒人等法定证据,无法认定婚姻关系的情形。

以上这些矛盾导致出现了拐骗妇女等控诉官司及暴力拆毁房屋等重大冲突,甚至出现了"屡次上城具控,总是舅公估要姑女之事"的讼累。如清道光年间,湖南靖州三锹中锹万财寨一个叫潘好山的姑娘被迫嫁到背地寨舅父家为媳,因丈夫是傻子,潘非常怨恨,放毒药药死丈夫,尸首三年未埋,由此引起一场官司。道光十九年(1839年),潘的舅父到靖州三岩桥陵溪司告状,此案惊动锹里二十四寨寨头,他们将此案呈禀于靖州府。州官宋晏春、陵溪司郭某审案后批示:"婚姻听人择配,岂容欺压霸占,倘有阻于陋习霸婚苟索情事,许于追究,毋容率情,示禁。"此后,中锹九寨头人吴光律等17人在背岩回合款,并于道光二十一年(1841年)立石碑载"禁款"四条:

一、婚姻听人择配,不许"舅霸姑婚",如违示禁,公同禀究;
二、不许舅氏苟索钱银,如违示禁,公同禀究;
三、聘金财礼,只许一十六两,如违公罚;
四、过门财礼,议定银八两,如违公罚。

同时规定:"以上款条正赖各遵州主示禁,如违者,被害之家备银三两三钱,通众齐集,公议禀究。"

之后,锹里二十四寨头人为禁止舅霸姑婚,分三款进行了讨论商议,上锹九寨头人龙彩鹤、龙昌培、潘远炽、谢永泽、张子秀、吴应久等68人在牛筋岭合款,并于道光二十二年(1842年)立下碑文,内容为:

> 尝思一阴一阳之谓道,故道之在人,乾道成男,坤道成女,男女以正,婚姻以时,媒妁有言,配合宜均,此古帝国盛治祀重夫妇之伦,以端天下之俗然也。……道光十九年禀州司二主,均蒙尝示……不许舅霸姑婚,索诈土民等,如有不遵行碑记,各寨传知,同攻其人,以教风化。

下锹六寨头人吴昌鸾、潘高文、潘仕向、杨秀应、杨光华等13人在大梁坡合款，合款议定：不许舅霸姑婚，并刻碑垂记，以示永远遵行。①

清代国家调整婚姻的法律中规定禁止"姑舅转亲"。《大清律例·户律·婚姻》规定："若娶己之姑舅两姨姊妹者，杖八十，并离异。"但在所附条例中却规定"其姑舅两姨姊妹为婚者，听从民便"，这似乎很矛盾，其实禁止"姑舅两姨姊妹为婚"，是明朝洪武三十年（1397年），根据翰林侍诏朱善的建议，已经松弛该禁止律条，但没有进入《大明律》，清继而沿用之。清朝雍正八年（1730年），才正式定有"其姑舅两姨姊妹为婚者，听从民便"之例，乾隆五十三年（1788年）修订过一次，②对此清代地方官吏也应该是清楚的。从《彦洞、瑶白定俗碑》的碑文来看，其主要内容都是锦屏地方政府的"晓谕"公文，就表明锦屏的地方官员了解国家法律及其解释的情况，于是官府就此问题表明了自己的态度。请看《彦洞、瑶白定俗碑》：

> 定俗垂后
>
> ……惟有我彦、瑶二寨，姑抚有女，非有行媒，舅公估要；女有不欣意，舅公要银数十余金，富者售尽家业以得为室，贫者绝灭香烟不得为家。……康熙在位时用毛银，舅礼要银九两，申扣纹银贰两八钱以下。至嘉庆之间用色银，舅仪要银十二两，扣归纹银六两。同治之岁，苗匪作叛，父离子散，难以度日，鞠育有女，不用冰人，至舍饭一餐就成缔偶。迨光绪以来得升平之世，普用宝银……舅仪勒要纹银数十余金。你贫我富，屡次上城具控，总是舅公估要姑女之事。府主俞爱民如子，睹见斯恶习，要首次（事）上城当堂领示禁改，则可剔斯舅仪，方得仁里勒石垂后，永定乡风，遗存千古。是为序。
>
> 钦加盐运使衔补用道转授黎平府正堂铿鲁额巴图鲁加三级记录十次俞（渭）为出示晓谕，永远遵行示。案据瑶白寨总甲滚发保、

---

① 转引自夏新华、王奇才《论湖南靖州的"合款"——兼论国家法与民族习惯法的关系》，吴大华、徐晓光主编《民族法学评论》（第2卷），华夏文化艺术出版社2002年版。
② （清）薛允升：《读例存疑》，《户律·婚姻·尊卑为婚》。

滚天凤、滚必录、范永昌等禀称："……唯有总甲等二寨，养女出室，舅公要郎家礼银二十余金，出室受穷，舅公反富。倘若郎家穷困并无积蓄，势必告贷；告贷不成，势必售产，穷者益穷，富者益富，祖遗薄产尽归于人。此等之规□□剔出。今欲依古从俭，公议上户出银五两，中户出银肆两，下户出银叁两，不过作定亲之仪，并不以（与）买卖相似……唯有总甲二寨之风，……或大十岁、二十余岁不等。舅公估要女转娘头，若女有不喜之心，不由媒说，随同后生私走，或去日久未回，舅爷要女匹配，或搪数十金，或以拐案呈控，或将屋宇拆毁。此等地方恶俗，总甲等难以挽回，公同邀恳赏准出示严禁。嗣后愿亲作亲，免致舅公需索，依示遵行"等情到府。据此，……查舅公礼虽系该寨遗风，然亦何得需此多金，自应酌定数目，所标分别下、中、上等户各色，定以三至五两之例属，酌中办理，自可照准。至于舅家之子必娶姑家之女，谓之转娘头，此事原干禁例，现虽听从民便，然需年岁相当，两相情愿方可办理；为此……自示之后，仰即遵照此次批示，凡有舅公礼者，必须分别上、中、下三等，祇（只）准自三两至五两止，不得再行勒索多金；至于姑舅开亲，现虽在所不禁，然亦年岁相当，两家愿意方准婚配，不得再行仍前估娶。……倘有不遵仍前勒索估娶，或经查处，或被告发，定行提案严究不贷。其各凛遵毋违。特示。

右谕通知

光绪十四年十二月初五日
实贴瑶白晓谕①

（碑长11人，除1名外，均为滚姓，姓名从略；另有彦洞同事总甲4人，碑长3人，2名刊刻人，姓名从略，笔者注。）

---

① 《彦洞、瑶白定俗碑》，收入锦屏县政协文史资料委员会、县志编纂委员会编，姚炽昌选辑点校：《锦屏碑文选辑》（内部资料），1997年，第74—75页。彦洞、瑶白均各立一块内容相同的碑，只是序与落款人名不同。二村现在均为侗族，但历史上瑶白曾有苗族居住，是明代从剑河迁来的一支，故而得名 liul beeh 瑶白，或 miiul beeh 苗白，现已被划为侗族。

总体而言，官方对于民间婚俗陋习是禁止的，体现了官府对户婚等普通民事案件的管辖，也表现出"因俗制宜"的特征。《彦洞、瑶白定俗碑》碑文则显示一定的包容性。此碑立于光绪十四年（1888年）十二月初五日，碑文主要针对彦洞、瑶白二寨的婚姻陋习颁行，尽管已至光绪年间，当地仍然"姑抚有女，非有行媒，舅公估要；女有不欣意，舅公要银数十余金，富者售尽家业以得为室；贫者绝灭香烟不得为家"。舅仪勒要纹银数十余金，使得"你贫我富，屡次上城具控"，因户婚而结讼，与狱讼清结的追求背道而驰，自然为地方官所不愿，黎平府正堂遂出示严禁，加以剔除，但并没有对"舅爷钱"等习俗严行禁止，只是认为"舅爷钱"虽系该寨遗风，但需要这么厚的礼金甚属不妥，于是晓谕"自应酌定数目，所标分别下、中、上等户各色，定以三至五两之数例属，酌中办理，自可照准"。至于"转娘头"，即舅家之子必娶姑家之女的习俗，知府俞渭认为："此事原干禁例，现虽听从民便，然亦需年岁相当，两相情愿方可办理；若不论年岁必须估娶，势必滋生事端。此等风俗，均应极力挽回。"在地方甲等的禀请之下，俞渭即如禀出示晓谕，示意该寨人等知悉："自示之后，仰即遵照此次批示，凡有所谓舅公礼者，必须分别上、中、下三等，只准自三两起至五两止，不得再行勒索多金；至于姑舅开亲，现虽在所不禁，然亦须年岁相当，两家愿意方准婚配，不得再行仍前估娶。此系为地方风俗起见，该民等务各遵照办理，以挽颓风而免滋事。倘有不遵，仍前勒索估娶，或经查出，或被告发，定行提案严究不贷。"

对彦洞、瑶白二寨的婚俗，知府俞渭在出示晓谕之时，明显给予较大的宽容，"舅爷钱"按照家庭状况分为三等不得再行多索。至于姑舅开亲，晓谕的内容与《大清律例》相一致。但在民间，姑舅、两姨姊妹为婚习俗禁而不止。故而晓谕"现虽在所不禁，然亦须年岁相当，两家愿意方准婚配"。强调双方的年龄与意愿，亦即禁止以"转娘头"为名强行嫁娶的行为。又说："至于舅家之子必娶姑家之女，谓之转娘头。此事原干禁例，现虽听从民便，然亦需年岁相当，两相情愿方可办理。"但从所辖村落遗存的碑文分析，即使官府大力革除，地方头人倡首禁止，但在许多的村落"舅爷钱"依然存在，且历久不除。①

第三节　从婚姻改革碑看结婚彩礼

《彦洞碑序》开宗明义："盖闻人伦之始，夫妇为先，王道之源，婚姻为重。"据《开泰县志》载：锦屏、黎平等地"婚礼、问名、纳采、亲迎皆与中土同，其尤近古者，盛时结婚后或男家力歉女家即量力自备衣物，以完儿女之债，两家皆乏，至亲厚友助成之"②。这些只是正面的提倡，但由于一方想在缔结婚姻中获得利益和相互之间的攀比，在侗族地区男女结婚，彩礼越来越高，子女结婚弄得家里一贫如洗，也滋生了不少矛盾，不利于社会的稳定。所以每到子女结婚之时，款组织或村寨就会制订规约，限制彩礼的数额。主要规定在男方聘礼、女方嫁妆、姑舅之间的彩礼及嫁娶迎送之间相赠的礼物等方面要降低标准。

如清道光十一年（1885年），婆洞、留洞、魁洞、寨楼、寨母、寨蒙、边沙、寨伍、八教、者晃、西洋店等寨寨老率700余户聚集边沙合款，商议婚俗改革，形成著名的"八议"款规，并将该款规刻碑多块，立于各寨，俗称"八议碑"，现在边沙小学院内还存有一块，摘录如下：

因时制宜

……而姑表分财之规，不无陋弊。或藉（借）此而赖婚枉利，或因此而悬搁终身，以致内怨外旷，覆宗绝嗣，因以构讼经官，倾家荡产，鸣乎殆哉，祸甚烈也！……于是一带乡邻，合同计议，……将见俗兴化美，益己利人。……谨将规例，特勒贞珉。

——议行亲之家，财礼六两，女家全受。舅父只收酒肉，水礼财礼不妄受分毫；

——议送亲礼物，只许糍粑一槽，其酒肉多寡听其自便；

---

① 参见徐晓光《西南地区少数民族民间法推动婚俗改革的实践》《社会科学辑刊》2017年第2期。

② 乾隆《开泰县志·风俗》（夏），第20页。

——议送陪亲婆礼，只许酒肉，不得又送糍粑；

——议嫁女之家，妆奁多寡，随便其有，手中概行禁止；

——议纳彩之后，禁止节礼，日后行亲节礼，只许馈送一年；

——议喜爱礼物，禁送卷联祭轴；

——议姑表结亲，不得混赖，必要庚书媒帖为凭，其财礼仍照六两；

——议生男育女，只许嫡亲送礼，不许搭配。

以上诸条，凡合款之家，共计七百余户。若有故犯，俱在各甲长指名报众，倘或隐瞒，公罚甲长儆众。

道光十一年十月二十二日①

（十寨48人同立，姓名从略，笔者注。）

从整个碑文看，核心内容是限制"姑舅转亲"的彩礼。碑文认为这一婚俗实属陋习，本应永远革除，但因相沿已久，无法一时根除。碑文既限制"姑舅子女必应成婚"，又限制"藉甥女许嫁必由舅氏受财"，表明至道光年间，锦屏一带在地方政府政策的推动下②，民间款组织对婚俗陋习已经很反感，并在非常广阔的地域组织范围内进行改革。

《庆云乡例碑》第二款规定："二比联姻，接承宗祀，皆以媒妁为凭，男不许依势逼婚，女不许登门坐蛋。倘二比不偕，聪从改嫁，照俗碑记，

---

① 锦屏县政协文史资料委员会、县志编纂委员会编，姚炽昌选辑点校：《锦屏碑文选辑》（内部资料），1997年，第74—75页。

② 在此前乾隆五十六年（1791年），锦屏文斗、尧里村等苗族村寨寨民姜廷干、李宗梅等禀请官府出示晓谕，黎平府向府属人等出示："嗣后男女订婚，必由两家情愿，凭媒聘订，不得执行姑舅子女应成婚，及藉甥女许嫁必由舅氏受财，于中阻扰滋事致于控告，严究不待。"地方村寨出首头人将此禁勒为碑，在锦屏县河口乡四里塘村，仍留存有碑一块，其碑文内容如下："一、遵刊府主示：凡姑亲舅霸，舅□财礼，掯阻婚姻一切陋习，从今永远革除。如违示者，众甲送官治罪；一、众遵示禁勒：凡嫁娶聘金，贫富共订八两，娘家收受外，认舅家亲戚银八钱，如有违禁者，送官治罪。认亲礼在郎家，不干娘家事。一、众遵示禁勒：凡女子出室，所有簪环首饰，郎家全受，娘家兄弟不得追回滋事。如违者，送官治罪。一、禁勒：凡问亲必欲请媒，有庚书斯为实据，若无庚书，即为赖婚。如违治罪……一、禁勒：凡二婚礼，共议银两两两，公婆、叔伯不得掯勒、阻拦、逼迫生事。如违送官治罪……众勒：其有写外甥女礼银抵人银两者，大皆丢落，不许转追借主。如抗，送官治罪。计开各寨出首头人姓名于后，如有犯禁者，照开甲数均派帮补费用……皇清乾隆五十六年孟冬月谷旦，"（锦屏县政协文史资料委员会、县志编纂委员会编，姚炽昌选辑点校：《锦屏碑文选辑》〔内部资料〕，1997年，第68—69页）。

毋许过索多金，未过门者五钱五分；过门者三两五钱。男女嫌怨，照例均皆如是。室妻不守妇道，所犯之条，休逐钱贰拾两，住及三年，无工力除此之外，洒扫工资每年一两，衣服从今革除。"①侗族过去有"不落夫家"的习俗，女子结婚后要先在娘家住上几年才到夫家与丈夫住在一起。如黎平、从江交界侗族村寨订立的《十二条款约》规定："女大当嫁，男大当婚，女满十七始嫁，男到十八才婚。女嫁先问表哥，不娶再嫁别人。父母有命才订婚，订婚三年才过门。女退婚赔彩礼，男不娶不取分。"

道光二十五年（1845年）二月，黎平茅贡乡寨母《碑记条约》说：

> 婚娶乃人伦之始，风化所系理宜百年不移，岂容朝成夕改，但此习俗相沿已久，仍当从俗从宜，或无唆破婚姻女心自不愿者，遵照古制。姑表财礼色银八两，非姑表四两，若查知唆破之家使人妻离，构成仇隙，凭证拦阻就中别贫富三等。上户姑表照现财礼加一十六两，中户八两，非姑表上户照加十二两，中户八两，自中户以下多寡不在条例。男放女财礼亦照此例，然此只许阻一二真实之家，不许思财多阻至。若改嫁别人经过财礼花费、酒水照加四两，以补酒水礼费。设徒饮定亲媒酒，男女翻悔罚色艮（银）一两五钱，其媒酒谨遵旧制，无许更新。此俱系公议嫁娶定规违者公罚银三两二。

《公纳禁条碑记》规定：一、拐人姑表亲者，上等亲受财礼银十三两；中等亲受财礼银七两；下等亲受财礼银五两。如不遵禁，额外重索者，将此项款缴入众。二、上等亲男女嫁娶，男自愿娶，女自愿嫁，两造父母不依，男女私约拐带。上等娘家，准吃财礼银十一两；中等娘家，吃财礼银七两。《高增款碑》规定："议男女婚姻，男不愿女，女不愿男，出纹银八两八，钱一千七百五十文，禾十二把。"②"于归完娶，是次生男

---

① 张子刚编撰：《从江石刻资料选编》（内部资料），第53—54页。
② "禾把"，侗族在收割水稻时，用一只手最大可能将稻秆抓住，然后割下捆住，叫"一卡"，二三十卡捆成一捆，称"一把"，约40—50斤重。然后挑回村内晒在晒架上晾干。秋天金黄的稻墙与鼓楼、吊脚楼相映生辉，非常好看。

育女，运命不和，爱新弃旧，改折等规定五十二千文"。

《乡规民约碑》关于彩礼方面的规定有："一议求亲，不许相退，罚银八两八；一议姑表，勿论男女相退，罚银八两八；一议成亲，男女相退，罚银五十二"。

第四节　从婚碑看"离婚"和"拐带"

侗族年轻人恋爱形式是"以歌为媒"的集体交往方式，爱情的表白和恋爱关系的确立都是在这种集体交往活动中进行。他们通过"行歌坐夜"（侗族男女青年娱乐、谈情说爱的形式），寻找心上人，建立恋爱关系，这一种自主恋爱在涉及结婚时还是要征得双方父母的同意，但有的男女却要受到"舅姑转亲"习俗的困扰。侗族习惯法对夫妻离异责任及相关财产规定得非常细致，一般来说，在夫妻离异中责任大的，赔偿给对方的财物、金钱就多，责任小的少赔或不赔。

如邑扒《万古章程碑》规定：

> 婚未过门者，男弃女嫌，二同规（定），（罚）银七钱，（棉）花二斤，织布一匹，春夏（棉）花织（布）折钱，男六百文，女三百文，秋冬概不准折；婚已过门者，男弃女嫌，二同规（定），（罚）银一两六，（棉）花（织）布同上。婚已得（纺）车、被（子）者，男弃女嫌，规银男十二两，女七两，（棉）花（织）布同上。
>
> 婚久年生育者，男弃规银十四两，禾十二把，酒廿四斤，草鱼十五斤，白口银五百文，猪肉五斤，熟饭卅斤；婚娭妻者，要自动凭媒言定，女嫌规银六两，猪肉七十二斤，酒二十四斤，草鱼十五斤，男弃无规；女诬赖登门，男弃规银五两整，别无规；夫故妻出，银四两，白口银五百文，熟饭卅斤，猪肉五斤，女奁要凭二房，先有过秤多少后同退，妄言不准。婚未过门者，男弃女嫌，二同规（定），（罚）银七钱，（棉）花二斤，织布一匹，春夏（棉）花织（布）折钱，男六百文，女三百文，秋冬概不准折。婚已过门者，男弃女嫌，二同规（定），（罚）银一两六，（棉）花（织）布同上。

婚已得（纺）车、被（子）者，男弃女嫌，规银男十二两，女七两，（棉）花（织）布同上。

《公纳禁条碑记》规定：

> 男女已成婚配，初则两愿，即成亲后，或三五日，男若悔亲，括女银一两六钱，饭一笠，鱼一个；女若悔亲，括男银二两四钱，男之聘金多寡，加倍退还。至三五载之后，璋琅两耳，女若悔亲，括男财礼银七两，男若悔亲，括退女银七两，土禾十二把，聘金概不准退；拐闺女，其女家父母不愿，退回娘家，作洗裙脚银一两，饭一笠，鱼一个，男妇私通，犯奸捉双，罚银一两二钱。

现在说起"抢婚"，它是一种违背当事人的意愿，利用暴力手段强行与之订立的婚姻，这是一种犯罪行为。而黔东南以前的"抢婚"却具有民族和地域特征：一种情况是女方为了避免舅权的强迫婚姻，而让自己中意的男人"抢去"成婚。这种"抢婚"实际是对舅权制婚姻的一种反抗，并逐渐演变为侗族村寨婚姻习惯法规则下的一种婚姻缔结仪式，而且这种戏剧化的婚姻仪式由来已久，宋代"原沅靖州蛮……嫁娶先密约，乃伺女子路，劫缚以归，亦岔争叫号求救，其实皆伪也"[1]。另一种是避免过重的财礼。黔东南侗族婚姻缔结习俗程序很多，从订婚到结婚一般要经过三四年的时间，每逢节日男方都要去女方家拜访，这种"漫长的婚礼仪式，是不断强化社会对夫妇身份的确认过程"[2]。这也在无形中加重了男方的负担，通过"抢"的方式来强行成婚，男方亦可减少婚姻开支。"抢婚"在侗族地区被习惯地称为"奔逃""拐带"等。

《十二条款约》规定：要是父母不允许，男女私下约逃奔，切用猪酒去"洗脸"，才算正式成婚。岜扒《万古章程碑》规定："拐夫罚银廿四两，前夫听去，现规归后夫全退，又赔猪肉七十二斤，鱼十五斤，酒廿

---

[1] （宋）陆游：《老学庵笔记》。
[2] 李向玉、徐晓光：《"抢婚"习俗的现代遗留及其民间法处理——黔东南基层司法实际的困惑》，《政法论坛》2010年第6期。

四斤,并房族猪肉一百斤。"《永世芳规碑》规定:"拐闺女,其女家父母不愿,退回娘家,作洗裙脚银一两,饭一笠,鱼一个,男妇私通,犯奸捉双,罚银一两二钱。"

第五节 婚俗改革的推力与阻力

婚俗改革的目的是"为挽颓风","俗兴化美,益己利人"。方式有两种:一是地方头人在自己处于"无以挽回"的境况下,"鼎新连名具禀于黄堂,叠沛悬纶于天下,里捧天批而甚藉尼后以流传",借助官府的"批示",以实施自己的主张;二是地方头人共同商议,订立款约,利用地方力量以实现婚俗改革的目的。① 康熙《平江碑》、乾隆《四里塘碑》、同治《已得碑》、光绪《彦洞、瑶白碑》属于前者;光绪《启蒙碑》和嘉庆《四里塘碑》则属于后者。地方官府为维护地方安靖,以示自己的政绩,不仅批示支持地方头人要求改革的婚俗请示,且自己也发出禁革的告示,可见清朝从康熙到光绪的200多年里,地方官府和乡村士绅都致力于婚俗的改革。

一 社会精英的作用

任何"立法"都是制定一种适用于一定区域内所有人的规则,追求普遍性和一般性,力求系统性、全面性和预见性。同时立法是一件非常实际的事情,它植根于社会现实生活中,其好坏无法从其本身得到答案,只有符合实际情况的法律才是好法。正如苏力所言:"真正能得到有效贯彻执行的法律,恰恰是那些与通行的习惯惯例相一致或相近的规定,一个国家只靠国家强制力才能贯彻下去的法律,即使理论上再公正,也肯定会失败。"而在"民间立法"中,社会上层的力量作用积极,而来自社会基层的力量作用较为微弱,有时立法者不论是在自然的时间、空间,还是在人文的时间和空间上,都更接近于社会上层的力量,特别是以本地政治、经济和文化精英为主体而形成以维护民族利益和社会利益姿态

---

① 姚炽昌:《清代锦屏苗族、侗族的婚俗改革》,《苗侗文坛》1989年第2期。

出现的社会上层的力量，就更容易施加影响。这时的立法在很大程度上往往成为当时政治精英和文化精英的一种理想制度设计的蓝图和主流意识形态的具体体现，更可能受民间"立法者"个人主观愿望和政治热情等因素影响。正是在这些因素和良好愿望的作用下，将引导社会的规则自觉或不自觉带进了"民间立法"之中。甚至"民间立法"倡导者本身就是其中的一员。如清道光十一年（1885年），边沙、寨伍、八教、者晃西洋店等寨头人率700余户聚集边沙合款，商议婚俗改革，形成著名的"八议"款规。《八议碑》的碑名就叫"因时制宜"，碑的"前言"痛陈"姑舅转亲"的恶果，认为："姑表分财之规，不无陋弊。或藉（借）此而赖婚枉利，或因此而悬搁终身，以致内怨外旷，覆宗绝嗣，因以构讼经官，倾家荡产，鸣乎殆哉，祸甚烈也！……于是一带乡邻，合同计议，……将见俗兴化美，益己利人。……谨将规例，特勒贞珉"，倡导革除这种相沿已久的陋习。由于地方有识之士的倡议，地方官为维护地方安靖以显示政绩，不仅批示支持地方头人要求改革婚俗的请示，甚至自己也发出"禁革"的告示。福山认为：不论是天然的还是自发的秩序，它们自身都不足以产生出构成社会秩序的全部规则，在关键时刻它们都需要由等级制权威来进行必要补充。① 在剑河小广环龙庵遗址上有一块嘉庆二十二年（1817年）十月立的《永定风规碑》，记述以潘老乔为首，联合化敖、谢寨等侗族村寨的寨老王士元、彭宁绍、谢贵乔、杨德桂、文登朝等就"姑舅转亲"的陈规陋习具禀首告到府，经镇远府正堂大人批准，特立此碑，碑文有这样的记载："嗣后男女婚娶照定例，须由两家情愿，请凭媒妁，发庚过聘。严禁舅家强娶滋事。如违重咎不贷，各宜禀遵毋违，特示。"② 同治五年（1866年），黎平知府徐达邦和光绪二年（1876年）黎平知府袁开第就曾出过"禁革"告示。③

在黔东南苗族地区，姑妈的女儿须嫁给舅家的儿子，称为"还娘

---

① ［美］弗朗西斯·福山：《大分裂：人类本性与社会秩序的重建》，刘榜离、王胜利译，中国社会科学出版社2002年版，第178页。
② 陈远卓：《"永定风规"碑的由来》，全国政协暨湖南、贵州、广西、湖北政协文史资料委员会编《侗族百年实录》（上册），中国文史出版社2000年7月版，第60—64页。
③ 光绪《黎平府志》，光绪《古州厅志》《知府袁开第革除苗俗》。

头"。贵州中部苗语称"补份孃"或"补厚孃"(音"bex hfud mais")。"还娘头"婚是私有制社会以后的产物。从社会调查的情况看,当地苗族众说纷纭、莫衷一是。有的说是为了"亲上加亲""肥水不落外人田";有的说是为了"优生"(其实恰恰相反);有的说是因为知根知底,不至于去沾上"不干净"("蛊"等)的人家,保持血缘"纯正";有的说是"要回姑妈带去的钱财",不至于财产外流。凡此种种,抑或兼而有之。但"要回姑妈带去的钱财"的成分大些,实质是财产权回归的问题。这就形成了苗族婚姻习惯法上的舅权。曾经盛行这样的规则:"姑妈的女儿须嫁给舅家的儿子。按古时成理,如不嫁给舅家须赔给舅家三百两银子;有可谅之情的减一半;再有特殊困难之情者可再减一半。"此后姑妈家的女儿,不经舅家表态不得任意出嫁。俗话说:"姑姑女,伸手取。"如果舅家不娶该女做儿媳方可允许出嫁,但须给舅家"还娘头"钱。这也是苗族婚姻中要给新娘母舅以较重的礼金的缘故。由于"还娘头"钱较高,所以导致了部分买卖婚姻的存在。

距雷山县永乐镇北1公里处的干南桥有一青石碑,系原丹江(今雷山)、八寨(今丹寨)两县联界的各保甲长及父老等集会议定的"榔规",内容是确定苗族婚姻财礼金的"条例"。其碑文是:

万古不朽。

兹将丹、八两县联界邀集各甲长及父老等进行决议规定,财礼钱不得多取。所有婚嫁自由,不得强迫子女成婚,俏(稍)有违当众议决规定条例,多取及强迫者,均以碑章证明,否则天诛地灭,永不发达,仰望各界父老须知。此碑万古不朽,所议各条开例于后。

计开:

第一条:对于回娘头,先由媒人说定,或由双方子女愿意成婚者,乃能决定婚配,若不得双方子女同情者,而父母决无强迫阻滞及野蛮之行为。

第二条:准定财礼钱,富者,一百五十元八角(银圆)。

第三条:准定财礼钱,贫者,一十二元八角。以上贫富财礼钱,须向嫁家取定收分。

第四条：准定娘头钱，一律七两二钱。依古法律，每扣小钱一千二百文，不许任意折扣。

第五条：施行本简章，呈请丹、八两届县府核准之日实行。

该碑未书立碑时间，其内容当为民国时期，目的是改革苗族"还娘头"婚中的强迫行为，提倡一定程度上的婚姻自由，改革婚嫁礼金标准，减轻娶亲男子的经济负担。这是两县联界邀集各甲长及父老等进行决议规定，说明苗族地区婚俗改革中有识之士的"首唱"作用。

黔东南黎平西北部大稼、尚重、平寨、德化以及西北相邻的剑河、锦屏等48花衣苗历来有"姑女必返舅家"的习俗。清同治年间，48花衣苗寨总首领姜吉胜深感这一习俗不利于子孙繁衍，便向黎平府呈文，请以官府名义予以禁革，徐达帮、陈佳惠两知府交割时共同下了一道指令，转令六合苗寨禁革，众首领接到两知府手谕后，一面通知48寨，一面征集石工刻匠，将姜吉胜等呈文内容及两知府手谕刻字立碑于己得寨边，至今犹存。

碑文曰：

为严禁乡俗以端风化事。案据众头首禀称：该民人等处乱来，男女婚嫁不遵古制，不由媒妁，姑之女必嫁送舅家，名曰"转亲"，如舅家无子，或者有子而年龄不当，即勒索银两，名曰"背带财礼"，得财准过人，不满所欲，则不许他字。只得禀请示禁前来。

查婚姻乃教化之原，夫妇乃人伦之始，故问名纳采，婚礼特重仪文，而掌叛导言，蹇修实司，夫媒妁洵为人生之道，抑亦古今不易之礼。今据等寨罔知古训，习俗成风，姑生女而舅有男，逼谐秦晋，冰末泮而滴已结，莫谕斧薪，甚或舅氏无子，竟索币以偿，否则甥女无家，遂终不字。种种恶习，大伤风化。

兹据该头首禀示禁前来，亟应严加禁革，除批之外，合行出示晓谕为此示，仰苗民人等知悉，嗣后男女婚嫁，必凭媒妁撮合，莫雁问名，一遵古训。如有姑舅姻亲，必先通媒妁，好缔朱陈。自示以后，倘仍不遵并勒取身价者，准地方头首公同具禀，以凭严惩。

各宜禀遵勿违。特示。

　　外甥女出嫁，舅家不准勒索财礼，还集女家准备嫁饰，自甥而舅有男，二比自愿结亲，先请媒妁而求愿允，乃备聘金整备等件，方准出门。若无媒妁庚书，不准压逼结亲。如有等情，许地方禀官究治。

　　一、母亲亡故之后，不准舅家取讨头项钏、手镯等件，倘有再行取讨，众等公同禀究。

　　二、比若两愿之后，上富之女聘银十两，中富之女聘银八两，下富之女聘银五两。如有违者不准逼接。

　　已得、苗喉、宰格、岑同、苗丢、叩鹅、苗庄、九丢、美罗、乌腊、叩文、苗举、苗里、挽楼、高仲、高下、平空、岑努、高练、格朗、岑舍、堂朗、格东、苗格、唐腊、八龙、高大奇等案首。

同治五年三月十八日立①

二　民间法律制度的调整

　　正式制度是国家安排的有意识的创造物，非正式制度安排则主要是人们在长期交往中无意识的、世代相传具有持久生命力的一套规则，它是作为文化的一部分未经国家认可却具有相当普遍约束力的行为规范，实际上是活生生存在的"习惯法"与"民间法"。非正式制度主要有道德规范、传统习惯、文化观念与意识形态等，随着社会的发展，它通过价值观、态度、习惯等对社会制度和人们的生活起着潜移默化的影响，成为社会制度与生活方式的组成部分。非正式制度与正式制度相伴产生，共同维系社会秩序，在进行制度创新时，非正式制度又作为先在的环境因素，对国家正式制度产生重要的影响。有时非正式规则在不同领域也在发挥着与国家法同等的作用，在国家法无法提供应有职能，即国家法短缺时，这些非正式规则很大程度上成为正式法律的"替代者"。

---

① 凯里学院吴平田野调查所获，并提供给笔者。

国家法必须具有普遍性、统一性、稳定性以及原则性等特点，但到了乡土社会的狭小空间反而显现出劣势。因为国家法为了统一性也就很难照顾到乡土社会事务的特殊性；要体现原则性它就不可能、也无必要涉及乡土社会生活的方方面面。由于我国古代地区间的政治、经济、社会文化发展不平衡，各地基层司法资源配置差别比较大，造成国家法在一些乡土基层社会的运行过程中存在着不少供给不足，甚至是极度匮乏的情况。事实上，正式法律制度与非正式制度的沟通与理解以及在此基础上形成的良性互动和耦合，正是法律制度创新与变迁取得成功的关键。当国家制定法的禀赋与其作用下的民间法、习惯法相一致或大体一致时，后者就能成为前者的正确而积极的"解释者"，会加速前者的推进过程，从而扩充其效能。国家立法与非正式规则之间的调和，意味着人们将借助非正式规则在某种程度上自觉遵守国家制定法，也意味着国家制定法逐渐融入人们的日常生活与行为中，并以其所体现的价值和所要求的制度模式改变人们的行为和观念，从而使法律制度的实施成本降低到最低点，实现收益的最大化。清代的国家婚姻法在律条中是禁止"姑舅转亲"的，《大清律例·户律·婚姻》规定："若娶己之姑舅两姨姊妹者，杖八十，并离异"，但在所附条例中却规定"其姑舅两姨姊妹为婚者，听从民便"。从锦屏四里塘《恩垂万古碑》《彦洞、瑶白定俗碑》的碑文来看，其主要内容都是锦屏的地方政府的"晓谕"公文，其中就说："至于舅家之子必娶姑家之女，谓之'转娘头'。此事原干禁例，现虽听从民便，然亦需年岁相当，两相情愿方可办理。"而"姑舅转亲"在国家法、习惯法与民间婚姻习俗严重背离的情况下，地方官员也会采取妥协的立场。[1]

---

[1] 《平江恩德碑》的摘录："恩德碑　云贵总督部院范　巡府都察院　黎平军民府　良寨长官司督学龙　为禁革口民口口口劫盗口变俗口口口康熙二十九年七月初五日，奉协镇贵州黎平督学龙口口口元月二十日，提督贵州全省军民口府口批准，本协口口祥谕……。一、求聘定亲，止许为凭，革除酒席会亲。……。一、姑舅转亲，仍补外家礼银三两五钱，不得勒借。以上条口口口司寨不得口口口，本司可以凭参宪两府请法重处。特禁。潭溪司　口口口；新化司　杨志贵；亮寨司　口口口；胡尔司　口口口；欧阳司　吴万奫。康熙二十九年岁庚午七月十五日。"参见锦屏县政协文史资料委员会、县志编纂委员会编，姚炽昌选辑点校《锦屏碑文选辑》（内部资料），1997年，第66—67页。

三 国家法、民间法互动

拉德布鲁赫强调:"正是因为习俗自身把约束方式的外部和内部的双重效力统一了起来,无论其是否只是通过虚构的方式,所以习俗才比道德和法律更具有威力。"[①] "法律多元"的格局一直是黔东南民族地区法律文化的实质特征之一,在这种多元体中,国家法是指由国家各级有权机构依法制定并依靠国家强制力保障实施的法律;而民间法则是指在法律多元文化背景下,存在于广大乡土社会中的与国家法不同的民间社会控制规范;习俗则是村寨社会的人们祖祖辈辈相沿成习的惯行。由于国家正式法律制度供给不足,使政府不得不更多地依赖于民间法和民间惯行。历史上在侗族那些村寨中,纯粹以国家法建构的秩序没有出现,更多的是结合民间法和民间惯行形成的"混合型法"的法制秩序,即国家法、"款约法"、村寨法、民间惯行共同构成了村寨的规范体系。村寨法作为"地方性知识",贴近村寨现实生活,是当地人所熟知的规范,在村寨发挥实际作用。对村民们来说,经验的、现实的、管用的民间法比国家法更有利于解决问题,他们更多的是选择民间法。但有的时候,国家法、村寨法与民间惯行也有突出的矛盾,比如在侗族一些地区,人们普遍相信的"有蛊"迷信,近代以后国家法、村寨法一直持反对态度,并对残害所谓"蛊女"的不法行为进行制裁,但直到今天都没有彻底消除这一迷信。"姑舅转亲"和"放蛊"的情况有些类似,作为一种惯行一直在黔东南侗族苗族地区盛行,但"姑舅转亲"的涉及面更大、影响更深,长期以来很多青年缔结婚姻都照此惯行行事,认为是天经地义的。

历史上黔东南侗族地区文化相对落后,生产力发展水平极低,陈规陋习较多,偏远地方的侗族群众几乎完全不知国家法律为何物,他们长期遵守习俗惯制,所以民间习俗的改革通过国家法律的提倡和政府的推动实现不了时,自然想到借助"民间立法"的形式来完成。但在一些更为落后的地方,国家法、民间法执行的情况也不是很好,阻力很大,地方官府也只好采取肯定习俗、稍作限制的妥协做法。如前举雍正八年

---

① [德]拉德布鲁赫:《法哲学》,王朴译,法律出版社2005年版,第50页。

(1730年）所立的《平江恩德碑》，云贵总督部院、巡抚都察院、黎平军民府、亮寨长官司督学联合发布的禁示，做出"姑舅转亲，仍补外家礼银三两五钱，不得勒借"的规定，即如果姑舅两家不结亲，姑女许嫁他人，就要给舅家三两五钱礼银，但是不能强迫写借据。在民间"姑舅转亲"婚俗特别盛行的情况下，官府也清楚地知道通过一纸告示是难以改变，也就只好"因俗而治"了。

四 婚俗改革的规律

一般说来，习俗在规则与制度变迁中一般有两种方式：诱导性制度变迁和强制性制度变迁。所谓诱导性制度变迁是指个人和群体为追求自身利益而自发倡导组织的制度变迁。所谓强制性制度变迁是指由政府主导的自上而下的、强制实施的，由纯粹的政府行为促成的制度变迁。在引导习俗变迁的过程中，遵循习俗变迁的内在规律具有重要意义。

第一，不是所有的习俗都需要纳入变革的范围，只有那些与经济社会发展具有实质性关联的习俗才需要受到新制度的审查。习俗变革包括两个层面：一是外在的行为规则；二是行为主体的价值尺度和心理偏好。这种变迁和转换也是一种对旧习俗的整合，它是用新的制度范式来整合旧制度实质性习俗的内容，从而给新制度带来秩序和新的规范。

第二，一种失去现实性的实质性习俗往往会极大地阻碍新规则的形成，变革者往往是积极的和自由的，而旧的习俗、惯例和约束是对其自由的消极限制，因此习俗的变迁具有复杂性和艰难性。这种复杂性和艰难性"除了来自人们所关心的利益得失的冲突外，主要与人们的传统习俗所规定的行为范式的矛盾冲突有关，这是由意识的相对独立性所决定的。观念的变革与物质的变革有着不同步性。由制度变革的总量向行为者的思想和行为的传递，对社会主体来说，乃是由自我走向非我，再回到自我的过程"。[①]

第三，新旧习俗的更迭具有历史的必然性，不是以人的意志为转移

[①] 张雄：《习俗与市场——从康芒斯等人对市场习俗的分析谈起》，《中国社会科学》1996年第5期。

的。因为人们的习俗实际上反映着人们的利益与需要的实践状况，当新的需要被推出后，由需要所派生出的利益关系、价值尺度、活动方式必将发生变革。一种习俗之所以拥有一大批接受者，是因为它具备了能够满足人们现实需要的内容；如果它不再具有这种价值功能，换言之，如果人们维护这种习俗却带来了种种不幸后果或灾难，该习俗也就行将消失了。

目前，黔东南的婚俗改革还在民间悄然进行，还拿"姑舅表婚"来说，它作为长期形成的民间制度虽然整体上不存在了，但近亲结婚的情况还较多，这里肯定有一部分是"姑舅表婚"，这和"放蛊"一样，是民间的"私密"，很难做充分的田野调查。但在黔东南民间，姑舅两家子女结婚互送重礼的习俗还普遍存在。2009 年 3 月、11 月和 2010 年 3 月，榕江县的八开南部地区加两苗寨、摆垭山地区和从江县的能秋一带先后按照传统的做法举行了"埋岩议榔"，三次"埋岩议榔"均是苗族自发的民俗改革活动，针对苗族地域社会面临的共同社会问题订立了"榔规"，内容涉及苗族日常生产生活的方方面面，[①] 其中就有婚俗改革的内容，有的婚改条款还沿用了传统习惯法中罚"3 个 100"的做法来加以禁止。[②] 如"能秋榔规"第十条规定：舅家或姑家儿女结婚时，姑家不准牵牛给舅家，或舅家不准抬猪给姑家。违者均罚猪肉 100 斤、米酒 100 斤、大米 100 斤。由此看来，这是以一种传统的处罚方法来改变婚姻旧俗，而且这种传统的处罚方法自身都在改变。[③]

那么为什么黔东南侗族、苗族要沿用这种习俗呢？主要是因为根深蒂固的家族意识和经济因素以及古老的规矩。少数民族也是中国人，作为中国的普通民众，从来都不缺乏对自己利益作出判断和根据环境变化调整其行为方式的"实用理性"。他们能够在其知识体系范围内，对积累

---

① 龙泽江、张和平：《石头法的现代传承——月亮山苗族榔规改革纪实》，《原生态民族文化学刊》2010 年第 2 期；《黔东南榕江、从江月亮山区苗族风俗改革"埋岩议榔"实录》，《厦门大学法学评论》，厦门大学出版社 2013 年版。

② 苗族地区普遍存在罚"3 个 100"或"3 个 120"的惩罚方式。参见徐晓光《从苗族"罚 3 个 100"等习惯法在村寨社会的功能》，《山东大学学报》2005 年第 3 期。

③ 参见徐晓光《原生的法——黔东南苗族侗族地区的法人类学调查》前言部分，中国政法大学出版社 2010 年版。

的条件进行综合权衡后作出最有利的选择。所以村民们在比较旧习俗与新习俗的时候，更可能会发现新习俗能够给他们带来更多好处（方便）或者说是减少更多害处（不便）。但是与此同时，侗族人很好面子，又要恪守"古理"，小地域范围内亲属关系复杂，传统观念根深蒂固，村寨社会有很强的趋同性，如果别人都这样做，你不这样做就为传统习俗所不允许，也就很难在当地生活得顺当。

在我们看来，侗族、苗族地区的婚俗改革是必要的、进步的，符合国家法律指明的方向和时代的进步趋向。从总体上说，随着侗族地区教育文化水平提高，经济社会发展，法治观念增强，特别是在人口素质、身心健康和经济利益的前景展示下，广大侗族群众一定会在传统与现代、落后与进步中自己作出理性的选择和调整。

第八章　村寨法实施过程与运行场域

从清水江流域情况来看，村寨是苗族、侗族社会最小的单位，村寨法是乡土社会基本的"法律"，并有其独特的运行场域。黔东南民间有"大树护村，老人管寨"的说法，如"款词"说："官家设衙门，侗人选乡老，朝廷设官府，民间推头人。"寨老对内有权召集民众召开村民大会，讨论有关寨内重大事情，管理村寨公共财产，动员或组织本寨群众创办各种公益事业，组织村寨祭祀活动等权力；对外则作为本寨代表处理涉外事务和进行经济交涉，组织并指挥全寨青壮年抵御外来侵略和掠夺。寨老在村寨法的订立、执行、实施与认可等活动中发挥着主导作用，并按传统习惯法解决寨内各种纠纷。当寨老被推为"议榔头"或合款的首领"款首"时，要积极组织"议榔"或"款"的活动，并认真在本寨执行"村寨法"。由此可见，在村寨社会活动中寨老的作用最大。寨老是村寨中的"智者"和"主心骨"。

第一节　"村寨法"的形式与实施范围

据苗族古歌《跋山涉水》讲述，当苗家迁到新的地方后，"雄公心里乐，笑着把话说：'我们来议榔，议榔怎么住。'奶奶回答说：'大家分开来，才好建村寨。'公公回答说：'大家分开居，才好开田土！'雄公来议榔，榔约这样说：'一支住方先，一支住方尼，一支住者雄，一支住希陇，一支住春鳌，分开过生活。'"① 故陆次云《峒溪纤志》上卷说："苗

---

① 田兵编选：《苗族古歌》，贵州人民出版社1985年版。

部所衣,各别以色。散处山谷,聚而成寨。"清水江流域苗族、侗族人民习惯聚族结寨而居,有的一寨一姓,有的虽然一寨数姓,但各姓都有一定的居住范围,自成群体。家族都有族姓内的组织法规,族内若干近亲血缘家庭组成"亲房",若干"亲房"组成"房族",若干"房族"组成"宗族",公推"族长"主持处理族内事务。

  苗族、侗族完成这一过渡的时间虽因分布地区和支系的不同而参差不齐,但其演变轨迹大致相同。首先,随着个体家庭私有财产的增多,生产资料所有制发生了变化。一方面,山林、土地仍旧由成员共有;另一方面,作为氏族成员的各个体家庭,也纷纷拥有各自的份地,展开据地自耕的活动。这样,"个体家庭已作为一种力量,并以威胁的姿态与氏族对抗了"[①]。其次,随着人口的增多,原有土地已养不活新增的人口,不得不分散迁徙,另觅耕地。正是这种频繁的迁徙,打乱了原来的血缘组织,使许多不同宗支的人口交错杂居,形成了以地缘关系为纽带而结成的农村公社。

  从黔东南苗族的情况来看,村寨是苗族、侗族社会最小的单位,侗族人有"大树护村,老人管寨"的说法,所以"款词"说:"官家设衙门,侗人选乡老,朝廷设官府,民间推头人。"寨老大多是自然产生,也有少数由各房族推选产生的。对内,寨老有权召集民众召开村民大会,讨论有关寨内的重大事情,管理村寨公共财产,在村寨法的订立、执行、实施与认可等活动中发挥着主导作用,并按传统习惯法解决寨内各种纠纷,动员或组织本寨群众创办各种公益事业,组织村寨祭祀活动等。对外,则作为本寨代表处理涉外事务和进行经济交涉,组织并指挥全寨青壮年抵御外来侵略和掠夺。当寨老被推为"议榔头"或合款的首领"款首"时,要积极组织"议榔"或"款"的活动,并认真在本寨执行"村寨法",由此可见,在村寨社会活动中寨老的作用最大。

  寨老的对内职能是调处内部事务,裁决纠纷,制定、修订乡规民约,代表村寨参加"议榔"或"合款",并在村内严格执行村寨法。寨老是村

[①] [德]恩格斯:《家庭、私有制和国家的起源》,《马克思恩格斯选集》(第4卷),人民出版社1972年版。

寨内部乡规民约的倡导者和组织者，乡规民约一般由寨老们提出，交村民会议讨论通过后就可以发布，有的还要举行仪式，勒石发布。村寨法的形式很多，称谓很不同，有的叫"禁条"（条规），有的叫"乡例"，有的叫"章程"（一般从清朝后期开始），还有直接就叫"乡规民约"①的；有的是一个村寨独立制定的，有的是几个村寨联合订立的，有的是一个大寨和相邻几个小寨联合制定，但又都不同于"议榔"或"合款"时颁布的"榔规榔法"和"款约法"。

口承法律文化的表现形式，既要有它的传承人又要有它的文化空间及与之相适应的器物形态。其中文化场域是口承法律文化中最重要的元素。"场域理论"是法国社会学家皮埃尔·布迪厄社会学体系中的重要内容。场域这一概念和分析视角来自他早年的人类学研究，他认为场域中充满着力量和竞争，场域有自主化的趋势，但场域本身的自主性又受到外来因素的限制。布迪厄通过场域研究认为：实践理论研究的任务就是揭示在不同的社会实践中那些掩藏最深的社会结构，同时揭示那些确保这些社会结构得以再生产或转化的"机制"和"逻辑"。为此，他提出了"场域"和"惯习"这两个概念，"惯习"是与"场域"相对应的一个基本概念，同时两者紧密结合，不可或缺。

清代苗疆的村寨法应该是很多的，但由于苗族用汉字记载下来的东西不多。从朝廷的奏折中还是可以看出一些。如雍正五年（1727年），云贵总督鄂尔泰等奏请"不许外结，亦不许以牛马银两赔偿，务按律定拟题结，奉旨钦遵在案。数年以来，滇、黔各属苗猓，咸知凛惕，法至善也。但查，

---

① 《乡规民约碑》："当闻国家有律，官府有刑，乡党有禁，无外除盗安良之自意也。今我地方，居住零星，山多田少，生斯长斯，全赖山坡生理，取之不竭，因用之不穷。近来有口无耻之辈，不法之头（徒），游手存（好）闲，春耕而不稼之维艰，至秋成只图偷盗之便口，不知田中鱼谷，皆自上下苦而成，坡上生理，亦由勤俭而得。说（谁）料颓此日起，专以偷窃为常情，世道日哀（衰），竟视王章如日（儿）戏。如不再加振（整）饬，是必愈至不堪，而善良比之口勤，将来尽归乌有。是以我等商议，设立禁条，以惩刁风，以安良善，人庶几法恶归仁。倘仍蹈故辙，姿（肆）意妄为，一经查明，拿获例应送究惩治，决不姑宽，有各项条规，间为口知。——议求亲，不许相退，罚银八两八；——议姑表，勿论男女相退，罚银八两八；——议成亲，男女相退，罚银五十贰；——议偷宅、牛马六畜，罚银五十贰；——议勾生吃熟，罚银二两二；——议放田偷鱼，罚银四两四；——议山坡柴山、绵（棉）花百样作事，罚钱八百八十文；——议菜园，各家各管，不许乱近（进），罚钱八百八十文。行规老立。"

久经归服熟苗，化导日久，有犯应与内地人民一体治罪，以昭惩戒。若新开苗疆，从古化外，不知法律，今虽投诚而渐縻未深，犹踵仇杀故习，每有命案多不报官，或私请寨老人等'理讲'，用牛马赔偿，即或报官又多于报后彼此仍照'苗例'讲息，将尸掩埋，相率拦捡，不愿官验。倘地方官径行准息，即违例干处，若必欲起验，而原、被告等又往往抛弃田宅，举家逃匿，以致悬案难结。承缉承审诸员虽受参罚，实属冤抑。臣请归附已久熟苗，有劫盗仇杀等案，应照内地审结，至新开苗疆，如古州、清江、九股、丹江、八寨等地，除劫盗及伤毙汉人，情罪深重难以宽纵者，仍照律究拟外，其各寨仇杀、斗殴、人命，凡具报到官，即准理。如受害之家，必欲究抵，亦应照律审断。或其中有情愿照苗例以牛马赔偿，不愿检验终讼者，似应念其归附日浅，准予息结，详明立案。"对此，雍正皇帝批示："伊论议甚是。"[①] 这里所谈的习惯法规则和诉讼习惯就是村寨法，其中一部分即是在新疆六厅施行的所谓"苗例"。[②]

苗族历史上无文字，直到新中国成立前几十年才有汉字记载的乡规。民国年间，苗族乡规出现得多了一些，有的立在路口，有的挂在寨旁。但实际上，大量的乡约由于条件所限，没有昭示出来。惠水县摆金上摆放牛坪上，至今直立着一块石刻"民约"碑，这是一块清光绪以前的碑刻，虽因年代久远，风雨剥蚀，碑文有些模糊不清，但"民约"横额及部分条文仍依稀可辨，从中可以窥视古民约的内容之一斑。古民约共十二条，内容是：一、纳粮缴税；二、孝顺父母；三、编甲连坐；四、齐心御盗；五、护卫牛马；六、严禁抢婚；七、勿生口角；八、力禁赌博；九、节制饮酒；十、重罚偷盗；十一、保护庄稼；十二、惩治邪恶。其中关于偷盗的规定就占了两条。即第四条"齐心御盗"和第十条"重罚偷盗。"[③] 1939 年，上海大夏大学（贵州师范大学前身）社会历史研究部在定番（今惠水县）摆金也发现了一份用汉字写在纸上的乡规民约，据说是 100 多年前经公众议定下来的，特录全文如下：

[①] 《雍正朝汉文朱批奏折汇编》（第 22 册），第 715 页。
[②] 转引自苏钦《"苗例"考析》，载《民族研究》1993 年第 6 期。
[③] 何积全、刘之谦、张晓：《惠水县摆金区苗族村寨今昔乡规民约状况调查》，贵州省民族研究所、贵州省民族研究会编《贵州民族调查》（四）（内部资料），1986 年，第 19 页。

自古养民要术，莫甚农桑。卫民良规，莫知保甲。保甲相联，无异志，则匪类奚以容身。一甲相应有同心，则奸徒安能聚首。由斯而移易俗，廉耻可以返朴还淳，忠孝可作，仁里德邻，不久重见于吾辈哉。爰集保甲，共议条呈宜存自爱之心，无负自尊之意，谨刊乡规于后：

　　1. 议衣租食税，自古维昭，进草纳粮，于民宜急。无因父母仁慈，乘闲延玩。倘故抗违者，报名禀官，自干罪泪莫谓其不情也。

　　2. 议父母之恩诚如天地，子媳之职、理宜顺从，勿以习成骄傲，任意忤逆，倘有不孝者，甲内投明保长、总甲，送官究治，如有隐匿酿大事，一律连坐。

　　3. 议联甲编保，弭盗安民，作奸犯科，害人利己，倘有自行不法及窝藏匪类者，九家投知保甲，送官惩究，如有隐瞒，一经查出，自干连坐之罪。

　　4. 议害人之蠹，莫甚于盗。倘有夜间偷取什物、本人乡邻齐执器械、捉拿送官。如故意不前，公议重罚。或被贼伤，同甲俱派钱调理，伤重而死，同甲俱派银十两安埋、拿获为盗之人，同保赏银三两。杀毙贼犯，有事合团一律担当。至于挟隙藉故杀死者，不在此例。如有得赃贼两全，及真窝家，传齐东西，按照各团章程处治。

　　5. 议牛耕马载，最利人民，无论日夜被盗，本人传呼同保，齐执军器口粮，连日追赶拿获牛马，失主出牛马之半价，以作东道。若拿不获，同保派半价以帮失主。拿获贼犯，送官究治。至于贼党扛帮，众保同挡。倘有与贼私合者，公众议罪。

　　6. 议人伦之道，夫妇为先。自古嫁女婚男，须当凭媒正娶。前经悬示，严禁抢亲。保甲估嫁估娶，甚至纠众劫夺者，其保投保长、总甲，送官究治，以儆刁风。

　　7. 议处事持身，安守本分，些微口角忍耐，忍住能消去无理之事。亦见甘棠之爱。如甲内有不平事，当从甲长理明说息，万一不了再经众人及总甲公断，以免悬主动乱方心，倘刁逞估抗不遵者，大众公禀，送官究治。

　　8. 议盗贼之根，始于赌博，各宜安分，倘敢妄为同甲必须投公议处。如甲隐忍，别人发觉，一律同罚不贷。

9. 议滋生事端，于酒为甚。虽不戒，切不可贪。倘有藉故胡闹，干犯长上同甲捆绑送官，即欺侮平人保甲，亦公议重罚，决不徇情。

10. 议田园为养民所需，山林为栖身依赖。如偷盗五谷杂粮菜果及竹柴草者，除退还外，公议重罚，并饬出伊结，永保所偷之地。

11. 议勤耕苦种，利用后生。牛马践踏，何由丰稔，如放野牛野马伤践大春小春及放鸭践入稻草粪田，除向他填还外，议重罚。

12. 议士农工商各有本业，能作苦，岂能谋生，如有惯习闲游，串同敲诈，好淫邪盗，包揽词讼，种种不法，同甲人投鸣保长、总甲和保送官究办。

以上各条，协同公议。如有干犯，言出必行。伏愿谨守规程，各遵条例，同感仁厚，其乐升平，岂不懿欤。①

上面12条规约虽然很简单，但在苗族地区"榔约"中很有代表性，已涉及保甲制度下苗族村寨生活的各个方面。从纳粮缴税、联甲编保、送官究治等方面的内容来看，已具有主体社会的某些行政职能。从文字表述上看，已相当精练、准确，不亚于当时内地的乡规民约，说明100年前贵州苗族受汉文化的影响已经相当深了。

在清水江流域的侗族地区，由于清代林业商品经济的发展，受汉文化影响较深，至今还保留着大量的村寨法的碑刻，为我们的研究提供了宝贵资料。以前侗族研究的最大问题就是没有厘清款组织制定的"款约法"与各村"乡规民约"的区别，有时将两者混为一谈。前面说过，在侗族地区村寨只是社会的细胞，是国家行政的末梢组织，它不是"款"，村寨内虽有"款碑"，如《增冲款碑》等，但只是为执行款组织的"禁款"而立的，这种成文的"禁款"是在合款时议定或宣布，并由懂得汉字的人记录下来的。从效力上看，款规对参加合款的各村寨有约束力，而且效力高于村寨法。现在保留"款碑"的村寨，过去应该是"款组织"

---

① 陈国钧：《苗寨中的乡规》，《贵州苗夷社会研究》，民族出版社2004年版，第145—146页。

活动的中心。"禁款"的约束范围不仅限于有"款碑"的这个村寨，而是参加合款的所有村寨。侗款说"乡有条，峒有理"，清水江、都柳江流域各侗族村寨自己订立的寨规，甚至有几个村由于某种目的联合订立的乡规，其种类很多，内容具体、丰富。村寨法调整的事项除执行款约法规定的打击贼盗等任务外，村内的一些具体事项还是由村寨法来规定，如天柱蓝田镇贡溪村光绪十四年（1888年）所立的《遵古重刊碑》，重立新碑的目的是各甲子弟共所约束，公议条规有：议钱粮国课务宜早完，不准拖欠；议各田、老户基地不准卖出，议论远来别姓以免掺杂；议田土为各项阳春，不准乱放牛马践踏。还有死亡的赔偿，伤者抚恤，共同设置分水器具与引水渠等事宜。这些内容与款约法相同，但有的是款约法涉及不到的。款约法一般是指导性质的，而操作性不如村寨法强。

一 乡例

庆云乡例碑

为酌定规条以端风化事，窃思朝廷之所重者，祀典而礼乐之以兴；乡党之所贵者，规条庶几乃以不紊，若是乎规条之尚由来未久矣。今逢季世，人心不古，谋为之志，每见其无法无天，作事之机，安见其有仁有义。风俗固足以移人，人心不可挽乎？风俗是以梓里诸公厥修乃来遂立碑碣，所以约束人心，使贤愚皆纳身于轨物，虽不能恢宏先人之绪，亦俨然古之流风善政犹有存者。所有碑条，备陈于后。

——议山坡、命脉、石、树附近，所系之处，自古封禁，毋许妄为警犯，陷毙地方。如违，百事产业一概充公。

——议临终埋葬、修斋、设祭、举哀、戴孝分所当为，至宰冢繁华，不过掩生人之耳目，徒靡费银钱，今舍重从轻，诸亲吊丧答礼二斤。

——议二比联姻，接承宗祀，皆以媒妁为凭，男不许依势逼婚，女不许登门坐蚕。倘二比不偕，聪从改嫁，照俗碑记，毋许过索多金，未过门者五钱五分；过门者三两五钱。男女嫌怨，照例均皆如是。室妻不□妇道，所犯之条，休逐钱贰拾两，住及三年，无工力除此之外，洒扫工资每年一两，衣服从今革除。

——议买卖田业、山场、即卖即休，皆经文约为凭，毋许加敷栽粮苛虐等弊。如违，鸣鼓上众，自甘重究。

——议柴山各管各业，界限分明，毋许罩占砍伐柴薪□。如违，照例罚钱十二千文。

外批：指腹襟为婚，私禁银两不准此条。

——议不法之徒，三五成群，数十结党，朝夕游乡，串通油火，脱人衣裤，掳人财物，杀害无辜，牵人牛马，凌辱妇女，种种不法，轻则劓耳，重同大辟。

——议士、农、工、商，各安事业，如素行不端，各寨父兄指责交加，使伊回心向道，改恶从善，敦古道，殊多庆幸。

咸丰十年岁次庚申润三月二十七日立[1]

汉字大概在明朝末期传入侗族地区，最早的碑碣据说出现在明崇祯年间，但笔者无缘得见。从江侗族村寨最早记载"款约法"的碑刻是清康熙十一年（1672年）七月的《高增款碑》和《增冲款碑》，到清朝末期的咸丰年间，侗族寨老们的汉文水平已经比较高了。《庆云乡例碑》立于从江县庆云乡寨全村的歌堂内，该村距从江县城48公里，是个侗族村寨。该碑文字清楚、用词恰当、表达准确，而且运用了古代的法言法语，如"劓耳""大辟"等，"劓耳"就是割掉犯人的耳朵，这种刑种在汉代的法制中就已经废除，仅存于军法中，而清代在西南侗族村寨法中还在使用。"大辟"是死刑的统称，清朝也不使用此词，使用该词只是一种文化的表达，不仅说明碑文的书写者文化水平很高，也说明死刑的判决和执行可以在村寨内部由寨老和乡众决定。

---

[1] 张子刚收集整理：《从江古今乡规民约从江历代告示实录》，中国科技出版社2013年版，第20—21页。

二 禁条

公纳禁条碑记

　　夫国以民为本，本固则邦宁。民以食为先，食足则信守。此民事之重，而王政之首务也。缘我公纳、腊俄两寨计三百户，历祖□□密，纲常伦纪，尊卑有序。其婚姻嫁娶，照依民俗。田地山场，谷（各）营正业，则仓厢丰盈，六畜牲口，兴（四）时兴旺，所谓民丰物阜，道不失（拾）遗，正是太平景象，敦厚之乡井也。近年寨近萧条，纲常紊乱，小人之拨弄是非，鼠盗乘之撬壁，醇（淳）厚之村成战场，良家子弟起盗心，架端异常，殊堪惊叹。是以两寨合议，设立禁条，效举先人之志，挽败振兴，家道自然日新，门风从此茂盛。鼠盗之辈，宜改前非，倘仍陷（蹈）故辙，照条规罚，各宜慎之。今将所议禁条开列于左：

　　一、拐人姑表亲者，上等亲受财礼银十三两；中等亲受财礼银七两；下等亲受财礼银五两；如不遵禁，额外重索者，将此项款缴入众。

　　二、上等亲男女嫁娶，男自愿娶，女自愿嫁，两造父母不依，男女私约拐带，上等娘家，准吃财礼银十一两；中等娘家，吃财礼银七两。

　　三、男女已成婚配，初则两愿，即成亲后，或三五日，男若悔亲，括女银一两六钱，饭一笠，鱼一个；女若悔亲，括男银二两四钱，男之聘金多寡，加倍退还。至三五载之后，璋琅两耳，女若悔亲，括男财礼银七两，男若悔亲，括退女银七两，土禾十二把，聘金概不准退。

　　四、拐闺女，其女家父母不愿，退回娘家，作洗裙脚银一两，饭一笠，鱼一个，男妇私通，犯奸捉双，罚银一两二钱。

　　五、田地买卖，上田二两一把，下田一两二把。买已成交多年，其买业之人家，以翻卖为典，如果真是典，必有典有质证，方准退还。若无中证，即系习唆藉（借）端翻田，罚银三两三钱。

　　六、开坎田各自开已荒坪，不许越界强占。至于六月天旱不许斩田塈讨水，犯指二条，克己复礼，只罚三两三钱。倘捉鱼坑干，传众齐集，罚银一两二钱。

七、炎天修理田坎，不许放火烧毁禾苗。犯者罚银一两二钱。

八、盗田禾、田鱼，挖墙撬壁，并盗仓禾，罚七两之牛一只，若本财力不及，问叔伯兄弟完此盗项。

九、盗水牛、黄牛，拿双者，罚七两之牛二只，其捉盗之人，传众照条规罚，如捉不得，不可诬良为盗，揪者罚银二两四，禾六把。

十、无故依势辱骂，径中理讲理屈，罚银一两二钱。

十一、婚姻、田土，凡一切大小事故，经本寨中人理，实如纨绔等辈执行具控，集众一齐送公究治外，罚七两牛一只。

十二、男女私通至女有孕后，男后悔心，括女银二两，女已有夫，作银一两六钱以赔夫礼，禾一把以作女熬粥，无孕□□题禾……

十三、盗讼案又及翻田……

道光十四年六月十一日立①

该碑现立于从江县下江镇公纳村，该村距从江县城32公里，碑记是公纳、腊俄苗侗村寨的村民为解决近年出现"鼠盗乘之撬壁，醇（淳）厚之村成战场，良家子弟起盗心，架端异常"等问题订立的"条规"，内容包括"拐带妇女""田地买卖""开田越界""偷盗财物""烧毁禾苗""男女通奸""无故辱骂"和案件管辖等方方面面的问题。特别是与前举"乡例"不同的是：规定凡婚姻田土之事由"寨中人"理剖，游手好闲、偷盗成性的人集众执行具控，"送公究治"外，按村寨的处罚标准罚价值七两的牛一头。

又如，天柱县坌处镇抱塘村有五甲、六甲等16村共立的《永远禁碑》有"近年以来，多有将杉木砍伐栋子以谋利者，致使无良之辈从而效尤或入山窃砍，或临溪偷截，我等约众公议，主杉木只许全根条子生

---

① 张子刚收集整理：《从江古今乡规民约从江历代告示实录》，中国科技出版社2013年版，第5—6页。

理，不许腰截栋子出售。而黎（平）、靖（州）两属，亦不准搬运栋子过我境内，即我等各村亦不许停留，以滋弊端。良田为大，凡拖木经过田内，必架木桥，不准拖放水厢"；"此溪之内，不准人进溪淘沙，致坏水堤田坎"等记述。

三 章程

"章程"应该是后起的一种形式，从另一六洞地区新塘《永世芳规碑》前言中的"章程未尽修斋，明列条规于后"语，说明"章程"可能是清末民国时期政府对乡规民约要求的名称，用这种形式可能更能体现"村民自治章程"的性质。如岜扒《万古章程碑》便是这种形式。岜扒属从江县的高增乡，距县城18公里，从该碑的内容看，属于一个大寨连同附近几个自然村寨订立的乡规民约，所以才有后面8位首人的落名。但因碑文多处使用"本寨公议""禁止本寨生事"等语，应该不属于通过联盟制定的小款约法。碑文如下：

窃思世道不平，狗盗甚多，磕害良民，法律混乱。田地被人先典，然后反造故实为断，如同产业无主，荒林无宗，原卖重翻。每有不耻之徒偷割田禾，或护棉花屡被盗干，野外田鱼护掠尽，室屡□害无休。今凭父老设立规章，如后谁人所犯者，必须照章办理。恐后遗失，故予立碑，可传后世，不得行刁越法，暗控官府，和须遵守乡规为要。切记此示。

第一条：本寨公议屡被狗盗，开释田塘，外乡偷鱼，今失主拿获查出，罚金十三千文。

第二条：禁止放火烧山，如有何人暗放火烧山，众等查出，罚金十二千文。

第三条：秋时禾谷渐熟，棉花正开，如有何人私心不善，偷盗棉花、禾谷，失主追获人赃，以后查出，均皆罚金十三千文。

第四条：山林□禾□砍柴生，山主得见此，积设堆之人偷盗，或者观望，但是查出，均皆罚金八千八百文。

第五条：偷盗鸡鸭，失主或观望查出，罚金二千二百文。

第六条：挖墙拱壁及偷马盗牛，失主寻旋查出，罚金五十二千文。

第七条：□卖业产以后三反退赎，折约所归卖主，众等同心协力作为斩断。

第八条：男婚女嫁，过门三岁五年，运命不和，男不从女不顺夫改嫁，众等规定十六千文。

第九条：询问之妻不得□□，以后不和改嫁，众等规定三千六百文。

第十条：于归完娶，是次生男育女，运命不和，爱新弃旧，改折等规定五十二千文。

第十一条：禁止寨内之人，不许好行歹恶，内勾外引，受害良民，公众查得可知，一体同罚金五十二千文。

第十二条：禁止本寨生事，未许告官开局，现有首人改劝了事，如有暗行告控，众等罚金五十二千文。

第十三条：本规则务须仍照章程，不许何人越规，如有越碑者，公众罚金二十六千文。

第十四条：本乡来兵多寡，贰名各在牌户供应一日，送夫亦在牌上；如其三名以上，由地方供应送夫，如有委员下乡，都皆照章办法。

第一条本乡人民无论贫富，无子结（接）后，立规章仍结本房侄子到家管理。

首人　石大成　石绍贤
石和金　石绍祥
贾明辉　王绍斌
贾补团　贾明儒
右谕周知
石绍安　潘明贵　手书
中华民国十九年十一月二十六日　立①

---

① 张子刚收集整理：《从江古今乡规民约从江历代告示实录》，中国科技出版社2013年版，第9—10页。

该章程内容主要是议定偷盗、烧山、婚嫁等刑事和民事案件的处罚范围和罚金数额，同时还规定"接待供应"和无子户继嗣的问题。在诉讼关系上规定：禁止本寨生事，到官府控告，说明以前曾有过这种情况发生，现在加以杜绝，改由首人（头人）劝解了事，如有暗行告控，众等罚金五十二千文。还规定本规则务须仍照章程，不许何人"越规"，如有"越碑"者，公众罚金二十六千文。

四　族规

村寨的基础是家庭、房族。侗族的家庭形式是父系家长制，但是家长处理全家经济和家庭事务一般都与家庭成员中的成年者民主讨论决定。妇女也是家庭的主要劳动力，有的家庭甚至主要靠妇女持家政。房族是一种以父系血缘为纽带联成的宗族组织，一般按姓氏来分，不同的姓氏分属不同的宗族（也有通过一定手续吸收异姓成员参加的）。在南部侗族地区一个姓氏修建一座鼓楼，如黎平的肇兴侗寨建有 5 座鼓楼，说明在这里居住 5 个古老的宗族。每个宗族都有一名或数名族长，他们都是自然产生，由热心家族公益事业和熟悉家族史的老年男子担任。其职责是主持家族会议，商讨族内事务，掌管家族公共财产，制定修改族规，调节处理族人违规，代表本族和其他家族共同制止或处理家族与家族之间发生的山场纠纷或械斗等事宜。族规是村寨法的形式之一，很多家族都定有本家族的族规，并以石碑来记录，如美满的《百忍遗风碑》，内容如下：

戊戌岁设账加约寨，见吾本家男勤于耕，女勤于织，而且为父兄者损俭不务奢华，为子弟者乐业营生，不好游惰。有此美德是唐魏之遗风未泯也。家家□事□事愈多，人人惜财而财愈费者何也？由亲亲之义明故耳。盖所里亲者相友相助相扶持。父与父言慈，子与子言孝，兄与兄言友，弟与弟言恭，而且无事则缓急相周，有事则急难相恤。庶几亲其而亲者，无失其为亲。美德明以驯至于睦，□任恤，共登仁寿之域。□本圣天子□亲亲治天下之雅意也。是为序。

廪生族人本厚载之撰

有规条开列于右：

——议族中有事务宜同心合力相帮，在约不笼（拢）者罚艮（银）五钱。

——议族中有事务，或是或非，务请族里人理讲。讲不落（合）者再请外人；理落者倘不请族人商议，独断独行，祸福自己承当。

——议族中有事务与族人商议，或入宗祠，或到官，务宜同心。

——议族中有事，有力者出力，能言者出言，其有用费，我族分□须大帮小补，贫者不帮为不法不帮，有不帮者罚银二两三。

——议族中有事请不到者不笼（拢）。

——议有不遵约束，不凛规条及应罚不肯罚者，众等齐心攻之。除革黜外，不许与往来。

——议族中子弟务宜醇谨老成，安分守已。倘为非礼之事，不孝、不悌及吹（吸）烟、赌钱，不听约束，请族中父老惩治重责。

（各规条下的名字均略）

道光十八年孟秋月　公立①

该族规的宗旨是加强族内的团结，如族中有事要同心同德，族内要"抱成团"；族内有矛盾要请族中人剖解，不许请外族人介入，对族内团结不利；族内有事，有钱出钱、有计献计、有力出力，族内有事共商不到的属违反族规的行为等。不遵守以上规定的和拒不接收处罚的族人全族共讨之，开除他们的族籍，全族人不许与他们往来。此外还规定寨老对族内弟子严加管束，对他们的非礼之举、不孝不悌行为及吸烟、赌钱，不听劝诫的，由族中父老惩治重责。

五　"联合规约"

前举《公纳禁条碑》是公纳、腊俄苗族侗族村寨联合制定的，而岜扒《万古章程碑》是属于一个大寨联同附近几个自然村寨订立的乡规民

---

① 张子刚收集整理：《从江古今乡规民约从江历代告示实录》，中国科技出版社2013年版，第5—6页。

约。又如《黎平寨母碑》："爰会集四寨，……以上公约数条，俱系谨慎，风俗美事，各寨务宜遵约自爱。倘不自轻者，各寨自行处理，重则协同送究。"从碑文全文看，其约束力已经不局限于一个村寨，适用的范围包括了寨母以外的更广的地域，规范的对象以尊重他者习俗与禁忌为由，延伸到与该村互相往来的他族成员（如规定丧葬礼仪中，外来人员凡不吃油者可以另行接待），碑文的目的是希望建构一个本寨族与他寨他族的共同体。从"条约"订立的场域来看，是想以寨母寨为中心建构的共同体，虽然只是一种地域上边缘族群的共同体，但这与常见的局限于一村一寨遵守的那种碑文还是很不相同的，因为它的适用的空间和对象扩大化了。[①] 几个村寨联合订立村规民约的形式现今在侗族地区仍然存在。现在的村规民约虽然与过去的乡规民约有一定的联系，但已经完全没有法的性质，村规民约只是村民自我管理、自我约束、自我教育的集体约定，虽然在这些规定中还有过去的一些习俗惯例，但国家不承认它们的效力，在村寨中无法起到过去那样的作用。从我们收集的大量侗族村寨村规民约看，民族地域文化特色没有苗族地区村寨明显，应用程度也没有苗族地区高，与内地村寨的村规民约没有多大的区别。这说明近代以来，侗族地区的社会变革程度比苗族地区，特别是雷公山、月亮山地区深刻得多。但在2010年11月，我们在天柱县金凤山上看到了一块《金凤山风景区保护山规民约》，是金凤山所在邦洞镇六合村、摆头村、灯塔村，社学乡平甫村共同订立的保护金凤山风景区的自然环境，特别是保护金凤寺僧人、尼姑的生命和该寺的财产以及维护香客的礼佛秩序的规定，该"山约"共10条，除规定佛山保护的区域范围及保护区佛寺的土地要退还给寺院，任何人不得损坏保护区的林木外，还规定"金凤山和尚、尼姑的生命安全我们必须加以保护，任何人不得进入庵堂抢劫、偷盗"，"对前来朝拜礼佛的游客，不论大小善会都必须服从庵主安排，任何人不得随意违反"等，其内容与一村一寨的村规民约明显不同，调整的范围也相对集中。虽然这一"山规"订立较晚，是1994年订立的，但金凤山

---

① 参见徐晓光《原生的法——黔东南苗族侗族地区的法人类学调查》，中国政法大学出版社2010年版，第57—58页。

在历史上是黔东南地区的风景名胜，金凤寺也有几百年的历史，解放前香火旺盛，这一形式的规约很可能是过去村寨法的继承。又如我们最近收集的《加榜梯田景区加车、加页、党扭联合村规民约》，是加榜梯田景区所在几个村寨联合订立的，形式与前面的"山规"相同。2010年5月8日，在村民通过联合村规民约时举行了隆重、神秘的祭典活动，并刻碑立于加车芦笙堂旁，由于加榜梯田景区是世界农业非物质文化遗产，所以参加活动的除村民和乡党政领导外，还有自贵阳、兴义、凯里、天柱、从江等地的摄影家及摄影爱好者。

第二节　村寨法运行的文化场域

在黔东南苗族侗族地区，以前习惯法"文化广场"很多，如苗族的议榔坪、鼓楼等①，在侗族地区还保留很多处所谓"款场"的地名，这些都是当年各地"合款"及订立"款约"的地方，"款坪"也是其中一种。如前述四十八寨是一个地方性款组织，其范围包括清水江下游黔湘交界一带广泛地域，而且远远超过了沿江范围。四十八寨从位置分布上看，以中寨为中心，故靠近中寨坪芒大草坪为联款集合的公地，其位置和地势到是合适的，坪芒是大款场，乃约定俗成。另一方面，以中寨为中心，上游河段为上二十四寨，下游河段为下二十四寨，既可一分为二，又可合二为一。除此之外，历史上"款场""款坪"的活动内容与作用记录甚少。而南部侗族地区，在漫长的历史发展中不仅构建了许多精美的鼓楼，也在鼓楼这个文化场域中构建了本民族独特的习惯法文化系统，这种建筑文化与民间制度文化完美结合的社会生态文化是其他少数民族中罕见的。这方面还保留了一些文字或口传的资料，使我们对村寨法运行的文化场域有了典型性了解。

黔湘桂交界的侗族地区多杉木，且干直叶茂，很久以前侗族的先民常在大杉树下纳凉休息，唱歌、"摆古"（口传历史）、议论村政。后来在构思建筑"蓝图"时受此启发，便修建杉树形状的鼓楼，作为公共活动

---

① 笔者在台江县九摆村就见到一所苗族的鼓楼，是过去寨老们议事之所。

场所。我们从现今黎平县岩洞区述洞村保留的独柱鼓楼可以看到巨杉的影子。① 干栏式建筑的最初形式是树居，就是在一棵大树杈上架起木板，支起立柱，再用草或树皮盖上屋顶，这样可以防止野兽的袭击和洪水灾害。鼓楼从形态上可以从"树居"中窥其源头。

侗族人民自古以来就有集中居住的特点，较大的侗寨上千户，小者三五十户，基本上是一寨一姓。侗寨鼓楼一般是按族姓建造，每个族姓建一个鼓楼。如黎平的肇兴寨，主要由5个家族构成，所以有仁、义、礼、智、信5所鼓楼耸立寨中，所以鼓楼是家族和侗寨的象征性建筑。侗族祖祖辈辈遵循着"先修鼓楼，后起住房"的古训，也就是说先集中物力、财力、人力把鼓楼修好，然后再修自家的住房。因为华丽、高大、艺术成分高的鼓楼能增强家族的自豪感和优越感，并能保佑后代，荫及子孙。所以侗歌中唱道："未曾建寨先立楼，砌石为坛祭祖母，鼓楼心脏作枢纽，富贵兴旺有来由。"由此也可以看出鼓楼又是祭祀祖先的场所。

有学者认为侗族鼓楼与汉族村镇的炮楼和羌族村寨的碉楼是同一性质的建筑，主要是报警御敌的功能，以后派生出其他一些功用。② 这种说法不准确。侗族鼓楼内设大鼓可以报警，但作为御敌的场所无法与"炮楼"和"碉楼"相比，因为木制建筑最怕火攻，不可能全寨人都集中到鼓楼上来抵御敌人的攻击。到20世纪50年代侗族社会组织功能发生很大变化，"各款"军事联盟的功能已不复存在，鼓楼也就完全失去了它的防御功能。所以说鼓楼应该是家族和侗寨凝聚力的象征。

总体上说，侗族的鼓楼有以下五种功能：一是村民平时休憩的场所；二是执行乡规民约，召集鼓楼议事会的场所；三是调解村民纠纷，由族长、寨老召集当事人到鼓楼商议解决；四是迎送集体宾客和对唱大歌的重要场地；五是当发生战争时，鼓楼成为武装人员集会地和战时指挥部。其中有两项功能与村寨社会法律生活息息相关。

如今鼓楼在黔东南黎平、榕江、从江多有保留，看过鼓楼的人都会感受到它建筑华美，秀丽多姿，在村寨中鹤立鸡群，位于寨中央。最高

---

① 参见严昌洪《侗族鼓楼的起源与功用新论》，《中南民族大学学报》1996年第1期。
② 同上。

的有 17 层，最下一层为四方大厅，可容数十人至一百人不等，地中央为火塘，周围有粗木板凳。往上，一层比一层面积小。楼上层置一面大鼓，用原木挖空做成鼓框，两面蒙牛皮，以竹钉固定。鼓的两端钉入铁环，悬于楼的梁柱上。有事时以槌击鼓，声音浑厚，响彻村寨。

陈国钧在《侗家中的鼓楼》中谈到击鼓议事的细节："当寨内发生某件事，必召众会议时，有一专看守鼓楼名为'传事'者（又名管脚，全寨每年给他一千斤谷为酬），他就进鼓楼攀登木柱到顶，敲动皮鼓，并大声呐喊，敲时急徐多寡，皆有定则。鼓声'嘡！嘡！'可闻数里。击第一通，是表示有事召集，那时寨人都放下工作侧耳细听；接着击第二通，是表示催快速来鼓楼；到后听第三通，是表示马上就要开会了。大凡击鼓三通之后，各寨有一代表，齐集于鼓楼不误。"

村民在乡老（或称寨老）的主持下聚会，集中到鼓楼讨论村内重大的事情。中小型的会议在楼内一层召开，大型群众集会在楼前石板铺成的广场（鼓楼坪）上进行。乡老主持议事，或议防御土匪骚扰，或议扑火防火，或者议定粮食价格，或是商议兴建村寨公共设施，或是议定保护田中庄稼。通常在每年的五六月份粮食紧缺，外面市场上粮价暴涨，为解决村内缺粮的困难，不使粮食外流，寨里要讨论稳定粮价，禁止粮食外流的办法。

农耕社会是经验型社会，社会经验多、年长的人最有发言权。所以侗族村寨有敬老之风，每寨都有为人正直、办事公道、谙熟古理的乡老。他们是自然领袖，根据情况的变化，人数不等，人员也不固定。他们对村寨事务最有话语权，有一定的决定权，但他们不享有特权，只不过是平等群众中的一个头领而已。"开会时间由老年者先发言，说明事实和见解。几位老年者商酌定后，就问年轻者赞成不赞成？因为事由老年者出主意，但要年轻者去执行，所以必得他们赞成才愿照着执行。会议时各人杂坐无序，谈不到先行仪式，看去似乎杂乱无章，毫无条理，实则会议的精神，却有独到之处。他们间的言论是极端自由，任何人都可以尽量发表意见。但许多年轻者素来敬老，认为老年者见多识广，要打什么主意当然由老年者去考虑，年轻者却自信只有执行的能力，不敢妄置一词。所以凡事由老年者表示应该如何处理的意见，一经征询老年者的同意后,只要年轻者应喏一声,便各分头实干,从不迟疑一下。"① 据《三江县志》:"鼓楼,侗村必建此,已于前述居处详之矣。楼必悬鼓立座,即该村之会议场也。凡事关规约,及奉行政令,或有所兴举,皆鸣鼓集众会议于此。会议时,村中之成人皆有发言权。断事悉秉公意,依条款,鲜把持操纵之弊。决议后,虽赴汤蹈火,无敢违者。"②

由此可见,侗族最高权力机构是"议事会",而不是寨老本人。因为寨老是自然领袖,是靠自己的本领、经验受到人们尊敬才取得这个地位的,不是权力本身赋予的。他不能强迫村民做什么事情。村寨社会的运行是生活和生产的压力促进每个人按家庭需要从事自己的劳动,寨老不能干预。家族群体对乡老的要求,是让他为家族群体的利益服务,他们是为家族而存在的,不能违背自己社会群体的利益,不能把自己的意志强加给家族成员。只有乡老的名字与自己的家族非常密切地联系在一起时,才有特殊的个性和享受某种精神优惠。在侗族民主和平等的社会中,个人的自由和集体的平等是一致的,寨老只起到辅助作用,社会感情作用占有支配地位。没有政权形式的村寨社会,社会的运转仍离不开一定的社会结构,"议事会"在决定集体事务中的作用,召开"议事会"的方式等是离不开一定社会结构背景的。在"鼓楼议事"中乡老的言论是有效的,但不总是具有权力价值,因为他们不能完全控制社会的活动。寨老的权力受到所有家族成员的限制,寨老本人也只希望家族成员甘心情愿地服从他的意见,但不想被迫地服从,因为他指挥做的事都是家族成员应该或愿意做的。

在某个款组织的中心地带,"款"的重要活动也常在该村寨的鼓楼进行,一般在款首的主持下,在鼓楼之中或鼓楼坪上召开款民大会,成年男子听到聚众的鼓声都必须参加,要求全体成员共同遵守。侗族每款均有款坪,是款内适中的空旷场地,一般就在鼓楼坪,有的鼓楼坪还立有"栽岩",作为为款重聚会的地点。款内还保有专门的通信员,称为"款

---

① 陈国钧:《侗家中的鼓楼》,吴泽霖、陈国钧等《贵州苗夷社会研究》,民族出版社2004年版,第157—160页。

② 民国《三江县志》,三江县侗族自治地方志编纂委员会办公室2002年翻印。

脚",平时承担鼓楼的火塘用柴,有事时负责通信联络,如有外部战事也作为本寨代表与对方交涉。"约法款"在侗乡是有"法典"性质的东西,各寨都有落实、执行和普法的责任。三江县马脚鼓楼南端便立有侗族款组织订立的"款约碑",告诫人们要行善守法。[①] 说明款组织的"约法款"一般会在寨内落实,通过订立具体的条款来执行。如该"款约碑"规定限定粮食价格,不准外运时期在村边路口设置关卡检查,违者不但粮食充公,还要根据情节承担不同的处罚;兴建村寨公共设施各户承担的费用和劳务的实施细则;保护庄稼,管理好牲畜及造成他人损失的赔偿标准;调整和处理寨内各种扰乱地方治安和社会秩序不法行为;商议有关村落共同体生存和发展的重大事项等。针对以上问题约定共同遵守的"乡规民约",并要求相互监督。

"鼓楼议事"通过的习惯法规范,也就是在鼓楼议会中制定出的一种乡规民约。它是维护侗族社会秩序的准绳,对保护侗寨,维护社会治安,强化道德观念,打击邪恶习气等起到了进步的作用。20世纪50年代以后,侗族传统社会组织的社会功能大大萎缩,以致逐渐消失,但是习惯法文化在侗族民间生活中仍然扮演着一定的角色,传统规约的社会功能依然很多被保留了下来。[②]

侗族村寨是以家族为基础的,因亲属纽带关系,年长者有一定的决定权,处理内部的某些纠纷。但在没有政权和国家机构的情况下,乡老又不具有给村寨成员下达指令的权力,寨老通常是运用传统习惯法规则来实施某些决定。由于村寨社会要求严格遵守习俗、道德和宗教信仰,习俗、道德、宗教信仰就成了维持社会秩序的主要工具。寨老的言论、决定,首先想到的是表达符合村寨群体社会习俗、道德和信仰这一基本思想和意愿,这一点在寨老平时的活动中有足够的体现。寨老通常不使用强制手段,这并不意味着没有必要采取强制手段,而是说强制不符合传统治理观念,并不是怕遭到社会舆论的谴责。所以首先理解村寨社会中人们这种心理活动状态,这对于理解他们的一切行为都是非常重要的。

[①] 严昌洪:《侗族鼓楼的起源与功用新论》,《中南民族大学学报》1996年第1期。
[②] 贵州省文化厅编:《图像人类学视野中的侗族鼓楼》,贵州人民出版社2002年版。

村寨的执法者为寨老、族长等，寨老等的权力是为了保证家族群体的利益，防止这些利益受到损害，他们有责任惩治罪恶，但是寨老不能自行惩处暴力者，他们既不具有"神性"，也没有独立的惩治权，侗族村寨的寨老不能在脱离宗教的情况下，实现除恶转善的积极作用。所以侗族村寨寨老的重要工作是道德教育，对一些行为不端者进行说服教育，动员家族群体的舆论和力量来进行挽救。

议定重罪时，寨老、族长、款首（有款首在该村的，或请住在外村的款首）都要到场，举行"鼓楼议罪"，他们聚在一起根据所犯者罪行的轻重，比照"款约法"和乡规民约的规定议定。要处何种刑罚，经过充分的讨论拿出处理意见，这一过程一般都在鼓楼中进行。议罪时几个人的意见不一致，要交"款会"来最后定夺。"款会"是侗族社会的最高裁决机构。

"鼓楼议罪"或"款会"的裁定结果就成为最后的判决，产生"法律"效力，任何人都不能改变。我们在侗族地区调查时，常发现鼓楼的立柱上钉着很深的铁钉，问寨里的老人，他们说这是"定罪"后钉到柱子里的，表示一旦作出判决，结果不得改变，除非当事人用嘴或者手将钉到立柱中钉子拔出。这表明"鼓楼议罪"和"款会"的最后判决具有不可更改的权威性。如侗族谚语说："白纸写黑字，木柱扎铁钉。"[1]

一般来说，侗族村寨对于轻微犯罪的惩罚就在鼓楼附近的"款场"上执行，死刑有专门的刑场。执行者都是罪犯的亲属，这从现代惩罚观念看有些不人道，但在村落社会刑罚的目的是维持稳定和和睦的人际关系。首先要求对犯罪所处刑罚，其亲属必须认可，使其亲属心服口服，没有异言。在和睦的熟人社会，如果亲属认为"鼓楼议罪"和"款会"的判决缺乏公正，心中不服，会影响村寨内可持续的和睦关系，给村寨稳定留下隐患。由亲属执行本身就表明罪犯家属对判决是赞成的。其次，历史上在侗族村落社会始终没有建立起真正意义的司法机关，由亲属执行可以有效地避免"复仇"等私力救济行为的出现。这种由亲属执行死刑的做法在古老的氏族社会中就存在，在这样的社会中有两种情况：一

---

[1] 杨汉基等编：《侗族谚语》，贵州民族出版社1996年版，第224页。

种是属于危害集体利益和社会秩序的行为。如果一个人经常打架斗殴，破坏集体的宁定与和睦，那么集体就要作出决定，将他放逐。另一种是有的人纯属为满足个人的欲望去杀人，集体就要将他处死。往往是让他的直系亲属去执行，并告诉他这是集体决定的，以避免出现血族复仇，北美的伊女伊人就是这样做的。[①] 1923 年，位于黔湘桂三省交界处的高定村，该村青年吴信西，其父是这一带的款首，偷别人家的鸡被发现，寨老按照当地款约对其进行严厉的处理，由其叔伯执行活埋。

1933 年，高定侗寨中另有一位年轻歌手吴宏庙因一时糊涂，偷了本寨人的东西，被送进鼓楼进行公开处理。寨老和乡亲们经过讨论后都认为，吴宏庙平时知歌达理，偷人家东西只是一时糊涂，又属于初犯，应当从宽处理，决定罚他 40 两银子，寨子里还有人愿意替他出银子赎罪。但吴宏庙却认为，"我偷了乡亲们的东西，犯了祖先的规约，只能用死来赎回自己的罪过"，并提出说："大家都知道我爱唱歌，我有一个要求：在处死我之前，能为大家再唱一首告别歌。"寨老和乡亲们见其态度坚决，再三劝告仍然无济于事，最后只好满足其要求。全寨的人都含着眼泪围着鼓楼倾听这位年轻歌手的绝唱："最后一晚与大家聚会，请听我唱首告别歌。我是老鹰，如今被棕索住难解脱。好心的朋友劝我改恶从善另做人，他们凑足四十两白银为我把罪来洗刷。好心的朋友越劝我就越难受呀，我的心好像那蓝靛桶越冲泡越多。因为我的过错把亲戚朋友的脸面全丢尽，有如一处塌方搅浑了一条河。因为我的过错把父母爹妈也得连累了，有如一只粪蛆使一口井的泉水不能喝。树根断了树木再也难生长，人心坏了再也难找医治的良药。如今我是断根的树木坏心的人，我偷了乡亲的货物违背了祖宗的规约。我是老鼠就该受竹夹来夹石板来压，我是老虎就该受猎枪来打利刀来割。别了，父老乡亲，别了，爹娘兄弟。此生我造下的罪孽太多，下世变牛变马我再来为大家干活。"唱完告别歌，根据习惯法的规定，由吴宏庙的亲叔伯兄弟将其带到山上执行

---

① 参见杨国章《原始文化与语言》，北京语言学院出版社 1992 年版，第 71 页。

活埋的处罚。①

近代以来，侗族习惯法逐渐衰微和废弛，大多数刑事案件交由国家司法部门处理。但村寨日常生活中的诸多民间纠纷仍由寨老根据乡规民约来裁夺。由于侗族文化的延续性和鼓楼功能的特定性，乡规民约的制定还都是在鼓楼里进行，这样就能得到大家的共同认可，因此便具有了"合法性"，也就成了写在人心上的规约，才会在侗族社会生活在中发挥积极的作用。鼓楼作为侗族法文化场所以及相关的习惯做法一直延续到现在。

第三节 寨老的职能及其在村寨法运行中的作用

一 寨老的职能

村寨的寨老（也称"乡老""头人""长老"）是自然形成的，是村寨的自然领袖。条件是辈分较高，年纪大，或虽系青壮年，但能说会道，办事公平，正直公道，热心地方公益事业，在群众中有一定威信的人。一般一个村寨有很多寨老，包括妇女在内②，在村寨实际工作中取得群众信任之后，如果办事没大错，就会一直保持这种信任，直到身死为止。人们因争端请他们调解，若调解得令人满意，请他调解的人就会增多，渐渐具有威望，久而久之便成为寨老。如果办事不妥就会丧失了在群众中的威信，大家有事不再去请他办，他无形中就丧失了寨老的地位。侗族中没有世袭寨老，也很少有终身的寨老。寨中的公益也往往由寨老主持。只要某人有能力办事，群众信得过他，听从他管，久而久之，他就是寨老了。寨老没有什么特定的经济收入，仍然依靠自己耕田种地过日子。他们的经济状况没有超出本寨同等家庭的标准。为村寨办事，在他

---

① 邓敏文、吴浩：《没有国王的王国——侗款研究》，中国社会科学出版社1995年版，第14—15页。

② 在家族关系上侗族仍然保持着母系为中心的原则，侗族信仰的主神"萨"就是女性始祖神，历史上女性的社会地位很高，这在以男性为中心的父系氏族社会制度中也有所体现。（参见侗族简史编写组《侗族简史》，贵州民族出版社1985年版，第19页）在湖南通道的阳烂村还有一座为妇女活动而建的鼓楼。

们来说只不过是一种公益，有时因为纠纷调解得好，当事人会给送点小礼，或在处理事件过程中，也可能在结束之后，享受一两餐酒肉招待，或少量钱财。[1] 寨老通过长期积极的工作，久而久之到达寨老的位置，在实际生活中取得群众信任，寨老的工作是一种成就感的体现，希望的是村寨群众的信任和认可。

清朝苗疆地区在"改土归流"后，除新辟"苗疆六厅"以外，乡村基层政权组织都实行保甲制。保甲制是一种严密控制人民群众的基层组织制度，在基层政权中，普遍地编户口、设保甲。十户为一甲，立一甲长，十甲为一保，立一保正。有的地方是十户立一头人（首人），十头人立一寨长，实行"联保联坐"，逐村经理，逐户稽查，"一家被盗，全村干连"，保甲长不能察觉，左邻右舍不能救护，各皆获罪，无所规避。如光绪十九年（1893 年）十月，清水江清军理苗府杨氏"为编联保甲事叠奉藩臬宪札饬认真编联保甲清查户口以靖地方而杜盗源等因，……仰汉苗清属人等一体遵办。凡一寨或一村公举团首一名，保正一名，甲长一名，凡十家公议牌头一名，凡一户各领门牌一面。注明作何生理。年若干岁，男有几丁、女有几口，……如有一人为匪，九户协同孥解到案讯办。若有容隐宿留事，悉九家连坐办罪。不可疏忽遗漏，须至门牌者"[2]。实际上，侗族村寨社会的保长、甲长、寨长、头人也都是从当地的自然领袖中转化而来的，他们所熟悉的纠纷解决办法仍然是传统的那一套。

尽管在侗族社区还有更为基层的生活单位，如家族、亲族、房族甚至邻里等，但社区生活的整体性基本是通过村寨——家族的集体祭祀、集体节庆与集体互访意见社区组织以及乡规民约和互助习俗而得以实现和保持。这种村寨——家族社区生活的整体性、同一性以及社区归属感常常表现得十分突出。[3] 这些全靠寨老的工作得以实现。侗族寨老的职能大概有以下几个方面：

第一，主持本寨集会，参加合款集会。氏族或寨民（乡众）会议是

---

[1] 侗族简史编写组：《侗族简史》，贵州民族出版社 1985 年版，第 19 页。
[2] 凯里学院"清水江文书"研究小组收集"盘乐侗族契约文书"第 010 号。
[3] 参见罗康智、罗康隆《传统文化中的生计策略——以侗族为例案》，民族出版社 2009 年版，第 171 页。

村寨最高权力机构,许多重大事件的决策都要由寨民会议来决定。不少地方皆以村寨或族姓为活动单位,且其有称号和法规以及集会场所,集会一般有公益集会、年节集会、制定乡规民约集会、宗教祭祀集会和军事集会,这些会议都由寨老、长老组织和主持。无论男子或女子,户主都可以参加和有发言权及表决权。侗族的款组织,小款数寨,大款方圆数十里。在大小款集会时,本寨寨老首先代表本寨参加小款会议,如果被选为小款款首,则在大款集会时,又代表本小款参加会议。

第二,组织公益事业,举行宗教活动。每个村寨都有一定的公共事业,如建鼓楼、修桥梁、设义渡、筑道路、垒庙堂、修萨坛等。凡是兴建、保护、维修这类公共设施,一般都由寨老出头,乡众则献工献料,捐钱捐粮。侗寨的一座座鼓楼和风雨桥就是这样捐资建的,义渡、义田的捐款也由寨老组织并带头捐献。如三门塘《次修渡船碑》载:至雍正五年(1727年),"幸获戒僧悟透,中年出家,秉性仁慈,专存利济心,发普度愿。先修垒处一渡,次及三门塘。约本寨耆老王茂祥、刘子盛等,慕化本寨中并附近村内,共得银柒拾余两,买渡田、造渡船,招舟子(划船人),上下往来,乘舟登岸,虽无舟亦若有舟也"[①]。村寨的宗教祭祀活动也由寨老主持,但主持祭祀活动的寨老必须是最先到寨中定居的房族成员,如寨中一年一度的"敬萨"活动,寨老就要组织群众"踩歌堂"。若寨内发生瘟疫、火灾等灾祸时,寨乡就要组织全寨"扫寨",驱逐瘟神和却退火殃。[②]

第三,组织村寨间的联谊与竞争活动。祭祀不是纯粹的礼仪,集会不全是为了娱乐,通过仪式与娱乐达到了灌输集体意识的功能,规范个人行为这才是十分重要的。在集会中每个成员都受集体氛围所感染,潜移默化中把自己的行为融入集体行为中。侗族的"月也"(年轻人集体唱歌跳舞)这是一种寨与寨之间的联谊活动,也是通过双方寨老协商进行的。如一寨到另一寨去演侗戏,事先要派人送帖子给对方寨老。寨老同

[①] 王承炎:《侗族古寨三门塘》(内部资料),1999年。

[②] 参见徐晓光《原生的法——黔东南苗族侗族地区的法人类学调查》,中国政法大学出版社2010年版,第228页。

意，就收下帖子，并贴在鼓楼上，示意全寨各户准备接待。届时客方也在寨老的带领下前往。过去九洞地区平楼牛塘是最大的"斗牛场"，对附属成员及客寨要求参加平楼斗牛的村寨，要杀牛宴请平楼各寨寨老，经寨老们商议同意后，取得放牛入堂角斗的资格。附属成员中的各寨有权接受各正式成员寨发出的斗牛请柬——"传牌"，但他们没资格发出邀请。客寨是九洞附近各友好村寨，他们虽不是正式成员和附属成员寨，但为了巩固友好关系可以放牛入堂角斗，但只能排在正式成员的比赛牛之后参加角斗，在举行入场仪式时客寨也被排在后面。

第四，维护社会秩序，调解各种纠纷。侗族寨老不仅在村寨法的订立、执行、实施与认可等活动中发挥着重要作用，侗族有这样的老话："篱牢狗不进，寨牢事不出"，"地方不好，老虎进寨；头人不好，祸事进村"。就是说，一个地方管理的好坏，全靠寨老、头人的能耐。侗寨里发生纠纷一般都找寨老、头人评理，由他们调停解决。侗族地区的民事纠纷以婚姻、偷盗、房产、地界等为多，寨老在处理这些问题时，主要是起调解作用，大事化小，小事化无。如弄吾《议功德碑》规定："议本境内长者无凭大端小语，化消改散，饭食一餐了结；倘有人心不吝，抚遗入众者，看事而行罚。"清水江文书中有很多反映寨老在调解纠纷中的作用的契约，如"接请地方父老龙甲长有政理论"[1]，"请中乡约寨头理问，实是错砍"[2]。由于他们平素的威望，经过他们调处的纠纷，即使在一方利益受到损失的情况下人们也会接受。寨老在调处纠纷中首先考虑的不是公平，而是在习惯法原则和侗族传统伦理要求下的"解决问题"，目的是理顺关系和息事宁人。[3] 如果遇到大案，除了按规定剖理外，还得集体处理，寨老不得独断专行。如有的事情在本寨鼓楼里解决不了，或当事人一方不服判决，可以要求集体决定处理。但经过寨老们集体商量，一

---

[1] 张应强、王宗勋主编：《清水江文书》第 1 辑卷 2，广西师范大学出版社 2011 年版，第 173 页。
[2] 张应强、王宗勋主编：《清水江文书》第 1 辑卷 1，广西师范大学出版社 2007 年版，第 346 页。
[3] 锦屏县政协文史资料委员会、县志编纂委员会编，姚炽昌选辑点校：《锦屏碑文选辑》（内部资料），1997 年，第 56 页。

般即可解决。如果仍有不服可报请"款会"解决。寨老除村寨内部职能外,还有代表村寨与款组织联系的职能,案件提交款会,也通过寨老进行。邻近各村寨与本寨村民之间的案件也由寨老代表处理,不同村寨人在别村犯罪,犯罪实施地的村寨不能处理,犯罪人要回村执行。20世纪70年代,在黎平县黄岗村有这样一个案例:该村二组、八组的稻田与龙图村仅一座山梁之隔,那时国内经济极度困难,侗族地区粮食十分紧缺,龙图寨个别村民违规从二组、八组的禾晾上偷盗禾把,被抓获。但二组、八组按习惯并不扣押人质,直接索赔,而是将此事通报给本村寨老吴治固。吴便邀约了5个寨老成员,从大路绕道20多公里,从龙图寨的寨门进寨,请出该寨所有寨老,援引此前所有的各项款规,讲明事情的曲直,然后敦请龙图寨所有寨老处理这次跨村偷盗案件。黄岗的几位寨老受到热情款待,几日后离去。几天后龙图寨处以盗窃者十二倍的物质惩罚,即将所偷禾把的十二倍的稻谷,交村寨充公。村寨从中留出赔偿黄岗被盗禾把数,其余的全寨烹食,责令偷盗者在全村认错、悔过,就此进行了村内处置。事后龙图寨的寨老们不走小路,绕道大路郑重地将禾把送到黄岗交给寨老。① 这个案例很有典型性,说明各村寨之间的个人犯罪,不只是个人之间的问题,是对村寨整体的侵犯,所以并不扣押人质,直接索赔,也不进行处理,因为这样可能会节外生枝,引起村寨间的冲突。解决的办法是黄岗、龙图寨的寨老们出面根据习惯法协商解决。新中国成立前广西三江独峒乡抢劫比较多,头巾蒙面,伏草捉人。抢劫得财不杀人,一般在离村寨比较远的地方,不容易被捉到,捉到的话就按款约处死。②

国家司法深入该地后也有向当地官府告状的。可是那样的话,全寨的村民和寨老就不给予感情上的支持,可能会完全孤立告状之人。但在一些"汉化"比较严重,政府司法管辖比较深入的地区情况就不一样了。如果官府对此案的判决与众寨老的判决相悖,使用国家法,还是侗族习

---

① 参见罗康智、罗康隆《传统文化中的生计策略——以侗族为例案》,民族出版社2009年版,第190页。
② 转引自李远龙、郑海山《广西三江侗族传统款约习惯法研究》,《原生态民族文化学刊》2014年第2期。

惯法，各地情况也不同，有时两者兼而用之，即"一罪多罚"的情况也会出现。

二 寨老在村寨法运行中的作用

寨老是村寨中的"智者"和"主心骨"，寨老在村寨法的订立、执行、实施与认可等活动中发挥着重要作用。侗族谚语说："村有头人树有干，龙蛇无头不能行，村村有婆婆补烂衣，寨寨有头人理事情。"村寨法的订立、认可、执行、实施各环节离不开寨老作用的发挥，主要体现在以下几个方面：

第一，在订立中的作用。组织各个村寨订立禁条、规约是寨老们的重要职能。所以很多乡规民约后面都刻有寨老的名字，如岜扒《万古章程碑》就有"首人"石大成、石绍贤、石和金、石绍祥、贾明辉、王绍斌、贾补团、贾明儒等的名字，这些"首人"就是大小村寨的寨老，他们了解村寨事务和面临的问题。寨老们有时要亲自起草规约，坐下来反复讨论，然后召开村民大会，将重要条款交由村民讨论，就有关寨内重大事项听取大家的意见。这不仅体现了村寨头人在地方事务中的权威，也说明村寨头人在村寨事务上的结构性支配。对地方治理而言，这种支配的权威来自传统侗族村落的"长老制"，在具有原始民主色彩的乡众立约活动中，寨老、头人很好地发挥着"首唱"的作用。随着国家统治对基层社会的深入，原有寨老、头人在村寨社会生活中自然形成的权威并没有消减，相反国家对"其土目即可改为里长、甲长"[①]，将原有的土司、土目及其他村落头人的地位基层化，发挥其在社会治理之中作用，既可利用他们维持村寨秩序的号召力，稳定原有的村落秩序，也可借助他们的社会权望，减小推行国家政策的阻力，更好地贯彻其"因俗而治"的统治策略。

第二，在官府认可中的"首倡"作用。一般乡规民约经村寨村民大会通过后就可以镌刻竖碑了。但有些村寨就一些专门问题，为了增加习惯法的效力，要报请当地政府认可，甚至以政府的名义颁发，要立碑就

---

① （清）魏源：《西南夷改流记》，《小方壶斋舆地丛钞》第八秩。

需要政府批准了。现在锦屏县启蒙镇归固村高增寨还立有一块《亘古昭垂碑》,是民国地方政府根据高增"团首"在这一带"培植风水、禁砍阴木",罢园栽树,退耕还林的要求,批准他们"勒石严禁"的。该碑开头就说:"锦屏县知事邓为出示禁止事案。据高增团首龙盛荣、黄光荣、黄光凤等以'培植风水、禁砍阴木'恳准勒石,永保昌盛呈称……"说明这通"禁碑"是根据团首们的要求政府才予以批准的。又如三门塘《禁条碑记》是乾隆年间天柱县政府根据三门塘各寨寨老的申请颁发的关于整顿三门塘渡口秩序的法令,内容则以三门塘渡口长期行用的惯例为基础,主要是防止木排堵江,影响来往行人过渡。以前天柱县正堂虽然对此发布过"禁条",颁布"印簿",但形式上却只在码头的各处插牌提示,而一些只贪图利润,不顾他人利益的商人仍不加以理会,实施的效果并不好。这次不得不奉颁簿内"禁条",备列刻碑,强调如再不遵守规定,可以"送官惩治"。

第三,在实施中的作用。乡规民约多是从本地实际考虑,为解决面临的重要问题,由一位或几位当地有头有脸的人物发起,再由一些积极参加者和一大批支持者参与,经过集体讨论订立出来的"自治条款"。村寨寨老、头人组织订立村寨事务性条款的"首唱"活动仅仅是其职能的一部分,欲使这些乡规民约真正发挥作用,还须这些寨老、头人秉公执行。在村寨内部谁违反了乡规民约的规定,轻则批评教育、罚款,或不准进入鼓楼及参加族内或寨内活动,或开除于族姓或村寨之外。侗族习惯法明确追究责任的范围,本寨人在同款内部别的村寨违反款约,即使要追究个人责任,也首先是要追究个人所属村寨责任,因为只有寨才是"立法"、施法的基本单元。当然当事人回村后,肯定要受家法、寨规制裁。

在天柱坌处大冲村有一块道光年间的《永定章程碑》,记载了大冲袁、姚等三姓告杨姓假造契约,强争大冲溪庵坡脚以上公地,经"乡导"、保长调解,其伪造契约随即缴出,当场焚烧。重者,处以吊打、勒头、火烫,直至死刑,并由其亲属执行。对无据可依,无规可判,难以公断之争讼,则采取"砍鸡""煮米""捞油锅"等"神明裁判"方法解决。① 相反如果"执法不力",他们会因执行中的过错承担责任,这在一定程度上加强了乡规民约对地方的约束力。如黎平茅贡乡《寨母碑》规定:"寨长理处事件务宜公平,勿得徇情偏萱颠倒是非,小事酿成大事,违者公罚艮(银)一两五钱。""寨中大小事件当听凭中寨长理处,如若二比俱劝不下,更须请到鄰(邻)寨长老秉公切解,寝息其事,或有当充公事口即许充公,以便举行善事,倘有恃强动辄告收公罚艮(银)一十二两。"作为寨老、头人,做事要公正,办事须得体,村民矛盾争端请他们调解,如解决得合情合理,让人满意,以后请他的人就会越来越多,威望就会越来越高,久而久之便成为有威望的寨老或头人,甚至成为远近闻名的"名寨老",也会被款组织推为款首,负责更大区域范围的事务,这也是他们的荣誉。

"民间法具有极其多样的形态,它们可以是家族的,也可以是民族的,可能形诸文字,也可以口耳相传;它们或是认为创造,或是自然生成,相沿成习;或者有明确的规则,或更多表现为富有弹性的规范,其实施可能由特定的一些人负责,也可能依靠公众舆论和某种微妙的心理机制。"② 新中国成立以后,侗族的寨老制度作为一种政治制度已不存在了,但老人管寨的风俗仍然存在,寨老们组织村寨公益,组织村寨之间的联谊活动,调解寨中民事纠纷等,但现在作为寨老的也不一定是村内年龄最大的。③

---

① 侗族简史编写组:《侗族简史》,贵州民族出版社1985年版,第20页。
② 梁治平:《清代习惯法:社会与国家》,中国政法大学出版社1996年版,第37页。
③ 我们在侗族村寨调查时发现,一般是年龄大、威望高、办事能力强的人为"寨老",但并不是以年龄为标准,有些年龄是较大,但能力差,没有为村寨做过什么贡献,虽然也受到尊重,但不是寨老,而比他年轻的却是寨老。

第九章　清水江流域社会民族法秩序的形成

　　法律引导着人们不断地追求公平、公正，实现有序的生活。不同环境下表现出来的形式是不同的，但其本质一直是动态开放的，并保持了一定程度的持久稳定性。而作为一个自然人的基本权利，是通过不同的社会控制手段来获得，通过不断地调整个人与公共、社会之间的利益冲突来得到解决。费孝通先生认为：中国古代具备了契约社会的基础。清水江在古代契约社会中具有典型性。现存丰富的契约文书和商事、林事规则的记录，可能是传统社会中不曾被发现的东西，我们需要做的或许正是在正视这种逻辑的前提下，在与乡土社会的联系中寻找契约精神和民族法秩序。

第一节　清水江流域"契约型社会"的形成

　　清水江流域从清代到民国，出现了大量的地方性法规、诉讼文书和林业契约，已经形成以契约文化为核心的社会。几人之约、村寨之约、多村寨盟约、官府之约等形式的公约不断出现，规范着地方社会生活的方方面面。如果以契约形态思考某一地区或国家的政治架构以使各种政治力量的利益达成平衡所形成合约那就是"宪法"了，这就与18世纪欧洲学者创立的"社会契约论"理念很相近。从"清水江文书"看，政府对清水江流域统治的深入，是与林业的开发，汉文化的浸润及商品交易中心的移转等一系列政治、经济、文化事项相联系的。"清水江水道"是清代贵州与全国保持政治、经济、文化联系的重要通道，在国家与苗侗民族地区关系上，政府管辖越深入，汉文化的传入越深，商品经济越发展，国家政治、司法的力量就越强。清代清水江沿岸各县、厅的情况不尽相同，政府采取区别对待的办法，对该流域政治、经济整体上采取"宏观调控"的政策；该流域地区有高度自治的历史传统，又值林业经济兴起，民间契约的大量缔结，契约观念和文化孕育萌发，形成良好的契约履行环境后，契约对侗族苗族生活地区的调整功能越来越大，人们对契约的依赖越来越强，而政府在普通的民事问题上，往往尊重民俗，不做过分干预，因此村寨自行解决纠纷的能力较强。有了以上两个条件，该流域"契约型社会"秩序才逐渐建立。在"清水江文书"研究中，探讨契约文书的形式和结构等面上的问题并不难，难度在于揭示契约文书与林、农经济，契约与该地区民族法律规则及社会秩序空间、契约与苗侗民族法律意识以及因此产生的民族法律文化传统之间的关系。由于"五方杂处"，清水江流域各民族传统习惯法与国家法互动，形成了一个有别于其他地区的民族法律控制秩序，这种状态我们便可称为"民族法秩序"。所以在"国家法—各民族习惯法"并存的思考框架下，对该流域法的多元性、异质性和互渗性，与国家"因俗而治"的原则与举措之间的关系进行深入研究是十分必要的。

清水江流域从林木种植、砍伐到运输、买卖、贸易构成以木材为中心的"贸易特区"，经济社会转型中的民族习惯法的相互渗透及国家法与民间法的冲突与融合更加明显。村寨社会大量出现的"公约"，虽与政府的"议约制度化"有联系，但整体上说，是对充满朴素的民主气息的"合款""议榔"的继承与发展，传统"公约"在新的环境下出现了新的转变，这也是契约文明发展至一定阶段的产物。官府为加强地方治理，颁发了大量的告示、晓谕、禁约，内容涉及促进林业经济的发展、发展民族教育、禁革不良风俗等诸多方面，地方头人在遵守官府告示、晓谕的同时，动员地方民众，制定相应的"公约"，在贯彻各级行政机关法制意图的同时，也根据民族地方具体实际拟定规范，尽量得到地方官府认可，使之具有林业商品经济条件下官方与民间"约法"的性质。

一 "盟约"的契约性质

以盟誓的形式来表达对等主体之间的合意是古代民族、部落生存和发展的基础，以契约为形式订立特定的盟约，意味着盟约对缔约人的约束也是一种契约的义务,这对纠纷矛盾调解协议,对稳定社会秩序是非常必要的。一般来说,盟誓之后,时间一长还要重新确定,说明"海誓山盟"的盟约并不十分可靠,所以后来盟约才逐渐被法律所取代。汉初刘邦与关中父老"约法三章",即"杀人者死,伤人及盗抵命",就是具有法律性质的"盟约"。侗族苗族历史上的"款约""榔约"的发展也遵循这一发展规律。如前所述,侗族苗族盟约的法律效力正是来源于这种对神起誓。在普遍相信神灵的村寨社会,盟誓中的条款一般能得到严格遵守,从而成为实际上的法律。在清水江流域民间制度文化中称得上"款约"的东西,实际上在订立时就引进了信用保证机制,要举行一定的仪式,通过发誓,保证不折不扣地执行,并甘愿承担违反的惩罚结果,甚至是神的惩罚。与"合款"订立的盟约不同,在村寨社会有些盟誓调整的就是一些具体的问题。如黎平县黄岗村道光年间《严禁出卖土地于外人修建坟墓碑》碑文:

> 立议条规为七百大小村寨齐集开会誓盟公议合志同心事
> 为因围山垅上抵自□□,出岑告寨,中过岭来彭落登脉,上扒店与四寨公山交界。下抵自石彭庶,上纪天,出水杂,上弄述,下纪棚子子,过□□□破(坡),过□仑,出到□□与小黄、占里交界。自公议公山之后,不得生端。七百大小村寨不拘谁人埋葬,不得买卖之。故随心随葬。□□倘有谁寨私卖与别人,七百查出,罚钱五十二串。如有□名私买私卖者,一经查出,罚钱十二串。倘有别人占□我等公山,六百小寨必要报明示众。我等七百首人务要同心协力,有福同享,有祸同当。今当天地誓盟公议,以免后患,永保无虞!所立此碑!永垂不朽!
>
> 七百首人:老三 老翻 老到 龙林 老第 老艮
> 同心立碑
>
> 道光二年七月初十日①

---

① 参见罗康智、罗康隆《传统文化中的生计策略——以侗族为例案》,民族出版社2009年版,第187页。

这通碑文充分表明，坟山是各房族的专属部分，只允许本房族人使用。因而，其坟山森林的管理权只属于整个家族村社，林中的一草一木都被认定不得使用和损害。通过对神设誓，神灵让人们知道行止，不敢触犯。具体仪式表现为歃血，将牲牲物的鲜血和在酒中与神灵分享，达成人神之间的相互谅解和宽容。他们认为一旦违规，相关的自然神即可感知，并归咎于整个家族村寨，因而个人在精神上出于对自然神的敬畏而遵守款规、寨规。族规，每一个家族村社成员也为了本家族村寨的集体利益而监督所有成员执行，可以说家族村寨的族规以及建立在家族村社之上的跨家族村社"合约"，都是植根于每个侗族成员内心深处的人神契约，具体的款约则是发自内心的行为指挥。[①]

此外，"清白字"中设定的对神发誓，甘愿受神的惩罚等保证，是缔约双方的"盟誓"，即所谓"鸣神"，这是以长期流行的"神裁"为后盾的。这些明显的民族文化事项在清代的内地社会已经基本上没有了。

二 "乡约"流于说教形式

历史上中央王朝对边疆地区的整合，往往先是以王化确立其模糊的政治疆域空间，再通过"教化"徐徐扩展其明晰的版图范围。[②] 在中国古代的乡村自治实践中，以契约形式订立乡规民约最为普遍，如宋朝的《吕氏乡约》。但到了明清时期，演变成了国家实行民间教化的定型制度，实际上在清代，乡约制度已经染上了浓厚的官方色彩。顺治十六年（1654年），清朝建立乡约制度，规定由乡民选出约正、约副，建立"约所"制度。每月望朔两天讲读。乾隆五年（1740年）又规定：约正免其杂差，以便专心从事教化，如果教化有成，三年内全乡无斗殴命案，朝廷给匾奖励；各地方官则须轮流下乡，督促乡约教育的实施。清代的"乡约"活动以讲"圣训"为主，用朝廷统一颁发的教材，康熙朝编定的《上谕十六条》、雍正二年（1724年）颁发的《圣谕广训》成为乡规民约

[①] 参见罗康智、罗康隆《传统文化中的生计策略——以侗族为例案》，民族出版社2009年版，第182页。

[②] 杨志强：《"国家化"视野下的中国西南地域与民族社会——"古苗疆走廊"为中心》，《广西民族大学学报》2004年第3期。

的基本教材,后者是对前者的逐条解读,且通俗易懂,主要宣传"以孝为本""以和为贵"的道德观念,提倡尊老爱幼、礼让谦和的社会风气,这与苗族侗族传统道德基本上是一致的。所以在新"归化"的村寨进行宣讲也是有效果的。如康熙三十六年(1697年)三月,黎平知府发平鳌寨晓喻:"每逢朔望,宣传圣谕,则孝悌日生,礼法稍知矣。"①

每当每月农历初一,值月以木铎和锣鼓为号,召集所辖范围民众到所,待约正、里正(基层行政人员)和60岁以上的长老到齐,大家相对三揖之后,"众以齿分左右立,设几案于庭中,值月向案北而立,宣读《圣谕广训》,值月哼声宣读,众人鹤立悚听。然后约正推说其意,剀切叮咛,使人警语通晓,未达者许其质问"。约正讲毕,众人讨论,依次发言。"此乡内有善者,众推之,有过者,众纠之。约正质其实状,众无异词,乃命值月以记,记其善籍,当众宣读;记其恶籍,当呈约正、里正、长老默视认可,然后宣读,事毕,众揖而退。""善簿"和"恶簿"都由值月妥为保管。农历年底,值月将本地男女善恶情况选择汇总交约正报给县官,县官以两簿为根据拟定奖惩之法,凡"从善如流,知过能改,一体奖励,使之鼓舞不倦"。乾隆十三年(1748年)起,每次讲约时加诵《大清律例》,并由约正逐条讲解。同时每月农历初一、十五各讲约一次,其对象扩展到所在地文武教职各官。凡无故缺席者均记入"恶簿",以示对不接受公德教育、法制教育者的惩罚。而且,每年农历正月十五和十月初一,县城讲约在学宫明伦堂举行,县城所有文武教职各官、县学生员、书院师徒都必须参加,其内容和基层讲约基本一致。②清水江流域地区在政府的干预下,传统"议约"得到一定发展,地方事务也呈现"议约化"的趋势,并打上了官方色彩。设想在汉语、汉字没有被人们熟练掌握,一个自由、松散、"以歌载道"的社会,这样庄重、严肃的宣讲仪式肯定是不接地气的。苗族侗族有自己法律、道德的宣讲仪式,更能被当地群众所接受。③

---

① 该碑存偶里乡平鳌寨,收入锦屏县政协文史资料委员会、县志编纂委员会编,姚炽昌选辑点校:《锦屏碑文选辑》(内部资料),1997年,第109页。
② 转引自吴军《侗族教育史》,民族出版社2004年版,第222页。
③ 参见徐晓光《款约法——黔东南侗族习惯法的历史人类学考察》,厦门大学出版社2012年版,第89—106页。

三 "禁约"的控制作用

明代日用书中就已经有这种"禁约"出现。以契约形式订立"禁约"的方式，反映了乡民就日常生活中一些问题订下的规则。民间一般称"禁约""禁条"，而官方颁布就是"禁例"，上升到国家法的层面。在人们追求林业经济利益，社会变动不安的情况下，为稳定苗侗村寨的社会秩序，乡村常常订立乡规民约，"禁约"属乡规民约的一部分，但主要是根据时下具体问题，列出当时简明的禁止性条款。往往从本地实际考虑，为解决目前面临的重要问题，一般以一位或几位当地有头有脸的人物发起，再由一些积极参加者和一大批随大流者参与，经过集体讨论订立出来的。但如前所述，在很多情况下是一部分人单方面宣示。

"禁约"是介乎"法"与"契约"这两极之间的规范，其形式上是以合约即相互合意的形式订立的。为表达它的权威性，有的也需要地方官府的认可，有的没有必要这样做。我们收集到因一棵老树，有两个人倡议的禁条，这个禁条只有一句话。湖南省绥宁县是历史上出产"溪木"的地方，在该县的华皮坳保留了一块记载"契约"与"禁约"联系非常紧密的石碑。该碑立于古树下，刻于清朝雍正六年（1728年），两面阴刻楷书碑文，正面碑文为：

> 立卖杉树契人杨裕后，今因要银急用，情愿将华皮坳杉树一蔸出卖典苏建标名下，凭中议定价银一两二钱整。地方闻知，不忍此树砍伐。会首龙艳开、唐天荣募化银一两六钱，向建标赎出，以为永还歇凉古树。一卖一了，日后不得异言，立此卖契，永远存照。

碑末刻有禁文：

> 如有损树碑、树者，约众公罚。

背面碑文为：

> 道旁之树，往来行人所以乘凉而歇足也。我境华皮坳，坡岭峻

险，过者络绎不绝，需树遮荫。先人栽植此处杉树一株，出卖之外，众生不忍剪伐。得善士龙艳开为首募化护延是树。命匠勒石以为永禁之树。虽非永福田利，其有便于行人之憩息，而上古甘棠并传不朽。

大清雍正六年戊申岁七月二十五日，枫乐　夏二同议立。①

这是围绕一棵古树出现的"卖杉树契"和"禁例"。卖杉树契人杨裕后，因为要银急用，情愿将杉树出卖，凭中议定价银一两二钱整。但村寨长老龙艳开、唐天荣不忍看到将笔直、秀美的杉树砍伐，募化银一两六钱将古树保留下来，以供往来行人所以乘凉而歇足也。用现在的眼光看，这是最好的保护环境、爱护树木个案了。

又如三门塘渡口的《禁条碑记》是乾隆年间天柱县政府颁布的关于整顿三门塘渡口秩序的法令，它的基础就是原来民间订立的禁条，由于约束力不够，便报官府认可颁布，天柱县正堂虽然对此曾发布过"禁条"，颁布"印簿"，又在码头的各处插牌提示，然而一些只贪图利润，不顾他人利益的商人并不加以理会，实施的效果并不好。这次不得不奉颁簿内禁条，备列刻碑，强调如再不遵守规定，可以"送官惩治"。可见"送官惩治"是关键。

四　"公约"的规范作用

清水江流域民间规约往往以"某约"等名称出现，这种形式在内地的文书资料中也常出现。而用"款约""款示""榔款""款条"的情况比较多，这就是民族地域特色的"公约"。"公约"体现了苗侗民族社会原始民主和高度自治的特点，所以很大程度上带有公意的色彩，"公约"的广泛订立是有深厚民间文化基础的，村寨社会内公共生活在很大程度上是通过"公约"的形式实现。"公约"虽也是由众人共同合议，以相互

---

① 在华皮坳上有凉亭，亭旁高耸一株古杉，树高31.4米，胸径1.34米，南北冠幅14米，东西冠幅20米，树龄约500余年。此树郁郁葱葱，华冠如盖。湖南省绥宁县文化局文化馆编：《绥宁县文物志》（内部资料），1987年，第8—9页。

合议的形式订立，但所约束的对象已经超越了公约直接参与者的范围。公约是立约人众为共同保护与自己利益相关之人单方面宣示的文告，这些具体规范内容的文书虽冠以"约"或"条规"等名称，但有时并不是出于公约所涉及各方的合意，而只是一部分人单方面的意思。下面这个公约规定的内容很具体：

公议条规

尝思人生所需之费，实本与天下当共之，故曰：君出于民，民出于土，此之谓也。夫我等地方山多田少，出产甚难，惟赖山坡栽植杉木为营生之本。树艺五谷作养命之源。夫如是杉木之不可不栽，则财自有恒足之望耳。况近年来，人心之好逸恶劳者甚多，往往杉之砍者不见其植，木之伐者不见其栽，只徒目前之利，庶不顾后日之财。而利源欲求取之不尽，用之不竭者难矣。于是予村中父老约议：凡地方荒山之未植种者，务使其种，山之未开者必使其开。异日栽植杉木成林，而我村将来乐饱食暖衣之欢，免致患有冻有馁之叹矣。是以为引之，条规列后：

一议：凡地方公山，其有股之户不许谁人卖出；如有暗卖，其买主不得管业。

一议：我山老蔸一概灭除，日后不准任何人强认。

一议：凡有开山栽木，务必先立佃字合同，然后准开。如无佃字，栽手无分。

一议：栽杉成林，四六均分，土主占四股，栽手占六股。其有栽手蒿修成林，土栽商议出售。

一议：木植长大，砍伐下河，出山关山，其有脚木，不得再争。

一议：木植下江，每株正木应上江银捌厘，毛木肆厘。必要先兑江银，方许放木。

一议：谁人砍伐木植下河，根头不得瞒昧冲江，日后察出，公罚。

一议：放木夫力钱，每挂至毛坪工钱壹百肆拾文，王寨壹百贰拾，挂治壹佰文。

　　一议：我等地方全赖杉茶营生，不准纵火毁坏山林，察出，公罚。

　　一议：不准乱砍杉木。如不系自栽之山，盗砍林木者，公罚。

　　　　　　　　　　　大汉民国壬子年拾月拾伍日。
　　　　　　　　　　　剑金　甘乌寨首人范基燕　范基相
　　　　　　　　　　　基朝　范锡永　立
　　　　　　　　　　　林　先
　　　　　　　　　　　匠人　刘松生①

　　这是一个面面俱到、无微不至的管理公约，佃山造林及采运活动中的各个环节都被囊括其中。第一条是所有权的规定：公山虽然大家有股，但不许个人买卖，私卖买者没有管业的权利。第二条是规定植树的方式，将砍下树木的老蔸一律砍掉，以防止人们说树木是自己老蔸所发之树。第三条规定开山植树必须订立租佃合同，没有合同，就不承认栽手的股份。第四条规定比例分成，即地主四，栽手六，栽手修理成林后，地主和栽手可以相商出售。第五条规定，木植长大下河，有专人管理，不得相争。第六条是砍伐后下河，必须按规定缴纳江银。第七条规定私自砍木，日后查出，公众判罚。第八条规定了给木夫的工钱，根据到达三寨的距离不同，工钱也不同。第九条明确杉木和油茶是地方赖以生活的主要物资，严禁防火和毁坏山林，否则公众判罚。第十条规定如不是本人自己所种杉木，而是乱砍山林，公众判罚。

五　"合约"中的权利义务

　　"合约"是在一定区域范围内人们就经济、社会生活中某些事项会集在一起缔结盟约，表达缔约者之间的共同合意。因为人们为谋求经济或

---

　　① 锦屏县志编纂委员会办公室编，王宗勋、杨秀廷点校："甘乌林业管理碑"，《锦屏林业碑文选辑》（内部资料），2005年，第20页。此碑存于立略镇甘村内，高130厘米，宽65厘米，厚7厘米。

第九章 清水江流域社会民族法秩序的形成

安全保障方面的相互帮助，不得不与他人结成各种各样的社会关系，于是契约形式就被引到订立禁约、纠纷调解等方面，可以说社会生活是依靠这些相互的契约关系来支撑的。一般来说，"合约"主要集中于经济生活领域，正如现代合同在狭义上一般指民事合同。但清水江流域居民借助契约这一形式所从事的活动不仅仅限于民事法律关系的人身问题及财产流转问题。

林业管理类文书则大多体现在合约和佃山造林合同文中，这类文书通常对造林、幼林管理、成林管理、林间作物管理等均有特殊规定。如有的佃山造林契约文书对佃户栽何林种、幼林间间种何种作物、锄抚几年、刀抚几年、成林后的防盗、接待外面生人等都有具体规定。合约类似合同，都是体现双方或多方当事人法律关系的文件。清水江流域的合约与合同在内容上非常丰富，在形式上也更为多样。合约本身也是当事人之间的法律，以契约为形式订立特定的"合约"，这意味着"合约"对缔约人的约束，也是一种契约义务。请看锦屏锦宗村乌租山林分成碑：

> 万古不朽。盖闻起之于始，尤贵植于终。祖宗历居此土，原称剪宗寨，无异姓，惟潘、范二姓而已。纠集商议，将自乌租、乌（迫架溪以上）一带公众之地，前后所栽木植无论大小系十股均分，众寨人等地主占一股以存，公众栽手得九股。日后长大，不论私伐，务要邀至地主同卖，不追照依，无得增减。庶有始有终，不负欠人之遗念，子孙自然繁盛耳。
> 　　纠首：潘文炳　范明远　范永贵　范德尚　范明才
> 　　范明瑾　潘文胜　范明世　范国龙　范佑安
> 　　　　　　　　　　　　乾隆五拾壹年孟冬月　日立①

这是一块典型的合约，把村中一大块公地拿出来种树，众寨人等作为地主并拥有一股，众多的栽手种好树后占九股，实际是鼓励种树的规约，树不准任何人私自砍伐，一旦出卖，公众栽手和公共地主必须约在

---

① 锦屏县志编纂委员会办公室编，王宗勋、杨秀廷点校：《锦屏林业碑文选辑》（内部资料），2005年，第6页。

一起共同决定,这是佃山造林契约之上的"公共合约",只涉及经济活动中的具体问题。"清水江文书"中大量存在的地主与栽手之间在树木"成林"后确定利益分成的"分合同",还有很多"清白字""清白合同""认错字合同"等较为独特的合同文书,都属于这种"合约"。

六 契约调整的特点

清水江流域各族居民,自古就有尚礼重信的传统,在汉族文化与契约传入之后,随着经济交往的加强,纸契、布契、石契、皮契等各种形式的契约得以迅速发展。清水江契约文书种类繁多,名称各异,除常见的买卖、借贷、租佃等单契之外,还有对家产或者山场林木的分析和相关权属纠纷调解的记载。这些契约文书的内容涉及社会生活的很多方面,展示了当地社会经济发展对契约文书的依赖。

马林诺夫斯基说:"法是赋予一方以权力,另一方以责任的有约束力的义务,主要是由社会结构所固有的相互性和公开性的特殊机制有效的维持的。"契约本身是当事人之间的法律,内容的确定由当事人双方决定。日本研究中国古代契约的学者岸本美绪认为:传统契约虽然是建立在当事者双方合意基础上的约定,但当时的"契"都未必在文中明确记载双方的权利义务,而且不一定采取双方签名的方式。像这样强调双方关系的契约往往特别冠以"合同"的特别名称。当时大多数的契,如果是买卖则多表示为从卖主这一方给予买主的文书。就其内容而言,"契"就是卖主表示在接受买价的前提下把不动产的权利让渡给买主,有些类似卖主一方提出的保证。而当时在证明不动产归属的种种文件中,这种由原所有者所作的文书占有中心位置。确实,"契"是在当事者双方达成合意的基础上才制作的文书,但里面关于义务的记载却往往采取当事者一方的表现方式值得注意。[①] 锦屏林业契约除"分合同"外,其他契约几乎都是单方面义务契约,一般说来,有地者不会轻易出卖土地。从买卖山场契约看,出卖者大都出于"迫不得已""生活所迫""缺少银用"

---

① [日]岸本美绪:《明清契约文书》,王亚新、梁治平主编《明清时期的民事审判与民间契约》,第282页。

"急等银用"等原因，所以卖山场者往往处于交易关系中的弱势，能够买地者往往是新的"暴发户"或"有力者"，契约中的签名者一般都是卖方，若发生"来历"不清争执时，完全与买主无关，买家不负任何责任已成惯例。笔者认为：在研究清水江买卖、租种、抵押等契约关系时，不能简单套用近现代民法学中物权契约概念。契约是"各自权利、义务规定"，这正是近现代民法学中的定义，中国传统契约并不是以"平等的"主体间意思一致为前提，契约的各方参与者完全有别于现代民法学中相互承担权利义务的主体，"权利"的内容和实现的路径及权利意识的具有程度不同于西方。中国古代早就有"定分止争"的思想观念，"定分"在某种意义上说就是"权利"，"止争"是为了避免诉讼或一旦发生诉讼能顺利得到解决。"清水江契约"在保护苗侗人民土地、林木所有权方面起到重要作用，但却不能用现代人眼光套用西方契约理论和概念，进而认为契约所表达的各方面与西方没有什么区别，忽略了中国文化的大背景。

梅因在《古代法》中论述的"从身份到契约的运动"，认为身份社会作为一种非法治社会，它是与人们的血缘、氏族关系尚未分化以及生产力发展水平低下的小农经济相联系的。而在身份社会基础上逐渐形成的一整套信任模式及其运行机制又强化了身份的价值与功能。在身份社会里，社会信任的形成与身份认同有着极强的关联性。在"清水江文书"中，我们却体会出"身份"与"契约"密切结合的一种模式。即在以血缘为基础的家族，移至村寨内部交往时，体现以身份为中心的样态；事关公共选择及与外部经济关系的民间制度和规则主要是以契约（包括个人契约和社会契约）得到实现。

第二节　清水江流域民族法秩序的建立

一　习惯法民族间"互渗"问题

宽松的政治环境，高度的民族自治，风卷而来的林木贸易，"五方杂处"的人口格局，各民族文化的融合造就了清水江流域契约型社会的形成。当时的民族关系是"你中有我，我中有你"，事实上，在同一族群名称之下的某个支系，具体到一个村落，文化的相似性、同质性与周边另一个族群名之下的另一支系的文化相似性、同质性可能较近，相反，与同一族群名称下的另一支系的文化相似性、同质性可能会较远。①

现在我们已经无法分清在清水江从事经济活动的哪些是侗族、哪些是苗族、哪些是汉族，当时人们习惯中认定的族群和新中国成立后民族识别认定的民族肯定是有区别的。但有一点是清楚的，清代清水江很多富商，如"姚百万""李三千"等，有些是祖辈就迁移此地的汉族。清朝中期，北部侗区的侗族汉化的程度已经相当深，这从考取功名人数、书院设置、文书的书写水平等方面可见一斑。此时，这一带的苗族也与雷公山、月亮山苗族腹地以及"新辟苗疆六厅"的苗族不同，是汉化程度比较高的苗族，细分一点也无非是"熟苗""生苗"而已。在林业商品经济发展时期，一部分人成为"山客"，特定条件下的一部分人在林木交易中与"水客""山客"之间起到了中介的作用，这就是"行户"。前述，嘉庆六年（1801年），由卦治人镌刻于石碑上的一则官府公告记载卦治、茅坪、王寨"值年当江"这样一个重要规则，而作为中介的正是"三寨苗人"，他们邀同黑苗、客商三面议价，估着银色，而三寨苗人本系黑苗同类，语言相通，性情相习。这一当江规则是以"公约"形式议定，就是在山贩和其他商人似乎都没有（很可能也无权）参与的情况下，由特殊地位的大商人与有当江特权的卦治主家商议制定的一则江规。从现在看，当时"三寨苗人"到底是哪个民族已经无法考证，但可以肯定是一批熟苗，在苗疆有一种人群叫"侗苗"，"其山居者曰山苗，曰高坡苗，近河者曰洞苗，中有土司者，为熟苗，无管者为生苗"。这些苗人都有共同的语言和习俗。明清时期能首先熟悉黑苗语、黑苗情，只有熟苗才有这种可能。康熙初年，在清水江流域设粮长、洞长，催办丁银秋粮赴县上纳，充当此职的，须熟悉苗语、苗情，故为"熟苗"。② 清人爱必达在

---

① 彭兆荣、牟小磊、刘朝晖：《文化特例——黔南瑶麓社区的人类学研究》，贵州人民出版社1997年版，第253页。
② 详见田玉隆、田泽、胡冬梅：《贵州土司史》上册，贵州人民出版社2006年版，第83、94、130页。

《黔南识略》卷十三清江厅、卷十七镇远及石阡府、卷二十一黎平府、卷二十二古州厅等处,则将"峒(洞)人"归为"苗"称"峒(洞)苗"。

　　清水江流域民族情况和法的复杂关系,也决定了该地的"复合型"法的特点。如前述,清代林木生产重地,文书保存最多的文斗寨,在其所存文书中就有一则"款约",题为"准示禁查核施行地方口幸生民幸实为公便",共八条,最后一条:"应办之事不论难易,不论款内各寨团首绅耆务要协力同生死相顾。为人即是为己,人安己方得安,若存小见,临时退缩,欲求自保。当此时势岂有一人能自保之理乎?口攻抚众由自取各自谅之大家勉之。"该"款约"的这一条告诉我们两个信息:一是从行文看是报给官府的,议约之后呈清地方官府认可,是获得官府通过的公约,其文后的用语为:"敬呈条约,管窥蠡见,是否伏口鸿裁,倘蒙府允。颁口。"① 二是现在文斗村主要是苗族,但使用的却是侗族特有的"合款"表述,说明民族间的联合,民族法的文化互渗情况一直存在。该"款约"表明,此次议约组织是南联婆洞、三瓜,北联高坡九寨(侗族地区)的巨大的"款"团体,约定了会团章程,并定期开会。在清水江流域,各村寨为维持地方安定,采取地域上的联合是常有的事,在一块地域上不分家族、民族,都会联合在同一个社会组织中,最有代表性的是前述"四十八寨合款"。在这四十八寨中有黔东南的侗族、苗族村寨,也有湖南西部的侗族、苗族村寨。这样,邻近侗族地区的苗族社会组织活动也称"合款";而邻近苗族地区的侗族则称"议榔"。《朱批奏折》载雍正六年(1728年)十二月二十日鄂尔泰奏邛水司副土官袁三奇,曾以苗头身份参加"议榔"。苗头七十二名,公推苗头内为苗众素服者为公共"榔头","议榔后",袁副长官遵依"场款",刻木决议,"招抚清水江之者磨等寨生苗七百余户"②。据方显《平苗纪略》载:"乃令头人订期会集,宰款合榔。宰款合榔者,苗俗也,即汉人歃血盟誓之意。又曰合款,亦曰诘话。其合盟处曰款场。其首事人曰头人,头人中之头人曰榔头。

---

　　① 转引自梁聪《清水江下游村寨社会的契约规范与秩序——以文斗苗寨契约文书为中心的研究》,人民出版社2008年,第203页,该"款约"没有标明年代。
　　② 田玉隆、田泽、胡冬梅:《贵州土司史》(上册),贵州人民出版社2006年版,第83页。

悔盟者有罚曰赔榔,皆苗语也。"在现存各类"侗款"中,有"侗人来立约,苗人在旁欢喜"①的说法就不难理解,有的地方干脆称为"榔款"。在雍正时期的《朱批奏折》中,苗族"合款"反抗政府与"合款"归顺政府的情况很多,这在清朝雍正、乾隆时期有关黔东南民族事务的《朱批奏折》中多有体现。苗族地区"合款"的记录远远多于"议榔"②,这充分说明"五方杂处"环境下民族法文化的交流与融合。

二 国家的政策与法律

清初,官方的主流意识形态开始拓展到"归化"后的清水江流域民族村寨,顺治十六年(1654年)贵州巡抚赵廷臣奏请皇上:"乘此遐荒开辟之初,首明教化,以端本始。"提出:"今后土官应袭十三年以上者,令入学习礼,由儒学起,送承袭族属子弟愿入学者,听补廪科贡,与汉民一体仕进,使明知礼义。"康熙十三年(1704年),时任贵州巡抚的于准以《苗民久入版图请开上进之途》疏奏朝廷,主张把少数民族教育面扩大到一般的苗民子弟。奏疏开宗明义:"苗民久入版图,苗族宜沾圣化,请开上进之途,以宏文教,以变苗俗。"他还指出:明朝以前对苗疆只是羁縻,及至明始置布、按二司,定为贵州省。然而郡、县少而卫、所多,武弁不谙教化,只会对苗民逞威,"故迄数百年,习俗犹未变化",自清以来,设郡县、置学校、敷教化,"遐荒天末,莫不仰沾德化,唯独苗民未沐均陶",所以"应将土司族属人等,并选苗民之俊秀者使之入学肄业,一体科举,一体廪贡","汉民因有苗民进取益加奋勉,苗民以有一体科举之优渥莫不鼓舞,行之既久,苗民渐可变为汉,苗俗渐可化而为淳。边末遐荒之地尽变为中原文物之邦矣"。他又建议:"倘若文人蔚起,乡试、岁试再请增额,以罗真才"。③ 从这份奏疏中看出政府想要达到的"以宏文教""以变苗俗""以苗变汉"的同化原则。

---

① 邓敏文、吴浩:《没有国王的王国——侗款研究》,中国社会科学出版社1995年版,第113页。
② 中国第一历史档案馆、人民大学清史研究所、贵州省档案馆编:《清代前期苗族起义档案史料》,光明日报出版社1987年版,第1—121页。
③ 转引自单洪根《木材时代——清水江林业史话》,中国林业出版社2008年版,第160页。

据文斗《姜氏家谱·记》中记载:"延及高祖凤台公,见势可转移,遂于康熙三十二年(1693年),约齐各寨,输粮入籍。时下寨正与上寨隙,不愿同行,见上寨与各寨事成,遂捐银赴天柱投诚,所以一寨隶两属,皆一时之愤致之也。未几柱官下手,丈田摊粮,始悔用心之误,不从吾祖之过也。后苗馁龙玉卿亦约承寨入籍,殆亦见吾高祖之举,而后踵之者乎。"在锦屏县偶里乡另一个林木生产的重地,文书保存最多的平鳌寨,还存有一块《安民告示碑》,是康熙三十六年(1697年)三月十五日黎平知府发平鳌寨晓谕:"尔等既归版图,倾心向化,亦皆朝廷赤子,每年输火烟钱粮,务宜亲身赴府完解。每逢朔望,宣传圣谕,则孝悌日生,礼法稍知矣。今尔等愿归府辖,凡一切斗殴、婚姻、田地事件,俱令亲身赴府控告,不得擅行仇杀,倘故违,责有所得。各宜遵府示。"[①]由于该地区处在由单纯的民族社会向各种社会关系交织在一起的地域社会转变的过程中,法律制度也就开始从原来具有处理各种案件功能的村寨习惯法,向大量的民事、刑事案件须由国家法处理的转变,起码从国家司法角度,是这样要求的。清朝初期对刚刚"归化"的平鳌、文斗等寨即采取"礼法并用"的治理措施,同时表明国家欲对此地行使司法管辖的明确思路。因此,过去由习惯调整完全可以解决的案件,也逐渐由县级政府来管辖处理,习惯法在很大程度上失去往日的功能。

从国家统治角度出发,明朝就已开始的林业开发到清朝中期已经磨合形成较为稳定的经济法制思路。随着汉族文化对地域社会的影响,汉族知识阶层对该地社会的参与,使国家宏观控制和法律贯彻在该地的实现成为可能。此外由于政府可以通过该地的木材买卖获得大量的税收,所以清朝在贵州民族地区的统治中,对锦屏、天柱一带不会像新辟的"苗疆六厅"那样,采取比较宽容,甚至是放任的态度,清朝政府在此地行政建制上一如内地,县级的行政司法管辖行之有效,国家法律也开始付诸实现了。这从当时两县官衙处理的较多民、刑案件中可以得到说明。[②]

[①] 该碑存偶里乡平鳌寨,收入锦屏县政协文史资料委员会、县志编纂委员会编,姚炽昌选辑点校:《锦屏碑文选辑》(内部资料),1997年,第109页。

[②] 徐晓光:《清水江流域林业经济法制的历史回溯》,贵州人民出版社2006年版,第105页。

三 "地方性法规"

清朝幅员辽阔，"民情土俗万有不齐，立法更制随方便宜，随时润泽可矣"①。在中国古代立法体系中，国家立法与地方立法并存，至明清时期，地方立法形式更趋多样化，特别是清代中后期，"省例"的出现说明了我国古代地方立法进入比较成熟的阶段。此外，省、府、县等长官颁布的条约、告示、檄文、禁例则情形各异。即使在国家立法之中，也有载于律典的专门条例或者针对某一地区的专门立法，它们都属于适用于某一有限区域的法律规范，如乾隆五年（1740年）制定的《大清律例》中，关于苗疆的规定就有二十四条，这些条例的适用范围仅仅局限在新辟"苗疆六厅"地区②，从而贯彻了"因俗而治"的统治方略。有学者就将上述几类法律规范统称为"地方性法规"；也有学者将中央政府所制定的专门"条例"称为"地区性特别法"，而将地方政府制定的省例与禁例、告谕等形式的规范称为"地方法规"③。但和民间主体制定的规范比较，它们都是由国家不同级别的政府制定的。从立法的形式来看，有的地方立法并不一定同国家的律典或地方省例一样，鸿篇巨制，需要编纂成册。有的仅为特定区域内的某一类具体问题而制定的规范，多以禁例、告示、晓谕的形式宣布、张贴或刻碑，使国家政策贯彻到民众生活之中。正如日本学者织田万在《清国行政法》中所做之论述："告示者，即各官厅之对人民而所发之命令也。或用'出示晓谕'等字，或用'示谕''谕告''谕示'等字。盖所有告示，不必得以为法规。其属于事实行为者，不为法之

---

① （清）陆陇其：《莅政摘要》（卷下），"治人治法"。
② 此专门立法当源于乾隆元年（1736年）六月初一日贵州布政司冯光裕奏折《敬陈苗疆善后事宜六条》："苗人前此不知礼仪法度，其苗例，杀人、伤人赔牛十余条、数条而止，弱肉强食，得谷十余石、数石而止。在出牛谷者，出此牛、谷已无余事，殊觉相安，从无相验审讯……且一切命盗等案，始而不能不查，既而不能不缉，查缉既得，邻佑干证，俱须审讯，苗民不胜其烦苦，以为归化之后，反不如当日之自在任意也。"（中国人民大学、中国第一历史档案馆：《清代农民战争史资料汇编》第三册，中国人民大学出版社1991年版，第60—61页）就这一点来说，清朝政府尊重民俗，贯彻了"因俗而治"的统治方略。
③ 参见姚旸《清代刑案律例与地方性法规关系探析》，《安徽史学》2009年第3期；王志强：《法律多元视角下的清代国家法》，北京大学出版社2003年版；沈大明：《〈大清律例〉与清代的社会控制》，上海人民出版社2007年版。

渊源固无论。其属于法律行为，而兼处分之性质者，则止于处理一时事件，固无法之效力也，又无拘束一般之效力也。然则此种告示，不足以为法之渊源也，明矣。故告示亦察其内容，而后使知其为法规与否。"①

另外，从法制宣传的角度来分析，不论在全国范围具有普适效力的法律，还是仅仅适用于某一地区的"施政处分"，欲使之发挥效用，规范特定区域内民众生活，还有赖于地方官府的宣讲，告示、晓谕等形式则是宣教的媒介。② 有时这些告示、晓谕并不创立新章，仅为国家法制的强调与宣传，以使民众知悉，知其避就，不轻易违反。一般而言，告示、晓谕等形式的规范，内容主要涉及关于地方行政事务和民间事务的管理，有关劝农、禁赌、防盗、风俗等诸多方面，一般由地方长官依照朝廷授权或者有关法律、政令制定发布，这些带有明显命令性的规范，常张贴在人口密集或当道之处，以方便百姓知晓，有的被刻在石碑上，以求永远遵守。黔东南地方偏僻，民族杂处，很多地方为王政所不及，且文化欠发达，纳入管辖之后，国家典章与地方法制的渗透深入都有一个过程，政府长官的告示、晓谕在宣讲国法的过程中充当了重要的角色，也在村落社会事务的处理之中发挥着重要的作用。在"清水江文书"中，就有许多的告示、晓谕，有的缘一时一地之事而发，仅具有对具体事件的效力，有的为较长时间内某一类现象的存在而发，具有一定的普适性。

仅就国家对改革苗侗地区的婚姻陋习俗的告示而言，表现出前后态度和措施的变化，从内容和形式上，官府告示与民间"公约"有衔接的痕迹。从锦屏县敦寨镇平江的《恩德碑》来看，此碑文首先将府主的告示内容刊出，对"姑舅表婚"采取比较宽容的态度。而以后的《四里塘禁勒碑》对婚俗中的一切陋习，永远革除，既禁止"姑舅子女必应成婚"，又禁止"藉甥女许嫁必由舅氏受财"③，表明至乾隆后期，官府对这种婚俗陋习的严

---

① ［日］织田万撰，李秀清、王沛点校：《清国行政法》，中国政法大学出版社2003年版，第66页。
② 龙宪华：《清代清水江下游苗疆地区法律文书研究（1693—1911）》，中国政法大学博士论文，2010年。
③ 锦屏县政协文史资料委员会、县志编纂委员会编，姚炽昌选辑点校：《锦屏碑文选辑》（内部资料），1997年，第67页。

行禁止，与康熙中期相比，已经有明显的不同。但因其内容仍较为简单，于是文斗、茂广、岩湾、加池、张化、平鳌等十三寨头人出首召集众议，将府主的告示进行拓展与变通，列举所禁陋习的大致内容，并规定违反禁条者，都要送官惩治，以官府作为施行的后盾，加强其对民众的约束力。从禁示的内容来看，官府的告示为纲，地方民众遵照官府告示所公议的具体执行措施为目，成为碑文的主要内容。其范围涵盖13个村寨，带有明显的议约的性质，而地方议约的进行，依赖于头人的号召。从勒碑的头人姓名来看，说明村落中各宗族的头人往往能号召该族人进行集体活动，自然也包括这些地方事务的议约活动。该族人众参与了这一过程，意味他们会遵守议约的条款，而族首头人则对该族人众是否遵守负有监督的责任。这也许就是"计开各寨出首头人姓名于后"的意义所在。至乾隆后期，由于政府在清水江不断推行王化，该地教化日深，很多方面都无异于汉民，但从国家"以改苗俗"的原则出发，通过地方村寨出首头人"首唱"，由地方政府批准的"公约"，正反映和迎合了政府"变苗为汉"的民族立法宗旨。在很长时间里随着国家法影响的扩大，带动了民间习惯法的改变，但民间习俗改变很慢，法与民间习俗形成长期对峙，特别表现在苗侗民族的"姑舅表婚"和"放蛊"问题上。①

四 官府禁令与民间禁条衔接

官府告示与民众为地方事务而制定的禁约，通过它们之间的冲突与衔接，能从某个方面揭示清代的国家法制在民族地区运行过程中的状况。民间"禁约"往往很具体，对村寨事务的某些环节都做规定，是对习惯法规则的成文化，是一种习惯法的技术加工，说明进入了习惯法的成文化阶段，体现习惯法在立法技术上进步。在清水江流域"禁约"最后公布时很多碑文是以府主告示形式发布，府、县长官成为"禁约"的首唱者，与国家立法相比，地方长官的晓谕内容较为贴近村寨的生活，原因

---

① 详见徐晓光《黔东南榕江县月亮山区苗族"加两议榔"评介》，《山东大学学报》2010年第1期；徐晓光：《为"蛊女"鸣冤——黔东南苗族"蛊"现象的法人类学寻脉》，《甘肃政法学院学报》2009年第2期。

在于它来源于能够作用于实际生活的民族社会组织的议约条款。随着地方社会的不断"开化",村落权威逐渐弱化,头人借助官府的权威,将原有威势与官府权威相结合,使地方事务的处理具有更强的影响力。地方头人除了号召民众进行议约外,还得对指定的公约条款行使监督执行的责任,使这类条款对族内众人产生实际的约束力。正是这些款首、头人将官府号令与社会有机地组织起来,成为连接官府与民间的纽带。清水江流域从清朝初年开始,出现了刻有汉字的竖岩"款碑""公议碑""条规"碑,碑碣把民众议约的大事罗列成条,铭刻在上,规范着当地的社会生活。随王朝统治的深入,许多官府的告示也被刻成碑文,以垂诸久远,广为遵守,从清水江流域遗存的大量碑文来分析,有的是纯粹的官府告示,有的则纯粹是民众的议约,而有的又是两者结合,它们共同体现了官府法令规范在该流域的灌输与融通。在这个过程中,地方头人在处理该类地方事务之中扮演了重要的角色。从清代国家立法看,尽管民事方面的法律有了一定的发展,但仍然相当薄弱[1],而民事纠纷在实践中又不可避免地大量存在,所以依靠地方官吏理剖,地方官员通过创立地方性法律规范,弥补中央立法的空白,或者对国家法律进行解释与强化,在某种程度上完成对中央立法的再创造。[2] 由此可见,这些地方性法律规范的出现就顺理成章。然而这些地方性法律规范与村寨具体生活之间会有隔膜,在清水江流域地区极为正常,一山之隔也许就是不同民族,一水之隔就可能是不同族群,各民族都有自己的习俗与禁忌,因此即使是地方长官的告谕、禁示,也不能完全在辖内通行无阻。因此各地村寨头人根据官府的告谕进行解释或变通,在具体事件处理中进行又一次再创造,使之更为切实可行。由此可见,地方头人在执行官府法律规范的过程中,发挥了重要的缓冲作用。寨首、头人聚集众人进行议约,保持了苗侗地区原有的议事方式,一方面遵从了地方长官的告示;另一方面考虑了村落社会的实际,为政令的推行减少了阻力。

---

[1] 参见张晋藩《清代民法综论》,中国政法大学出版社1998年版,第1—28页。
[2] 王志强:《法律多元视角下的清代国家法》,北京大学出版社2003年版,第28—29页。

五 "司法领域"问题

从现有"清水江文书"资料来看，明清时期黔东南地区的民间纠纷只有靠行政权力和民间权力的通力合作才能真正实现。当然，也并不是说国家行政司法权力只能一味妥协，它时常会在其他的纠纷中发挥重要作用。表面上看，一些民事纠纷的解决在制定法层次上关系是不大的，但民间大量的契约以及"鸣官"诉讼与官府解决民事案件的频率、态度、取向和办法是所谓民事"司法领域"研究中的问题，将这个问题推到全国范围也是近些年中外学者讨论的焦点问题。

锦屏县大同乡大同村沙坝河边现今还有一块《申明条约碑》，这是当时贵州布政使衔署贵州分巡贵东道兵备总办兼（清水江）下游游击易佩绅在自己工作范围内就一些约束事项订立的申明条约，其中就案件受理问题规定："□士民有便利欲陈疾苦欲达，凡一切词讼冤抑欲伸者，皆省用白呈。向收入文所投递不拘格式，不限□，不准差弁书役受文规费。但各士民等，除地方利病外，凡一切词讼，非万不得已者，不准控告。"（诉状）"□□务须整洁并留有余尾，以便批粘，其叙事但取明白，不准拖沓粉饰。凡投呈词讼者，须先寻歇户□送收文，所收文者验明，仍投词人交歇户，俟批示发落，其歇户并所呈之词，或自叙，或系何人代作，皆于词后注明。"[①] 这个"申明条约"，对诉状的格式、送文程序等都做了具体的规定，说明清代清水江地区各级官府在"限诉"的同时，为各类案件受理及解决做了技术上的要求，以防止"滞诉"（县衙每月只有六天受理案件）。但"限诉"是清代官府的司法取向，防止民间以"细枝末节"的小事来纠缠兼行政与司法于一身的地方官，将"雀角之事"留在民间解决，既能减少官府的工作量，又能体现"教化"到位，民风淳朴、和谐。所以有的轻微民事纠纷被官府认为是鸡毛蒜皮的小事，会"批"给民间地方组织调解解决。中国古代官方对民间解决纠纷的传统方法都抱着比较宽容的态度，"他们的行为始终只能算是一种'介入'，也就是

[①] 锦屏县政协文史资料委员会、县志编纂委员会编，姚炽昌选辑点校：《锦屏碑文选辑》（内部资料），1997年，第113、114页。

说民间惯例始终存在于他们的外侧，他们只不过施加某些影响而已"①。这一点全国是如此，黔东南也是如此。

"限诉"和"无讼"的取向②，不等于对诉讼到官的纠纷不受理、不积极、不解决，事实上由于中国民间人口基数大、事件多，"仍有大量的民事性纠纷被提到国家法庭上了"③，其中一部分地方官根据其判断应该由自己受理和解决的案件还力求合理、快速解决，还要亲自到现场踏勘，收集证据，最后做出判决。在本书第六章"村寨社会二元纠纷解决机制"中，列举了乾隆年间的《梧洞坳分界碑》和《大冲碑墩》，前者黎平府锦屏正堂宋长官、黎平府湖耳正堂杨长官解决这两家因为"风水树"而引起的纠纷；后者是镇远府天柱县巡厅张长官受天柱县正堂博长官委托，处理强砍古树一案的判决，后经博县主批："既经勘明讯断，如详立案"。前者是因地界纠纷引起砍倒一棵杉树，并在山上捡茶籽（获利二十六两）；后者是因认为别人家树木有碍自家风水砍倒四棵杨树的案情，虽然诉讼的标的不大，但在处理过程中都经过县正堂和巡厅长官的现场踏勘（履勘），前者还经过前后任县主"三勘三详"，才做出裁决。处理的情况都是根据侵损的程度对受损方进行相应的赔偿外，均没有更重的处理，原因是"姑念乡愚无知"，"系愚民无知"，"是以勒石为界，永杜后患"，"竖立石碑，永绝讼端可也"。这说明地方官府对民事案件的处理是抱积

---

① ［日］寺田浩明：《关于清代土地法秩序"惯例"的结构》，《日本中青年学者论中国史》（宋元明清卷），上海古籍出版社1995年版，第612页。

② 嘉庆十年《重庆府查禁讼棍减少滋扰告示》中说："照得民间户婚、田土雀角之事，苟可情恕理遣，原不必应涉讼公庭，废时失业，如有实被强暴欺凌亦投明公正，约邻善为排解，免致花费银钱，横被污辱。故古谚语有云：'饿死不作贼，气死不可打官司'，此语贤愚所共知也。"（参见《四川档案史料》1984年第2期）。清代，有的官衙门外立两块石碑，刻有"诬告加三等"，"越诉笞五十"。固定的状纸后开列的限制诉讼的规定竟有15条之多（参见雷荣广、姚乐野《清代文书纲要》，四川大学出版社1990年版，第135—136页）。

③ 参见［日］中村茂夫《对传统中国法雏形说的一个试论》，新潟大学《政法研究》第12卷第1号。根据该文及其他日本学者的研究，平均人口为20万人的县，每月应有一千数百件诉讼提出（每月大概有六天左右的诉状受理日，平均每天200件），其中最新受理的案件数约为100件（一个案件可有复数的诉状），每月的断案判决书约为五六十件左右（案件的2/3未达到最后判决就由当事者自己撤回的，有1/3是经过官府堂谕解决的）。参见［日］寺田浩明《权利与冤抑——寺田浩明中国法史论集》，王亚新等译，清华大学出版社2013年版，第209页注。

极态度的，对于契约纠纷也不例外。官方根据告词①出面受理，对大量的"白契"要鉴别真伪。如从江信地村的《除暴安良碑》："又或假报木商横取人木，造老契税印，强争田产以及差役下乡纵滋事等情。应由受害之家取有实据，指名控官究理，以儆奸蠹。"②对于地界纠纷，一般原契约的中人和寨老最了解当地土地、林地的原有和转移情况，官府会要求他们当堂作证，并要求寨老和中人等继续妥善调解，尽量撤诉。当契约纠纷双方无法和解，一定要求官方做出裁决时，地方官基本上都习惯于从双方的义务角度去衡量契约当事人是否可以各自负担一些责任，以便为有"怨怼"（一般是原告）一方争取体谅的理由，从而达到息事宁人的目的，在这个过程中，地方官"情恕理遣"的水平就体现出来了。

在"清水江文书"中，"告词""诉词"占相当的比例，这说明该地在清代的诉讼频率是较高的。前述，因为随着林业商品经济的发展，在道光以后"健讼"之风大兴，村寨人民"只要觉得不平，人们即会书禀投诉，由是被官府称为'好讼之乡'"③。"清水江文书"中的"清白字"文书是诉讼当事人双方制作的为了"清局""了断"的合意文书，在签订文书时要举行"杀鸡"仪式，以示郑重。"清白字"文书是为今后双方的一方反悔，诉讼到官府做准备的材料。清代户婚田土被官府视为民间细故，因而关注有限。但在清水江流域，纠纷双方为了维护自身的权益，往往会诉诸官府，说明随政府统治的深入，林业经济的发展，木材获利的增多，必然体现在土地价格和婚姻彩礼上，户婚、田土诉诸官府也极为寻常。

前述，清水江流域"公约"非常多，其中以林业、田土、婚姻方面的最多。值得注意的是各类"公约"中除设定大量禁止性规范外，对违反者在罚则中都规定了"送官惩治""送官究治"等。如：四里塘乾隆

---

① 清代诉讼制度中"告诉呈词"是指告词和诉词，其中告人（原告）提出的文书叫作告词或告状，诉人（被告）为反驳而提出的文书叫作诉词或诉状，原告和被告提出的文书统称为呈词、呈状或词状。

② 张子刚收集整理：《从江古今乡规民约从江历代告示实录》，中国科学技术出版社2013年版，第105页。

③ 王宗勋：《文斗兴衰史略》，《贵州档案史料》2002年第1期。

《恩垂万古碑》规定:"凡二婚礼,共议银两两两(原碑文如此),公婆、叔伯不得勒、阻拦,逼压生事,如违送官治罪;若有嫌贫爱富,弃丑贪花,无婚证而强夺生人妻者,送官治罪。"这个公约一共规定六条内容,每条最后都写明"众甲送官治罪"等。另文斗寨《六禁碑》规定:"不许赶瘟猪牛进寨,恐有不法之徒宰杀,不遵禁者众送官治罪。"这与前述黔中定番(今惠水县)民国时期苗族村寨公众议定的《议榔规约》(苗族的乡规民约)极其相似,都规定对较为严重的侵害村寨秩序和利益的行为人要"送官究治""拿获送官""捆绑送官""送官究办"① 等,两者又与明代内地《南赣乡约》② 中"呈官诛殄""呈官追究""呈官治罪""呈官惩治"等规定相同。来自不同时期、不同地区的乡规民约均显示,在国家法律管辖的情况下,村落社会有一条处理较为严重的犯罪"送惩"途径,其实有些行为根本就不够"送惩"的基本条件,但对法律意识不强的村民来说也是最有威慑性的诫勉预示。

　　在国家行政和司法权力未进入苗侗村落社会以前,不论是大事小事村落寨老们都可以解决,包括一些死刑案件也在村落内部决定,并由被判者的家族负责执行。国家将清水江流域地区纳入管辖后,村落发生"命盗重案"由县审理上报,根据犯罪情况由有管辖权的上级司法机关审决,而村寨内的一些光棍、赖皮及婚姻、田土纠纷由县司法机关负责审理。国家法律并没有规定这类案件可以由村寨长老按习惯法自行解决,也就是说国家并没有赋予村寨这种审判权力。但村寨作为县辖下的民间自治组织却有对严重违反村规民约者的"送惩权",所以才有了"乡规民约"中大量的"送官惩治"之类的规定。作为清朝基层审判机关的县衙,由于人力有限、司法资源不足和维持地方稳定的需要,对"乡规民约"也有积极的回应,往往将"送官惩治"中的部分案件"批"回乡村按自己的习惯法解决(新辟"苗疆六厅"除外),这样既不失官府的威严和国家法的权威,也照顾了村寨的"面子"和愿望,这是清代县级司法机关处理这类案件的一般情况。通过"送惩"与"批"的过程,又增加了乡

---

① 陈国钧:《苗族的乡规》,贵州苗夷社会研究,民族出版社2004年版,第145—146页。
② 《王阳明全集》(二),《赣南乡约》,线装书局2014年版,第252页。

规民约的"准"法律的效力,这便是国家司法对习惯法的回应。应该说,清代到民国时期,国家法与民间法的平衡与互动大体上是在这一具体链接步骤上体现出来的。

清代法律之于清水江流域是一个矛盾多端而又多层次的制度体系,其中包含了一个法典层级的基本法律的正式的原则性的规则,一个基于妥协、平衡的调解制度,还有一个介于这两者之间的"诉讼转换"领域。在广大乡土社会,民间调解成本最低但可能忽视权利,会让双方做最大退让;衙门审理成本最高,但双方曲直会判得很分明。琐细的民事纠纷就让社会本身的民间调解系统,而不是由官府的司法制度去处理,对家庭和亲属的纠纷特别是如此,因为村落的家族组织也具有调解功能。村寨的纠纷在一般情况下如果非正式的干预不能平息纠纷,村寨首领、头人以及地保、乡约们就会被要求出面裁断,他们将听取两造的诉求和理由,并试图找出双方都可以接受的解决办法,最后经过耐心的劝解,使双方达成妥协。习惯法有的虽未见诸文字,但并不因此而缺乏效力和确定性,如苗族理词中所显示的若干"大理"与"小理",在熟人关系网络中,这种"法律"可以得到实现,其效力来源于乡民对于此种"地方性知识"的熟悉和信赖,并且主要靠与乡村的关系结构有关的舆论评价机制来实现,官府的认可和支持有助于加强其效力。在诉讼过程中,当事人不可能在非正式的制度与正式的制度之间只做一次性选择,在"清水江文书"中,有一些已经打到官府的案件又撤回民间解决的案例。这样的架构使得官方审理和民间调解系统间的关系,比国家支配社会的预想在秩序稳定上要现实一些,依靠民间的调解系统尽可能地让社会自己去处理"细事",使得民间调解在很大程度上自行其是,长行不衰,所以才会有一些村寨法直接规定不许诉讼到官,或未经村寨解决不许诉讼到官府。

第三节 林业商事活动中的"法秩序"

人类学研究认为:"规则就是法律。"哈耶克说:"在个人行为所遵守的抽象规则与整个抽象秩序之间,存在着因果关系,个人在对当前的具体情况做出反应时，受到这些抽象规则施于他的限制，才使这种秩序得以形成。"① 就清水江流域法律秩序本身而言，在林木生产、运输、交换、分配、消费等经济运行中，不断建立和健全民事商事规则体系，以期建立良好的经济运行秩序，当规则被违犯，秩序就遭到破坏，此时就要实施规则中所预计的和习惯上的制裁。但由谁来裁决，是民间组织，还是官府？裁决的依据是国家法，还是民族习惯法？这都是法秩序研究中的问题。一般说来，在林木生产过程中只要不涉及土地所有权争议，只是树木、林地上损害性质的纠纷都能在村落内部解决，纠纷解决一般不进入诉讼程序，不必惊动国家司法机关；涉及物权、集团利益等纠纷，一部分要经过诉讼程序，由国家司法机关来裁定或审判；构成刑事案件的要由司法机关进行判决，重大案件要按程序法要求逐级审理，直至中央司法。任何类型的法律制度都是特定法律关系的产物，民商法律制度的创制，如果不能基于广泛深入地吸收本土民族习俗、习惯资源，那么创制的民商法规很难真实有限地反映一个国家特有的法律文化。遵从习惯是一种理性思维方式，习惯法权对于民商事立法具有先在性价值，尊重优良习惯是中国法律发展的重要途径，中国传统的习惯蕴涵着有助于法律实现的人文精神，在当代全球化历史条件下尊重商事习惯，创制更切合实际的民商法律制度，保持民商法律之本土资源和其间生成的民族性品格，是防止法律殖民主义倾向的有效途径之一。

自发秩序起源于他们要遵循的规则。古代商事法发展的基础上是简单商品经济，社会关系对于商事规则提出简单要求，产生了最初的商事法律规范，在成文法出现之前的古代商事法存在于两种形式之中，一是单一的商事法律规范形态存在于其他法律文件之中；二是以商事习惯法的形式存在于社会生活关系之中。当时商法还没有从一般民法规范中分离出来，没有形成特别的商事法，原因在于商品经济还没有充分发展，商人尚未成为独立的阶层，商事交易的复杂程度，不足以越超普遍民事关系。到了清朝末期，中国有了自己的商法。私法自治始终是商事法发

---

① [英] 弗里德里希·冯·哈耶克：《理性主义的类型》，《哈耶克文集》，冯克利译，江苏人民出版社 2007 年第 2 版，第 592 页。

展的主线,平等者之间无管辖权,彼此之间权利义务的形成主要依赖私法自治,商事法律关系中的人是自在、自治、自律的。私法自治体现了商法对商人独立平等地位的尊重,是商人积极性、主动性、创造性的源泉,是经济和社会发展的实现机制。从传统习惯法和当代民商法律关系来讲,尊重本土传统对当代中国民商法有重要启示,从法律的角度去探寻契约的特点、内容及影响,有助于理解适宜的民商法律制度对社会发展的积极作用,理解遵从民商习惯,树立契约意识,依靠社会协商和合意,按照契约思想制定法律的重要性,进而认识契约法律制度本土化发展和外来文化的冲击下出现的有中国特色契约法律文化,进一步理解我国契约的民族化及社会化,促进我国民商事立法的不断完善。这里,让我们把目光投向清水江林木商事活动的具体环节。

一 生产环节

我国杉木栽培一直广泛应用于杉木与茶油、油桐短期混交(套种),个别地区有套种山雁皮等经济灌木习惯,基本上是营造杉木小块纯林,选择山腰以下的肥沃土壤栽杉,山顶处保留松树、阔叶树等天然林或次生林。这种造林方式历史上表现为杉木单位面积产量较高,病虫害很少发生。[①] 由于杉树的特性,必须进行"混林"作业,单一种植杉树是不行的。在清水江流域人工营林中,林地营造主要的产品是杉木,林农同时还在林地中兼种其他树木,如松树、米黎树、黄木、樟树、檀木、油茶、油桐、杨梅、板栗和楠竹等,如油茶可以解决食用油问题,油桐在近代是国际贸易的重要商品,利润较高。林农在生产生活中,本地是什么土壤,适合种什么树,哪些是经济树种,哪些是风景林,经济效益如何安排他们都很清楚,这就是我们现在所说的"适地适树"。如林木采伐后可调整,可以改变林种结构,但要科学、合理,利益也要平衡,在清水江林区就有因种哪种树发生冲突的事情。请看《归固风水林禁碑》:

立禁石碑,为此振顿玄武山以保间里事。

[①] 吴中伦主编:《杉木》,超星电子文本,第367页。

第九章　清水江流域社会民族法秩序的形成

　　窃思鼻祖开基故村以来，数百年矣。先人培植虫树（马尾松），兹生荣荣秀蕊、茂茂奇枝。远观如招福之旗，近看似□罗之伞，可保一枝人人清泰、户户安康，亦能足矣。谁知木油就树而生，如井泉之水。今有人心不古，朝严夕砍，难以蓄禁，众等奈何。前而岁同心商议，将虫树一概除平。众云千古不朽莫若米黎，树之则更基矣。念乎一人之所禁，奈何独立难持，故今众等设同较议复旧荣新，所栽米黎树今已成林，不准那人妄砍。杉虫木者不准修培，开茶山者远望满地朱红，就龙身无衣一般。人人见之心何以忍哉？今禁之后，务宜一村父戒其子，兄免（勉）其弟。若有人犯者，具有罚条开列于后，勿谓言之不先也。

　　一议：后龙命脉之山，不准进葬。倘有横行进葬者，众等齐众挖丢；

　　一议：后龙不准放火烧山。如犯者，罚银钱三千三百文。那人拿获者报口钱壹千叁百文；

　　一议：后龙不准砍杂树、割秧草两项。如犯者，每项众等罚钱壹千三百文。那人得见报者口钱叁百三十文。

光绪叁拾三年正月初八日众等公议立①

　　清代民国时期，清水江流域林区林木生产在大家族所有制下进行，一般家庭（房族）所分得的份地可能只是维护其基本生活的一部分经济来源，单靠份地种植杉木，要经过二三十年的时间才有收益，这么长一段时间靠什么生活？一般家庭不能仅仅靠种杉维持长期的生活。大家族公地中其他经济林，如桐树、油茶树、五倍子树、漆树等树木所产桐油、茶油等经济作物也是家庭日常生活的重要经济来源。所以在家庭经济上就有个算计和安排问题。资料显示：清同治、光绪年间，茅坪著名商号"杨义泰木行"在黄哨山、姊妹岩一带营造或购买用材林，活立木共千余亩；在同步溏河对面的麻栗山有薪炭林几十亩，每年烧十几窑麻栗炭，

---

① 锦屏县志编纂委员会办公室编，王宗勋、杨秀廷点校：《锦屏林业碑文选辑》（内部资料），2005年，该碑高123厘米、宽30厘米、厚6厘米，现于归固村小学校边一村民仓库前。

除自用外还部分出卖;属经济林的,有在老德山会馆山上、大平冲口等处的油桐林、油茶林、果木林共百余亩,自食或上市都绰绰有余。茅坪山多田少,田显得更为宝贵,杨启义从茅坪买到天柱,田产至少上百亩①,从中可以看出家庭经济的平衡分布。

明清时期随着清水江流域卷入林业商品经济潮流,从而带动了该地林业商品经济的发展。木材贸易促进了人工营造林的发展和山林买卖。前述人工林业由于作业周期长,对土地资源的占用必然形成长周期、非间断的利用状态,林木的生长周期最少要18年,一般是20至30年间积材最快,往往是树长到20多年后才发卖,特别是在封林后的监管期,经营者投入的劳动量很少,几乎处于任林木自然生成的状态。这时防火、防盗(偷砍林木、盗移林地碑界)、防毁林十分重要,这在民族习惯法中规定得十分明确。《大同禀山禁碑》规定:"自今勒石刊碑之后(对蓄禁古木)断不扯坏。若再有等私起嫉妒歹心之人故意犯者,合团一齐鸣锣公罚赔禁栽植章程,另外罚钱拾三千文,违者禀官究治,预为警戒。"在长达20多年的时间里,为保证地主和林木经营者的权利,要订立长期有效的契约作为保障。人工造林的兴起带来了林地租佃关系,出现了山林租佃契约,所以侗族苗族民间出现了山林契约,这批契约文书记载了该地发生于清代民国时期的山林买卖关系和租佃关系,现在保留大量的林木土地买卖契约和佃山栽杉合同及抵押杉木等文书,说明在地权关系较为明晰的前提下,山场田土买卖、租佃所产生的复杂土地权属关系,人们借以确定各种利益和规范各自行为。清水江诉讼文书及调解文书很多,很多就以契约作为权利主依据的。如下面的诉讼文书:

> 为欺官藐法违断害良捏词妄控事。缘前以挟富吞谋具控逆侄姜沛仁在案,荷蒙仁主于前十月初九日审讯,照蚁红约当堂公断,遵依天向具有遵结在案,恳恩调阅,奈蚁于二十三归回,二十四晚至家,孰意逆恶堂侄沛仁,伊心怀不服,反出恶言,天断不公,于二十五早复请原中姜兆祥姜凤仪二人来蚁家,言及伊要与蚁弟兄仍分客砍一百余

---

① 参见单洪根《绿色记忆——黔东南林业文化拾粹》,云南人民出版社2012年版,第77—78页。

株之木数十根，又分此山之土等语，蚁闻骇异，伏承天断墨迹未干，断无此情实未肯分，不料伊复行赴辕，反以先发制人，捏蚁违断不遵，于七月的强卖伊左幅之山一大半，况伊山之木只有数十株活存，各有老界，额外毫不伤动，二比执有四纸契约，临审呈阅，又云横行霸道，满纸诬词，现有中此可讯，且蚁父之豪与伊祖之璞情同手足，家业原系二股均分，伊占一股，蚁占之一股已分为七小股，奈蚁弟兄家寒，日食不敷，于本年六月内将地各祥污下图之木照约□百余株□木，卖与平鳌客砍获一百余株下河，获银九两以度荒月，伊心红不睦，横行占争。近来数年当恶卖山买田约谷数百石，匿契骗税，况伊目前又卖地名党周之山一块，获艰伍十八两，蚁弟兄叔侄听天安命，毫无异议。伊前次无约横争后、又倚山越界霸占，明恃富豪拖害良民，窃思官断如山崩，似此目无法纪，不分尊卑，明欺蚁实甚矣！恳仁天照律实究，赏善罚恶，以免地方效尤，若不诉恳良民难安，将来蚁□□私业，被逆侄□富强吞，情理难容，只得诉乞。

　　□□前作主，赏准严究，施行隆恩于不朽矣！

同治九年十一月　具诉①

这一诉状中所说"照蚁红约当堂公断"，即以原告的红契为依据，要求审断，同时说明家族内部的原始产权、分股情况，以及亲属之间在权利遭到侵害时的诉讼态度。"清水江文书"中这类诉讼文书较多，在林主权益受到侵害时，依据契约去官府告状，主张自己的权利。

二　运输环节

以木材种植、采运业兴起为核心的经济发展与社会历史过程，反映了杉树为主的各种林木的种植与采伐，成为清水江两岸民族村寨社会最为重要的生计活动，杉木采运收益分成以及地方社会对采运环节的设计是清水江干支流经济生活的重要线索。商事法律关系在价值目标选择上具有顺序性，在核心层次的组织关系和运动关系中效率价值具有第一的

---

① 张应强、王宗勋主编：《清水江文书》第1辑卷5，广西师范大学出版社2007年版，第169页。

地位，在一般情况下允许依效率去设计制度。①

　　林木采运开始程序是：首先要将一片片林地上的树木砍伐倒，去枝去皮，晒干后，通过"洪道"运到小溪边。在采伐时，相邻的林地间认错了地界，就会造成乱砍，有时树木倒下时没有按砍伐者的预计方向倒下，跑偏了，压倒、压坏了别人家的木植，必然都会引起纠纷，这类纠纷一般当事人双方都能协商解决，解决不了的便请寨老调解。"清水江文书"中有因错砍或压倒别人家树木的"悔过字"文书。木材运出通过之处，如果都是一家的林地就没什么问题，若经过别人家的林地就会出现借道问题，这种情况两家或多家地主都习惯上安排了"洪道"或其他出路。有的人在采运时为了自己方便，不按老"洪道"而开新"洪道"，破坏别人土地、树木，纠纷就会发生，这就要有相应的规则加以调整，《小江放木碑》就是调整此类问题的规则。规定："凡放木拖木，必虑畛坎，务在溪内，不许洪水放进田中，不许顺水拖木，故犯照木赔偿，恃强不服，送官究办无虚"。又如平略地芽于乾隆五十四年（1789年）发布的《水坝约示》：

> 每年客商全不体恤，遇水自放，或自拖运过坝，屡被过后，亦不当整砌。而有田之家，候水退抬石整砌，非一朝夕。而成带田丘尽成干涸，国课无归，老幼嗟叹，莫可如何。今找众公同人：所过木植，不许自放，亦不许请别村人托运，毋论放水托运，先说定必要众运送，扶木过坝，坝坏亦在放木人，当即照旧整理。口（不）肯整彻，罚银三两以为整砌急需之费。……后载举凡过木植，众人议定由黄莲洞至响水坝止。
>
> 　　　　　　　　　　　乾隆五十四年六月初六日众等立

　　黔东南多山，但存不住水，修筑水坝以便灌溉由来已久，当木材漂流到水坝前受阻，需要人工拖过。但托过木材后，损坏了水坝，也不修砌，更不赔偿，所以水坝所在地平略地芽于以公约形式发布《水坝约

---

① 参见童列春《商法学基础理论建构：以商人身份化、行为制度化、财产功能化为基点》，法律出版社2008年版，第137页。

示》，众人议定由黄连洞至响水坝止。

木材运到支流上，便按照各支流的"江步"来进行利益分配，根据木材采运过程中山间拖木、江河排运分段进行，互不侵犯、利益均沾的传统原则，各寨均应占有"股份"，但一些地势有利的村寨对经过所管江段木材行使放运"专权"，为争夺木材放运专利，各寨之间经常发生纠纷，一些纠纷不得到官府解决。为协调各寨之间的利益关系，传统的款约发挥了作用。如培亮《拟定江规款示碑》规定："爰因约集各寨头人同申款示，永定条规，上河只准上夫放，不可紊乱江规；下河夫只准接送下河，须要分清江界。如有蹈前辙拿获者，禀公罚处，不服者送官究治。"

木材贸易就是为了获利，在林木的种植、采运、买卖过程中，林农、木夫、排夫、山客、水客都要获利，以维持生计。培亮《拟定江规款示碑》说："我等乌下江沿河一带烟火万家，总因地密人稠，山多田少，土产者唯有木植，需用者专靠江河，富户贩木以资生，贫者以放排为业。"参加林木贸易活动的各个行业得不到满足，木材运输链条上某一环节出问题都会影响整体的木材贸易。下面这个天柱县正堂的"晓谕"就是针对排工聚众拦江闹事的处理意见。

  永远遵守。
  钦加同知衔特授镇远府天柱县正堂加三级记录十次曾　为
  晓谕严禁事。照得案据木商公顺永等以"违示捐勒，恳复旧章"等情一案到县。据此除批示外，合行示谕。为此示仰商民、排夫等知悉，自示之后，应照黎平府邓、前县龙公定章程放行，均不准稍有增减捐勒。稍敢故违，许即禀明，立提严惩不贷。各宜各凛遵乡违特示。
  右谕通知

          光绪十八年四月初三日
          实帖亮河八步江晓谕

  钦加道衔赏戴花翎署黎平府正堂王　为
  出示严禁以安商贾事。案据木商周顺泉、左祥泰、薛德昌、闵新昌、徐隆盛、磨镒盛、陈惠昌、左启泰等禀称：缘排夫彭守敏等集于茅坪、宰贡等处拦江闹事，以到三帮之安徽、临江、陕西，五勷之德山、开泰、天柱、黔阳、芷江等处客商徘徊裹足，未赦遽行。尔行江于此内帮各章虽遭其害，犹尚未烈；至若外江之大冶、黄州、武汉、金苏等处之客，则不可言状。故我镇远府主出示严禁，抄粘呈阅，乃该彭守敏等仍敢肆闹。商等伏思，彭守敏等伊当系五勷之人，乃不思何以揖睦同勷，竟胆敢于中坏事，商等若不恳请严行示禁，则上下河客既遭阻滞，难免不另闹争端，不独国课受害无涯，即客商亦受害无底。为此禀乞作主，迅赏出示严禁施行等情到府。据此，除批示彭守敏等聚众拦江估放，勒索水力，为客害商业，经本府通禀，请饬镇、柱严拿惩办，一俟章批即行移知。兹据称，上下河客路阻滞，恐另起争端，准如所请，出示严禁，并早移马哨关极力弹压矣，抄示存。查此案前经本府通禀，并移镇远府天柱县，仍照旧规办理，已示谕在案。乃该排夫彭守敏等，复敢拦江霸放，聚众生事，勒加水力钱文，实属目无法纪。似此扰害，商贾何堪。兹据该商等禀照前情，除业经移请宰贡、马哨关弹压外，当出示晓谕。为此仰三江总理、纲首及上下河客商、主家、排帮人等知悉：嗣后凡遇木植到江，务须仍照历来旧规，按定各帮应到地方接收，不准揞勒居奇，倘该排夫彭守敏等仍前拦江霸放，聚众生事，勒加水力，准即捆送来案，照例惩办，以儆刁顽；该商等亦不得藉此多事，至于并究。其各凛遵勿违，特示。

右谕通知

实帖亮河晓谕
光绪贰拾肆年捌月贰拾贰日示[1]

---

[1] 该碑在锦屏县城飞山庙内，收入锦屏县政协文史资料委员会、县志编纂委员会编，姚炽昌选辑点校：《锦屏碑文选辑》（内部资料），1997年，第51页。

三 交换环节

清水江流域纷繁复杂的林业经济活动中引发的种种纠纷中，最大的案件当属干流上"争江案"，这个案件围绕或促成体现核心内容的"江规"——《奕世永遵碑》。碑文如下：

> 徽、临、西三帮协同主家公议，此外界牌以上，永为山贩湾泊木植，下河买客不得停簰。谨为永遵，毋得紊占。
>
> 嘉庆二年季春月谷旦立

仅40余字的《奕世永遵碑》，是关涉清水江木材采运各方权利与利益的一则重要江规，蕴涵着极为丰富的历史信息，反映着当时区域贸易活动和地方社会生活的某些重要侧面。首先，这一江规涉及三个不同的主要人群，即以"三帮"为主的"下河买客"，卦治寨的"主家"和上河贩运木植的"山贩"。前述，"三帮"是清水江木材采运活动中，最早进入清水江地区进行木材采买的三个木商集团，也是来自下游的客商中最有势力的商帮，他们往往都"兼代办江南例木"、采办"钦工例木"等，即负有为皇家或朝廷采购大型和特殊木材的使命，这实际上就给予了"三帮"木商某种与众不同的身份。而且在地方官府对木材采运活动控制性政策的制定中，这种特殊身份为他们赢得了特殊的权力和地位。当然，参与清水江木材市易的下河商人并不仅限于"三帮"，几乎同时的"五勷"和晚清时的"十八帮"，在经营规模上有的远超"三帮"。"主家"则是指卦治寨中有权在木材交易中联络木商和山贩的大姓房族和家庭，他们充当着沟通买卖双方、促成木材交易的中介角色。"山贩"则是居住在清水江上河一带的贩卖木植之"黑苗"，他们负责将山场的木植组织砍伐并运至进行木材交易的地方，是连通生产和大规模流通的纽带。[1]其次，这一江规实际上就是一块界分上下河的"分界牌"。"山贩"和

---

[1] 参见张应强、胡腾：《锦屏》，三联书店2004年版，第84页。

"木商"均不得越界"湾泊木植"或"停簰",不同的利益主体在木材交易过程中的权利和利益得到了清楚的界划。与此同时,当江主家可能也因此而分享了上下河不同的客商湾泊木材或是停排的经济利益。另外,这一江规亦是官府确立"当江"制度以界分清水江一河上下不同人群构想的具体化,它真实地在卦治所处江面划出了一条清晰的界线,把"山贩"和"木商"及其各自的权属和利益做了明确的规定。因此,《奕世永遵碑》作为具有规范参与木材贸易活动各利益主体行为的规则,是根据官府地方性法规的规定,以民间协商的方式订立的,但是其基础或前提仍然是木材采运活动中最为核心的"当江"制度。这一制度确立后不久便引发了清代中后期邻县天柱坌处等"外三江"与锦屏卦治、茅坪、王寨分享木材的商业利润的重大争端,实际上嘉庆三年(1799年)之后的"争江"大案,坌处背后已经是一个48寨共同承担责任和义务的村落联盟与"内三江"进行的区域性经济贸易权和政治权力之争。但坌处等天柱沿江各寨运气一直欠佳,总是"小胳膊拧不过大腿"。嘉庆三年(1799年),坌处进行一次有组织的"争江"行动,而且得到地方官员的支持,当时黎平知府准了坌处的状子,同意其当江立市,很快碰上地方官员更迭,新知府上任后随即改弦易张,不仅驳回了坌处的诉讼请求,还把兴讼的领头人物充军。这直接演化为三年后朝廷审解的又一次争江案,这一次他们邀集四十八寨代表齐聚杨公庙内,决定做客商领袖的工作,直接与下河客商接触,径直到汉口等地去迎接各大木商,让他们直接落脚坌处等外江一带村寨,好吃、好喝、好招待。但问题是上游没有木排放下来交易,坌处人坐不住了,派人深入上河林区买木,还扮成皇商硬闯内江河段,结果被茅坪人识破,把人扭送官府。但坌处人不甘示弱,把漂经此地的湖南常德德山帮的木排拦阻下来,德山帮也是一木商大帮,官界关系很硬,一状告到省布政使司衙门,湖广将案件移交贵州,事情闹得一发不可收拾,最终连相关府县官员也受到牵连,坌处人自然难逃处置。然而决意分享当江之利的坌处,屡争屡败,屡败屡战,越战越勇,最终酿成了影响深远的嘉庆九年到嘉庆十一年(1804—1806年)连续三年的争江案件。内外三江之争始于康熙四十六年(1707年),止于民国五年(1916年),旷日持久的诉讼持续200余年,如跌宕起伏的超长电视连续剧，清水江自上游剑河到下游天柱境内，几乎都卷入争夺"当江"专利权的诉讼，这一案件涉及的问题大，涉讼的范围广、人员多、时间长，官司从县打到府，又从府级打到府院，直至向朝廷告御状。在处理过程中，"外三江"的"肇事者"被判杖刑、徒刑、发配的不计其数，有的还被发往黑龙江给"披甲人"为奴。内外三江马拉松式的争江案，却一直是"南枝向暖北枝寒"，"外三江"一直是败诉方。随着民国自由贸易观念在社会各界普遍深入而得到较为妥善解决，光绪十五年（1889年），垒处等寨虽获准开行当江，但争端还没有完全平息。200余年"争江案"案情复杂、跌宕起伏，这些诉讼资料一直保存完好，连篇累牍的诉讼状词反映了清水江流域苗侗民族社会、法律、经济生活，也反映了民族地方诉讼与国家司法审判程序。

四　分配环节

"夫役案"发生在清雍正至嘉庆年间，是清水江人民因徭役负担沉重而发生的要求减轻夫役的诉讼，这是当江获利的同时承担官府夫役义务的利益分配与劳役摊派矛盾引起的诉讼。清水江流域很多地方在雍正四年至雍正五年（1726—1727年）"改土归流"后才输粮入籍。而卦治、茅坪、王寨当时已是木材交易的中心，对清王朝"输粮入籍"想必更早。承担夫役和纳粮一样是各民族直接承担的义务。雍正四年（1726年），巡抚张广泗在推行"改土归流"时，将原属湖广的天柱县划归贵州省，茅坪就成为由黄哨山通往贵阳必经之地。官差、军队和囚犯押解往来增多，茅坪人民的夫役负担随之加重，所以至雍正九年（1731年），茅坪吴世英才向政府要求立市以补偿夫役过重之苦。所谓"借夫立市"，就是以夫役过重为由，将王寨、卦治、茅坪轮流当江进行木材交易的制度，改成茅坪木市"独家开业"进行交易。古州滕姓同知的处理意见是：茅坪木市"一立则垄断独登（吞），沿河各寨见其利尽归，共起争端，论立市茅坪于理不可。……窃恐享利不久，结怨沿河。"该署主张"将当江立市名色永远革除，不得限年轮流，任从苗民客商之便，爱于某寨贸易，即泊某寨，使沿江之民，皆有贸易，均沾乐利"。呈文上呈后，黎平府当月就复示调整夫役：

……仰茅坪、王寨合寨知悉，嗣后凡有军装送于邦寨交卸接替，不得接送天柱县城。其夫每名十里差役，给以米价一分，以示抚恤。运装以外，一切无票起夫者，不得滥应。倘有假冒兵役，横行拉人，即许扭禀。

雍正九年五月二十四日示①

雍正至乾隆年间，迭起夫役讼案，屡得政府断结。直到乾隆后期才大体解决了这一问题，方案是：一、缩短送夫路程：原茅坪、王寨服役送至天柱，路途长达60里，改送至天柱境之邦寨，缩短为30里。二、按派夫名额的增多，指定他寨对王寨、茅坪进行帮协，夫役百名以内，由茅坪、王寨照旧完章程值年独当。夫役百名以外，二百名以内，由小江、茅坪、王寨三处均当。夫役二百名以上，由平秋、石允、高坝、皮所、黄冈、俾胆、苗白、小江、王寨、茅坪等十寨均当。三、按单双年份和南北方位合理分担：单年夫役由王寨承担，双年夫投由茅坪承担。犯人自南路开泰而来，则送锦屏（铜鼓）再送王寨，再转送邦寨。由北路天柱而来，则送邦寨，再送茅坪，直送大腮。②

五　消费环节

在商法中技术理性占主导地位，法律不干预各种商业自由。突出的现象就是商事关系被客体化、对象化、手段化，商人利润追求的欲望总是被扩展到强行法的边界，在正常情况下，商法中的正义、公平价值只是消极的保护者，只有商事行为违背社会正义时才予以纠正。③ 明代以来，以白银为本位的货币制度最终确立。货币的统一推动了明至清前期商品经济的较大发展。"三帮""五勷"的商人群体，发现了盛产优质杉木的清水江流域林区有利可图，便通过白银货币，把这一地区作为他们

---

①　贵州省编辑组：《侗族社会历史调查》贵州民族出版社1988年版，第187页。
②　同上书，第188页。
③　童列春：《商法学基础理论建构：以商人身份化、行为制度化、财产功能化为基点》，法律出版社2008年版，第137页。

牟利致富的场所。他们甚至不惜使用冲铅低潮银色对各民族林农和山客进行疯狂掠夺，清水江居民深受其害，眼看着自己辛辛苦苦的劳动报酬"缩水"贬值，四处投诉告状。道光年间有山客李荣魁等上书清政府，要求禁革"三帮"等外省商人在收购木材时大量使用冲铅低潮银色的诉讼，即所谓"白银案"。此事惊动了与木材贸易活动有关的各省地方官府，当时发行"洪兑"的湘黔边界的贸易中心洪江，自然与这一问题有关，道光五年（1825年），管辖洪江之署湖南直隶靖州会同县正堂发布告示：

> 道光五年署湖南直隶靖州会同县正堂加五级次尹为晓谕事：
>
> 照得洪市花号及一切店铺交易，向有成规。若银色低潮，公同看明补足，方称允协。据洪江远禀请出示。诚因近日民风浇薄，作伪潜生，每将低潮称为足色，希图行使，暗中射利，病我商民，殊堪痛恨，合行出示，晓谕严禁。为此仰洪市买卖人等知悉，尔等买卖以较准官称为率，其银两必须公平估计，照常行用。如有低潮，即行补足，不符向例；沿用不法之徒强行低潮，藉端滋扰，许该商具禀赴县，定即按情严治，决不姑宽，各宜凛遵，毋违。特示。①

在木材贸易中除了以白银为主要流通货币外，还大量发行"期票"②。即在汉口和湖南洪江的钱庄发行"汉票"和"洪兑"，以代白银流通于林区市场。下河木商到林区采购木材，一般把现金存入汉口钱庄，领取"汉票"，至洪江后，再将汉票换成"洪兑"，也有的运货到洪江卖成"洪兑"，到林区主要使用"洪兑"购买木材。林区商人获得"洪兑"后，到洪江进货，洪江商人又以"汉票"向武汉进货，这就形成了以兑票为简便方式的密切相连的商品流通环节。

由于林业贸易顺差，白银大量流入黔东南地区，给苗侗民族的生活带来巨大影响，据官府的一道"晓谕"称："迨光绪以来，得升平之世，

---

① 洪江市志编纂委员会编：《洪江市志》，生活·读书·新知三联书店1994年版。
② 贵州省编辑组：《侗族社会历史调查》，贵州民族出版社1988年版，第80页。

普用宝银，女嫁男婚，不得六礼，舅仪勒要纹银数十余金，你贫我富，屡次上城具控。"不仅婚姻彩礼的数额较大，而且诉讼意识增强了。据学者研究苗侗妇女爱戴银饰，姑娘以银饰代表自己的身价，这种习俗可能来源于清以后林业贸易顺差所获得的白银。① 家庭中积攒了白银，他们便给家中女子做服饰，一套完整的服饰需要白银一百多两。在平时，女子戴有银耳环、手镯、银簪；节日穿盛装，头戴银丝花草、银琉、银座，项戴项圈、银链等。有时汉族地区的服饰也被他们买了过来，有些人穿上汉族人演戏时穿的旧锦袍。《百苗图》就记载清江苗："喜著戏箱锦袍，汉人多买旧袍场卖之，以获倍利。"② 这说明文化活动相对贫乏的苗侗地区，人们对娱乐生活的向往。由于在银饰服装上攀比之风日盛，雍正以后在清水江、亮江沿岸地区进行了主要针对妇女的服装改革，规定了头饰和服饰的标准。据说，当时放排到洪江的排工赚到钱以后，有些沉迷于洪江的烟花柳巷，有些从事赌博，还有大批戏迷。后来，洪江的辰河戏班经常被邀请到清水江各地演出，以后高腔戏又陆续传到苗乡侗寨。③ 侗戏正是在清水江木材贸易鼎盛的清嘉庆、道光年间产生的，黎平腊洞的侗族歌师吴文彩在侗族琵琶歌、侗族大歌的基础上，参考花灯剧、湘剧、桂剧的程式和表演方法，综合创编而成。各种戏曲大大丰富了清水江人民的文化生活。④

木材商品促民致富，清水江支流"巴拉河自河口曲折而上，约近百里，沿河苗寨相望，颇为殷实，久为著名产木之区"。但一旦遇到匪患，老百姓的生活就不行了。"粤匪倡乱以来，江湖道阻，木积如山，朽烂无用，苗人穷乏，至有挖亲尸取殉葬银器，以输官府者，联名呈请轻减。俟江湖平定，木可畅行，仍复旧例。"⑤ 这说明了当时清水江流域居民对

---

① 张应强：《木文明与社会发展：木材与清水江下游区域文化的型构》(http//woodculture – cn. woodlab. org/thread. cfm？Therad = 5203)。
② 李汉林：《百苗图校释》"清江苗"，贵州民族出版社2001年版，第165页。
③ 李怀荪：《苗木·洪商·洪江古商城》，《鼓楼》2011年第5期。
④ 徐晓光：《款约法——黔东南侗族习惯法的历史人类学考察》，厦门大学出版社2012年版，第205页。
⑤ （清）韩超：《苗变记事》，四川大学图书馆编《中国野史集成》（第43册），巴蜀书社2000年版，第349页。

木材的依赖程度和官府对赋税的具体处理办法。

总之,清水江流域社会的变化是围绕着林业经济贸易展开的,这是在中国其他地方并不多见的。清水江流域地方性法规文书是王朝法典与国家法律在区域经济开发活动中的具体运用和延伸,是该地林业商品经济高度发展的必然结果。清朝以后的林业开发,使这一地区的经济贸易活动渐次纳入了整个国家的经济、法律范围,清水江流域地区出现大量的地方性贸易法规与民间贸易规则、诉讼文书和林业经济合约,有其政治、经济、文化等方面的深刻原因。

小　结

费孝通先生在《乡土中国》中认为,中国古代社会具有"契约社会的基础"。著名经济学家盛洪说:以前人们"对中国经济史更存在着普遍的曲解,很少有人知道,中国在秦汉以后,就是一个契约性的商业社会"①。日本学者寺田浩明在研究清代社会契约秩序时认为:"清代社会并不是一个单纯的未开化的社会,人们日常生活已经远远超过面对面的小范围交往,已经构成了一个大规模的复杂社会。在那里社会已经实现了相当程度的分化,存在众多的民事契约类型,这些都在日常生活中实实在在发挥着重要作用。这样的一个社会通过契约得以运行,在总体上能够维持民事秩序。"② 维持这样一个社会秩序稳定的是这个社会方方面面、有意无意的制度生长或制度设计。谢晖教授"契约性法律沟通的大小传统间的良性互动"的理论模式值得在今后研究中思考。③ 然而,清水江社会仍然是我们熟知的中国传统社会的一部分,虽然它在群山阻隔的偏远民族地区,但它仍然只是中国传统社会中极其特殊性的部分,并没有脱离出中国传统社会的基本逻辑。现存丰富的契约文书和商事、林事规则的记录,可能是传统社会中不曾被发现的东西,我们需要做的

---

① 盛洪:《现代经济学的中国渊源》,《读书》1994年第12期。
② [日]寺田浩明:《清代土地法秩序"惯例"的结构》,王亚新等译:《权利与冤抑——寺田浩明中国法史论集》,清华大学出版社2013年版,第111页。
③ 谢晖:《大、小传统的沟通理性》,中国政法大学出版社2011年版,第14页。

或许正是在正视这种逻辑的前提下，在乡土社会联系中寻找契约精神和理性的种苗。

寺田浩明把明清时期国家与地方的法状况看作"法领域"和"契约领域"这两极。前一极是以皇帝单方面宣布命令的国家法体系，不必依靠个别的、具体的契约性关系；另一极是人们相互间缔结的对等的契约的世界。如此架构下，他认为以契约形式建立的"禁约"发挥着"纠风""整风"的行动的作用。"法领域"与"契约领域"的划分是在明清社会这一层面而言，前者指国家政治法，后者指民间契约社会。实际上在清代民国清水江地区国家宏观经济调控环境下，国家政治法并不多，而民族地方官府推行的"施政处分"，如"晓谕""禁示""告示"等的作用很大，经过官府认可的"禁约"中，诸多禁止性规定、处罚条款及"送惩"的规定，使"禁约"成为村寨公共生活中的行为规范，从而构成地域法的重要内容。在林业经济兴起，契约环境形成后，民间契约的大量缔结，也奠定了"契约型社会"法的重要基础。国家"法领域""契约领域""约法领域"的共存构成这一地区的法秩序，由于清水江流域地区地处各民族共生的环境之中，这种法秩序便可以称为"民族法秩序"。历史上在这些民族村寨中，纯粹以国家法建构的秩序不曾有过，而是国家法结合民间法和民间惯行形成的"混合型法"秩序，即国家法、村寨法、民间惯行共同构成了村寨社会的规范体系，其重要体现就是本书反复说的"盟约""乡约""禁约""公约""合约"及大量不同类型契约的存在、联系及相互作用，使清水江流域地区成了典型的"约法社会"。

参考文献

一 主要论著

（一）国内

1. 《侗族简史》编写组：《侗族简史》，贵州民族出版社 1985 年版。
2. 梁启超：《中国历史研究法》，上海古籍出版社 1987 年版。
3. 林耀华主编：《民族学通论》（修订本），中央民族大学出版社 1997 年版。
4. 费孝通：《乡土中国》，上海人民出版社 2005 年版。
5. 费孝通：《生育制度》，天津人民出版社 1981 年版。
6. 费孝通：《中国绅士》，中国社会科学出版社 2006 年版。
7. 梁漱溟：《中国文化要义》，学林出版社 1996 年版。
8. 瞿同祖：《中国法律与中国社会》，中华书局 2003 年版。
9. 梁治平：《寻求自然秩序中的和谐——中国传统法律文化研究》，中国政法大学出版社 2002 年版。
10. 梁治平：《法律的文化解释》，生活·读书·新知三联书店 2000 年版。
11. 梁治平：《清代习惯法：社会与国家》，中国政法大学出版社 1996 年版。
12. 王铭铭、王斯福主编：《乡土社会的秩序、公正与权威》，中国政法大学出版社 1997 年版。
13. 梁治平：《清代习惯法：国家与社会》，中国政法大学出版社 1996 年版。
14. 苏力：《法治及其本土资源》，中国政法大学出版社 1996 年版。

15. 王亚新、梁治平编:《明清时期的民事审判与民间契约》,法律出版社 1998 年版。
16. 黄宗智:《法典、习俗与司法实践——清代与民国的比较》,上海书店出版社 2003 年版。
17. 黄宗智:《清代的法律、社会与文化:民法的表达与实践》,上海书店出版社 2007 年版。
18. 谢晖:《法学范畴的矛盾思辨》,山东人民出版社 1999 年版。
19. 谢晖:《大、小传统的沟通理性》,中国政法大学出版社 2011 年版。
20. 石开忠:《侗款组织及其变迁研究》,民族出版社 2009 年版。
21. 吴大旬:《清朝治理侗族地区政策研究》,民族出版社 2008 年版。
22. 邓敏文、吴浩:《没有国王的王国——侗款研究》,中国社会科学出版社 1995 年版。
23. 罗廷华、王胜先:《侗族历史文化习俗》,贵州人民出版社 1989 年版。
24. 王宗勋主编:《乡土锦屏》,贵州大学出版社 2008 年版。
25. 天柱县政协非物质文化遗产宝库编委会:《天柱县政协非物质文化遗产宝库》,贵州人民出版社 2009 年版。
26. 杨汉基等编:《侗族谚语》,贵州民族出版社 1996 年版。
27. 贵州省侗学研究会编:《侗学研究》(1—3),贵州人民出版社 1998—2010 年版。
28. 张子刚:《从江民族文化见闻录》(内部资料),2010 年。
29. 石佳能:《侗族文化研究笔记》,华夏文化艺术出版社 2000 年版。
30. 石干成:《和谐的密码——侗族大歌的文化人类学诠释》,华夏文化艺术出版社 2003 年版。
31. 王海龙、何勇:《文化人类学历史导引》,学林出版社 1992 年版。
32. 高其才:《中国习惯法论》,中国法制出版社 2008 年版。
33. 吴大华主编:《民族法学评论》(第 2 卷),华夏文化艺术出版社 2002 年版。
34. 吴泽霖、陈国钧等:《贵州苗夷社会研究》,民族出版社 2004 年版。
35. 傅安辉:《侗族民间文学》,远方出版社 2009 年版。
36. 傅安辉、余达忠:《九寨民俗》,贵州人民出版社 1997 年版。

37. 贵州省文化厅编：《图像人类学视野中的侗族鼓楼》，贵州人民出版社 2002 年版。
38. 杨国章：《原始文化与语言》，北京语言学院出版社 1992 年版。
39. 石干成：《走进肇兴》，中国文联出版社 2002 年版。
40. 沈大明：《〈大清律例〉与清代的社会控制》，上海人民出版社 2007 年版。
41. 范生姣、麻勇恒：《苗族侗族文化概论》，电子科技大学出版社 2009 年版。
42. 陆景川编：《九寨风情》，文艺出版社 2002 年版。
43. 张世珊、杨昌嗣编著：《侗族文化概论》，贵州人民出版社 1992 年版。
44. 陈顾远：《中国婚姻史》，商务印书馆 1998 年版。
45. 阿风：《明清时代妇女的地位与权利——以明清契约文书、诉讼档案为中心》，社会科学文献出版社 2009 年版。
46. 孟昭华等编著：《中国婚姻与婚姻管理史》，中国社会出版社 1992 年版。
47. 张中行：《关于妇女》，国际文化出版公司 1995 年版。
48. 杨怀英、赵勇山：《滇西南边疆少数民族婚姻家庭制度与法的研究》，法律出版社 1988 年版。
49. 莫金山：《瑶族石牌制》，广西民族出版社 2000 年版。
50. 黄海：《瑶麓婚碑的变迁》，贵州民族出版社 1998 年版。
51. 姚奉彪编：《杨昌嗣文集》，民族出版社 1999 年版。
52. 杨昌儒、孙兆霞、金燕：《贵州民族关系的建构》，贵州人民出版社 2010 年版。
53. 石开忠：《鉴村侗族计划生育的社会机制及方法》，华夏文化艺术出版社 2001 年版。
54. 王胜先：《侗族文化与习俗》，贵州人民出版社 1989 年版。
55. 张静：《基层政权——乡村制度诸问题》，上海世纪出版集团、上海人民出版社 2007 年版。
56. 张世珊、杨昌嗣编：《侗族文化概论》，贵州人民出版社 1992 年版。
57. 冼光位：《侗族通览》，广西人民出版社 1995 年版。

58. 粟永华、吴浩:《侗族文坛记事》,广西民族出版社 2008 年版。
59. 杨权、郑国乔、龙耀宏:《侗族》,民族出版社 1992 年版。
60. 刘锋、龙耀宏:《侗族——贵州黎平县九龙村调查》,云南大学出版社 2004 年版。
61. 廖君湘:《南部侗族传统文化特点研究》,民族出版社 2007 年版。
62. 杨国仁、吴定国:《侗族祖先从哪里来》,贵州人民出版社 1981 年版。
63. 黄才贵:《独特的社会经纬——贵州制度文化》,贵州教育出版社 2000 年版。
64. 徐晓光:《原生的法——黔东南苗族侗族地区的法人类学调查》,中国政法大学出版社 2010 年版。
65. 徐晓光:《中国少数民族法制史》,贵州民族出版社 2002 年版。
66. 徐晓光:《苗族习惯法的遗留传承及其现代转型研究》,贵州人民出版社 2005 年版。
67. 徐晓光:《清水江流域林业经济法制的历史回溯》,贵州人民出版社 2006 年版。
68. 徐晓光:《款约法——黔东南侗族习惯法的历史人类学考察》,厦门大学出版社 2012 年版。
69. 徐晓光:《清水江流域传统林业规则的民族生态学解读》,知识产权出版社 2014 年版。
70. 吴大华等:《侗族习惯法研究》,北京大学出版社 2012 年版。
71. 吴大华:《民族法律文化散论》,民族出版社 2004 年版。
72. 吴沛林:《清代县域民事纠纷与法律秩序考察》,中华书局 2013 年版。
73. 罗康智、罗康隆:《传统文化中的生计策略——以侗族为例案》,民族出版社 2009 年版。
74. 谢晖、陈金钊主编:《民间法》(1—9),山东人民出版社 2002—2011 年。
75. 黔东南州文化研究所编:《苗侗论坛》(1—46),1988—2002 年。
76. 杨鬃、王良范主编:《苗侗论坛》(47—50),贵州人民出版社 2005 年版。
77. 徐晓光:《黔湘桂边区山地民族习惯法的民间文学表达》,广西师范大学出版社 2016 年版。

(二) 国外

1. [美] E. A. 霍贝尔:《初民的法律——法的动态比较研究》,周勇译,中国社会科学出版1993年版。
2. [美] E. 博登海默:《法理学——法哲学及其方法》,邓正来、姬敬武译,华夏出版社1987年版。
3. [美] 伯尔曼:《法律与宗教》,梁治平译,中国政法大学出版社2003年版。
4. [英] 詹·乔·弗雷泽:《金枝——巫术与宗教之研究》,徐育新、汪培基、张泽石译,中国民间艺术出版社1987年版。
5. [美] 罗伯特·路威:《文明与野蛮》,吕叔湘译,生活·读书·新知三联书店1984年版。
6. [芬] 韦斯特·马克:《人类婚姻简史》,刘小幸、李彬译,商务印书馆1992年版。
7. [美] 尤金·N. 科恩、爱德华·埃姆斯:《文化人类学基础》,李富强编译,中国民间文艺出版社1987年版。
8. [英] 罗素:《婚姻革命》,靳建国译,东方出版社1988年版。
9. [美] D. W. 赫尔:《人口社会学》,黄昭文、严苏译,云南人民出版社1989年版。
10. [法] 列维·斯特劳斯:《忧郁的热带》,王志明译,生活·读书·新知三联书店2000年版。
11. [英] 马林诺夫斯基:《两性社会学》,李安宅译,中国民间文艺出版社1986年版。
12. [英] 罗素:《婚姻革命》,荆建国译,东方出版社1988年版。
13. [日] 滋贺秀三:《中国家族法原理》,张建国、李力译,法律出版社2003年版。
14. [日] 寺田浩明:《权利与冤抑——寺田浩明中国法史论集》,王亚新译,清华大学出版社2012年版。
15. [法] 孟德斯鸠:《论法的精神》(上、下册),张雁梁译,商务印书馆1995年版。
16. [法] 卢梭:《社会契约论》,何兆武译,商务印书馆2003年版。

二　基础资料

1. "国学基本丛书"，钱玄、钱兴奇等译注：《礼记》（下），岳麓书社 2001 年版。
2. 杨锡光、杨锡、吴治德整理译释：《侗款》，岳麓书社 1988 年版。
3. 贵州省民族事务委员会、贵州省民族研究所：《贵州"六山六水"民族调查选编·侗族卷》，贵州人民出版社 2008 年版。
4. 贵州编辑组：《侗族社会历史调查》，贵州民族出版社 1988 年版。
5. 中国第一历史档案馆、人民大学清史研究所、贵州省档案馆编：《清代前期苗族起义档案史料》，光明日报出版社 1987 年版。
6. 锦屏县政协文史资料委员会、县志编纂委员会编，姚炽昌选辑点校：《锦屏碑文选辑》（内部资料），1997 年。
7. 张子刚编撰：《从江石刻资料选编》，政协从江县文史学习委员会、从江县文化体育广播电视局变编印：《从江文史资料》（第 1—7 集），从江县教育印刷厂 2007 年印。
8. 张子刚收集整理：《从江古今乡从江历代告示实录》，中国科技出版社 2013 年版。
9. 吴江编：《侗族部分地区碑文选辑》，黎平县志办公室印制 1989 年版。
10. 张应强、王宗勋编：《清水江文书》（第 1、2、3 辑，共 33 卷），广西师范大学出版社 2007、2009、2011 年版。
11. 唐立、杨有庚、武内房司编：《贵州苗族林业契约文书汇编（1736—1950）》，日本东京外国语大学 2003 年版。
12. （清）魏源：《西南夷改流记》，《小方壶斋舆地丛钞》第八帙。
13. （清）徐家干，吴一文校注：《苗疆见闻录》，贵州人民出版社 1997 年版。
14. （清）爱必达：《黔南识略》，贵州人民出版社 1992 年版。
15. 姜玉笙：《三江县志》（1946 年作），三江侗族自治县地方志编纂委员会办公室翻印 2002 年版。
16. 黔东南苗族侗族自治州州志编纂委员会：《黔东南苗族侗族自治州州志》，贵州人民出版社 1993 年版。

17. 黔东南志编委会编：《黔东南苗族侗族自治州志·林业志》，中国林业出版社 1990 年版。
18. 地方志苗族侗族自治州州志编纂委员会编：《黔东南苗族侗族自治州·民族志》，贵州人民出版社 2000 年版。
29. 刘毓荣主编：《锦屏县林业志》，贵州人民出版社 2002 年版。
20. 贵州省天柱县志编辑委员会：《天柱县志》，贵州民族出版社 1993 年版。
21. 贵州省天柱县地方志编纂委员会办公室编印：《天柱县旧志汇编》（内部资料）。
22. 贵州省锦屏县志编纂委员会编：《锦屏县志》，贵州人民出版社 1995 年版。
23. 贵州省锦屏县地方志编纂委员会编，《锦屏县志（1991—2009）》（上、下册），方志出版社 2011 年版。
24. 贵州省三穗县志编纂委员会编：《三穗县志》，民族出版社 1994 年版。
25. 贵州省黎平县志编纂委员会编：《黎平县志》，巴蜀书社 1989 年版。
26. 贵州省榕江县志编纂委员会编：《榕江县志》，贵州人民出版社 1999 年版。
27. 贵州省从江县志编纂委员会编：《从江县志》，贵州人民出版社 1999 年版。
28. 广西三江县志编纂委员会编：《三江侗族自治县县志》，广西人民出版社 1989 年版。
29. 湖南省通道侗族自治县县志编纂委员会编：《通道侗族自治县县志》，民族出版社 2004 年版。
30. 湖南省会同县志编纂委员会编：《会同县志》，生活·读书·新知三联书店 1994 年版。
31. 湖南省洪江市志编纂委员会编：《洪江市志》，生活·读书·新知三联书店 1994 年版。
32. 湖南省绥宁县志编纂委员会编：《绥宁县志》，方志出版社 1997 年版。
33. 湖南省黔阳县地方志编纂委员会编：《黔阳县志》，中国文史出版社 1994 年版。

34. 湖南省绥宁县文物局、文化馆编：《绥宁文物志》（内部资料），1987年。
35. 黔西南布依族苗族自治州史志办公室编：《黔西南布依族清代乡规民约碑文选》（内部资料）。
36. 云南民族古籍丛书编纂委员会编，黄钰点辑：《瑶族石刻录》，云南民族出版社1993年版。
37. 全国政协暨湖南、贵州、广西、湖北政协文史资料委员会编：《侗族百年实录》（上、下册），中国文史出版社2000年版。
38. 张浩良编：《绿色史料札记——巴山林木碑碣文集》，云南大学出版社1990年版。
39. 贵州省少数民族古籍整理办公室编：《侗族大歌》，贵州民族出版社2003年版。
40. 贵州省志民族志编委会编：《民族志资料汇编》（第三集·侗族）（内部资料），1988年。
41. 全国政协暨湖南、贵州、广西、湖北政协文史资料委员会编：《侗族百年实录》（上册），中国文史出版社2000年版。
42. 政协黔东南州委员会文史资料工作组：《黔东南文史资料》（1—12辑），1983—1995年。
43. 三江侗族自治县古籍整理办公室编：《侗族款词耶歌酒歌·中国歌谣集成》（广西分卷），三江侗族自治县资料集（二），1987年。
44. 贵州省民族研究所、贵州省民族研究会编：《贵州民族调查》（之三）（内部资料），1985年。
45. 贵州省民族研究所、贵州省民族研究会编：《贵州民族调查》（之七）（内部资料），1990年。
46. 贵州省民族研究所、贵州省民族研究会编：《贵州民族调查》（之八）（内部资料），1990年。
47. 贵州省民族研究所、贵州省民族研究会编：《贵州民族调查》（之九）（内部资料），1991年。

三 论文

1. 杨昌嗣：《侗族社会的款组织及其特点》，《民族研究》1990 年第 4 期。
2. 吴浩：《款坪、埋岩、石碑的共同化特征》，《中南民族大学学报》1990 年第 1 期。
3. 严昌洪：《侗族鼓楼的起源与功用新论》，《中南民族大学学报》1996 年第 1 期。
4. 杨运干、梁自顺：《会同历史上的款组织》，国政协暨湖南、贵州、广西、湖北政协文史资料委员会编：《侗族百年实录》（上册），中国文史出版社 2000 年版。
5. 傅安辉：《九寨侗族传统社会规范述略》，陆景川编：《九寨风情》，华夏文艺出版社 2002 年版。
6. 石开忠：《千三款地区侗族命名制初探》，贵州民族学院历史系编：《贵州民族论丛》，贵州民族出版社 2002 年版。
7. 石开忠：《试论侗族的来源和形成》，《贵州民族研究》1993 年第 2 期。
8. 石开忠：《侗族习惯法的文本及其内容、语言特点》，《贵州民族学院学报》2000 年第 1 期。
9. 向零：《从江九洞侗族社会组织与习惯法》，贵州省民族研究所、贵州省民族研究会编：《贵州民族调查》（三）（内部资料），1990 年。
10. 夏新华、王奇才：《论湖南靖州的"合款"——兼论国家法与民族习惯法的关系》，吴大华、徐晓光主编：《民族法学评论》（第 2 卷），华夏文化出版社 2002 年版。
11. 向零：《六洞侗族社会组织调查——一个古代军事联盟组织的遗迹》，贵州省民族研究所、贵州省民族研究会编：《贵州民族调查》（八）（内部资料），1990 年。
12. 向零：《高增与"二千九"的社会组织》，贵州省民族研究所、贵州省民族研究会编：《贵州民族调查》（九）（内部资料），1990 年。
13. 向零：《洞款乡规及其演变——对侗族社会组织形式、功能及其演变的探讨》，《贵州民族研究》1989 年第 3 期。
14. 林河：《从楚简考证侗族与楚、苗之间的关系》，《贵州民族研究》

1982 年第 1 期。

15. 雷广正、李知仁：《侗族地区"洞""款"组织的特征和作用》，《民族研究》1980 年第 5 期。

16. 周勇：《侗族村落法初探》，《民族研究》1994 年第 6 期。

17. 何其鑫、杨音南：《侗族习惯法初探》，《江西社会科学》2004 年第 6 期。

18. 吴大华：《论民族习惯法的渊源、价值与传承——以苗族、侗族习惯法为中心》，《民族研究》2005 年第 6 期。

19. 吴正辉：《侗族萨神系崇拜及其文化意义》，《苗侗文坛》1990 年第 2 期。

20. 张民：《从"祭祖歌"探讨侗族的迁徙》，《贵州民族研究》1980 年第 2 期。

21. 潘年英：《浅谈侗族与汉族及周边民族在文化上的交流》，《苗侗文坛》1995 年总第 26 期。

22. 申茂平：《侗族大歌赖以产生的生态环境及其嬗变与保护》，《贵州民族研究》2006 年第 4 期。

23. 白正骊：《款约与广西近代侗族社会》，《广西师范大学学报》1997 年增刊。

24. 吴文志：《侗族"月也"文化刍议》，《苗侗文坛》2002 年第 1—2 期。

25. 杨昌嗣：《侗族社会的款组织及其特点》，《民族研究》1990 年第 4 期。

26. 吴治德：《侗款初探》，《贵州民族研究》1983 年第 1 期。

27. 杨进铨：《侗寨的民间自治》，《黔东南社会科学》1994 年第 2 期。

28. 姜大仁：《侗族政治遗产资源探析》，《贵州民族研究》2003 年第 3 期。

29. 曹端波、粮丽萍：《侗款与侗族的家族组织》，《怀化学院学报》2008 年第 3 期。

30. 蔡绍刚、蒋飞、朱千里：《民俗习惯司法运用的价值与可能性》，《法律适用》2008 年第 5 期。

31. 陈淑文：《社会习俗与法律的价值选择》，《沧桑》2008 年第 1 期。

32. 石佳能：《侗族补拉文化层面观》，《怀化师专学报》1996 年第 6 期。

33. 余达忠：《汉文化的辐射与侗族文化的变迁》，《贵州文史丛刊》1998年第2期。
34. 钟立跃、瞿州莲：《侗族传统社区组织变迁分析——以湖南通道阳烂村为例》，《怀化学院学报》2008年第6期。
35. 郭宇宽：《大山深处的民间社会——对黔东南侗乡自治传统和寨老制度的田野考察》，《南风窗》2004年第1期。
36. 周世中、郭福良：《黔桂侗族习惯法变迁——以约法款为例》，《北方法学》2007年第5期。
37. 廖君湘：《侗族传统社会外部控制诸方式》，《贵州民族研究》2005年第4期。
38. 王连保：《我国乡村法律秩序的文化视角解读》，《煤炭高等教育》2007年第1期。
39. 刘宗碧：《从江占里侗族生育习俗的文化价值理念及其与汉族的比较》，《贵州民族研究》2006年第1期。
40. 潘志成：《从江县占里侗寨当代婚育习惯法考察》，《湘潭大学学报》2008年第3期。
41. 杨军昌：《侗寨占里长期实行计划生育的绩效与启示》，《中国人口科学》2001年第4期。
42. 徐晓光：《鼓楼——侗族习惯法订立与实施的文化场域》，《政法论丛》2009年第1期。
43. 徐晓光：《"石头法"的嬗变——黔湘桂侗族地区从"款石""法岩"到"石碑法"的立法活动》，《贵州社会科学》2009年第9期。
44. 徐晓光：《读乐记、品侗歌——和谐语境下的侗族习惯法社会功能解析》，《原生态民族文化学刊》2009年第2期。
45. 徐晓光：《黔东南侗族传统林业生计及其习惯法规范》，《原生态民族文化学刊》2010年第2期。
46. 徐晓光：《款词与讲款——兼论黔湘桂边区侗族社会的口头"普法"形式》，《贵州社会科学》2010年第3期。
47. 徐晓光：《草根规则与生育观念：生态与社会文化视野下的民族地区生育规则——以贵州省从江县侗族村落为例》，《中南民族大学学报》

2010 年第 4 期。

48. 徐晓光：《"圣牯"与"牛籍"——侗族斗牛活动中的仪式与习惯法规则》，《原生态民族文化学刊》2010 年第 3 期。

49. 杨和能、杨高策：《侗族婚姻习惯法在司法中的适用研究——以三江侗族自治县八江乡和林溪乡为例》，《桂林师范高等专科学校学报》2011 年第 1 期。

50. 周世中、杨和能：《侗族习惯法在解决林业纠纷中的功能及路径选择——以广西三江侗族自治县林权改革为例》，《民族论坛》2011 年第 8 期。

51. 刘琳、张中华：《广西三江侗款的传承及其现实影响》，《哈尔滨学院学报》2012 年第 4 期。

52. 蒋明湄：《社会契约与国家法律在现代乡村社会中的实践方式——对三江侗族自治县多元文化纠纷解决机制的考察》，《广西民族研究》2009 年第 4 期。

53. 周世中、杨和能、杨高策：《尊重民族习惯法建构国家法与侗族婚姻习惯法适用良好互动的思考——来自三江侗族自治县八江乡和林溪乡的调查报告》，《广西社会主义学院学报》2010 年第 10 期。

54. 李远龙、郑海山：《广西三江侗族传统款约习惯法研究》，《原生态民族文化学刊》2014 年第 2 期。

55. 杨志强：《"国家化"视野下的中国西南地域与民族社会——"古苗疆走廊"为中心》，《广西民族大学学报》2004 年第 3 期。

56. 曹端波：《明代"苗疆走廊"的形成与贵州建省》，《广西民族大学学报》2004 年第 3 期。

四 学位论文

1. 刘琳：《侗族侗款的遗存、传承与时代性发展——以广西三江侗族自治县侗族侗款为例》，硕士学位论文，广西师范大学，2004 年。

2. 王玲：《民族村寨的传统管理方式与现代村民自治的整合——贵州省黎平县九龙侗族大寨的个案调查》，硕士学位论文，云南大学，2005 年。

3. 李志英：《黔东南南侗地区侗族村寨聚落形态研究》，硕士学位论文，昆明理工大学，2002年。
4. 海力波：《族传统婚恋习俗研究——以广西三江侗族自治县独峒乡为例》，硕士学位论文，广西师范大学，2007年。
5. 粟丹：《侗族传统法律文化研究——以款约为中心》，博士后出站报告，中国社会科学院，2009年。
6. 郭靖：《侗族刑事习惯法若干问题研究——以黔湘桂边区侗族社会为视角》，硕士学位论文，贵州民族学院，2010年。
7. 龙宪华：《清代清水江下游苗疆地区法律文书研究（1693—1911）》，博士学位论文，中国政法大学，2010年。
8. 沈洁：《社会结构与人口发展——基于侗族村寨占里的研究》，硕士学位论文，中央民族大学，2007年。
9. 程艳：《侗族传统建筑及其文化内涵分析——以贵州、广西为重点》，硕士学位论文，重庆大学，2004年。
10. 敖曼：《计划生育"天下第一村"——探析占里侗寨数百年人口、社会与环境和谐发展的原因》，硕士学位论文，中央民族大学，2007年。

五　网上资料

1. "注溪十八寨联款"，天柱县宣传部（http：//www.gz.xinhuanet.com）。
2. 张应强：《木文明与社会发展：木材与清水江下游区域文化的型构》（http：//woodculture - cn.woodlab.org/thread.cfm?Therad = 5203）。

后　记

　　过去有学者对国家政法与民俗这样认为："夫法令必本人情，犹政事之必因风俗也。为政而不得风俗，不足言善政，为法而不本人情，不可谓良法。"① 按《毛诗序》对"风"的解释是"上以风化下，下以风刺上"。官方的东西往往向民间推行，久而久之也可以成为民间的风俗，这是文化自上而下渗透的路径。相反，民间的东西也可以通过"刺上"的作用，向上渗透，甚至影响一代风俗的改变，最为明显的是官方成文法的制定，大多数情况是以民间的习惯法为基础的。

　　"立法者应该是民族精神的真正代表"②，以前我们在国家法实现过程中往往容易存在一种倾向，即我们更热衷于从现代西方国家移植借鉴成熟的经验，而从社会习惯及其他规范中产生或认可规则的可能性已经微乎其微。以西方为蓝本的现代法律制度，是建立在一套运行成本高昂的司法体系之上的，对于经济较发达的城市社区来讲，人们尚有能力承担这一昂贵的消费品，而对于经济较为落后的少数民族地区来说却不行。历史和现实经验告诉我们，法律是不可能通过复制或外来的移植、照搬就万事大吉的事情。清水江流域"契约型"社会大量的例证已经说明，即使立法程序再民主，立法动机和意图再好，也无法使国家法获得普遍的合理性。作为一种普适的社会规范，国家法在一个幅员辽阔、发展不平衡、文化不同质的社会里不可能顾及所有不同地方的实际。很多法律

---

① （宋）真德秀：《西山先生真文忠公文集》卷3。
② ［英］罗杰·科特威尔：《法律社会学导论》，潘大松、刘丽君等译，华夏出版社1987年版，第25页。

在尚未经历一个本土化过程之前仍然还只能算是一种"舶来品"。本土民众对国家法普遍产生的陌生感和异己感一般是比较强烈的，通过宣传普及自上而下灌输给农民的国家法，远未"内化"成为农民所信奉的生活逻辑，某些内容甚至与农村的流行观念、习俗惯行、共享知识相去甚远，所以，在我们的立法中要认真体现中国的国情和实际。如埃利克森所说："法律的制定者如果对那些会促成非正式合作的社会条件缺乏眼力，他们就可能造就一个法律更多，但秩序更少的世界。"[1]"从乡村法治秩序生成的未来目标模式来看，我们更应该确立一种开放式的图景，对本土的法律文化资源持一种宽容的姿态，对乡村法治化过程中多元文化博弈的'试验性效果'首先持一种观察者而非裁判者的姿态，而不是一开始就对乡村本土的文化资源一味地进行一体化或'格式化'的变革。"[2]

随着我国"依法治国"方略的贯彻和新农村建设的不断深入，在国家和地方政府的指导和大力推动下，村规民约建设取得了较大发展，已经逐步成为融合国家法和民族民间习惯法并协调两者抵牾，共同促进新农村建设不可或缺的工具，成为推进国家法在少数民族村寨得以更好实行的重要载体和方式，这也是社会主义新农村社会治理、社区文化建设的重要组成部分。但要做到这一点，需要立法者真正了解中国的实际。目前中国的现实国情是：在农村的法制环境中，大多数村民一般对国家法都存在着服从与回避、害怕与抵抗的双重心态，试图在短期内改变这个社会是不现实的。最好的办法就是利用传统资源，加强民族地区乡土农村社会管理和社会建设，创造有利于法制化发展的环境。梁治平先生认为："一个不同于正式制度所构想和构建起来的乡村社会的秩序是存在的，乡民所拥有的规范知识并不因它们是传统的就一定是落后的和不合理的。"[3] 乡民们之所以固执地维持长期流传下来的习惯，完全在于价值

---

[1] 转引自苏力《现代化视野中的中国法治》，苏力、贺卫方主编《20世纪中国学术与社会》（法学卷），山东人民出版社2001年版，第1页。

[2] 转引自曾国辉《转型社会背景下乡村法治建设的路径思考——兼谈村规民约的历史发展》，《法制与社会》2008年第2期。

[3] 梁治平：《乡土社会中的法律与秩序》，王铭铭、王斯福主编《乡土社会的秩序、公正与权威》，中国政法大学出版社1997年版，第416页。

选择的合理性——即它能够带来更多的好处和实用。另外，村民并不是不在乎国家法律，而是担心国家法未必就能解决争端，实现公平和正义。所以历史上清水江流域曾经出现过的"契约型"社会中正反两方面的经验值得汲取，在制定法律的过程中，我们要诚心诚意地了解他们的生活，要花精力去研究传统规约的遗留、传承与发展，哪些是好的、良性的、有益的，哪些是不好的、有害的、恶性的，要进行认真的分析、鉴别。对那些与国家法不矛盾，甚至相适应的部分，要在新型民约和自治地方立法中及时地体现出来，提供给国家立法参考，并尽其可能地纳入国家法律体系之中，以实现国家法与民间习惯法的衔接，这是中国特色法治化所必须认真考虑的。

《中共中央关于建构社会主义和谐社会若干重大问题的决议》强调要通过开发社会，促进不同社会阶层的个体和群体的自由组合——发展社会组织，实现社会自治，只有社会不同组织之间依法的理性博弈和合作，才能保障不同阶层所有公民的权利得到充分全面的实现，只有社会组织内部依照章程民族管理，社会的自我教育、自我服务、自我管理才能实现。社会组织是国家管理的重要元素，应大力提倡社会组织的跨界合作。目前，"从规范性的角度看，在国家法之外，村一级最具有正式意味的规范无疑是村规民约"[①]，1998年《中华人民共和国村民委员会组织法》颁布以后，从立法上体现了国家法对"村规民约"的认可乃至支持。但是，考虑到各村制定的"村规民约"毕竟是作用于某一村寨，某一狭小地域的事实，对于以整个国家为调整对象的国家法来说，未必具有普适意义。这就意味着国家立法，可以采用民族区域自治立法或地方性立法的变通权来填充，而村规民约的发展提供两者之间的"缓冲地带"，这个"缓冲地带"规划得好，可减少国家制定法与民族村寨生活实际的差距，这应当是处理村规民约与国家法关系中最可行的办法之一。过去清水江流域作为"契约型社会核心区"的锦屏，民族村寨创造了"合约"来调整各种社会关系，这种不同于正式法律制度的"秩序空间"问题非常值得研

[①] 梁治平：《乡土社会的法律与秩序》，王铭铭、王斯福主编《乡土社会的秩序、公正与权威》，中国政法大学出版社1997年版，第426页。

究。这样的法文化传统仍影响当今的现实生活，如锦屏县隆里镇华寨村最初的"村规民约"，与全国其他村庄一样，制定中因具有"官方"色彩，所以实施后虽取得了一定的效果，但执行起来比较困难，村民有抵触情绪。如何让村民都参与到村治中来，改变"干部在动、群众不动，干部积极、群众消极"的被动局面，2007年年初，村里召开了村民代表、村组干部、村里县乡人大代表、党代表专题讨论治村方案会议，会上决定将"村规民约"改为"合约"。这一改变虽是几字之差，但它是村委会在广泛征求群众意见基础上，提交村民代表大会讨论的通过，并且甲乙双方都在"合约"上签字。这种将签约双方，即村民和村级组织，放在一个对等的平台上，共同协商形成章程，承诺自觉遵守的治村模式，充分体现了当地传统"契约"的理念。如中国农村大多数村规民约的"罚则"部分，动辄规定对违犯者处以"罚款"若干，而华寨在"合约"中就体现为"自愿承担违约金"，这样村民心理上就减少抵触。[①] 雷山县和丹寨县在农村建立了"明白书"制度，将涉及乡镇民众的重要事项用"明白书（卡）"形式加以公布，在执行上实行"五产联保"责任制，其间运用了传统习惯法元素。[②]

锦屏县的一些村寨还尝试将本土传统的"契约原理"引入村级事务管理中。又比如几年前锦屏县平秋镇圭叶村就别出心裁地在村寨财务管理中发明了"五瓣章"（把村委会财务章锯成五瓣，由5个人分别保管一瓣，报账必须经过5个人同意才行），这项制度的利弊我们这里不做探讨，但在2006年时对一个村寨的办公经费只有5000元的村寨，尝试这种颇具创意的财务管理办法，不能不说是人民群众集体管理智慧的体现。把村级事务按照合同的程序加以订立的模式，可称为"村务契约化"的管理模式。锦屏县探索的一些村寨管理创新模式既尊重了农民的意愿，体现了农民的主体地位，又保障了农民的权益，试图改变了过去"政府包办一切，农民依靠政府"的被动式管理方式，同时也改变了当村官就

[①] 徐晓光、杜晋黔：《华寨的"自治合约"与"劝和惯习"》，《原生态民族学刊》2015年第2期。

[②] 徐晓光、徐斌、张丽琴：《"明白书"现象的法社会学思考》，《贵州民族研究》2016年第5期。

是"管民、治民"的旧模式。

　　现在黔东南清水江流域苗族侗族村寨的村规民约还多以"公约"的形式出现，苗乡侗寨中到处都能看到张贴的《防火公约》《禁放耕牛公约》《封山育林公约》等，这些内容上涉及村寨管理大小公共事务的各个方面，社会效果非常好。村规民约与各种"公约"的现代精神是随着改革开放的不断深入而逐渐体现出来的。随着社会主义新农村建设的不断深入，苗族侗族村寨都依据国家法，吸收传统规约的因素，并结合本村实际制定了本村的村规民约和"公约"。几年来，我们通过对黔东南传统规约和现行村规民约的实地调查，从国家法在少数民族地区村规民约中的体现这一视角，探索在社会主义新农村建设的大背景下，国家法怎样在少数民族地区得到体现，村规民约怎样协调好传统规约与国家法的关系，使村规民约真正成为融合国家法和地方传统规约，并不断协调两者关系，共同促进新农村社会建设不可缺少的工具。①

　　"人之寿夭在元气，国之长短在风俗。"② 中国改革开放后，随着商品经济的发展，特别是电视、电话、网络等现代通信工具的不断普及，社会物质财富的日益丰富和对外交流的不断增多，黔东南这个往日落后封闭的边远民族地区受到外界文化的冲击也日益增加。然而，现在已经相当繁华、热闹的黔东南首府凯里市，竟实现了行人自觉走"斑马线"的制度，多年来人们执行得非常好，这在全国很多现代化的大城市多极难做到，这自然有黔东南各族人们遵守公共道德，自觉遵规守法的传统有一定的关系。③

　　随着社会主义新农村建设的不断深入，黔东南几乎所有的少数民族村寨都依据国家法，吸收传统规约的因素，并结合本村实际制定了本村的村规民约和"合约"，现在锦屏147个行政村，村村都有村规，华寨村"合约"只是这些存在的缩影。我们通过对黔东南村规民约的实地调查，从国家法在少数民族地区村规民约中的体现这一视角，探索在社会主义新

---

①　徐晓光等：《锦屏乡土社会的法与民间纠纷解决》，民族出版社2012年版，第148页。
②　（宋）苏轼：《上神宗皇帝书》。
③　徐晓光、曾令波：《走在斑马线上——黔东南凯里市人行交通秩序治理与市民守法意识调查》，《凯里学院学报》2009年第4期。

农村建设的大背景下,国家法怎样在少数民族地区村规民约中得以体现,村规民约怎样协调好传统规约与国家法,使村规民约真正成为融合国家法和地方传统规约,并不断协调两者关系,共同促进新农村社会建设不可缺少的工具。

日本学者棚濑孝雄指出:"尽管审判外纠纷处理与审判一样关系每一个人的权利实现问题,但到目前为止法律实际工作者却有一种只是把视线集中在审判制度上的倾向。在这样的背景下,更有必要强调分析审判外纠纷机关的实际功能、探索其发挥更大的有效途径这一课题的重要意义。"[①] 当今寻求诉讼外纠纷解决方式,构造多元化纠纷解决机制,已成为整个法学界关注的焦点问题之一。作为苗族侗族传统法律资源的民间调解制度正是适应这一要求的理想选择。应该说一种制度得以长期且普遍的坚持必定有自己的理由,即具有"境遇化"的合理性,应当得到尊重和理解。[②] 清水江流域民族民间调解是苗族侗族村寨具有文化代表性和富有文化韵味的民间纠纷解决形式,源远流长,经久耐用,凝聚了苗族侗族人民的智慧和力量,是民族村寨颇具生命力的法律传统之一。在苗族侗族社会漫长的历史发展过程中,民族民间调解方式对于解决各种民间纠纷,维护苗族侗族社会的稳定发挥了不可替代的作用,现在锦屏一些村寨的"劝和"制度规则也与古老"劝世歌"所反映的习惯法规则和道德准则相一致。时至今日,尽管国家在民族地区大力推行法治,但由于苗族侗族人民特殊的民族习惯和地理环境,决定了民族民间调解作为一种重要的纠纷解决方式,在村寨社会仍然发挥着重要作用。如锦屏县隆里乡华寨村村民(以户为单位)在召开村民大会通过成立纠纷"劝和小组",编制"劝和理词",对全村的纠纷都由劝和小组进行劝和处理,这一方式妥善处理当事人双方的争议,最大程度地体现双方的意志,同时节约了行政成本和司法资源,有效避免更大的纠纷的发生。任何一种制度都不是十全十美的,苗乡侗寨的民间调解制度不可避免地存在一些

---

① [日]棚濑孝雄:《纠纷的解决与审判制度》,王亚新译,中国政法大学出版1994年版,第78页。

② 苏力:《基层法院审判委员会制度的考察及思考》,《北大法律评论》第1卷第2辑。

问题。如何完善清水江流域民族村寨民间调解制度，也要从历史中发掘传统文化的资源，以促进苗族侗族农村地区社会建设与和谐社会的法制建设。

近些年随着"清水江文书"抢救、整理与研究的深入，明清以来清水江流域林业开发中出现的大量的山林买卖契约、租佃契约等被大量发现，一种"契约型社会"林业经营贸易和社会管理形式慢慢从历史的黯淡中走了出来，该流域地区苗族侗族村落社会传统"民主议事制度"，契约诚信习惯，伦理教育强化中养成的习惯法"内化控制"的传统格局，留下了非常宝贵的文化遗产。历史上苗族侗族在"议榔""合款"活动中，制定了大量的"款约"和"榔规"，各村寨自己订立的寨规，种类很多，内容丰富，有"乡例""禁条""公约""章程"，其中也有直接叫"乡规民约"者，过去作为传统习惯法的组成部分有着相当长的历史，现在的村规民约都不同程度地保留着传统"公约""合约"的内容，足可成为今天"社会管理模式创新"的经验加以汲取。

笔者前些年亲身在黔东南地区工作，获取了大量的清水江流域苗族侗族习惯法的第一手资料，陆续发表了一些研究成果。2011年国家社会科学第二批重大招标课题"清水江文书整理与研究"（项目号11ZD096）获国家社科规划办立项，笔者又荣幸成为首席专家，在对"清水江文书"的整理与研究过程中，逐步对清水江流域"约法"社会的形成与民族法秩序的建立有了新的认识，所以契约文献资料的梳理与本书框架的构思就是在该重大招标项目原定子课题思路上完成的。本书是该子课题的最终成果。

朱熹有诗云："旧学商量加邃密，新知涵养转深沉。"对待"旧学"与"新知"，我们始终本着科学与严谨的态度，在深奥广博的清水江流域苗族侗族地方性知识面前，笔者变得越来越"深沉"和严肃，希望使几年来辛苦努力的成果更扎实些。以期把最新、最好的成果呈现给读者，同时敬请同行专家批评指正。

著 者
2016年10月29日